Inhalt

Themenkästen

Nürnberg zu Fuß

20 Stadtteilrundgänge durch Geschichte und
Gegenwart (mit Fürth und Erlangen)

Mit Beiträgen von
Arbeitskreis Frauenstadtrundgang, Gerhard Armanski,
Walter Bauernfeind, Helmut Beer, Konrad Biller, Rainer
Büschel, Helmut Häußler, Anita Hübner-Stangl,
Christian Koch, Isolde Kohl, Michael Kölbl, Ulli Kuhnle,
Fitzgerald Kusz, Gabi Müller-Ballin, Mathias Murko,
Sabina Mustica, Bernd Ogan, Steffen Radlmaier,
Ingrid Röschlau, Helmut Schwarz, Robert Simon, Dieter
Stoll, Holger Twele, Manfred Vasold, Jürgen Walter,
Wolfgang Weiß, Bernd Windsheimer, Jörg Wollenberg
und Bernd Zachow

VSA-Verlag, Hamburg 1988

Arbeitskreis Frauenstadtrundgang am Bildungszentrum und Feministischen Informations-,Bildungs- und Dokumentationszentrum (FIBIDOZ) e.V. *(Gertrud Lösel, Beate Weid u.a.)*
Gerhard Armanski, freiberuflicher Publizist, Frankfurt
Walter Bauernfeind, Mitarbeiter im Verein »Geschichte für alle e.V.«
Dr. Helmut Beer, Mitarbeiter im Schul- und Kulturreferat der Stadt Nürnberg
Konrad Biller, freischaffender Architekt in Nürnberg
Rainer Büschel, freier Mitarbeiter bei der »Gruppe Alltagskultur« und im Centrum Industriekultur
Dr. Helmut Häußler, Mitarbeiter im Stadtarchiv der Stadt Nürnberg
Anita Hübner-Stangl war Kulturpädagogin im Kulturladen Zeltner Schloß
Christian Koch, Architekt und freier Mitarbeiter der »Gruppe Alltagskultur«
Isolde Kohl, Mitarbeiterin im Centrum Industriekultur
Michael Kölbl, Mitarbeiter im Verein »Geschichte für alle e.V.«
Ulli Kuhnle, freier Mitarbeiter bei der »Gruppe Alltagskultur« und im Centrum Industriekultur
Fitzgerald Kusz, Fränkischer Schriftsteller, lebt in Nürnberg
Gabi Müller-Ballin, Mitarbeiterin in der Geschichtswerkstatt beim Bildungszentrum der Stadt Nürnberg
Mathias Murko, Mitarbeiter im Centrum Industriekultur
Sabina Mustica, Mitarbeiterin im Verein »Geschichte für alle e.V.«
Bernd Ogan, Mitarbeiter im Pädagogischen Institut
Steffen Radlmaier, Mitarbeiter bei den »Nürnberger Nachrichten«
Ingrid Röschlau, Historikerin, Projekte zur Geschichte der Arbeiterbewegung in Nürnberg (u.a. SPD-Archiv)
Helmut Schwarz, Mitarbeiter im Centrum Industriekultur
Robert Simon, Mitarbeiter im Centrum Industriekultur und beim Verein »Geschichte für alle e.V.«
Dieter Stoll, Journalist, Mitarbeiter bei der »Abendzeitung«
Holger Twele, Medienpädagoge und Filmfachmann
Dr. Manfred Vasold, Sozialhistoriker und freiberuflicher Publizist
Jürgen Walter, Sozialpädagoge und Journalist
Dr. Wolfgang Weiß, Leiter des pädagogischen Instituts
Bernd Windsheimer, Mitarbeiter im Verein »Geschichte für alle e.V.«
Jörg Wollenberg, Leiter des Bildungszentrums der Stadt Nürnberg
Bernd Zachow, Mitarbeiter bei den »Nürnberger Nachrichten«

Die Kino-Stationen im Rundgang 3 stammen von *Holger Twele,* der Kasten »Die Kleeblättler« im Rundgang 19 von *Werner Skrentny.*

Für Hinweise und Bildbeschaffung Dank an:
alle Kolleginnen und Kollegen von Bildstelle und Fotoarchiv der Stadt Nürnberg, insbesondere Hans Kammler; den Kolleginnen und Kollegen vom Bildarchiv der Nürnberger Nachrichten; Siegfried Kett vom Schul- und Kulturreferat; Achim Kowalczyk und Otto Kraus, IGM; Jürgen Franzke, Centrum Industriekultur; Gerd Lobodda, IGM; Robert Müller; Herrn Pfadenhauer vom Stadtvermessungsamt; Michael Popp, Amt für kulturelle Freizeitgestaltung; Andreas Ringer und Ute Missel-Sack aus Erlangen; Rolf Wolf vom Stadtanzeiger; Jörg Wollenberg vom Bildungszentrum; und insbesondere Jochen Schmoldt vom Plärrer und Bernd Zachow, Nürnberger Nachrichten, für konzeptionelle Ideen, Vorschläge und Bildbeschaffung.

Kartengrundlage: Stadtplanwerk Mittelfränkische Städteachse, 1:15.000; Wiedergabe mit Genehmigung der Herausgeberstädte Nr. 057, federführend Stadt Nürnberg, Stadtvermessungsamt.

Titelfoto: Stadt Nürnberg, Hochbauamt, Bildstelle
Rückseite: Uli Kowatsch, Nürnberg

Gesamtverzeichnis anfordern!
© VSA-Verlag, Stresemannstr. 384a, 2000 Hamburg 50
Alle Rechte vorbehalten
Satz: satz + repro kollektiv GmbH, Hamburg
Druck und Buchbinderarbeiten: Evert-Druck, Neumünster
ISBN 3-87975-452-7

Vorwort

»Ich sehe auf euren Dächern unsere ganze Geschichte liegen«, schrieb Horst Krüger einmal an die Adresse der Nürnberger. Und tatsächlich fordert Nürnberg wie keine andere deutsche Stadt seine Bewohner und Besucher heraus, sich Rechenschaft darüber abzulegen, wie mit Tradition und Erbe umgegangen werden soll. Da sind die Klischees einer Butzenscheiben-, Lebkuchen- und Bratwürstchen-Metropole als Hypothek zu akzeptieren, aber auch die Spuren der Zeit des »Stürmers« und der NS-»Reichsparteitage«. »Wie häufig war diese alte Stadt eine große Stadt, wie lange berühmt in aller Welt, wie reich, wie schön«, faßt Hermann Kesten, der »überzeugte Nürnberger«, der weltbekannte Autor, der seit 1933 lieber nicht mehr in Nürnberg wohnt, die Schokoladenseiten seines Geburtsortes zusammen. »Nürnberg ist doch kein Museum«, halten viele der in Nürnberg Lebenden dem entgegen und weisen auf die Gartenstadtsiedlungen vor der Stadt hin, auf futuristische Trabantenstädte der sechziger und siebziger Jahre, auf die alten Arbeitersiedlungen, die noch heute von der gegenseitigen Hilfe und Verbundenheit zwischen den Nachbarn geprägt sind.

»Nürnberg zu Fuß« ist eine Entdeckungsreise in die eigene Stadt. Sie geht in die Gartenstadt, nach Schoppershof und Erlenstegen, Stadtteile, die ihr »Gesicht« schon fast verloren haben, in die rote Südstadt und in das auch unter Nürnbergern wenig bekannte Gleißhammer — eben dorthin, wo sonst kaum ein Stadtführer hinführt. Geschrieben von engagierten Nürnbergern, die »ihren« Stadtteil nicht nur ungezählte Male durchwandert, sondern in der Regel buchstäblich durchlebt haben, zeigen die Rundgänge die Lebkuchenstadt *und* die Stadt der Mühlen und Eisenhämmer, die Stadt des Gauleiters Julius Streicher, aber auch des mutigen Widerstandes gegen das NS-Regime. Das Nürnberg der Arbeiter- und Frauenbewegung ist ebensowenig vergessen wie das Nürnberg der »neuen« Jugendbewegung und des jüdischen Lebens.

Wie war das mit den Bleistiftschmugglern und mit den Bierkrawallen, die sogar Georg Herwegh einmal zu einem Gedicht angeregt haben? Wieso gab es noch in den sechziger Jahren Gerangel um Ludwig Feuerbach? Und was hat das Club-Gelände — außer Kalb und Stuhlfauth — so alles erlebt?

»Eine jahrhundertalte süße Gewohnheit«, nannte es Hermann Kesten, »die Stadt Nürnberg zu rühmen«. Die Autorinnen und Autoren dieses Buches berichten ebenfalls von Rühmenswertem; aber auch von Kritischem und vom alltäglichen Leben. Der unbestrittene Charme der wiedererstandenen »Noris« soll die Probleme und Verluste nicht verdrängen. Dies alles zusammen gehört zu einer Liebeserklärung an eine sehr alte, aber auch eine sehr junge, aktive Stadt.

Die in den einzelnen Rundgängen eingeschlagenen Routen — vorgegeben durch die Reihenfolge der Stationen und Orientierungspunkte — sind Vorschläge, deren Verlauf in den dazugehörigen Karten nicht im einzelnen aufgeführt ist. Genaue Straßen- und (gelegentlich) Hausnummernbezeichnungen in den Randspalten erleichtern die Orientierung. Darüber hinaus sind wichtige Orientierungspunkte durch Ziffern am Rand notiert, die in den Karten wiederauffindbar sind. Jeder/jedem bleibt es indes freigestellt, die Touren anders zusammenzustellen, Stationen auszulassen, andere Ausgangs- oder Endpunkte zu wählen. Die von uns vorgeschlagenen Ausgangs- und Endpunkte, die in der Regel mit öffentlichen Verkehrsmitteln gut zu erreichen sind, haben wir am Beginn der Rundgänge angegeben, ebenso wie die voraussichtliche Dauer. Einzelne Touren erstrecken sich über größere Distanzen. Sie sind daher besser mit dem Fahrrad zu bewältigen.

Meilenweit für viel Kultur

Vom Hauptbahnhof bis zur Landesgewerbeanstalt

von Helmut Beer

Ausgangspunkt: Hauptbahnhof
Endpunkt: Gewerbemuseumsplatz
Dauer: ca. 2 Stunden

Unser Rundgang durch und zur Kultur führt uns entlang eines geplanten Wegs, auf dem die Stadt Vielfältiges zu bieten hat. Einmal erschließt die Strecke entlang der Stadtmauer die wichtigsten Abschnitte der Nürnberger Geschichte: die Stadtbefestigung der mittelalterlichen freien Reichsstadt, die Repräsentationsbauten des durch die Industrialisierung reich gewordenen Bürgertums und den Wiederaufbau der Nachkriegszeit. Zum anderen liegen entlang dieses Wegs so wichtige und bekannte kulturelle Institute wie das Germanische Nationalmuseum, das Verkehrsmuseum, die Stadtbibliothek, das Kommunikationszentrum (»Komm«), die städtischen Theater und die Kunsthalle. Neue Einrichtungen sollen in den nächsten Jahren hinzukommen.

Mosaik der Norica. Im Jugendstil-Restaurant im Hauptbahnhof zu bewundern.

Die Idee einer Nürnberger »Kulturmeile« stammt vom jetzigen sozialdemokratischen OB *Dr. Peter Schönlein* aus dem Wahlkampf 1987: Die Stadt solle auch in Zeiten knapper Finanzen durch eine »Kulturmeile« neue kulturelle und städtische Qualitäten entwikkeln und möglichst zum 950-jährigen Stadtjubiläum im Jahr 2000 Europäische Kulturhauptstadt werden.

»Traumtänzerei« meinten die einen, »endlich eine Utopie« die anderen. Die Fronten gingen quer durch die verschiedensten, sonst festgefügten Lager. »Das wird das Ende der Soziokultur, für die Nürnberg bundesweit bekannt ist,« ist eine nicht seltene Befürchtung. Mit einem Flop rechnet, wer sich unter Kulturmeile nur Glitzerboulevards, Museumsufer und kulturell illuminierte Skylines vorstellen kann. Was nun tatsächlich werden wird, muß die Diskussion der nächsten Jahre zeigen.

Beginnen wir unseren Weg am Hauptbahnhof. Das als monumentaler Palast entworfene Gebäude wurde 1906 fertiggestellt, nachdem der 1844 an dieser Stelle gebaute, alte Staatsbahnhof nicht mehr ausreichte. Vom Bahnhofsvorplatz läßt sich unser Weg und das, was zur »Kulturmeile« gehören soll, in etwa überblicken: Gegenüber, neben dem dicken Frauentorturm links das Frauentor

Hauptbahnhof
❶

Der Bahnhofsplatz 1922. Zum letzten Mal fahren die Postillone durch den Frauentorgraben.

und rechts der große Eingang in die Stadt beim Königstor. Nach links reicht der Blick die Stadtmauer entlang bis zur Kuppel des Opernhauses, nach rechts die Bäume entlang über den Giebeln des Künstlerhauses bis in Höhe des Marientores. Dahinter erhebt sich, von hier nicht sichtbar, das hohe Gebäude der Landesgewerbeanstalt.

Was Nürnbergern oft nicht mehr auffällt: Der Bahnhof ist unmittelbar an den Mauerring um die Altstadt herangebaut. In Schrags touristischem Stadtführer von 1925 beginnt der »Rundgang durch die Stadt« mit folgender Feststellung:

»Es ist ein Vorteil für den in Nürnberg ankommenden Fremden, der aus dem Hauptbahnhof heraustritt, daß er sich nicht erst durch eine den Bahnhof mit der Altstadt verbindende »Bahnhof«-Straße durchquälen muß, sondern ohne solche Einleitung durch zweifelhafte Architektur von 1870—90 sofort einen packenden Eindruck des alten Nürnberg, das er sucht, erhält.«

Daraus spricht ein gespaltenes Nürnberg-Bild, das lange gepflegt, auch heute bei vielen Besuchern nicht selten anzutreffen ist: Des »Reiches-Schatzkästlein« liegt möglichst mit Butzenscheiben hinter dem Mauerring, das »moderne« Nürnberg bleibt weitgehend ausgeblendet hinter den Schienen. Wie stark das moderne Nürnberg aber die Altstadt verändert, wird gerade an dieser Stelle sichtbar.

Schon 1850 wird die Stadtumwallung zum Bahnhof hin, der sich zum neuen Stadtmittelpunkt entwickelt, durch ein neues Königstor geöffnet. 1892 wird das schon wieder zugunsten der heutigen breiten Straßenöffnung abgerissen. Aus der Königstraße mit kleinen Handwerkshäuschen wird durch die Bahnhofsnähe die wichtigste Eingangs- und Geschäftsstraße der Stadt.

Königstor und Bahnhofsplatz als der zentrale Eingang in die Altstadt waren, keine Tafel erinnert daran, Schauplatz eines Massakers an der Arbeiterbevölkerung im Gefolge des Kapp-Putsches. Die Vorgänge in Berlin am 13.

Keine Tafel erinnert daran. Ein Massaker im Gefolge des Kapp-Putsches.

März 1920 hatten auch in Nürnberg unter der Arbeiterschaft zu höchster Erregung geführt. Mehrheitssozialdemokratie und USPD einigten sich auf ein gemeinsames Vorgehen. Am 15. März wurde der Generalstreik ausgerufen. Der Streik wurde, auch nachdem die Nachricht vom Zusammenbruch des Putsches in Berlin bekannt war, fortgesetzt und sollte am 18. März enden. Am 17. März sammelte sich am Platz vor dem Bahnpostgebäude eine große Menschenmenge und verlangte die Herausgabe der dort lagernden Waffen der Einwohnerwehr. Als das verweigert wurde, stürmte man das Gebäude. Inzwischen war die Reichswehr und ein Studentenfreiwilligen-Bataillon aus Erlangen herangerückt. Nach einem ersten Schußwechsel stürmte das Militär Post und Bahnhof und schoß rücksichtslos in die dichtgedrängte Menge. 21 Tote, darunter zahlreiche Frauen und Kinder, und 61 Schwerverletzte waren die Opfer. Der kommandierende Hauptmann Heiß gründete in der gleichen Woche aus den Reihen der Erlanger Studenten den berüchtigten Wehrverband »Reichsflagge«. Gemeinsam mit dem SA-Gründer Röhm führte er bald die Bezeichnung »Maschinengewehr-König von Bayern«.

Wir unterqueren den Bahnhofsplatz durch die neugestaltete Passage und kommen am Königstor neben dem Frauentorturm herauf. Im Mittelalter hatte der Turm das nach Regensburg führende Frauentor zu schützen. Die für Nürnberg charakteristische runde Steinummantelung mit bis zu 5 m dicken Wänden erhielt der Frauentorturm erst, wie die drei anderen Haupttürme der Stadtumwallung, in der Mitte des 16. Jahrhunderts. Die sich entwickelnde Waffentechnik machte dies erforderlich.

Wir betreten durch das rechts neben dem Turm befindliche große Tor den zur Toranlage gehörenden Waffenhof. Seit den Feierlich-

Königstor
❷

Waffenhof

keiten des Dürer-Jahres 1971 befindet sich hier ein sogenannter Handwerkerhof mit Häuschen in nachempfundener Butzenscheibenromantik, Fachwerk und natürlich vielerlei Geschäftchen und Kneipen. Die Mischung aus Mini-Disneyland und Christkindlesmarkt fürs ganze Jahr ist ein Touristenrenner. Dabei stellt sie noch nicht einmal eine schlechte historische Attrappe dar und hat mit der mittelalterlichen Handwerkerrealität rein gar nichts zu tun. Es läßt sich nur hoffen, daß mit der Kulturmeile und dem gleich in der Nähe geplanten Museum moderner Kunst eine andere Nutzung des Hofes gefunden wird.

Frauentor

Durch das Frauentor, den eigentlichen mittelalterlichen Durchlaß, verlassen wir den Waffenhof, überqueren den Stadtgraben und folgen Graben und Mauer nach rechts in Richtung Opernhaus. Mit 5 km Umfang ist die Nürnberger Stadtmauer die einzige erhaltene Großstadtumwallung Europas. Nach dem Kriege wurde ein Großteil der zerstörten Anlagen im nahezu ursprünglichen Zustand erneuert. Viele der ausgebauten Türme sind an Vereine oder Jugend-

Frauentormauer 3

organisationen vergeben. So ist gleich der nächste Turm oberhalb des Zwingers neben dem Frauentor im Besitz der »Falken«.

Die Stadtmauer liefert uns heute eine romantische Kulisse, im Mittelalter war sie das Symbol der Stadt schlechthin. »Stadtluft macht frei«, aber die Freiheit begann erst hinter dem Schutz von Mauer und Graben. In deren Sicherheit entwickelten sich Handel und Gewerbe, eigenes Recht, Stadtbürgertum und natürlich bürgerlicher Reichtum. Das erklärt auch den ungeheuren Arbeits- und Kostenaufwand der mittelalterlichen Stadt für den Bau und den Unterhalt der Mauer. Nach Schätzungen waren allein für den Aushub des Grabens »weit über eineinhalb Millionen Fuhren mit den Bauernwagen der Zeit« erforderlich, für den Transport der Steine »aber ein Vielfaches«. Nicht mehr geschätzt werden kann, welche Arbeitskraft von wievielen Menschen in dem Bauwerk steckt. Im übrigen hat der Stadtrat der freien Reichsstadt die Höhe des Verteidigungsetats geheimgehalten und alle Unterlagen über die gemachten Aufwendungen vernichtet.

Sicherheit kostet halt ihren Preis, auch wo sie bloß suggeriert wird. Die Stadtmauer bietet sie heute nicht mehr, aber ihr gegenüber, entlang des Rings sind die modernen Garanten von Sicherheit, wenigstens was das Finanzielle anbelangt, dicht nebeneinander angereiht: Der Strecke der Kulturmeile stehen allein 15 Versicherungs- und Bankgebäude gegenüber. Diese »Versicherungsmeile« setzt sich an beiden Seiten des Grabens fort und ist um einiges länger als die »Kulturmeile«.

Am Sterntor, dem nächsten Innenstadteingang für Fußgänger, wurde im Zuge des U-Bahnbaus der zugeschüttete Graben wieder neu ausgehoben. In Richtung Bahnhof und Opernhaus wurde er dabei gleich an seiner Außenseite in schönster Betonvorhänge- und Verkleidungsweise postmodern zu einer Art Untergrundboulevard aufgemöbelt. An der nach rechts abzweigenden Grasersgasse grüßt aus den autogläubigen Endsechzigern eine der besonders schlimmen Bausünden der Stadt — ein sichtbetoniertes Parkhaus.

Sterntor

Zur Erholung kann der gleich daneben an der Stadtmauer sich öffnende, lauschige Zwinger mit seinen Sitzbänken, der auch vielen Nürnbergern unbekannt ist, empfohlen werden. Gerade gegenüber, auf der anderen Seite des Frauentorgrabens, am Richard-Wagner-Platz, steht das städtische Opernhaus. Von 1901–1905 wilhelminisch-monumental als »Neues Stadttheater« errichtet, benötigte der Repräsentationsbau für ein im Zuge des industriellen Aufstiegs reichgewordenes Bürgertum vor allem Platz. Der fand sich in Altstadtnähe auf dem durch die Bahn von den industriellen Quartieren getrennten Gelände des ehemaligen Allgemeinen Krankenhauses (1845 fertiggestellt), das kurz zuvor in die Flurstraße verlegt worden war.

Richard-Wagner-Platz 2

Die einmalige Jugendstilausstattung im Inneren des Theaters wurde während der Nazi-Zeit entfernt, um einen wuchtigeren Eindruck zu erzielen. Gegenwärtig laufen Bestrebungen, den Bau in seinem Inneren wieder in den ursprünglichen Zustand zu versetzen. Vom Richard-Wagner-Platz gelangen wir über den Betonhimmel der neuerbauten Tiefgarage, von links begrenzt vom Neubau des Arbeitsamtes, zum 1959 errichteten Schauspielhaus mit den 1963 angebauten Kammerspielen.

Richard-Wagner-Platz 10

❸

Der Königstorgraben mit Frauenturm links.

Sonntags gings ins Velo-
drom, erst zum Fahrradfahren, dann wegen der Politik.
Im Hintergrund rechts die
Oper.

**Karl-Pschigode-
Platz**

An dieser Stelle stand bis 1944 das 1899 von der Fahrradfabrik Hercules errichtete Hercules-Velodrom. Nürnberg war noch bis in die sechziger Jahre unseres Jahrhunderts ein Zentrum der Fahrrad- und Zweiradindustrie. Dafür standen die Namen wie Hercules (die älteste noch produzierende Fahrradfabrik), Triumph, Victoria oder Mars.

Radfahrer hatten es bis 1923 schwer. Es gab Fahrverbote, auf der Strecke von der Burg bis zum Hauptmarkt mußte eine Fahrprüfung abgelegt werden, und Ausweis und Nummernschild waren amtlich vorgeschrieben. Der ursprüngliche Zweck des Hercules-Velodroms, das Fahrradfahren zu üben, trat nicht zuletzt wegen der einsetzenden Motorisierung in den Hintergrund. Seine Bedeutung im politischen und kulturellen Leben erhielt das Velodrom vor allem als Ort bedeutender Veranstaltungen. Dort fanden die wichtigsten Partei- und Wahlkampfveranstaltungen statt. Hier erklärte sich am 6. April 1919 der Sozialdemokratische Verein gegen die bayerische Räterepublik, hier fanden gegen Ende der Weimarer Republik große Saalschlachten statt, wie am 30. August 1930, als Nazis in eine Versammlung der KPD eindrangen und 65 Menschen verletzt wurden.

Lessingstraße 6

An der Ecke der Lessingstraße, dem Schauspielhaus gegenüber, befindet sich der Haupteingang des 1925 eröffneten Verkehrsmuseums. Der Grundstein für den historischen Großbau war bereits 1914 gelegt worden. Die Idee und ein Vorgängermuseum sind noch älter. Aus einer Eisenbanschau auf der 1. Bayerischen Landesgewerbeausstellung 1882 entwickelte sich ein Eisenbahnmuseum, das 1899 in einem großen Ausstellungspavillon, dem Vorgänger der Norishalle, am Marientor öffnete. 1902 kam ein Postmuseum hinzu. Als »Königlich-Bayerisches Verkehrsmuseum« war es vornehmlich ein Denkmal für den »Mythos Eisenbahn«, in dem sich ein technikgläubiges Publikum selbst bewunderte. Während des Krieges geschlossen, wurde das Museum erst 1953 nach und nach in der alten technikgeschichtlichen Konzeption wiedereröffnet.

Eine grundlegende Neugestaltung erfuhr das Verkehrsmuseum im Zusammenhang mit der 150-Jahr-Feier der ersten deutschen Eisenbahn von Nürnberg nach Fürth 1985. Bei der Vorbereitung der großen Ausstellung in diesem, natürlich auch auf Tourismus zielenden »Eisenbahnjahr« kam es zwischen dem Nürnberger Kulturreferenten Dr. Glaser und dem örtlichen Präsidenten der Bundesbahndirektion zu einer heftigen Kontroverse: Während der Bundesbahn primär eine Leistungsschau zwischen Nostalgie und künftigen Superschnellzügen vorschwebte, wollte Glaser auch die Leistungen der Deutschen Reichsbahn bei der Verbringung von Millionen Juden in die Vernichtungslager dokumentiert sehen. Glaser unterlag schließlich, bei der Jubiläumsschau blieb das peinliche Thema weitgehend ausgespart.

Anders das Verkehrsmuseum in seiner seit 1984 kontinuierlich verwirklichten neuen Konzeption: Zumindest in den neueingerichteten Sälen im Erdgeschoß dominiert eine sozialgeschichtliche Sichtweise über die bloße Darstellung von Eisenbahntechnik. Die Funktion der Eisenbahn als Rad der Industrialisierung, der Entwicklung der modernen Mobilität, bei der Veränderung von Landschaft, aber auch zur Schaffung von Arbeitsplätzen wird eindrucksvoll gezeigt. Vor den Modellen und Photos von Streckenbauarbeiten mit Hunderten von mit Pickel und Schaufel »bewaffneten« Menschen gewinnen die Streckenstillegungen der Bundesbahn in den letzten Jahrzehnten eine zusätzlich traurige Dimension. Deutlich sichtbar wird auch die Rolle der Reichsbahn als leistungsfähiges Instrument des »Totalen Krieges« und logistisches Rückgrat des Holocaust, das die Opfer pünktlich bis an die Selektionsrampe lieferte.

Durch die Lessingstraße wieder in Richtung Frauentorgraben, vorbei am »Museumskino«, einem Lichtspielhaus der alten Art mit anspruchsvollem Reprisen- und einem ständigen Kinderprogramm, passieren wir den Eingang zum »Lessingtheater«, einem Saal des Hotelkomplexes »Deutscher Hof«. Hier war von 1948 bis 1959 das städtische Sprechtheater untergebracht.

Der Vorgänger der Norishalle. Ein großer Ausstellungspavillon als Postmuseum.

Frauentorgraben 29 Das Hotel »Deutscher Hof« an der Ecke zum Frauentorgraben wurde 1913 vom Nürnberger Lehrerverein als Lehrerheim errichtet. Heute ist das Haus wieder ein gediegenes Hotel. Nachdrücklich empfohlen werden kann der »Bocksbeutelkeller« mit einem reichen Schoppenangebot zu noch erschwinglichen Preisen.

Immer dasselbe Ritual. Wochenlang waren die »Hitler-Jugend-Fahnen« in einem Sternmarsch aus allen Teilen des Reiches nach Nürnberg getragen worden. Am Morgen des zweiten Reichsparteitages nahm Hitler sie vom Balkon des »Deutschen Hofs« ab.

Frauentorgraben 49

Schon während der Weimarer Zeit und dann während der Nazi-Diktatur, hatte Hitler im »Deutschen Hof« sein Stammquartier. 1936 mußte sich der Lehrerverein durch einen Zwangsverkauf an die NSDAP von dem Gebäude trennen. Ab 1934 wurde das Gebäude in das alljährlich gleich ablaufende Ritual der Reichsparteitage einbezogen. Jeweils am Morgen des zweiten Tages zeigte sich Hitler auf dem Balkon des Hotels und nahm den Vorbeimarsch der Hitler-Jugend mit ihren Fahnen ab. Im Oktober 1944 wurde der »Deutsche Hof« bombardiert und brannte vollständig aus.

In unmittelbarer Nähe des Hotels, wir überqueren zur besseren Übersicht den Frauentorgraben, stand bis 1969 auf dem Gebäude der heutigen AOK das Vereinshaus des »Industrie- und Kulturvereins«. 1905 als Prachtbau in reinem Jugendstil erbaut, bildete der Kulturverein mit seinem großen Konzert- und Versammlungssaal eines der Zentren bürgerlichen, gesellschaftlichen und kulturellen Lebens der Stadt.

In diesem Saal wurde während des Reichsparteitages 1935 kurzfristig der nur aus Nazi-Vertretern bestehende Reichstag einberufen. Er beschloß hier mit dem »Reichsbürgergesetz« und dem »Gesetz zum Schutz des deutschen Blutes und der deutschen Ehre« die sogenannten »Nürnberger Gesetze«. Der jüdische Bevölkerungsteil verlor damit auch rechtlich die Staatsbürgerschaft, der Umgang und die Eheschließung zwischen Juden und Nichtjuden wurde unter Strafe gestellt. Das Nürnberger Sondergericht unter seinem Vorsitzenden Rothaug beeilte sich, die Gesetze sofort mit aller Schärfe anzuwenden.

Wir peilen das Tor in der Stadtmauer, das sogenannte Kartäusertor, an, vorbei an der Zwingerwirtschaft »Zum Tucherbräustübl«.

Im Sommer bietet das Lokal, das die Schauspieler für ihre Premierenfeiern bevorzugen, mit seinem schönen Garten unter Bäumen einen schattigen Ruheplatz mitten in der City.

Die Kartäusergasse wird auf der rechten Seite beherrscht von dem großen Komplex des Germanischen Nationalmuseums. 1992

Das Germanische Museum und Kartäusertor um 1935.

wird sich der Erweiterungsbau des Museums auch auf der linken Seite bis zum Gewerkschaftshaus erstrecken, die Kartäusergasse wird dann als Fußgängerzone mitten durch das Museum führen. Stehenbleiben wird der erste Häuserblock. In Nummer 20 befinden sich verschiedene Einrichtungen der Evangelischen Kirche. Uns interessiert über der Kolpinggasse auf der linken Seite das Haus Nr. 12, das »Alte Gewerkschaftshaus«. Als Metallarbeiterheim wurde das in einfachem Jugendstil verzierte Gebäude 1908 erbaut. Hier waren bis zum Ende der Weimarer Republik die Büros des Metallarbeiterverbandes untergebracht.

Kartäusergasse 20, 12
❹

Es gab kein gemeinsames Gewerkschaftshaus, sondern fast alle Verbände waren in zum Teil angemieteten Büros über das ganze Stadtgebiet verbreitet oder waren in den Gebäuden der »Fränkischen Verlagsanstalten« in der Breiten Gasse 25/27 untergebracht.

Nahezu unbekannt ist, daß die Nürnberger Gewerkschaften das erste Gewerkschaftsbüro in Form eines Arbeitersekretariats errichtet haben, das dann zum Vorbild für die weitere Entwicklung im ganzen deutschen Reich werden sollte.

»Nürnberg zählt zirka 30.000 Arbeiter und Arbeiterinnen, die in gewerblichen Betrieben beschäftigt sind. Diese Tausende besitzen keinerlei Vertretung, welche irgendwie ihre Interessen wahrnimmt,« klagte 1894 eine Gewerkschaftskommission und beschrieb die Aufgaben einer geplanten Auskunfts- und Beratungsstelle. Ohne Unterstützung der Stadt, die die neue Einrichtung kontrollieren wollte, finanziert nur aus den Pfennigbeiträgen der Gewerkschaftsmitglieder, wurde im November 1894 das erste deutsche Ar-

beitersekretariat eröffnet. Erster Sekretär war Martin Segitz, *später sozial-demokratischer Abgeordneter und bayerischer Innenminister. Im ersten Jahr kamen 7.000 Ratsuchende, zwei Jahre darauf schon doppelt so viele. Hilfe wurde in allen rechtlichen Fragen, vor allem natürlich im Arbeits- und Sozialbereich gegeben.*

Als am 9. März 1933 der Reichskommissar *Epp* als Statthalter der Nazis in Bayern eingesetzt wurde, verwüsteten SA- und SS-Horden auf ihrem Weg zur sozialdemokratischen »Fränkischen Tagespost« auch dieses Gebäude.

Dem Brief eines unbekannt gebliebenen Gewerkschafters an den ehemaligen Reichtagsabgeordneten Hans Dill, der von der tschechischen Grenze aus einen sozialdemokratischen Widerstandsapparat aufbaute, entstammt folgende Schilderung: »Um 11 Uhr waren die SS und die SA auf den Beinen, meistens von auswärts zusammengezogen und brachen in das Metallarbeiterheim ein. Das Restaurant war geschlossen gewesen. Es wurden mit Äxten die Fenster eingeschlagen und die Türfüllungen und innen alles demoliert. Dann ging es in die Büros, wo ebenfalls alles kaputtgeschlagen wurde.« Das Haus wurde am 2. Mai 1933 beim Verbot der freien Gewerkschaften von den Nazis besetzt.

1945 zerstört, wurde es bereits 1946 wiederaufgebaut und 1951 durch einen Anbau erweitert. Bis 1970 war es Sitz der neu aufgebauten Nürnberger Gewerkschaftsbewegung, die dann in das 1969 erbaute, in seiner Betonherrlichkeit kaum zu übersehende neue Gewerkschaftshaus am Eck zum Kornmarkt einzog.

Das politische Leben in dem traditionsreichen Gebäude war aber mit dem Umzug der Gewerkschaft noch nicht erloschen. Bis 1986 fanden in der Gastwirtschaft noch viele Versammlungen statt —

Das alte Gebäude des Deutschen Metallarbeiter-Verbandes war nach 1945 Sitz des DGB-Kreises und der IG-Metall-Verwaltungsstelle Nürnberg.

1972 auf dem Weg ins Rathaus. Mittlerweile? Von links oben: Bertl Voigt aus der Politik ausgeschieden, Jürgen Wolff zu den Grünen gegangen, Jürgen Fischer SPD-Fraktionsvorsitzender, Gerd Müller ausgeschieden, Horst Schmidbauer Unterbezirksvorsitzender und Stadtrat, Gebhard Schönfelder SPD-Fraktionsvorsitzender, Peter Schönlein Oberbürgermeister.

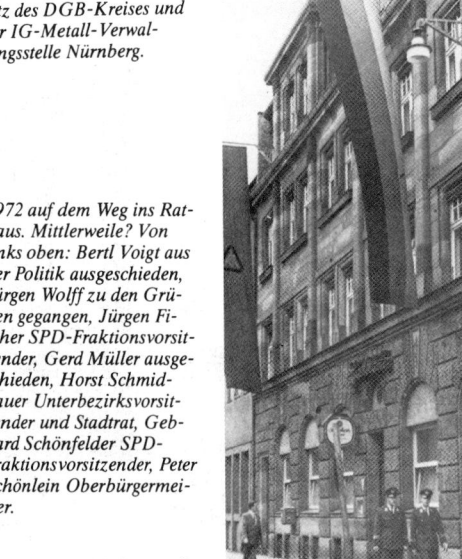

Wir gehen meilenweit für den Sozialismus!

JUSO – auf dem Marsch durch die Institutionen.
Phase I:
Das Nürnberger Rathaus.

wohl auch wegen der im Vergleich zu den kahlen Räumen des benachbarten neuen DGB-Hauses persönlicheren Atomosphäre. In den Keller zogen 1971 die Jungsozialisten und übten sich in der damals propagierten Doppelstrategie. Verschiedene Mitglieder der heutigen SPD-Fraktionsspitze im Rathaus und auch der Oberbürgermeister Dr. Schönlein verkündeten von hier auf einem großen Plakat: »Wir marschieren meilenweit für den Sozialismus«. Das nun leerstehende Gebäude wird erhalten bleiben und in den Neubau des Germanischen Museums einbezogen.

Auf der Höhe des alten Gewerkschaftshauses wird sich in etwa auch der neue Haupteingang des größten deutschen kulturgeschichtlichen Museums befinden.

Das Museum wurde nach langem vergeblichen Hin und Her 1852 von Hans Freiherr von Aufseß gegründet. Ziel war es von Anfang an, ein gesamtdeutsches Museum zu schaffen, das in seinen Sammlungen die Erinnerung an die vorgeblich große Zeit nationaler Blüte, die die Romantiker in Mittelalter und Vorzeit sahen, wachhalten sollte. Nach dem Scheitern der nationalen Einigungsbestrebungen in Befreiungskriegen und der gescheiterten Revolution von 1848 sollte ein solches Museum historisch und ideell diese Einheit beschwören: »Die gebildetsten europäischen Nationen, von denen wir nur die Engländer und Franzosen nennen wollen, haben ihr Nationalmuseum, nur wir Deutsche nicht, weil wir geschieden in Einzelstaaten sind«, heißt es im ersten Anzeiger des Museums 1853.

Oft mißverständlich wirkt heute das »Germanisch« im Titel des Museums. Dabei handelt es sich um eine Ableitung aus der Mitte des letzten Jahrhunderts neugegründeten und in ihrer historischen und geographischen Abgrenzung auf den ganzen deutschen Sprachraum neu definierten Germanistik.

Sonntags Eintritt frei. 1968 wurde das Kunstpädagogische Zentrum (KPZ) als eine der ersten museumspädagogischen Einrichtungen im Bundesgebiet ins Leben gerufen. Es bietet die verschiedensten Führungen und Aktionen an.

Argumente für eine neue
Strukturpolitik.

Kornmarkt 3–5

❺

Klaragasse 7
Vordere Sterngasse
1, 3

Die Entscheidung, das Museum nach Nürnberg in die »deutscheste aller deutschen Städte« (so die romantische Verklärung) zu legen, drohte anfangs an den räumlichen und finanziellen Voraussetzungen zu scheitern. 1853 entschied man, die seit 1852 im Tiergärtnertorturm ausgestellten Sammlungen auf die Veste Coburg zu bringen. 1857 wurde dem Museumsverein dann aber das Kartäuserkloster Mariazell zur Verfügung gestellt. Der Klosterbereich ist bis heute das Kernstück des Museums geblieben, das entsprechend seinem raschen Wachstum vor allem nach 1871 durch immer neue Erweiterungsbauten in historisierendem Stil vergrößert wurde. Ein großer Teil dieser Gebäude wurde im 2. Weltkrieg zerstört. Beim Wiederaufbau auf »Deutschlands größter Nachkriegsmuseumsbaustelle« ist der Versuch hervorragend gelungen, die alten Klosterteile mit modernen Bauelementen zu umgeben und sie in ihrer jeweils besonderen Eigenart miteinander zu verbinden. Ein Rundgang durch das Museum lohnt sich u. a. auch wegen der sich aus dieser architektonischen Verbindung ergebenden, oft überraschenden Perspektiven.

Die Schausammlung des »Germanischen«, von denen jede Abteilung den Anspruch eines eigenen Museums erfüllen könnte, reichen von der Vor- und Frühgeschichte über die besonders reich dargebotene Kunst des Mittelalters, über Malerei und Plastik der Renaissance bis heute. Sie umfassen eine große Volkskundeabteilung (sehr empfehlenswert der Abschnitt Volksfrömmigkeit in Votivbildern), eine Sammlung historischer Musikinstrumente, die Spielzeugabteilung mit den berühmten Puppenhäusern.

Das neue Gewerkschaftshaus am Eck zum Kornmarkt wurde schon erwähnt. Es dient heute den DGB-Gewerkschaften für ihre Verwaltungs-, Beratungs- und Versammlungstätigkeit. Für die Kulturmeile könnte das Erdgeschoß eine große kulturelle Informationsbörse und einen zentralen Treffpunkt aufnehmen.

Vorbildlich sind die Initiativen der IG Metall: der regionale Strukturwandel soll nicht auf Kosten der Beschäftigten stattfinden, sondern durch Mitbestimmungsrechte und planende Elemente, durch Organisieren von Geldern, Entwicklung neuer Produkte und Weiterbildungsprogramme soll die Region zu einem Zentrum für Verkehrs-, Energie- und Umwelttechnologie umgewandelt werden. Der Verein »Arbeit-Technik-Umwelt« in der Kaiserstraße 30, dem die DGB-Kreisvorsitzenden und die Oberbürgermeister der Städte Nürnberg, Fürth, Erlangen angehören, soll den Betriebsräten den Rücken stärken.

Vom Kornmarkt aus gehen wir vorbei am bisherigen Haupteingang des Germanischen Museums, durch die Klaragasse bis zur Vorderen Sterngasse (am Eck das preiswerte Speisehaus Oppelt), gegenüber das sehr empfehlenswerte vegatarische »Ceres«, ihr folgen wir wieder in Richtung Stadtmauerring. In Haus Nr. 3 befindet sich das städtische »Amt für Kultur und Freizeit«, das die offene Kulturarbeit mit Kulturläden, Stadtteilarbeit, schulischen Projekten, Ausländerkulturarbeit und das Sommerprogramm anleitet und unterstützt. Links zweigt die Luitpoldstraße ab, eine Amüsierstraße mit diversen Bars und Sexetablissements. Nahe ihrer Einmündung in der Königstraße erschoß der Neonazi Ochsner am 24.6.1982 drei

Ausländer und verletzte drei weitere Menschen.

Bei der Hinteren Sterngasse biegen wir ein und sehen die Stadtmauer. Im Hinterhof des Gasthauses »Zum Schwänlein« (böhmische Küche!) lockt ein ganz versteckter und anheimelnder Biergarten zu Hefeweizen und Schorle. Die Gebäudesituation links erinnert noch stark an die Nachkriegszeit. Auf der Fläche des Parkplatzes soll möglicherweise das »Museum für zeitgenössische bildende Kunst« entstehen. Der Stadtmauer entlang, vorbei am Waffenhof, erreichen wir wieder das Königstor.

Auf der anderen Straßenseite das »Komm« (abgekürzt von Kommunikationszentrum), wie das ehemalige Künstlerhaus heute kurz und präzise heißt. Das Künstlerhaus wurde im Juli 1910 eingeweiht. Zwei Jahre vorher hatte man hier schon die städtische Kunstsammlung eröffnet. Er sollte, so der damalige Oberbürgermeister *Dr. von Schuh*, »alle künstlerischen Kräfte sammeln« und den Anstoß geben, »Nürnberg allmählich wieder seine frühere Bedeutung als Kunststadt zu verschaffen«. Dazu hatte das Nürnberger Großbürgertum seit 1902 fast 1 Million Mark gesammelt und in das Haus investiert.

Ähnlich wie bei der Eröffnung die Festessen im Vordergrund standen, diente das Künstlerhaus in der Folge vornehmlich geselligen Zwecken, eben der Kommunikation im Stile der damaligen Zeit. Auf den Photos dominieren die Speise- und Gesellschaftszimmer der dort untergebrachten Künstlervereine. Ateliers oder Werkstätten waren nicht vorhanden. Geförderte Kunst und Künstler hatten die Aufgabe, das florierende Wirtschaftsleben zu verschönern und damit die Förderer zu »überhöhen«. »Morgen öffnen sich die Pforten eines Tempels, den edle Menschen der Kunst und ihren Jüngern eröffnet haben«, hieß es zur Eröffnung.

So war das repräsentativ am Altstadteingang gelegene Künstlerhaus vornehmlich ein Ort der verschiedensten Veranstaltungen und Schauplatz be-

Hier wurden rauschende Feste gefeiert: Das Künstlerhaus kurz nach der Einweihung.

Hintere Sterngasse 11

Königstraße 93

liebter Künstlerfeste. Es unterhielt daneben ein eigenes Restaurant. Untergebracht waren hier auch die städtischen Kunstsammlungen, deren beste Stükke sich allerdings im Germanischen Nationalmuseum befanden.

Auch nach 1933 ging der Veranstaltungsbetrieb im wesentlichen weiter. Der Widerstandskreis um Ernst Niekisch *und den späteren NN-Herausgeber* Dr. Joseph Drexel *traf sich hier noch im Februar 1937 vor der großen Verhaftungswelle durch die Gestapo. Auf einer größeren Zusammenkunft referierte der gerade in Nürnberg anwesende* Ernst Niekisch.

Ab 1939 meist geschlossen, wurde das Künstlerhaus gegen Kriegsende als Soldatenheim verwendet und noch erheblich zerstört. Nach 1945 benutzten die Amerikaner die Halbruine als Vergnügungsclub und Sendestation für den AFN. Nach notdürftiger Instandsetzung wurde das Haus bis 1967 Notquartier für die Pädagogische Hochschule. Danach stand es zumeist leer und wurde nur für verschiedene Veranstaltungen wie 1968 eine Künstlerbundausstellung, 1969 und 1971 die Biennale, 1972 das Kybernetikon genutzt. 1973 beherbergte das Gebäude eine große Ausstellung zum antifaschistischen Widerstand, bei der in einer Sonderausstellung erstmals auch der Nürnberger Widerstand dokumentiert wurde. Seit 1973 befindet sich in dem Gebäude das sogenannte »Kommunikationszentrum«.

Von den Amerikanern als Kirche, Post und Snack-Bar genutzt. Heute haben sich hier Jugendzentrums-, Öko-, Anti-AKW-Bewegung, die Hausbesetzerszene ebenso niedergeschlagen wie Friedensbewegung und Alternativszene, aber auch Drogenprobleme, Arbeitslosigkeit und Gewalt. An den Aggressionen arbeitsloser Skinheads drohte das »Komm« zu zerbrechen, nicht an den Massenverhaftungen.

Sitzung im Selbstverwaltungsraum. Beraten wird über ein reiches kulturelles Angebot und die verschiedensten Initiativen wie den Musikverein, das Kino im Komm, Ausstellungen, Restaurants, die Kneipe und Werkstätten.

Bundesweit bekanntgeworden ist das »Komm« durch die Massenverhaftung vom 5. März 1981, der größten seit Kriegsende. Die Polizei nahm 172 Personen fest (von denen 31 sofort wieder freigelassen wurden). Nach einer Demonstration gegen die Vernichtung von Wohnraum in der Innenstadt und einer Veranstaltung mit holländischen Hausbesetzern hatte die Polizei das Haus umstellt und die darin befindlichen Leute verhaftet. Die vorab in großer Stückzahl vorbereiteten Haftbefehle wurden im Fließbandverfahren unterschrieben. Die Empörung über das Vorgehen war bundesweit. Dennoch wurden gegen die Mehrzahl der zumeist jugendlichen Verhafteten Prozesse eingeleitet, die sich bald zu einem weiteren Skandal an Aktenmanipulation und Falschaussagen auf der Anklageseite entwickelten. Die Verfahren wur-

den schließlich eingestellt. Der Versuch der Bayerischen Staatsregierung unter F. J. Strauß im »roten Nürnberg« und gegen das »Komm« ein Exempel zu statuieren, war zumindest teilweise fehlgeschlagen. Konsequenzen für die Verantwortlichen bei Polizei, Justiz und Regierung hatte das nicht.

Seitdem ist es um das »Komm« nach außen ruhiger geworden. Aber es ist ein sehr lebendiges, selbstverwaltetes Kommunikations- und Begegnungszentrum, vornehmlich für junge Menschen. Heute ist ein Verein, der von der Stadt unterstützt wird, Träger der Einrichtung. Ebenso wie die Gruppen, Initiativen und Leute, die das »Komm« in den letzten eineinhalb Jahrzehnten getragen haben, sich geändert und gewandelt haben, hat sich auch sein Gesicht und Programm gewandelt. Wie in einem Brennglas gebündelt, spiegelt das Haus die Probleme, aber auch die Wünsche und Lebensweise einer jugendlich und politisch bestimmten Szene der Gesamtstadt wieder.

Heute wird der vordere Bereich des Hauses mehr für künstlerische Aktionen und kritische Ausstellungen genutzt. Der Vordereingang ist nur dann geöffnet. Von den hinteren Eingängen geht es in den »Offenen Bereich« oder in die neuen Werkstätten des »Deutschen Werkbundes« im Keller, zur Disco »La Kritz«, in die Kneipe oder in den wieder einmal umgestalteten Großen Saal. Die Schwellenangst, ins »Komm« zu gehen, ist für viele Nürnberger nach den politischen Auseinandersetzungen manchmal größer als bei anderen kulturellen Einrichtungen, doch wer es einmal getan hat, ist fast immer positiv überrascht über die Vielfalt an Aktivitäten, die sich ihm hier zeigt, oder die Schönheit vieler Räume in dem von außen immer noch als Halbruine dastehenden Gebäude.

Der Stadtmauerturm an der Rückseite des »Komm« ist Domizil der Jungsozialisten. Der hinter der Mauer liegende Zwingergarten war vor Jahren noch von außen zugänglich und Ort verschiedener Festivitäten. Heute ist er Skulpturenhof der städtischen Kunsthalle, die sich am Marientor anschließt.

Das Gebäude wurde 1913 durch eine private Stiftung erbaut und sammelte vor allem die Werke bildender Künstler aus Nürnberg und Franken. Diese »Fränkische Galerie am Marientor« wurde erst 1967 zur »Kunsthalle« mit weitgespanntem Sammelauftrag umbenannt. 1972 kam die angemietete Fläche in der Norishalle hinzu. Die vorhandenen Ausstellungsflächen werden derzeit ausnahmslos für Wechselausstellungen genutzt, darunter in den vergangenen Jahren einige Highlights, Höhepunkt des Ausstellungskonzepts der Kunsthalle ist die »Triennale der Zeichnung«.

Am Marientor gegenüber führt eine Treppe hinauf zur Gaststätte »Marientorzwinger«, auf dem es sich unter schönen Bäumen sommers wunderbar und stilvoll sitzen und gut griechisch essen und trinken läßt. Wem das nicht gefällt, der kann gleich nebenan im »Hemdendienst«, einer ehemaligen kleinen Wäscherei, eingerichtet mit Sperrmüllmöbeln der fünfziger Jahre, einkehren.

Die Stadtmauer, der wir von hinten folgen, endet am Gewerbemuseumsplatz, dessen Parkfläche von dem großen Gebäude der Landesgewerbeanstalt mit dem Gewerbemuseum beherrscht wird.

Königstormauer 15

Lorenzerstraße 32
⑥

Lorenzerstraße 33

Gewerbemuseums-platz

Das Museum ist fast so alt wie das Germanische Nationalmuseum. Es wurde 1869 gegründet.

Das zur Gründung notwendige Kapital wurde von Privatleuten und Industriebetrieben aufgebracht. Neben das mehr kunstgewerblich orientierte Museum traten rasch technische Abteilungen zur Material- und Produktprüfung. 1888 wurde eine »mechanisch-technische Versuchsstation« für Maschinen, Motoren und Werkzeuge eingerichtet.

Museum und technischer Bereich wurden danach in jenem 1892-1897 errichteten gewaltigen, barockschloßartigen Bau untergebracht, den wir noch heute ›bewundern‹ können. Auf dem Südfries stehen sechs klassizistische Figuren aufgereiht, die eher an den Petersdom in Rom als an ein gewerblich-technisches Museum erinnern.

Der Südfries an der Landesgewerbeanstalt. Die vier allegorischen Figuren am Haupteingang symbolisieren das »Kunstgewerbe«, den »technischen Unterricht«, die »Chemie« und das »Maschinenwesen«. Wer es nicht weiß, kommt nicht darauf.

Durch den Hof des Städtischen Meistersinger-Konservatoriums oder entlang der Katharinenstraße/Peter-Vischer-Straße erreichen wir die Ruine von St. Katharina, der Kirche des ehemaligen Dominikanerinnen-Klosters.

Das Kloster wurde bereits im 16. Jahrhundert aufgelassen, Teile der Anlage im 19. Jahrhundert abgerissen. Die Kirche diente im Laufe der Zeit den verschiedensten Zwecken: Den Singschulen der Meistersinger (daher spielt der erste Akt von Richard Wagners Oper hier), nach 1848 als Versammlungssaal für politische Veranstaltungen, als Kaserne und nach 1921 als Konzertsaal »Katharinenbau«. Nach 1938 war sie Aufbewahrungsort der aus Wien »heimgeholten« Reichskleinodien. Im Krieg wurden wesentliche Teile des ehemaligen Klosters und der Kirche zerstört.

Gewerbemuseums-platz 4

Heute wird der Neubau des Katharinenklosters für die Stadtbibliothek genutzt mit Ausstellungsmöglichkeiten im Kreuzgang und dem dort befindlichen »Zeitungscafé« (einem Geheimtip für ruhige Stunden). Die Kirchenruine ist vielbenutzter und beliebter Spielort für Freilichtaufführungen und Konzerte im Rahmen des »Sommers in Nürnberg«.

Der Peter-Vischer-Straße entlang abwärts zur Pegnitz — Graben und Mauer zur Linken sind Reste der vorletzten Stadtumwallung — finden wir in dem Fachwerkhaus Nr. 3 noch einen Rest aus dem alten Klosterbestand. Hier ist auch der Eingang zur »Katharinenklause«, einem verwinkelten Weinlokal, das durch *Anton Regenauer* nach dem Krieg Stück für Stück ausgebaut wurde.

Durch das neurenovierte »Wespennest« steigen wir wieder hoch zum Luitpoldhaus. Das Gebäude wurde 1911 von dem jüdischen Bleistiftfabrikanten Berolzheimer gestiftet. Seit dieser Zeit befinden sich hier die Sammlungen und Werkstätten der »Naturhistorischen Gesellschaft«. Bis zum Kriege stand das Haus auch der »Volksbildungsgesellschaft« zur Verfügung. Heute beherbergt das Luitpoldhaus in den unteren Geschossen den größten Teil der Stadtbibliothek. Im 1. Stock hat die Naturhistorische Gesellschaft ihr schönes Museum für Geologie, Höhlenkunde und Vorgeschichte eingerichtet, das auch öffentlich zugänglich ist und interessante Fundstücke aus der mittelfränkischen Umgebung zeigt.

Wespennest

Wer die Atmosphäre bei einem der »open airs« oder beim Barden-Treffen erlebt hat, ist nicht mehr darauf erpicht, daß die Ruine unbedingt überdacht und restauriert werden muß.

Gegenüber von Luitpoldhaus und Gewerbemuseum sehen wir das sogenannte »Technische Gebäude« der Landesgewerbeanstalt, in der Verlängerung zum Ring hin steht der Betonbau der »Norishalle«. Beide Gebäude werden noch von der Landesgewerbeanstalt genutzt — mit Ausnahme der Ausstellungsfläche im Erdgeschoß der »Norishalle«. Hier finden Ausstellungen der Kunsthalle statt. Vor dem Krieg befand sich hier in einem größeren Pavillon bis 1920 das Verkehrsmuseum, danach als »Norishalle« die »Ausstellung deutscher Kunst der Gegenwart«. Das von 1965-1969 wiederaufgebaute Gebäude dokumentiert in seiner Sichtbetonbauweise ganz den Baustil der späten sechziger Jahre.

Marientorgraben 8

Das Areal mit den verschiedenen bisher von der Landesgewerbeanstalt genutzten Gebäuden soll in den neunziger Jahren — die Landesgewerbeanstalt zieht in einen Neubau mehr am Rande der Stadt — für kulturelle Zwecke und Einrichtungen genutzt werden. Aus dem großen Bau des Gewerbemuseums soll ein »Haus der Erwachsenenbildung« werden mit Veranstaltungsräumen, Ausstellungsflächen, Übungsräumen und Werkstätten. Hier soll das Bildungszentrum arbeiten, das Amt für Kultur und Freizeit und andere Kultureinrichtungen der Stadt. In die anderen Gebäude sollen Stadtbibliothek, Kunsthalle und Archiv einziehen. Mittelalterliche bis moderne Bauten für kulturelle Begegnungen vielfältiger Art: hier zeigt die »Nürnberger Kulturmeile« ihr besonderes Profil.

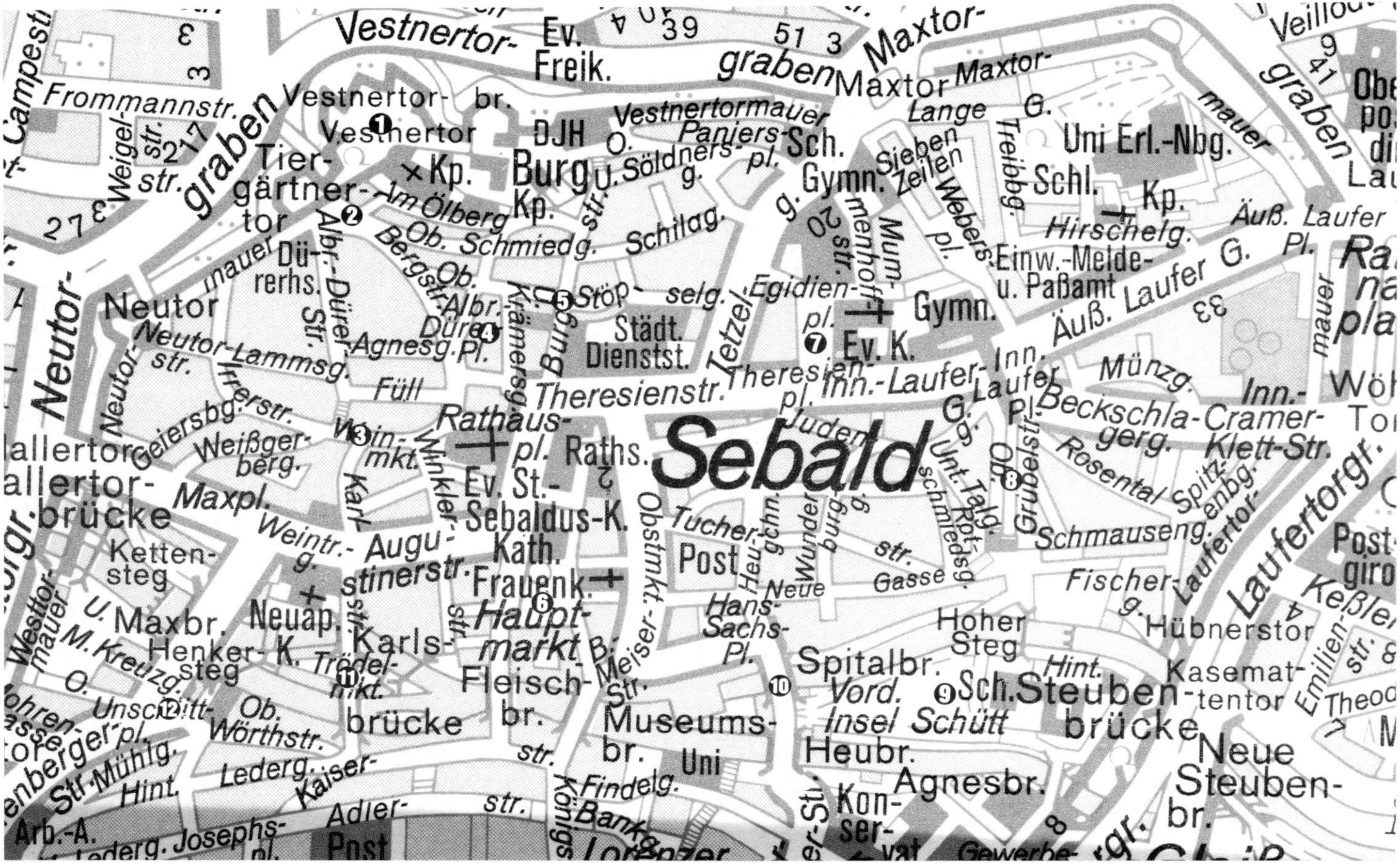
Sebald
Vestnertorgraben
Maxtorgraben
Vestnertor
Vestnertorbr.
Ev. Freik.
DJH
Burg
Vestnertormauer
Paniers-pl.
Sch.
Lange G.
Uni Erl.-Nbg.
Schl.
Kp.
Treibbg.
Sieben Zeilen
Webers-pl.
Gymn.
Hirschelg.
Äuß. Laufer Pl.
Einw.-Melde- u. Paßamt
Äuß. Laufer G.
Tiergärtnertor
Am Ölberg
Ob. Schmiedg.
Schilag.
Mummenhoffstr.
Egidien-pl.
Ev. K.
Dürerhs.
Albr.-Dürer-Str.
Ob. Bergstr.
Albr.-Dürer-Pl.
Agnesg.
Stöpselg.
Städt. Dienstst.
Tetzelg.
Theresienpl.
Inn.-Laufer-G.
Inn. Laufer Pl.
Münzg.
Beckschlagerg.
Cramer-Klett-Str.
Neutor
Neutorstr.
Lammsg.
Füll
Krämersg.
Burgstr.
Theresienstr.
Rathaus-pl.
Raths.
Judeng.
Unt. Talg.
Ob. Grübelstr.
Rosental
Spitzenbg.
Lauferrtor
Laufertorgr.
Hallertor
Hallertorbrücke
Geiersbg.
Irrerstr.
Weißgerberg.
Weinmkt.
Winklerstr.
Ev. St.-Sebaldus-K.
Rotschmiedsg.
Wunderburg.
Maxpl.
Karlstr.
Weintr.-g.
Augustinerstr.
Kath. Frauenk.
Obstmkt.
Tucherstr.
Heugchn.
Neue Gasse
Schmauseng.
Kettensteg
Neuap. K.
Hauptmarkt
Post
Hans-Sachs-Pl.
Fischerg.
Hübnerstor
Westtormauer
Maxbr.
Henkersteg
Trödelmkt.
Karlsbrücke
Fleischbr.
Meiser-Str.
Hoher Steg
Spitalbr.
Hint. Sch.
Steubenbrücke
Kasemattentor
Kreuzg.
Unschlittpl.
Ob. Wörthstr.
Museumsbr.
Uni
Vord. Insel Schütt
Heubr.
Agnesbr.
Neue Steubenbr.
Ledererg.
Kaiserstr.
Findelg.
Königs
Kon-servat.
Adlerstr.
Josephspl.
Arb.-A.
Post
Kesslerstr.
Emilienstr.
Postgiro
Frommannstr.
Weigelstr.

Vom »Olymp« zum »Klein-Venedig«

Sebalder Altstadt: Burgviertel — Hauptmarkt — Pegnitz

von Helmut Häußler

Ausgangspunkt: Burg, Straßenbahnlinie 4
Endpunkt: Haller Tor, Straßenbahnlinie 4, 6
Dauer: ca. 4 Stunden

Wer die eigene Stadt erwandert, sieht nicht nur ihr »heute«. Er wandert auch in ihrer Vergangenheit, geht die Jahrhunderte zurück bis zu den Anfängen, und er hält Zwiesprache mit dem Schicksal seiner Stadt. Und indem er solchermaßen ihre Entwicklung begreift, wird ihm ihre Gegenwart erst plastisch und gewinnt an Tiefe. Wie Nürnberg sich nach der beispiellosen Zerstörung am 2. Januar 1945 zu seiner heutigen Blüte und Fülle hat erneuern können, ist für keinen, der den tragischen Tiefpunkt von 1945 nicht selbst miterlebte und die unmittelbaren Folgeerscheinungen vor Augen hatte, gefühlsmäßig wirklich nachvollziehbar. Wir beginnen unseren Spaziergang von der Burg durch die nördliche Altstadt in die Marktgegend und die Gegend des Rathenauplatzes daher mit einer Bestandsaufnahme beim absoluten Null-Punkt (90prozentige Zerstörung Alt-Nürnbergs).

Ältestes Nürnberger Ratssiegel. Der Königskopf wurde später in den Jungfrauenadler verwandelt.

Ob wir den Weg über Burg- und Bergstraße, über Albrecht-Dürer-Straße, längs der Mauern oder durch die Tetzelgasse oder auch die »Sieben Zeilen« nach Süden nahmen oder im verwüsteten Judenviertel umherpilgerten, es war stets das gleich Bild: Trümmerhaufen wie von einer Mondlandschaft, die alten Straßendecken mit Schutt überlagert, über den schmalen Trampelpfade getreten waren. Da und dort Wasserzapfstellen, weil die Steigleitungen in den wenigen erhaltenen Häusern lahmlagen. Unter halb zerborstenen Einfahrten verkauften Bäcker oder Galeriewarenhändler ihre wenige und kümmerliche Ware. In den Bunkern unter dem Webers- und Paniersplatz fristeten Leute ihr Leben, die sonst kein Unterkommen hatten. Auf den wenigen Plätzen, wo der Schutt einigen freien Raum ließ, wurde Gemüse angepflanzt. Die Zeit bis zur Währungsreform 1948 verbrachte man mit dem Zusammenkarren des Schutts zu langen Dämmen; das Areal der einst so gerühmten Stadt wurde »die Steppe« genannt.

In den zehn Jahren von 1950 bis 1960 erncucrte die Stadt, der selbst ernst zu nehmende Zeitgenossen die Existenz einer archäologischen Ruinenstätte zugedacht hatten (der Wiederaufbau sollte vor die Mauern verlegt werden!), dann doch wieder so etwas wie einen brauchbaren Kern. Man hatte gewiß auch nicht mehr Mittel als anderswo, und mußte folglich in den bescheidenen Grenzen des ersten sozialen Wohnungsbaus zurechtkommen. Aber es gab noch das alte Team von Facharchitekten, das einst die allgemeine Altstadtüberholung in den Jahren 1928—1935 bewältigt hatte. Und diese Leute traten 1950 neu an und ließen Nürnberg »neu erstehen«.

Wenn man heute vom Platz vor der Nürnberger Lorenzkirche bei heiterem Wetter gegen Norden blickt, so hat man ein wunderbares Panorama vor sich, das man früher, vor der Zerstörung, in dieser Art nicht genießen konnte: das Bild der Reichsburg von Süden her in der ganzen Länge ihrer 250 Meter, angefangen vom Westflügel, dem Staufen-Palast, über den Sinnwell, die Freiung, die Walpurgiskapelle bis zum Fünfeckigen Turm, zur Kaiserstallung und dem Turm Luginsland im Osten.

Burg

❶

Historischer und soziologischer Kernpunkt der Stadt ist die Kaiserburg, die in den ältesten Zeiten ihre Zwingherrin und heute ihr Eigentum, ihre Krone geworden ist. Wo gibt es noch eine Reichsstadt, die zu Zeiten des Alten Reiches eine Burg wirklich »besaß«?

Zur Salierzeit im 11. Jahrhundert, als Nürnberg zum ersten Male urkundlich faßbar wurde, gab es von Nürnberg nur die Burg, den befestigten Mittelpunkt eines Reichsgutsbezirkes — es sei denn, man will wilde, kleine Siedlungen von Unfreien am südlichen Burghang, die als Handwerker und Versorger für die Burgbesatzung engagiert waren, bereits als Stadt bezeichnen.

Man hätte also damals, wenn man von der heutigen »Burgfreiung« auf die »Stadt« heruntergeschaut hatte, »nichts bemerkt« von dem berühmten »Schatzkästlein« des späten Mittelalters, das die Butzenscheibenromantik des späten 19. Jahrhunderts so begeistert pries. Man hätte auf niedere Hütten

*mit Strohdächern, hölzern oder aus primitivem Fachwerk gebaut, herabgese-
hen, mit einzelnen steinernen, turmschlanken Dienstmannshäusern dazwischen, die, wie heute im Kinderspielzeug nachgeahmt, tatsächlich offene,
unbedachte Zinnen trugen. Wer als »Dienstmann« oder »Ministerialer«
dort wohnte und im Auftrag des Kaisers oder des Burggrafen Dienst tat, hatte
die Polizeigewalt über das noch recht ursprüngliche Ortsmilieu auszuüben.*

*Vom Südende lugte, an ihrem Dachreiter erkennbar, eine etwas solider und
größer ausgeführte Holzbaracke herauf: Dort, im frühen Vorgängerbau der
späteren ersten Pfarr- und Pfalzkirche Nürnbergs, mühte sich ein Mann namens Sebald, den noch recht ungeschlachten ersten »Nürnbergern« die An-
fangsgründe des Christentums beizubringen.*

Die Nürnberger Burg ist in zwei Phasen entstanden: Zum ersten **Salier-/Burggrafen-**
war es, um 1040 errichtet, die Salier- und später Burggrafenburg, **burg**
die nur die knappe Osthälfte des heutigen, 250 Meter langen und 50
Meter breiten Burghügels umfaßte. Ältestes Element und wohl für
Ewigkeiten bestehend ist der noch in voller Substanz erhaltene
»Fünfeckturm« mit seinen zwei Meter dicken Bruchsteinmauern.

*Um ihn schloß sich ein Gebäudekomplex, der seit 1420 nicht mehr be-
steht. Im Rahmen von Kriegshändeln zwischen Bayern und dem Nürnberger
Burggrafen hat der bayerische Amtmann Christoph Leiminger aus Lauf die
Ostburg gebrandschatzt. Sie lag, bis auf den mächtigen Bergfried (Fünfeckturm), und die Walpurgiskapelle, die man aus Pietät später wiederaufbaute,
bis ins 16. Jahrhundert in Ruinen, wo man bei einem großen »Aufwasch« –
hier oben – im Sinn von Restauration und Modernisierung zugleich – das
ruinöse Steingeröll unter zwei Grashügeln verschwinden ließ. Man legte den
Hohlweg an, den heute Touristen und Einheimische von der Burgstraße her
zur Besichtigung der Burg heraufpilgern.*

*1427 hat der Burggraf, der seit dem »Interregnum« nicht mehr Stadtherr
und seines jetzt ruinösen, dabei auch politisch funktionslosen Nürnberger
Eigentums überdrüssig war, seinen Nürnberger Ansitz, mitsamt den Orten
Wöhrd und Gostenhof sowie den Reichsforsten, kurzerhand an die Nürnberger verkauft.*

Die zweite Phase des Nürnberger Burgbaues folgte 1136, als **Kaiserburg**
Konrad von Hohenstaufen Herr des Reiches wurde. Konrad errichtete auf der Westseite des Burghügels, dort, wo für uns Heutige die
eigentliche »Pfalz« oder »Reichsveste« liegt, eine zweite Burg.

*Die Bauten und Plätze dieser Burg sehen allerdings ganz anders aus als
die, die wir heute dort sehen. Der Palas war mit gliedernden Halbsäulen, Söl-
lern, Triforien ausgestattet und im Inneren der Säle – Ritter- und Kaisersaal
– mit Fresken und Gobelins ausgeschmückt, zu deren Anfertigung die Hohenstaufen Meister aus dem hochkultivierten europäischen Süden kommen
ließen. Die Lageverhältnisse der Böden und Saaldecken samt den Zugängen
zur Doppelstockskapelle waren wesentlich anders, als uns geläufig. Den
Turm dieser Kapelle, in altfränkischer Tradition Wehr- und Kirchturm zugleich, bezeichneten Nürnbergs spätmittelalterliche Generationen in
scheuem Nichtverstehen als »Heidenturm« – der Grund: Der reiche plasti-
sche Schmuck an der Ostseite, von dem jetzt nur noch Reste erhalten sind,
wurde von einer kaiserlichen Bauhütte geschaffen, die noch entfernt die ästhetischen Gesetze der klassischen Antike kannte. Es waren weltlich-schöne,
wohlproportionierte Gestalten, von ganz anderem Geiste als die Asketen und
Heiligenfiguren, die die damaligen Nürnberger von den Archivolten ihrer
Kirchentore her kannten. Es müsse sich also bei besagtem Turm der Kapelle
um den Wachturm eines altrömischen Vorpostens handeln, schlossen sie.*

Das innere Burgtor, jetzt bemalt mit dem großen Doppelkopfadler und der wallartigen Zwischenlage darüber, bestand damals noch nicht. Der Abschluß des Komplexes nach Westen bildet eine Art »Kemenate« — mit den wenigen heizbaren Räumen einer sonst recht unwirtlichen mittelalterlichen Burg oder Pfalz. Aber es war ein recht schmales Gebilde und turmartig hochgezogen.

Das Element »Turm« sah übrigens in jener Zeit ganz anders aus und war auch viel häufiger vertreten als auf den spätmittelalterlichen Burgen: Neben dem »Sinnwell« genannten Bergfried (»sinnwell« gleich »rund«) der Hohenstaufenburg, dem eleganteren, jüngeren Bruder des »Fünfeckturms« im Osten, gab es südlich ein viereckiges Turmgebilde, das der heutigen »Hasenburg« entsprochen hat, und auch die heutige, kleinschloßartige Burgamtmannswohnung in ihrer jetzigen biederen Wohngotik war ein Turm. Ähnlich waren die Verhältnisse auf der (vor 1420 ja noch intakten) Ostburg: Dort war der zur Stadtseite schauende Wehr- und Kirchturm der Walpurgiskapelle ebenfalls viel höher und stattlicher als heute, und als südliche Entsprechung bestand ein zweiter, in den Abmessungen entsprechender Turm als »Burghut« (kontrollierte Einlaßstelle zur Stadtseite hin) mit einer Fallbrücke Richtung heutige Burgstraße versehen, als einzige Zugangsstelle zwischen Burg und Stadt. Weiter östlich, wo es noch keine Kaiserstallung (nach 1500 als städtisches Kornmagazin entstanden) und keinen Luginsland (1377 als städtischer Beobachtungsturm zur feindlichen Burggrafenburg hin gebaut) gab, ein barbakanen-artiges Doppelturmgebilde mit dem spitzdachigen Hauptgebäude dazwischen (wohl Palas und Kemenate zugleich).

Sie bestimmte einst die Stadtentwicklung. Heute ist sie ein beliebtes Plätzchen mit schönem Blick auf die Stadt.

Innenhof

Nicht die geringste Ahnung hat man, wie es zu mittelalterlichen Zeiten auf dem östlichen Vorgelände des Innenhofes der Stauferburg, dort, wo seit dem 16. Jh. die Wirtschafts-, Finanz- und Organisationsbauten mit ihren roten Sandsteinsockeln stehen, eigentlich aussah. Der diesen Geländeteil im Osten abschließende »Geheime Wächtergang« — Mauerzug zwischen Sinnwell und Burgamtmannwohnung, bestand schon. Mittelalterliche Zweckbauten und Nebengebäude dieser Art waren immer sehr flüchtig beschaffen und überdauerten nur wenige Generationen.

Einen Einbruch in den straffen, stadtwärts gerichteten südlichen Mauerring der Burg brachte dann die Zeit Karls IV. (14. Jh.). Kraft Reichtagsgesetzes der Goldenen Bulle mußte jeder neu gekürte Kaiser seinen ersten Reichstag auf der Burg in Nürnberg halten, die deswegen ungleich häufiger frequentiert wurde. Da die Stadt die Reichsburg betreuen und sie speziell wäh-

rend der Reichstage mit Verbrauchsgütern versorgen mußte, bedurfte es jetzt einer neuen Burghut von Stadtseite her. Und so wurde der Turm südlich neben dem Sinnwell in eine biedere gotische Giebelbehausung mit Tordurchgang verwandelt und nach seinem damaligen Lehensträger, dem Ritter Swinko Has »Hasenburg« genannt, während das neue Tor — das wohl erste Spitzbogentor auf der Burg — die Bezeichnung »Himmelstor« erhielt. Der bis dahin streng abgeschlossene Zwinger hinter der Südmauer der Burg wurde in eine breite, von Stadtebene her sanft ansteigende gepflasterte Rampe verwandelt, auf der entsprechend Lebensmittelfuhren und Wassergalonen von der Stadt aus hochgebracht werden konnten. Das durch eine 50 Meter tiefe Bohrung erschlossene Sickerwasser des Burgfelsens, heute als »Tiefer Brunnen« zu besichtigen, reichte nicht aus. Von der alten östlichen Burghut, dem Zugangsturm und der Hängebrücke des Burggrafen, war man damit unabhängig.

Tiefer Brunnen

Die nächsten großen baulichen Veränderungen auf der Burg waren Neuerung und Rückfall zugleich. Unter Friedrich III. (15. Jahrhundert) wurde der Palas wohl geräumiger und die heutige stattliche Kemenate gebaut. Die unregelmäßige Fensterordnung und bizarre Proportionierung entsprach der Baumentalität des Mittelalters, weltliche Gebäude von »außen nach innen«, also voll nach Zweckmäßigkeit anzulegen und auf Fassadenwirkung nicht zu achten. Aber der Palas verlor zur Hof- wie zur Stadtseite hin im Interesse gotischer Wohnbehaglichkeit — unterm Steildach und hinter hölzernen Treppenaufgängen — seinen palastartigen Charakter, der die Pfalzen der Karolinger und Staufer so seltsam weitläufig und irgendwie »modern« erscheinen läßt. Mit seinen schmalen, willkürlich in Größe und Form angeordneten Fensterreihen nach der Stadtseite, denen jedes schmückende Element heute fehlt, sieht der mächtige Bau tatsächlich etwas leer aus.

Man führte diese Neuerungen fort, als Karl V. zu seinem ersten Reichstag 1521 in Nürnberg erwartet wurde, sich dann aber für Worms als Tagungsort entschied, wo Martin Luther sich vor ihm [»Hier stehe ich, ich kann nicht anders«] für seine Lehre verantworten mußte. Der Maler Hans Springenklee, ein bedeutender Zeit- und Fachgenosse Dürers, stattete damals die kaiserlichen Privaträume im 2. Stock des Palas mit reichen Motiven der italienischen Renaissance und zarter Farbigkeit aus, während er eine Achse der dreiteiligen Kapellenempore als Privatkappelle für den Aufenthalt des meditativ veranlagten Kaisers mit scheinarchitektonischen Motiven ausstattete.

Die ausgreifenden baulichen Änderungen auf der Burg, die im 16. Jahrhundert vorgenommen wurden, markierten zugleich das Ende einer Epoche. Ab dem letzten Drittel jenes Jahrhunderts wurden in Nürnberg keine Reichstage mehr abgehalten, und die Kaiser erschienen nur noch auf der Durchreise in ihrer — trotz Reformation weiter hochgeschätzten — alten Reichsstadt. Sie wohnten auch nicht mehr auf der Burg, sondern mieteten sich bei angesehenen Bürgern ein. Fern war die Zeit, da Friedrich III. den Humanisten *Conrad Celtis* dort oben zum »Poeta laureatus« krönte! Doch der letzte und monumentalste Aufschwung der besitz- wie baugeschichtlich wohl ungewöhnlichsten Großfestung Mitteleuropas erfolgte dennoch erst zu dieser Zeit.

Ein symbolischer Akt war die Krönung Conrad Celtis zum Dichter auf der Burg. 1508 starb er als Professor für Beredsamkeit und Dichtkunst in Wien.

An der Nordseite des Stauferbaus entstanden jetzt die mächtigen und geböschten, sternförmig in den Raum vorgeschobenen Zwingerbauten des Antonio Facuni, alle mit Rundabschlüssen bekrönt, und weiten, für Kanonen gedachten Schießscharten versehen. Antonio Facuni kam aus Malta. Die Italiener waren damals führend in der Befestigungskunst. Man hoffte, mit die-

Befestigung

ser teueren Anlage (1536) endgültig die Markgrafen fernzuhalten, die die Stadt seit der Mitte des 15. Jahrhunderts in drei verlustreiche Kriegshändel gezogen hatten. Und tatsächlich hatten es die Nürnberger von nun an relativ ruhig.

Die Jahrhunderte alten Ruinen der Ostburg wurden abgeräumt und Rasen gesät. Der Sinnwell erhielt Renaissance-Wülste mit Plattform und Laternenkrone; der Heidenturm, in der gotischen Epoche mit Spitzhelm und Scharwachtürmchen versehen, verlor jetzt beide und bekam seine halbsteile Bedachung, die er noch heute hat. Eigentlich entstand erst damals die Nürnberger Burg, die uns heute so vertraut ist.

In der bayerischen Zeit haben sich die neuen Herren, die Nürnberg 1855 als Eigentümer der Burg ablösten, erheblich an ihrer Baugestalt versündigt. Von der Verquerung der Treppenanlagen des Palas über dessen Hauptfassade, die durch läppische neugotische Spitzbögelchen verunziert wurde, bis zur Außenwand der Kemenate, der man in enger, schulmeisterlicher Sichtweise Fassadensymmetrie aufzwingen zu müssen glaubte, hat man alles getan, die Burg zu verschandeln. Im Maß des Möglichen wurden dann in der großen Restaurationsepoche 1928 bis 1935 auf der Burg die Zustände des Spätmittelalters wiederhergestellt.

Heute wird die Burg, jetzt Zubehör des Staatlichen Amtes für Schlösser, Gärten und Seen, im kulturellen, politischen, gesellschaftlichen und sozialen Bereich vielfältig genutzt. Die beiden großen Palas-Säle, Ritter- und Kaisersaal geben für viele Staatsakte und kulturelle Darbietungen einen würdigen Rahmen ab.

Die Krone Karls des Großen gehörte zu den Reichskleinodien und wurde auf oft abenteuerliche Weise vor den Feinden des Reiches verborgen.

Im »Schwedenhof« finden nette Abendmusiken statt. Auch die erneuerte Walpurgiskapelle, ein im Ursprung auf die Salierzeit zurückgehendes Bauwerk, eignet sich hervorragend für gelungene Kammerkonzerte. Der schöne Burggarten ist beliebtes Nahziel für Spaziergänge. Vom mächtigen Graben darunter gar nicht zu reden, der für die alljährlichen hochsommerlichen »Bardentreffen« zunehmend Bedeutung gewinnt. Die »Kemenate«, die das späte 15. Jahrhundert geschaffen und die Restauration der Zwischenkriegszeit wiederhergestellt hat, hat mehrfach ihre Eignung für Großausstellungen erwiesen. Im Fünfeckturm, dem Bergfried der Salierzeit hat seit dem Dürer-Jahr 1971 immerhin die zunächst vielbesuchte Multi-Media-Schau »Noricama«, *Josef Svobodas* kleines technisches Wunderwerk, ihren Standort gehabt.

Mögen auch die Kaiserstallung (ein 1502 eröffnetes Städtisches Kornmagazin von Ratsbaumeister *Hans Beheim* d.Ä.) und der Turm Luginsland im äußersten Osten (von der Stadt 1377 erbaut und wie alle großen Wehr- und Kirchtürme eine statische Hochbau-Leistung des Mittelalters; Kaspar Hauser saß hier als Gefangener ein) ihrer Bauherkunft und ihrem ursprünglichen Zweck nach nicht zum Burgkomplex gehören, sie bilden mit ihm doch eine überzeugende optische Einheit und viel Raum für unsere moderne Jugendherberge, die Modellcharakter hat für weite Teile Europas.

Das weitverzweigte Gang- und Höhlensystem zwischen Rathaus, Burg und Laufer Tor unter dem Burgberg, in dem u.a. auch

Die Stadtmauer

Die Nürnberger Stadtmauer zeichnet aus, daß sie in Größe und Ausstattung den Umwallungen von Paris und Wien, den beiden größten Städten der alten Zeit, vergleichbar ist. Aber während in diesen Städten die gewaltigen Mauerberinge während des 19. Jahrhunderts in Boulevards umgewandelt wurden, konnte Nürnberg als *einzige* Stadt seiner Größenordnung die Mauer bis heute fast vollständig erhalten. Bis zum deutsch-deutschen Krieg 1866 besaß Nürnberg offiziell Festungscharakter. Entgegen den Mauern aller anderen Reichsstädte, die im 16. Jahrhundert in der Entwicklung allgemein stagnierten und dann verfielen, machte die Stadtmauer Nürnbergs auch in der Neuzeit — ähnlich einer fürstlichen Residenzstadt — alle Entwicklungen des Befestigungsbaus mit. Um Kanonen auffahren zu können, wurde der Zweitgraben aufgefüllt; der Wehrgang der inneren Futtermauer wurde gekappt und durch Rundabschlüsse mit weiten Kanonenschießscharten ersetzt; dazu kam eine Ergänzung mit Streichwehren (etwa Marientorzwinger im Südosten und Köchertszwinger im Südwesten) und mit Rundbastionen am Ausfluß der Pegnitz.

Die heutige Stadtmauer, dieses gewaltige und fast erhaltene »Mauer-Parallelogramm« von fünf Kilometern Länge, hat einen Vorläufer, die sogenannte vorletzte Stadtmauer. Die handtuchschmale, älteste Siedlung hatte keinen Stadtstatus und natürlich kein Mauerrecht und ihre Bewohner, Unfreie, zum Hilfsdienst für die Burgbesatzung herangezogen, mußten selber für ihren Schutz sorgen: durch Erdhügel, Pallisadenzäune, einzelne Türme oder Mauer-Fragmente. In der Hohenstaufenzeit gedieh diese primitive

Die innere Mauer der Stadtbefestigung war 1 m stark und 7 m hoch. Durchbrochen von mehr als hundert Mauertürmen in Abständen von etwa 50 m.

Siedlung auf dem Boden der nördlichen Nürnberger Altstadt zur eigentlichen Königs-siedlung bzw. Nordstadt mit bedeutenden Privilegien wie dem Bau einer Mauer, die an Stattlichkeit ihrer Türme, ihrer Böschung, ihrer Rustika und ihres Grabens der heutigen Mauer gleich, die sich nur durch ihre Größe, den doppelten Graben und der späteren Anla-ge des großen Zwingers von ihr unterscheidet.

Auf dem Gebiet, das der heutigen südlichen Altstadt entspricht, war die Hohenstaufer Südstadt entstanden, nach 1240 durch König Konrad III. als reine Handwerkerstadt im Zuge der staufischen »Städtepolitik« zur Stärkung der Reichszentralgewalt gegründet. Diese Südstadt oder das sogenannte Suburbium hatte ebenfalls einen Mauerbering. Erst verhältnismäßig spät — nach 1320, mit dem allgemeinen Aufschwung der Stadt einher-gehend — wurden die südliche und die nördliche Stadtumwallung verbunden: durch Schwippbögen und Mauerzüge über den Pegnitz-Einfluß (Bergauer Platz und Heubrük-ke) und Pegnitzausfluß (im Verbund von Unschlitthaus, Henkerssteg, Wasserturm und Weinstadel; die Anlagen sind großenteils noch vorhanden).

Die politische Aufwertung der Stadt durch das luxemburgische Kaiserhaus und Wirt-schafts- und Bevölkerungswachstum waren wohl die Gründe, warum in der zweiten Hälf-te des 14. Jahrhunderts, um 1350, beim Spittlertor mit dem Bau einer neuen, der »letz-ten« Stadtmauer begonnen wurde. 100 Jahre dauerte der Bau bis zu seiner Vollendung, zeitweise beschleunigt durch die Hussitengefahr, mit der auch die Mächtigkeit ihrer Di-mensionen zusammenhängen mag (sie hatte zwei Gräben, doppelte Futtermauern und in ihrem Gesamtverlauf 120 Türme).

Umfangmäßig wurden die Mauern während des 30jährigen Krieges noch durch soge-nannte Retrachements — fortartige Erdwälle mit massiven Holztürmen — nach Entwür-fen des schwedischen Fertigungsarchitekten *Hastver* ergänzt, die die wesentlichen An-sitze, Schlösser, Dörfer, Pfarreien usw. in der Umgebung Nürnbergs zu schützen hatten. Sie verschwanden restlos wieder in der frühen bayerischen Zeit.

Die vier Haupttürme der Mauer waren alle nach gotischer Art zunächst viereckig und mit Durchgangstoren versehen, an der Außenseite des Mauerverlaufs entsprach ihnen eine Barbakane mit zwei pylonartigen Turmflanken. Am »weißen Turm«, der noch von der vorletzten Mauer stammt, läßt sich das noch heute sehen. Um 1565 versah sie der Stadt-baumeister *Georg Unger* alle mit einer runden geschlossenen Ummantelung, daß sie for-tan als hohe Geschützrondelle fungieren konnten; die Tordurchgänge mit den Babaka-nen wurden durch sogenannte Waffenhöfe ersetzt.

Die Bewehrung bei Ein- und Ausfluß der Pegnitz wurde hauptsächlich gestärkt durch über die Flußbögen herablaßbare Fallgatter mit gefährlichen Eisenspitzen am Ende. Die Innenseiten der Flußpartien waren im Angriffsfall noch durch schwimmende Pontons ge-schützt, die mit Bewaffneten besetzt waren.

Im frühen 19. Jahrhundert wurden in den Mauerverlauf zusätzliche Durchbrüche ein-gebrochen, die aber alle mit Pseudo-Festungstoren kaschiert werden mußten! In der Spätzeit des Jahrhunderts machten sie alle den heutigen Straßenverläufen Platz.

Die Demontage des bis dahin in seinen herrlichen Proportionen und gewaltigen Di-mensionen erhaltenen Frauentormauertraktes im Anschluß an den Plärrerneubau Mitte der 60er Jahre, von der Notwendigkeit unserer Zeit geboren und dem Baureferenten *Heinz Schmeißner* zu Unrecht von mancher Seite persönlich angelastet, haben 1988 die modernen U-Bahn-Bauer großenteils wiedergutgemacht. Die inneren Futtermauern wurden ergänzt, und die äußeren stehen wieder, als wären sie nie gefallen. Der Sterntor-fächer ist, durch Brückenbauten kompensiert, nach 100 Jahren wieder geschlossen, und selbst der alte Wasserturm »Zum blauen Stern«, der einst den Tugendbrunnen gespeist hat, wird wieder hergerichtet.

Helmut Häußler

Gefängnisprovisorien für Nazigegner eingerichtet waren, ist nicht für ein geschmackloses »Gruselkabinett« freigegeben worden; aber mittlerweile finden in einem Teil der Burgkeller Ausstellungen und Führungen statt, die Einblicke in die Vergangenheit der unterirdischen Stadt bieten.

Unterhalb der Kaiserburg vermitteln Platz und Gebäude beim Tiergärtnertor einen Eindruck vom alten Nürnberg. Zur Dürer-Zeit gab es hier noch keinen freien Platz, sondern die Zisselgasse (heute Albrecht-Dürer-Straße) war um weitere fünf Häuser bis zum Tiergärtner Tor gezogen. Sie wurden im 18. Jahrhundert abgebrochen, und der Platz erhielt in den 70er Jahren einen eigenen Namen.

Tiergärtnertor ❷

Drei Jahre lang lernte Albrecht Dürer (1471−1528) beim Michael Wolgemut das Illustrieren und Malen, fünf Jahre ging er auf Wanderschaft, bis er sich 1493 in Nürnberg eine Werkstatt einrichtete. Dieses Haus, das er 19 Jahre lang mit seiner Frau, seiner Mutter und den Gesellen bewohnte, kaufte er 1509 von dem Astronomen Bernhard Walter (der zum Sternebeobachten unerlaubterweise eine offene Laube in das Dach geschnitten hatte). Dürers volkstümliche Darstellungen in Zeichnungen und Drucken machten ihn über das Reich hinaus bekannt. Von einer Reise aus dem Ausland zurückgekehrt, malte er den Rathaussaal aus und schenkte sein letztes Bild, die vier Apostel, dem Rat der Stadt. Noch mitten in seiner Arbeit an einem großen Buch von der Malkunst starb Dürer.

Selbstbildnis mit wohlgepflegtem Haar. Meistens malte er sich nicht so, wie er aussah, sondern wie er gerne aussehen wollte, ohne große Nase und » Silberblick «.

1828, zum ersten Dürerfesttag der Stadt, kaufte die Stadt auf Bitten der hiesigen Künstlerschaft das Haus als Lokaldenkmal. 1871 wurde es erst mit vielen Mißverständnissen über die Wohngotik »dürertümelnd« eingerichtet (mit dem grafischen Werk; von den Ölgemälden, die alle im Lauf der Jahrhunderte die Habsburger und Wittelsbacher an sich gezogen haben, gibt es nur ein paar gute Kopien). Zum Dürerjahr 1971 wurde das Haus völlig restauriert (orientiert an der Hintergrundmalerei gotischer Altarflügel), mit einer Ausstellung im Anbau über den Dürer-Kult der nachfolgenden

Albrecht-Dürer-Straße 39

Jahrhunderte. Das Haus ist Beispiel eines gediegeneren Nürnberger Wohnhauses des späten 15. Jahrhunderts mit »Butzenscheibenfenstern« in Bleifassung (damals konnte man noch keine großen Glasscheiben herstellen, auch Butzenscheiben waren teuer und selten, arme Leute verschlossen im Winter die Fenster mit Tierhäuten oder mit Holz).

Nicht das Dürerhaus, sondern das gerade gegenüberliegende, seine altertümliche Rückseite der Burg zukehrende Haus ist das älteste Fachwerkhaus. Es hat wie die meisten mittelalterlichen Häuser kein Fundament, nur waagerecht angeordnetes Fachwerk. Es hat keinen Schornstein, nur eine kleine Schupfe unter der Dachspitze. Die meisten solcher Häuser waren mit Stroh gedeckt oder mit Schauben, Strohbinden, die zur Festigung mit Zement überzogen sind.

Obere Schmiedgasse 66

Das Pilatushaus (1489) an der Nordostecke des Platzes war ursprünglich Wohnhaus des Plattners (Harnischmachers) *Hans Grünewald,* genannt Haus »Zum geharnischten Mann«, später im Besitz von *Hans von Aufseß,* dem Gründer des Germanischen Nationalmuseums (Wappen über dem Eingang). In den 20er Jahren stellte hier eine Möbelfirma ihre Erzeugnisse aus. Seinen jetzigen Namen hat das Haus, weil ein reicher Mann, der vor seiner Reise nach Jerusalem die Leidensstationen von *Adam Kraft* gestiftet hat (siehe S. 90), für ihre Aufstellung, mit diesem Haus als Ausgangspunkt, die Entfernung vom Haus des Pilatus bis Golgatha vermessen haben lassen soll. Im Keller befindet sich ein Felsenbrunnen.

Beim Tiergärtnertor 3

Die alte Gaststätte »Schranke« (seit 1523 beurkundet) ist berühmt für ihr dunkles und rauchig schmeckendes »Rauchbier«, das sie in Lizenz der Bamberger Gaststätte »Schlenkerla« braut und nach der sie oft einfach benannt wird.

Die Albrecht-Dürer-Straße wurde durch die Freilegung des Jamnitzerhauses, eines mächtigen Barockanwesens, mit den alternierenden Farblagen seiner Sandsteinfassade bereichert.

*Moritzkapelle mit Brat-
wurstglöcklein. Helene von
Forster dichtete: »Würstlein
essen ist gut, doch ists was
Alltägliches, Kleines:
Aber Würstlein essen,
die knusprig und frisch,
mit Sauerkraut im pikanten
Gemisch,
sitzend an einem histori-
schen
Tisch,
das ist was Feines!*

Es war Wohnhaus des Nürnberger Goldschmiedes Wenzel Jamnitzer
*(1508–1585), Oberhaupt einer verzweigten, Gold schmiedenden Familie
und bekannt für seine ausgefeilten Techniken und Feinheiten des Gefäß-
schmuckes. Sein berühmtestes Werk, der Merkel'sche Tafelaufsatz, wurde
vom Rat 1880 an die Rothschilds in Frankfurt verkauft, und ist heute im Am-
sterdamer Rijksmuseum.*

**Albrecht-Dürer-
Straße 17, 11, 6**

Im Patrizierhaus (Nr. 11) ist der Hof mit Brunnen sehenswert,
das Fachwerkhaus (Nr. 6) stammt von 1599.

Zum Sebalder Pfarrhof gelangen wir durch die Füll, ein Straßen-
zug mit reich ausgestatteten, vornehmen Bürgerhäusern (Haus Nr.
6 mit malerischem Hof, Holzgalerien und gotischen Maßwerken).

Füll

Wer sich das alte Gasthaus »Essigbrätlein« anschauen möchte,
geht eine Straße südlicher über den Weinmarkt. Hier versammelte
sich der Widerstandskreis um *Joseph Drexel* (siehe S. 147). Der
Weinmarkt wird vom Verwaltungsgebäude des Kaufmännischen
Vereins Merkur beherrscht.

Weinmarkt 3

Im Essigbrätlein tagte vom 14. bis 16. August 1869 der Kongreß
der Metallarbeiter und beriet die von Bebel ausgearbeitete Nor-
malstatuten für die internationalen Gewerksgenossenschaften.
Noch im gleichen Jahr wurde in Braunschweig die »Internationale
Metallarbeiterschaft« gegründet. Das Essigbrätlein kann also
durchaus als »Wiege« der größten Einzelgewerkschaft der Welt bezeichnet werden.

Die Hauptfront des Sebalder Pfarrhofes schmückt ein großes
steinernes Chörlein, die ehemalige Hauskapelle der Pröpste von St.
Sebald, in der das Gedicht vom »Theuerdank« über Maximilian I.
und seine Brautfahrt nach Burgund (angeblich von Kaiser Max I.
selber, überarbeitet von Propst Melchior Pfinzing) entstand mit
Holzschnitten von *Lukas Cranach.*

Gegenüber, nördlich von der St. Sebalduskirche, stand die alte
Moritzkapelle, ein schlanker Saalbau wie die alten Bettelordenkir-
chen, darangebaut das weltbekannte Bratwurstglöcklein, das als

Sebalder Platz

Geburtsstätte dieser kulinarischen Spezialität gilt. Es handelte sich um eine Garküche (heute würde man Bistro sagen), wo im Mittelalter nur Brot, Käse, Bier und, als Armeleuteessen, aus Fleischereiresten diese Bratwürstchen hergestellt wurden (der einzige Wirtshausartikel, der auch über die Straße verhausiert werden durfte). Es gab vier dieser (im ganzen streng nach Rang und Angebot gegliederten) Gaststätten, jedes einem Tor zugeordnet, wie das Bratwurstglöcklein dem Neutor. Die Packknechte der hereinkommenden Kauffahrzüge konnten sich hier billig den Magen vollschlagen. Im 18. Jahrhundert wurde dann daraus eine Fremdenverkehrsattraktion. Nebenan stand auch das »Goldene Posthorn«, Nürnbergs älteste Weinstube von 1496.

Die St. Sebalduskirche ist die älteste Kirche der Stadt mit dem weltberühmten Sebaldus-Grab von *Peter Vischer* aus der Zeit um 1515, das die Stadt, tief verschuldet, 1806 verkaufen wollte. Auch die amerikanische Kirchengemeinde, die Anfang der 50er Jahre die Reliquien für eine hohe Summe kaufen wollte, hatte kein Glück. Die völlig ruinierte Kirche verdankt ihren Wiederaufbau der genialen Methode des Architekten *Wilhelm Schlegtendal*, die ausgeglühten Turmstümpfe zusammenzuhalten und ihnen Steh- und Tragfähigkeit zu erhalten.

Die Einrichtung — ob Altar oder Gemälde, ob Statue oder Farbfenster — kehrte, wie für andere historische Bauten der Stadt, aus dem Kunstbunker Obere Schmiedgasse zurück, wo sie während des Bombenkrieges verwahrt werden konnte. Weder Vischers Sebaldusgrab noch Veit Stoßens Leidenstriptychon, noch das Wikkel'sche Kruzifix aus derselben Hand mit den beiden Assistenzfiguren muß heute jemand vermissen, wenn er die alte Pfalz- und Pfarr-

---

Seit 1984 gibt es wieder eine Brauerei in der Altstadt. Um die Tradition des handwerklichen Brauwesens wiederaufleben zu lassen, installierten die Neumarkter Lammsbrauer über den ausgedehntesten historischen Bierkellern zwischen *Berg-* und *Albrecht-Dürer-Straße* eine Kleinbrauerei. Diese »Hausbrauerei« arbeitet in einem, im Zuge der Sanierung der um den sogenannten *Altstadthof* gelegenen Häuser, eigens errichteten Gebäude auf nur 80 Quadratmetern Grundfläche (Bergstraße 19).

Sudhaus und Gärkeller wurden liebevoll, mit in ganz Deutschland gesammelten historischen Gerätschaften ausgestattet. Nach altem Vorbild wurden die kupferne Sudpfanne, der Läuterbottich, die hölzernen Gärbottiche und Lagerfässer hergestellt. Dem Braumeister kann bei seiner Arbeit jederzeit über die Schulter geschaut werden.

Die zum Brauen verwendeten Materialien werden von der Stammfirma aus Neumarkt geliefert. Da das Nürnberger Wasser zu hart und damit zum Bierbrauen ungeeignet ist, wird sogar das Wasser aus Neumarkt mit dem Tankwagen gebracht. Besonderen Wert legt man bei der »Hausbrauerei Altstadthof« auf die Verwendung naturreiner Rohstoffe. Das Bier wird weder stabilisiert noch filtriert, bevor es in die Literflaschen mit Bügelverschluß abgefüllt wird. Zu kaufen gibt es diesen außergewöhnlichen Gerstensaft nur am Verkaufsstand im »Altstadthof«. Dort befindet sich auch der Ausgangspunkt zur Besichtigung der zur Lagerung des Bieres benutzten *mittelalterlichen Felsenkeller*.

Christian Koch

basilika besucht. Die Rotarier finanzierten eine Reparatur des Marienportals und eine Freilegung seiner alten Fassung; seit 1975 ist eine moderne Riesenkonzertorgel mit erstaunlichem Klangradius vorhanden, und 1978 kam gar der alte Engelschor, die Kaiserempore über dem Westchor, zu Gestalt und Würde. Die Kirche birgt eine Fülle von Kunstwerken aus dem Besitz Nürnberger Patrizierfamilien.

Der Albrecht Dürer-Platz ist in seinen soliden überzeugenden Maßverhältnissen, wenn auch meist neuen Gebäuden, um das ehrwürdige Denkmal des Meisters herum (1828—1840 von Daniel Rauch) wiedererstanden.

Albrecht-Dürer-Platz
❹

An sich typische Altstadtstraßen, wie Füll und Obere/Untere Krämersgasse, mit wenig Substanzverlust im 2. Weltkrieg, wurden in der Folgezeit durch die Tätigkeit der Altstadtfreunde in einer Weise angereichert, wie das nur durch die zupackende Initiative privater Idealisten möglich ist. Historische Höfe mit Maßwerkbrüstungen und Segmentbogenlauben wurden ausgebessert oder gar neugestaltet, Barockchörlein aller Stilwandlungen (ein typisches Element Nürnberger Kleinarchitektur, siehe S. 53), Aufzugsgauben und Hauszeichen angebracht. Unter den freigelegten Fachwerksfassaden ist ein Haus (Ecke Obere/Untere Krämersgasse), das mit seinen übertretenden Stockwerken, seinem Krüppelwalm und seinem Interieur (gotische Holzverschalung) an den Wert des Dürerhauses heranreicht.

Untere Krämersgasse 18

Die Burgstraße besteht heute zwar wesentlich aus Neubauten, aber da haben am früheren »Haus zum Schneck« die Altstadtfreunde wieder den vertrauten Amoniten angebracht; weiter nördlich Ecke Schildgasse steht eine Hausfigur in brandneuer Fassade à la 14. Jahrhundert, die Nachbildung einer Eckfigur am Frauenkirch-

Burgstraße

Ohn' Gottes Gunst
all Brauen umsunst

Die aus den Felsen herausgehauenen Kellergewölbe des Burgviertels, gewissermaßen die Katakomben Alt-Nürnbergs, waren teilweise unterirdisch verbunden und kühlten die Warenvorräte.

Paradies. Wir verdanken sie dem verstorbenen Bildhauer *Jakob Hofmann.* Weiter südlich, Burgstraße 8 (Westseite), prangern an dem jetzigen Bau vom Altbau her zwei Greif-Plaketten (Haureliefs), der eine (Greif)vergoldet, der andere, größere, mit Resten alter Farbfassungen, die man sorglich freigelegt hat, ungestüm wild einen Löwen verschlingend: Hauszeichen haben nichts mit »Adel« zu tun, sie sind ein uraltes Persönlichkeitsrecht. Knapp darunter liegen die Restflügel des alten Dominikanerklosters, das in seinem kompletten Zustand vor dem Krieg die Stadtbibliothek (jetzt Egidienplatz 23) aufgenommen hat. Die Gebäude sind jetzt dem Gesundheitsamt zugeschlagen.

Prunksaal des Rathauses aus dem 17. Jahrhundert mit Motiven aus der römischen Geschichte vor der Zerstörung. Die Täfelung der Seitenwände relativiert die Wucht der Decke.

Burgstraße 15

❺

Höhepunkt der heutigen Burgstraße aber ist das Fembohaus, sandsteinern, gekrönt mit einem Sichtgiebel mit Quetsch-Voluten und brabantischen Hornspitzen. Das einzige erhalten gebliebene Bürgerhaus der Nürnberger Spätrenaissance, das innen und außen seine volle Substanz bewahrt hat, wurde von *Dr. Wilhelm Schwemmer* 1958 in ein städtisches Wohnmuseum umgewandelt und mit Einrichtungsgegenständen aller Art (Wandverschalungen und sonstigem), die die Nürnberger Spitzenwohnkultur der Jahrhunderte mit ihren verschiedenen Stilepochen aus dem 16., 17. und 18 Jahrhundert fast lückenlos zeigen. Das Haus bringt von sich aus viel mit — darunter ein gewaltiges Vestibül mit italienischer schwerer Stuckdecke (im zweiten Stock), ein Werk *Carlo Brentanos.* Zum Anwesen Krämersgasse 12 wurde in den 70er Jahren ein alter Wassergang von der Burg her freigelegt.

Rathausplatz

Seit 1963/64 steht der gesamte Rathauskomplex wieder — reizvoll daran nach wie vor der »Kontrapunkt« zwischen dem Sebalder Hallenchor, der nur aus Rippen und Glas besteht (Gotik, »Kunst der Auflösung«) und der mächtigen Zeilenfassade im Stil der italienischen Palastrenaissance (1622) des Wolff'schen Rathausbaus.

Vorgegliedert ist dem Karree in Richtung Markt der »Große Rathaussaal« (1332—1339). Der stattliche Steinbau mit Elementen der

Sakralgotik und repräsentativer Schauseite wurde damals nur im Hinblick auf die speziellen Aufgaben der Reichsstadt Nürnberg unter den Luxemburger Kaisern gebaut. Die Stadt hat für ihn einen Klostergarten ankaufen müssen, obwohl es woanders bereits ein leistungsfähiges Rathaus gegeben hat. 1521 wurde der Saal mit einer prachtvollen Holztonnendecke ausgestattet, die er bei seinem jetzigen Innenwiederaufbau neu erhielt.

Anschließend an den Rathaussaal verdient noch der Beheimsche Ratsstubenbau mit seinem transparenten Fassadenüberzug (Nachgotik 1514) Beachtung. Die nach Norden an der Rathausgasse weiterhin folgenden Rathausteilbauten, darunter der Plenarsaal, an der

Fünferplatz 2

Frisches aus dem Knoblauchsland, Gewürze, Öko-Kuchen, Blumen.

Theresienstraße/Südseite dann ein vorgezogener, in dieser Art neuer Schenkel des Wolff'schen Baues und an der Nordseite ältere, nach '45 »versachlichte« Bauten des Nürnberger Stils im 19. Jahrhundert, sind in der Gesamtkonzeption von beachtenswerter Harmonie.

Theresienstraße

Zugedeckt von alten Häusern, war früher dem Passanten der Rathausgasse die stattliche Längsfront des großen Rathaussaals nicht sichtbar. Jetzt bildet diese Partie — zusammen mit der triangelförmigen Rückseite des Schnekkendorfbaus am Hauptmarkt im Süden, dem Bau des Gasthauses »Bratwurströslein« (60er Jahre) im Osten und dem Rathaussaal selbst im Norden einen eleganten Lichthof, in dem auch das Gänsemännchen (Kleinbrunnen, früher hinter der Frauenkirche) steht.

Den Raum des heutigen Hauptmarktes nahm damals das Ghetto der Juden ein, hart an der Südfront der alten Stadtmauer gelegen und vom Pegnitzsumpf unterlaufen, in dem die Bewohner nur mittels massiver Hartholzbohlen ihren elenden Behausungen, Ställen und Scheunen den nötigen Halt vermitteln konnten. Es handelte sich offensichtlich um das schlechteste Nürnberger Wohngebiet.

Hauptmarkt
❻

Das Ghetto lag ungefähr im geografischen Mittelpunkt der beiden Halbstädte, die hier ihre politische Einheit auch durch einen geplanten, quadratischen und auf die Zukunft ausgerichteten großen Hauptmarkt sichtbar ma-

chen konnten, — mit einer repräsentativen hochgotischen Markthallenkirche im Mittelpunkt, der natürlich die alte ärmliche Synagoge nebst Judenschule zum Opfer zu fallen hatte — welch Königsgedanke! Ein Königsgedanke dazu, für den man bei Karl IV. aus dem Hause Luxemburg auch glücklich ein offenes Ohr fand, sicherlich beflügelt durch die Vorstellung, daß das neue »Gotteshaus« als königliche »Palastkapelle« ins Leben treten sollte. Karl war nämlich superfromm, weshalb ihn viele Leute als einen Frömmler, einen Papsthörigen und Pfaffenknecht beschimpften. Karl konnte über die Juden und ihr Geld, da sie ja »königliche Kammerknechte waren«, was absolute Rechtlosigkeit bei jedem räuberischen Übergriff »von oben« implizierte, in jeder Richtung verfügen. Auf seine Weise war der fromme Herr durchaus »edelmütig«: Die Nürnberger durften den Segen der gesamten Judenhabe durchaus für sich vereinnahmen, soweit nicht der Burghof und der Bischof von Bamberg ihren Anteil verlangten. Karl der Selbstlose wollte keinen Pfennig davon. Die Juden aber wurden all ihres Hab und Gutes beraubt und gleich noch mit den Trümmern ihres Ghettos am Judenbühl, dem heutigen Stadtpark, bei lebendigem Leib verbrannt.

Auf dem Hauptmarkt hat sich allerhand ereignet. Im Spätmittelalter vollführten hier die Handwerksinnungen ihre Tänze und junge Patrizier, die gerne dem Handel ebenbürtig sein wollten, ihre turnierartigen Gesellenstechen (der Landadel jedoch ließ die »Ebenbürtigkeit« nur auf dem Heiratsmarkt gelten, bei der zünftigen Mitgift der Patriziertöchter!).

Höhepunkte und positive und negative Ereignisse von überregionaler Bedeutung hat der Nürnberger Hauptmarkt natürlich auch gesehen. Bei der Verklärung des Mittelalters in schon reichlich deutschtümelnder Einkleidung während des späten 19. Jahrhunderts spielte der Markt eine Hauptrolle. Er war ein Lieblingsmotiv der Maler *Paul und Lorenz Ritter*, die mit Vorliebe spektakuläre historische Ereignisse darstellten, wie die feierliche Einbringung der Reichskleinodien, die damals Kaiser *Sigismund von Karlstein* in Böhmen vor den Hussiten nach Nürnberg schaffen ließ.

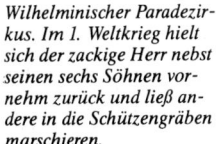

Wilhelminischer Paradezirkus. Im 1. Weltkrieg hielt sich der zackige Herr nebst seinen sechs Söhnen vornehm zurück und ließ andere in die Schützengräben marschieren.

Von einem Haus an der Westseite des Marktes wurden sie von da an in einer feierlichen Zeremonie, die sich bald zum Volksfest auswuchs, alljährlich dem Volke gewiesen, letztmals 1523 am Vorabend der Reformation; ihr Unterbringungsort war die Spitalkirche, wo sie in einem versilberten Schrein, den Dürer mit den Bildnissen Karls des Großen und Sigismunds geschmückt hat, von der Decke hingen. Vor den anrückenden Revolutionstruppen des Generals Jourdan wurden sie in den Koalitionskriegen wiederum aus Nürnberg fortgeschafft. Von da an wurden sie in Wien aufbewahrt, wo sie sich bis heute befinden — mit der Unterbrechung von 1938 bis 1946. Hitler hatte sie beim »Anschluß« Österreichs nochmals nach Nürnberg geholt und in der Meistersingerkirche zur Schau stellen lassen.

1905 fand hier zur Einweihung des Denkmals für Kaiser Wilhelm I. am Egidienplatz ein militärisches Zeremoniell, ein ausgedehnter Paradezirkus mit Wilhelm II. an der Spitze, auf dem Hauptmarkt statt.

Im Februar 1933, also schon während der ersten Regierung Hitler und im Zeichen des drohenden Sieges der Nazi-Partei bei den bevorstehenden Reichstagswahlen, haben die Verteidiger der Freiheit an der »Eisernen Front« auf dem Hauptmarkt noch einmal alle ihre Getreuen aufgeboten, um für die Sache des Rechtes und der Freiheit zu demonstrieren.

Als Integrationsfigur aller demokratischen Kräfte gebot damals in der Stadt noch der Oberbürgermeister Dr. Luppe. Nach der »Machtübernahme« mußte der »deutscheste aller Plätze« sich dann die Umbenennung in »Adolf-Hitler-Platz« gefallen lassen, und am 5. Mai wurde hier wieder einmal verbrannt — zunächst nur Bücher politisch unliebsamer Zeitgenossen; Menschen, wie damals 1349, noch nicht, das kam später — und gründlicher.

Am 31. April 1945 marschierten die Amerikaner vor improvisierten Tribünen zu ihrer Siegesparade auf. Seit 1946 erlebte der lädierte Platz auch wieder das schüchterne Erwachen erster deutscher Polit-Initiativen. Bei einer SPD-Versammlung war ein großes »A« in Styropor aufgestellt, was »Aufbau« bedeuten sollte, und bei dieser Gelegenheit haben sogar schwedische

»Das rote Nürnberg marschiert«, schrieb die fränkische Tagespost, als der Selbstschutzverband »Eiserne Front« sich Kopf an Kopf auf dem Hauptmarkt drängte. »Keiner wollte zu Hause bleiben«. Einen Monat später war der Verband verboten, die wichtigsten Funktionäre verhaftet.

und englische Genossen gesprochen. Auch Niemöller war um diese Zeit einmal da, und selbst Wilhelm Pieck ließ sich sehen.

Vor dem Faschingsdienstag findet auch der übliche Fünf-Tage-Rummel statt; heimkehrende Fußball-Asse und Olympioniken lassen sich hier feiern; der Volksfestzug in Nürnbergs Süden nimmt hier seinen feierlichen Auftakt und seit dessen Einrichtung 1971 auch der des Altstadtfestes. Die Gewerkschaften absolvieren ihre Maifeiern seit Existenz ihres neuen Verwaltungsgebäudes am Kornmarkt nur mehr gelegentlich am Hauptmarkt. Seit dem »Dürerjahr« 1971 findet hier der in Abfolge und Gestalt so oft veränderte Trempelsmarkt statt. Auch das Fronleichnamsfest wird hier jedes Jahr im Juni gefeiert und bei Konzerten werden riesige Zelte aufgeschlagen. Zu Ostern und im Herbst lebt der »Häferlesmarkt« auf.

Tausend Gerüche im Fränkischen Weihnachtsparadies. Am letzten Freitag vor dem 1. Advent geht es los und alle gehen hin.

Die beiden eindrucksvollsten Bauschöpfungen auf dem Markt sind die Frauenkirche und der schöne Brunnen.

Frauenkirche

Als die Frauenkirche 1987 einer gründlichen Restauration unterzogen wurde und bei dieser Gelegenheit auch ihre Fundamente offen lagen, ragten aus diesen zwei fremdartige nach Jerusalem gekantete Pfeiler hervor, die zur einstigen, 1349 abgebrochenen Synagoge und Judenschule gehört haben müssen. Wie verstümmelte Finger ragten sie anklagend in die Höhe. Dieses Vorkommnis machte uns Heutigen beredsam deutlich, daß der kostbare Sakralbau auf der Basis der Blutschuld und des Mordes, also der Schande, gründet.

Kaiser Karl IV. ließ die Kirche 1352–61 mit einer gesonderten Kaiser-Empore bauen, dem sogenannten Michaelis-Chor, und zwar über der westlichen Vorhalle (dem »Paradies«), denn nach der Vorstellung der Zeit, einem byzantinischen Erbe, hatte der Kaiser als besonderer Vermittler zwischen

Christkindlmarkt

Aus Gewohnheitsrecht entstand um 1610 (nicht, wie irrtümlich oft gesagt, im Mittelalter) die Vorform des Christkindlmarktes. Natürlich ging es da noch recht bescheiden zu: Der Markt währte nur drei Tage vor Weihnachten, und abends mußten die leichten Schrägen jeweils abgenommen werde. Anlaß zu dieser Marktentstehung war der Brauch der Reformatoren, ihre Kinder nicht mehr vom »Nikolaus«, sondern vom »Heiligen Christ« bescheren zu lassen. Docken und Bänder, später die Erzeugnisse des Wachsbildes, waren das Hauptsortiment des Weihnachtsmarktes. Aus dem 18. Jahrhundert stammen die heute noch beliebten und trotz des teuren Preises en masse verkauften Nürnberger Engel mit den prächtigen Samtkleidern und goldenen Locken; der Rauschgoldengel — den Kopf aus Holz oder Kork geschnitzt, Kleidung, Flügel und Krone aus feinem Kupferblech gebildet — kam hinzu. Im Industriezeitalter wurde er ein regelrechter Massenartikel aus Kork und Papier.

Immer erfreute sich der Markt nicht der Beliebtheit von heute: Wegen des Lärms beschwerte sich öfter die Geistlichkeit der Frauenkirche beim Rat, und der Verkauf mußte während der Sonntagsgottesdienste ausgesetzt werden. Während des dreißigjährigen Krieges wurde der kleine Markt wegen der Schwere der Zeiten auf den Saumarkt (heutigen Trödelmarkt westlich des Hauptmarktes) verbannt. Zuweilen gab es auch Ärger und Marktverbot wegen des Feilhaltens pornografischer Artikel.

Der Massenbetrieb des Marktes, wie wir ihn heute kennen, setzte während des Industriezeitalters ein; im späten 19. Jahrhundert gab es auch schon erheblichen Verkehrsstau, weil die Crème de la Crème mit ihren Privatkutschen anrückte. Während der Weimarer Zeit fand der Weihnachtsmarkt nicht regelmäßig auf dem Hauptmarkt statt; er wich zwischenzeitlich auf die Insel Schütt oder das Prinzregentenufer aus.

Der Zauber mit den lichterketten- und girlandengeschmückten Zugangsstraßen, wie er heute üblich ist, auch die alljährliche festliche Eröffnung mit dem »Christkindlein« (zuerst die Stadtschauspielerinnen *Sophie Keeser* und *Irene Brunner*, ab 1969 dann — welch Super-Idee! — ein »unverfälschtes natürliches Kind« aus dem Volke, jeweils für zwei Jahre »gekürt«) auf der Frauenkirch-Empore mit Weihnachtsgedichten und Liedern, war eine Erfindung des NS-Bürgermeisters *Willy Liebel*, die die breite Masse aber angenommen hat, so daß es ihn — eben in der genannten Form — seit 1946 wiedergibt. Den neuen »Prolog« hat der damalige Dramaturg des Nürnberger Sprechtheaters, *Friedrich Bröger*, Sohn des bekannten Arbeiterdichters Karl Bröger, verfaßt. Die Institution des »Nürnberger Nikolauses«, der während des Festes gelegentlich die Kinder aus den städtischen Jugendheimen beschert, mal den Alten eine Freude macht, und auch sonst manch sinnreiche weihnachtliche Liebesdienste tut, wurde inzwischen ebenfalls erfunden. Auch »Christkindlein« »wächst« immer mehr mit seinen Aufgaben: es ist z.B. schon zu Reklamezwecken einer Lebkuchenfirma aufgetreten, die auf eigene Kosten alle bisher amtierenden »Christkindlein«, einschließlich der beiden Schauspielerinnen aus der »Anfangszeit«, einkleidete. Alle zwei Jahre können sich Mädchen um die Rolle bewerben. Die Zeitschriften veröffentlichen die Bewerbungen und die Leser dürfen wählen.

Und obwohl der Markt aus nichts besteht als aus allerweltsüblichen Verkaufsbuden, die Anbieter Geschäftsleute aus der Stadt sind, deren Warensegen — außer vielleicht den Christbaumkugeln — das ganze Jahr über in den Geschäften zu haben ist, schwärmen die Leute, Eingeborene wie Auswärtige, zum »Kindlesmarkt« aus. Mit unzähligen Bussen lassen sie sich in die Herzmitte Nürnbergs karren — aus Städten und Orten der ganzen BRD, wiewohl es dort mittlerweile selbst den gleichen Budenzauber gibt.

Helmut Häußler

Im Betonmantel überstand der schöne Brunnen den Bombenkrieg.

Gott und dem Gottesvolk auf Erden dem Gottesdienst auf einer westlichen Empore beizuwohnen. *Die Parler, die Schöpfer der Frauenkirche, bauten in der Frauenkirche auch die erste Nürnberger Kanzel, als Typus eine spezielle Einrichtung der Dominikaner zur Volksbekehrung. Die Filiale der Schön-Brunnen-Pyramide ist übrigens nicht, wie viele Fremdenführer immer noch erzählen, die Helmspitze des Liebfrauen-Dachreiters gewesen. Kirche und Brunnen existierten schließlich über ein Jahrhundert nebeneinander.*

Die Frauenkirche, von deren Westplattform Karl I V. zum festlichen Anlaß der hiesigen Geburt des Thronfolgers Wenzel dem Volke die Reichsinsignien vorwies, wich im Aufbau ihres Westwerkes von dem heutigen wesentlich ab. Auch das »Männleinlaufen«, das mechanische Uhrwerk mit den sieben den Kaiser umlaufenden Kurfürsten im roten Scharlachrock, ist erst ein Kind späterer Zeit (Rahmenbau des neuen Kunstgiebels: Adam Kraft; *Uhrwerk mit Mondphasenuhr, Stundentürmchen und den vielen Nebenfiguren:* Johann Georg Heuß *und* Sebastian Lindenast*).*

Der »Schöne Brunnen« ist eine 19 Meter hohe Brunnenpyramide in der Gestalt eines reich durchbrochenen hochgotischen Kirchturms, dessen 40-Figurenprogramm das seinerzeitige Weltwissen repräsentiert. Er ist mit allen Elementen der Sakralgotik versehen, wie Wimperge, Fialen, Plattformen und Schwippbögelchen.

Der Arabesken- und Knospen-Kranz über dem gotischen Rautengitter war damals nicht schwarz lackiert wie heute, sondern bunt eingefärbt. Im späten 17. Jahrhundert ging man mit dem Gedanken um, einen monumentalen Barockbrunnen in der Mitte des Hauptmarktes zu errichten. Der Schöne Brunnen, bis zur Unkenntlichkeit entstellt und verfallen, wäre damals abgebaut worden. Da man wegen der Unmöglichkeit, eine angemessene Wasserleitung zu bauen, von der Idee des Brunnenbaus abließ und die Figuren später nach Rußland verkaufte, wurde der schöne Brunnen dann doch erhalten. 1821−1824 sollte er von seinem unwürdigen Äußeren erstmals befreit werden. Doch der Brunnen mißriet: das architektonische Rahmenwerk geriet stilverfehlt spätgotisch und die neuen Figuren süßlich-romantisch, ohne Erinnerung an den herben Stil der Parler, dazu strich man den ganzen Brunnen steingrau an.

Neben Karl Hallers *Rundkolonnaden verschwand dann der Brunnen wie ein armer Verwandter im Abseits. Das Quadrat dieser Kolonnadenbauten war ein Vorläufer des modernen Kaufladens. Man kannte allerdings keine Einzelläden, sondern nur den überwachten Kollektivverkauf in einzelnen Marktzeilen. Marktvorgänger sorgten dafür, daß sich die Kunden möglichst gleichmäßig auf die einzelnen Verkaufsstände mit jeweils gleichem Sortiment verteilten. Erst nach Beseitigung der Kolonnadenbauten wurde der Brunnen 1902−1904 nach den Regeln moderner wissenschaftlicher Denkmalspflege restauriert. Das Kunstgitter bekam wieder seinen Arabeskenkranz, und der berühmte Messingring — angeblich ohne Naht, aber ein Ergebnis des im 16. Jahrhundert erfundenen Kalttreibens von Edelmetallen — wurde vom Schlossermeister* Leipold *erneut eingebracht, mittlerweile zum fünften Mal, denn er ist ein begehrtes Souvenir.*

Um die Jahrhundertwende stiftete der Hopfengrossist *Ludwig Gerngros* eine Kopie des Neptunbrunnens, der zur Erinnerung an das Friedensmahl nach dem Dreißigjährigen Krieg erstmals in der Mitte des Hauptmarktes aufgestellt werden sollte, dann aber an den Zaren Paul nach Rußland verkauft wurde. Die Kopie fand, nach der ursprünglichen Intention des 17. Jahrhunderts, Aufstellung in der Mitte des Marktplatzes — in der Diagonale zum Schönen Brunnen.

Der kopierte Neptunbrunnen, in dessen Becken die Marktfrauen seit 1902 ihre Salatbüschel wuschen, mußte indes bald wieder »wandern«. 1935 störte er die Nazis bei ihren Aufmärschen — und weil sein Stifter zufällig Jude war. Er wurde 1937 auf dem Marienplatz (knapp östlich der Altstadt) neu aufgebaut, in einem an sich gut passenden Milieu. Seit 1961 steht er im Stadtpark (siehe S. 106).

Die neue Südseite des Hauptmarktes mit durchlaufender Veranda auf Metallstelzen (Café Groll, Opatija) entstand um 1964; Arzt-, Anwaltspraxen und Geschäftsbüros haben sich hier mit Vorliebe einlogiert. Leise Erinnerungen an die terrassierten, allerdings abenteuerlich vielfältigen Bauformationen des 16. Jahrhunderts, die vor der Zerstörung die Nordseite des Hauptmarktes einnahmen, werden hier wach.

An der Westseite ging es nach dem Wiederaufbau zaghafter voran: Hier wurde in halber Höhe die neue Augustinerstraße (mit dem Parkhaus von 1964 an derselben Stelle, wo erst das Augustinerkloster und ab 1872/79 Julius Wolffs nachklassizistisch-byzantinischer Justizbau stand) eingebrochen, und 1967 mit dem sympathisch nüchternen und so echt Nürnbergischen »Lloyd-Haus« die letzte Baulücke geschlossen — auf dem Areal des alten Pirckheimerhauses, an dessen Hinterseite Dürer aufwuchs, und des hochmittelalterlichen, renaissance-kaschierten Turmhauses daneben, die natürlich auch Opfer des Krieges geworden sind.

Der neue Obstmarkt, der heute die große Nord-Süd-Verkehrsverbindung der Nürnberger Altstadt bildet, bietet mit Ausnahme des Rathauses am Fünferplatz, der Frauenkirchapsis und dem Heilig-Geist-Komplex im Süden den ganzen Charme alternierender Fassaden, Teilflächen und Gliederungen, deren die »Neue Sachlichkeit« unserer Sechziger (vom Rasterstil abgesehen) überhaupt fähig war. Um keiner seiner Einzelheiten willen, aber als ganzes, ist dieser langgezogene Platz beachtlich.

Hohe Summen wurden für den angeblich schönsten Brunnen geboten. Aber erst als die Stadt 14 Millionen Gulden Schulden hatte, durfte der Zar ihn in Petersburg (heute Leningrad) aufstellen. Der 1942 von deutschen Truppen zurücktransportierte Brunnen wurde 1947 wieder im Park von Schloß Petershof aufgestellt. Hier die 1902 auf dem Hauptmarkt aufgestellte Kopie.

Hauptmarkt 10

Obstmarkt

An seiner Nordseite rechts um die Ecke steht der Kraftsche Bau mit seinem Rautengewölbe im Vestibül und innen mit dem subtil erneuerten (1963) nachgotischen Laubenhof.

Theresienplatz

Weiter östlich liegt der Theresienplatz mit dem gewaltigen Martin-Behaim-Denkmal, einem Symbol wilhelminischen Großbürgerstolzes. Martin Behaim fuhr für die Portugiesen zu See und schuf kurz vor der Entdeckung Amerikas den ersten Globus (»Erdapfel«).

Hier steht das Pellerhaus noch auf dem Egidienplatz. Die Egidienkirche — die barocken Türme blieben stehen — wurde wieder aufgebaut.

Nach Norden, von der Straße aus, öffnet sich an dieser Stelle der Egidienplatz, der früher nur mit vornehmen Patrizierhäusern umstanden war. Rechts zunächst das südliche Kollegiengebäude des Gymnasiums Egidianum, seit der ersten Hälfte des 19. Jahrhunderts mit dem Standbild des Reformators *Melanchthon* davor.

Egidienplatz

Melanchthon hat die Gründung des Gymnasiums angeregt, Ratschläge erteilt und die ersten vier Lehrer dazu vermittelt, er selber konnte sich nicht von Wittenberg trennen. Der damalige, erhaltene Lehrplan ist ein interessantes Dokument des Humanismus. 1808 begann Georg Wilhelm Friedrich Hegel, *der mit seiner Dialektik das umfassendste und einheitlichste Lehrgebäude der deutschen Philosophie schuf und von dem Friedrich Engels behauptete, daß ohne seine theoretischen Arbeiten den Arbeitern »der wissenschaftliche Sozialismus nie so sehr in ihr Fleisch und Blut übergegangen« wäre, als Rektor der »Königlichen Gymnasialanstalt«, des späteren Melanchthon-Gymnasiums. Hier schrieb er sein Hauptwerk »Die Wissenschaft der Logik« und hier heiratete er 1811 die* Marie Freiin von Tucher, *die gegenüber im Tucherhaus wohnte.*

Das links zu sehende klassizistische Tucherpalais ist nur noch eine Fassade, die einen Neubau kaschiert. Wie angegossen harmonisiert mit den Schulgebäuden die Egidienkirche, die als Gesamtkomplex nach einem Brand errichtet wurden.

Egidienkirche

Wo heute die Egidienkirche steht, stand früher die alte Basilika des Schottenkloster »bei Sanct Ilgen«, in der Verbrecher Asylrecht genossen und die 1696 abbrannte, selber bereits auf den Resten eines Wirtschaftshofes der salischen Kaiser errichtet. In die 1711 errichtete St. Egidien-Kirche wurden drei Kapellen dieser Basilika als Bestandteile einbezogen. Inmitten all der Gotik imponiert die Kirche vor allem durch die beiden Barocktürme.

Am 11. April 1848 berichtete Gottfried Eisenmann *(siehe Seite 225)* in *der brechend vollen Egidienkirche den Bürgern über das Frankfurter Vorparlament zur Nationalversammlung. Aber kein Denkmal erinnert an die Anfänge der demokratischen Bewegung. Dafür steht in der Mitte des Platzes das Standbild Kaiser Wilhelms I. (1905 von Wilhelm von Ruemann), der 1848/49 in Baden die Erhebungen der Bürger als »Kartäschenprinz« zusammenschießen ließ. 120 Jahre später verhinderten hier 15.000 Menschen eine geplante NPD-Schlußkundgebung. Von der Kundgebung des DGB in der Nürnberger Messehalle zogen Demonstranten in langem Zug zum Egi-*

dienplatz und protestierten nicht nur gegen die NPD, sondern auch gegen die Polizei, die sie mit Wasserwerfern empfing.

Den Platz beherrschte bis 1945 das Pellerhaus, das einmal als schönstes aller vornehmen Bürgerhäuser galt. »Palast« wurde das vom Großkaufmann *Martin Peller* 1600-1605 errichtete Haus damals genannt, das viele hohe Gäste beherbergt hat. Der Renaissancebau war vor allem für seinen von steinernen Arkaden umgebenen Hof berühmt, dessen Reste in den 1957 errichteten Neubau der Stadtbibliothek und des Stadtarchivs einbezogen wurden. Das Ämtergebäude ist zwar einem mittelalterlichen Dienstmannsturm nachempfunden, konnte den prächtigen Hof leider nur als Atrappe konservieren. Im Hof steht der, ursprünglich für das Herrenschießhaus bestimmte Apollobrunnen.

Östlich an den Egidienplatz schließt sich der Komplex der hiesigen Evangelischen Gesamtkirchenverwaltung an, und unten in der »südlichen Talsohle« erreicht inzwischen die Theresienstraße, die sich ab da »Innere Laufer Gasse« nennt, den Laufer Schlagturm mit den »Losunger«, einer freien Nachbildung überkommener Bauverhältnisse (heute Ordnungsamt). In dem alten Haus Nr. 37 befindet sich die Kinokneipe »Meisengeige«.

Die Grübelstraße erinnert an *Konrad Grübel*, »Ahnherr« der Nürnberger Mundartdichter. Er wohnte in dieser Gasse, sein Haus ist allerdings zerstört. Der Grübelsbrunnen aus dem 19. Jahrhundert wurde 1983 westlich vom Laufer Schlagturm aufgestellt. Grübel wurde von Goethe entdeckt und geschätzt. Wie Hans Sachs schaute er den Leuten »aufs Maul«, wollte aber kein Dichter, sondern nichts weiter als der Stadtflaschner Konrad Grübel sein.

Ohne Kopf und Reiter, aber schon mit Stiefeln. Das Standbild Kaiser Wilhelms I. wird errichtet.

Egidienplatz 23

Grübel war für seinen trockenen Witz bekannt, mit dem er das kleinbürgerlichstädtische Leben in der Nürnberger Mundart besang. **8**

Sebalder Altstadt 47

An der Stelle, wo die 1874 eingeweihte Hauptsynagoge stand (Hans-Sachs-Platz), erinnert ein Gedenkstein an ihre Zerstörung durch die Nazis im November 1938.

Insel Schütt
❾

In diesem Viertel stand in der früheren Prechtlsgasse das Café Merk, in dem wichtige gewerkschaftliche Entscheidungen fielen; in das die Sozialdemokraten ihre Parteikonferenzen einberiefen; in dem die Polizei versuchte, Frauen und Minderjährige von den Versammlungen auszuschließen; und in dem alle relevanten Strömungen der zerstrittenen Arbeiterbewegung der 20er und 30er Jahre Büros hatten.

Südwestlich erstreckt sich das Judenviertel (Judengasse, Untere Talgasse, Wunderburggasse, Tucherstraße, Hans-Sachs-Gasse, Neue Gasse). Judenviertel heißt es deshalb, weil sich hier nach dem verbrecherischen Pogrom von 1349 (den Juden wurde unterstellt, daß sie die Pest anzaubern, Brunnen vergiften und Kinder schänden) schon um 1353 die zweite Nürnberger Judengemeinde ansiedelte, die dann, 1499, unter Billigung Maximilians, des letzten Ritters, wieder ihr Bündel packen mußte — diesmal bis 1850.

Heute wird dieses Gebiet vom sozialen Wohnungsbau der 50er und 60er Jahre vereinnahmt (Adenauer: »Dat haben die Nürnberger fein jemacht«.) Noch viel feiner ist allerdings der sich anschließende Spaziergang entlang der malerischen Ufer unseres »Hausflusses«.

Die Pegnitzlandschaft

Unser Spaziergang führt jetzt an die Uferwege der Pegnitzlandschaft, ein malerischer Fußweg quer durch die Altstadt. Früher haben die prächtigen alten Häuser auf der Nordseite des nördlichen Flußarmes über die Ufer vorgehangen und niemanden herangelassen. Seit der Zerstörung der Stadt kann man den ganzen Verlauf des Flusses im Zwischenmauerbereich unmittelbar abgehen. Ein ununterbrochener Weg führt stets an einem der Ufer und manchmal sogar beide Ufer entlang.

In fernen Zeiten war der heute so brave »Hausfluß« ein wildes, breites Gewässer, das zwischen schlammigen Schilfufern vorbei und über schüttere Furten hinwegschoß, die vor allen Brückenbauten die beiden noch weit auseinanderliegenden Stadtteile verbanden. Die allerersten Siedler (Illyrer) nannten den tosenden, schäumenden Wildling aus dem Fichtelgebirge »Paganza«.

Kurz hinter der Wöhrder Wiese und Steubenbrücke teilt sich der Fluß in einen nördlichen und einen südlichen Teil und bildet die Insel Schütt, seit den 80er Jahren ein blühender Garten mit wenig Architektur.

Auf der Insel Schütt (der Name kommt von »Aufschüttung«) hat sich vieles abgespielt. In der Revolutionszeit 1848/49 fanden hier Großkundgebungen statt, vor dem 1. Weltkrieg die Maidemonstrationen der Arbeiter. 1920 wurde hier eine sozialistische Arbeiterdemonstration im Gefolge des Kapp-Putsches von einem Hauptmann Heiß und seiner Mord-Soldadeska (»Reichskriegsflagge«) brutal und blutig zusammengeschlagen. Hier bewirtete Streicher mitten im kalten Winter an 800 weißgedeckten Tischen 3.000 »Volksgenossen« mit dem ersten öffentlichen Eintopfessen zugunsten des Winterhilfswerks.

Im Süden verläuft das sich regenerierende Wespennest, wobei die alte Laubenhäuser-Romantik wiederzukehren scheint, und eng dahinter versteckt sich das alte Nonnenkloster St. Katharinen, das seit 1882 einen Teil der Stadtbibliothek enthält. Und gemeinsam erreichen dann beide Flußarme Heubrücke und Heugäßchen.

Blick auf die Fleischbrücke. 2123 Pfähle wurden in die Pegnitz gerammt, um die Brücke zu bauen.

Der Nordarm der Pegnitz fließt zwischen den Komplexen des Heilig-Geist-Spitals hindurch, das bei den Nachkriegs-Restaurationen in der Substanz erhalten und nur leicht »versachlicht« wurde, jener Komplex des Heilig-Geist-Spitals mit malerischen Innenhöfen, den erst Hans Beheim d. Ä. 1520 gebaut hat: Wasserhof und Großer Heilig-Geisthof, der so lebhaft an den Kreuzgang eines alten Klosters erinnert und wo auch kulturelle Veranstaltungen stattfinden. Danach folgt der Riegeltrakt der »Sutte«, der vom ältesten Gebäudekomplex des Spitals rechtwinklig und von einem Doppelbogen getragen über die Pegnitz hinweg gebaut wurde, ein malerisches Motiv, von der Museumsbrücke her Blickfang der Einheimischen und Fremden, eine der meist fotografierten und gemalten Partien des alten Nürnberg. Im Erdgeschoß der »Sutte« ist eine Weinstube. Das Spital wurde 1339 zur Versorgung für kranke und hilflose Personen gestiftet. Heute ist es ein städtisches Alterswohnheim mit Ein- und Zweizimmerwohnungen.

Spitalgasse 16

Die Heilig-Geist- oder Spitalkirche, in der seit 1424 die Reichskleinodien — Krone, Reichsapfel, Zepter, Schwert, Heilige Lanze — aufbewahrt wurden (siehe Seite 40f.), wurde bis auf die Nordwand (Hans-Sachs-Platz) zerstört. Das Südschiff ist durch die nüchterne Front des Studentenheimes Heilig Geist ersetzt.

Die Südufer des Flusses ziehen am Bergauer Platz vorbei, am hellen und fast zierlichen Altbau der Bayerischen Vereinsbank

Findelgasse 7

**Spitalgasse 2/
Museumsbrücke**
⑩

*Die Museumsbrücke vor
dem 1. Weltkrieg. In der
Mitte ist noch das Restaurant Douglashöhle zu sehen, Treffpunkt der Buchdrucker bis in die Zeit der
Illegalität.*

(1950 von Sepp Ruf) und am alten Kollegiengebäude der 6. Fakultät, einem wuchtigen Bauwerk im Nürnberger Stil. An einem der Institute der früheren Wirtschaftshochschule, die seit Anfang der 60er Jahre wirtschafts- und sozialwissenschaftliche Fakultät der Universität Erlangen-Nürnberg ist, lehrte von 1928-1942 der in Fürth geborene spätere Bundeskanzler *Ludwig Erhard*. Beide Gebäude zusammen überdecken einen Teil des früheren Barfüßerklosters. Die Pegnitz-Passage mit ihren offenen Laubengängen schließt sich an.

Direkt bis zur Museumsbrücke wird der Fluß im Norden von der alten Spitalapotheke begleitet, einer der ältesten Apotheken, von deren Südwestkante eine moderne Figur des Spitalsstifters Groß herabschaut, die Stiftungsurkunde seines Spitals in Händen haltend. »Die Arzeneyen in bester Qualität und nicht allzuteuer herzugeben«, war einst die Bedingung des Rates der freien Reichsstadt an den Verwalter der 1486 gestifteten Apotheke. Erst 1635 wurde sie für 3220 Gulden käuflich erworben.

Die Museumsbrücke führt an der engsten Stelle der Pegnitz über den ältesten Flußübergang der Altstadt und trägt ihren Namen nach dem Gesellschaftshaus Museum, das bis 1945 an der Brücke stand. Sie wechselte oft ihren Namen. Sie war als »Barfüßerbrücke« (nach dem alten Kloster der Franziskaner um 1700 benannt) noch eine schmale Holzkonstruktion mit Steinlauf, dann ein Brückenbau in der annähernd heutigen Gestalt mit barocken Schriftmonumenten zu Ehren der Kaiser Josef und Leopold.

Nürnberg Museumsbrücke

An der Südseite hat die sonst zweibögige Museumsbrücke seit 1956 einen dritten Bogen, von dem aus unter den Häuserfundamenten ein Stollen hindurchführt, der sich jenseits der Fleischbrücke wieder öffnet. Es ist dies die Stelle, wo die unruhige Pegnitz früher im Februar so leicht über ihre Ufer getreten ist und die anrainenden Häuser und Plätze, nicht selten bis zum Markt hinunter, überflutet hat. Der schwierige, neuralgische Punkt hierfür war immer die Spanne zwischen Museums- und Fleischbrücke, und der neue Stollen soll für alle Zeiten dafür Sorge tragen, daß sich Flutheimsuchungen dieser Art nicht mehr wiederholen.

Das nächste Stück Pegnitz hat zwei Uferwege: der südliche läuft unter dem Überhang des neuen Viatishauses durch, der nördliche, teils als Café- und Eispassage, mit Durchgängen zu einem aparten modernen »Schmuckhof«, zieht unter den Balkonen eines Laubenhauses mit leicht geschwungener Fassade vorbei. Versachlicht und mit modernem Baumaterial möchte dieses Haus die Tendenz der alten bemalten, mit Holzgalerien versehenen Renaissancehäuser aufgreifen, die vor den Bombennächten hier standen.

Er wiegt 55 Zentner und die Hörner stammen von einem echten Watussi-Stier.

Die Fleischbrücke, 1596/98 im Zusammenwirken von Baumeister *Jakob & Wolff d.Ä.* und Festungsbaumeister *Peter Karl* als Nachfolgerin einer spätmittelalterlichen Steinbrücke erbaut, ist als älteste und berühmteste Brücke vielleicht die interessanteste. Ihre Bogenwinkel sind nach dem Ponte Rialto in Venedig gestaltet.

Fleischbrücke

Neben der Brücke entstand zur gleichen Zeit das Städtische Fleischhaus mit dem Ochsentor samt steinernem Ochsen, von dem eine Inschrift mit Recht behauptet, daß er nie ein Kalb gewesen wäre. Er ist zum Wahrzeichen des alten Nürnbergs geworden und wenn ein Nürnberger eine dumme Ant-

Vor dem Bau des Hochwasserstollens war die Altstadt bei Hochwassergefahr schnell überflutet.

wort bekam, hieß es: »Dös häit mir der auf der Fleischbrückn ah sogn könna!« Früher standen Schlachthäuser auf Rosten in der Pegnitz, — bis 1897 das Schlachthaus in St. Leonhard gebaut wurde. Jedes Jahr im Dezember zieht von hier aus der vieltausendköpfige Lichterzug der Schulkinder zur Burgfreiung und dortigem Krippenspiel.

Trödelmarkt
⑪

Unmittelbar hierauf, um die Insel des Trödelmarktes herum, teilt sich der Fluß wieder, seine Uferpassage folgt der Nordseite über den altvertrauten »Schleifersteg«, dessen Name von den Klingenschmieden kommt, die hier im Mittelalter ihren zugewiesenen Marktstandort hatten. Von hier kommt man zum Trödelmarkt und auf verschiedenen Wegen an die Karlsbrücke, deren Nordteil das schmucklose Aussehen des Spätmittelalters gewahrt hat, deren Südteil aber im Feierstaat des späten höfischen Zeitalters prangt (mit halbovalen Bogenführungen, an den Bogenscheiteln mit Obelisken besetzt und mit Inschriften zu Ehren Karls VI., des Vaters von Maria Theresia, geziert). An der Spitze tragen beide Obelisken verschiedene Symbole: den Kriegsadler und die Friedenstaube, seit jeher Inbegriffe herrscherlicher Autorität und Machtausübung.

Zwischen Fleisch- und Karls-Brücke zieht der Fluß an seiner Südseite am einstigen Standort jener »Schwabenmühle« vorbei, wo Schuckert 1879 seine erste Werkstatt eingerichtet, seinen ersten Dynamo konstruiert und seine ersten Versuche einer elektrischen Straßenbeleuchtung (Adlerstraße, Josephsplatz) unternommen hat.

Untere/Obere
Wörthstraße 26

Und um einiges weiter, zwischen Karlsbrücke und Maxbrücke, umspielen die Uferwasser an der Südseite die Fischkästen des alten Fischereiviertels. Nur langsam gediehen die ältesten Fischer-Behausungen, die in Sumpf und Schilf erbauten Hütten, zu der spätmittelalterlichen Fischersiedlung mit ihren Gaststuben, Küchen und Fischkästen. Heute gibt es noch ein altes Fischrestaurant und einen Fischkasten mit Denkmalscharakter. In Fischkästen wurden von fern außerhalb der Stadt hereingeholte Fische bis zum Verkauf aufbewahrt und gefüttert.

Die Untere Wörthstraße zeigt noch ehemalige Fischerhäuser, die Obere Wörthstraße eine Reihe gut erhaltener Altbauten (17, 18, 19, 21).

Um 1500 wurde das »Unschlitthaus« als eines der großen Kornmagazine in der Zeit der entwickelten profanen Spätgotik erbaut, später war es Verwahrungsort für den anfallenden »Unschlitt« (zu Speisezwecken nicht geeignetes Fett an Wegner, Wachsboussierer u.a. fettverarbeitende Handwerke als Rohstoff für Kerzen, Schuhcreme und Wagenschmiere zu Festpreisen unter städtischer Aufsicht weitergegeben wurde). In der ersten Hälfte des 19. Jahrhunderts wurde das Gebäude als Schulhaus verwendet, später wurde es Leihhaus, derzeit nimmt es das Amt für Stadtforschung und Statistik auf.

Um die historischen Gebäude an der Westseite des Platzes hat es, als ihr Abbruch schon festgelegt war, heftige Auseinandersetzun

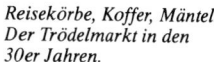
Reisekörbe, Koffer, Mäntel. Der Trödelmarkt in den 30er Jahren.

gen gegeben. Sie wurden von den Altstadtfreunden durch Einlegung von Rechtsmitteln und gemeinsam mit der unteren Denkmalspflegebehörde vor dem Abbruch gerettet und restauriert. Die Häuser wurden an Kunsthandwerker weiterverkauft mit der Auflage, zwanzig Jahre lang keinen Gewinn aus den Häusern zu ziehen, sondern für ihre weitere Ausstattung zu verwenden. Eine kleine Madonna und ein prächtiger Gaststättenaushänger zieren die Gebäude, ein an der Südseite des Platzes freigelegter, kleiner Fachwerksbau wurde mit einer kleinen Sebastiansfigur geschmückt und an das mittlere Anwesen der (intakten) Nordseite wurde ein neobarockes Chörlein vom Hallplatz angebracht.

Unschlittplatz 8–12
⑫

Mit 4.500 Mitgliedern ist der Verein der »Altstadtfreunde« eine der größten Bürgerinitiativen, die abbruchgefährdete Häuser retten, Bauuntersuchungen durchführen lassen und historische Begleitforschung treiben. Besonders kümmern sie sich auch um ein Nürnberger Spezifikum, die Chörlein. Chörlein sind nicht wie an anderen Orten Andachtschöre oder Hauskapellen, sondern Auslandungen an der großen Wohnstube im ersten Stock. Ihr Entstehungsgrund war die Kleinlichkeit des Nürnberger Rates: Anbauten oder Söller an den schlichten Hausfassaden waren den Bürgern nicht erlaubt. Nur die Chörlein waren gestattet, als Hausschmuck, um Individualität zu zeigen, zur Vergrößerung des Wohnraums und als Aussichtspunkt auf die Straße. Der Rat hat allerdings, wenn auch ohne Erfolg, »Einfachstchörlein« vorgeschrieben, und im späten 16. Jahrhundert wurden zu überladene Chörlein strafweise entfernt. Die Chörlein waren zunächst aus Stein, im Mittelalter kastenförmig mit gotischen Fenstern und Pultdach (bekanntestes am Sebalder Pfarrhof); in der Renaissance edler in der Form. In der Barockzeit wurden sie aus Holz hergestellt und machten im Laufe der Zeit jeden baulichen Modewandel mit, sie glichen eher Schränken und Möbelstücken als Architekturteilen. Im 19. Jahrhundert wurden sie dann in allen möglichen Stilen nachgeahmt und werden heute noch von den Nürnberger Schreinermeistern hergestellt.

Kaspar Hauser *tauchte am 2. Pfingstfeiertag des Jahres 1828 am Un-schlittplatz (Südseite, beim »Bärleinhuter«) vollkommen verwahrlost auf, war der Rede kaum mächtig, konnte indes seinen Namen schreiben. Seine Unterbringungsorte waren beim Gymnasiallehrer Daumer (Kleine Insel Schütt), bei der Patrizierfamilie Tucher und dann bei dem Juristen Feuerbach (Verwandter des Philosophen). Er wurde im Ansbacher Schloßgarten ermordet. Wahrscheinlich war er ein mißliebiges Glied des badischen Fürstenhauses, dessen von vornherein gewollte Ermordung man dann nachholen ließ. Viele hielten Hauser für einen Schwindler, aber hätte er sich dann das damals armselige Nürnberg als Freikoststelle herausgesucht? Der Stoff diente öfter Literaten und Filmemachern als Vorlage (so* Peter Handke, Werner Herzog).

Nie aus dem Hause gelassen, nur Wasser und Brot. Und immer derselbe Satz: »A söchtener Reuter möcht i wern, wie mei Voater gwen is!«

Henkersteg

Lichterketten und illuminierte Fassaden. Wo wären sie ohne Schuckerts »Schwabenmühle«?

Der Weinstadel am nördlichen Pegnitzarm wurde 1446-48 als Sondersiechenhaus (für die Aussätzigen) erbaut, ab 1528 (die Aussätzigen waren endgültig auf ihre außermauerlichen Siechkobel verbannt) Magazinbau für Weinlagerung, seit den 60er Jahren Studentenheim.

Wo heute der Weinstadel steht, überbrückte in fernen Zeiten die »vorletzte« Stadtmauer die Pegnitz (siehe Seite 32). Der Wehrgang auf den Stadtmauerbögen und der Turm waren Wohnung des Henkers. Der hölzerne Henkersteg, der die nach einem Hochwasser abgebrochenen Bögen über den südlichen Pegnitzarm ersetzte, hat daher seinen Namen.

Als das Fischereiviertel entstand, führten zum jenseitigen Pegnitzufer noch keine Brücken, nicht einmal primitive Stege, sondern nur in den Fluß gelegte und in seinem Untergrund befestigte Riesensteine. Der erste steinerne Übergang zwischen Süden und Norden der Altstadt war der Vorgänger der vornehmen Maxbrücke. Diese 1852 erbaute, neugotische Brücke mit ihrem gußeisernen Maßwerksgeländer überspannt nun den wiedervereinten Fluß.

Jenseits der Brücke säumt die Südseite der Pegnitz den noch großteils kahlen Raum des Kreuzgassenviertels; die Nordseite des

Flusses (es läuft hier der Uferweg), mit der südlichen Bebauungslinie des Maxplatzes, mutet aufgrund der verbliebenen historischen Substanz recht heimelig an.

Kettensteg
⑬

Endlich passiert, über einige Wehre hinweg, der Fluß den Kettensteg, ein Modellwerk des als spießig verschrienen, frühindustriellen Biedermeier. Eine echte Hängebrücke, erstellt wie die Nachbildung des Männleinlaufens von dem Stadtmechaniker (und Professor des Polytechnikums) *Thomas Kuppler,* die vielen Brückenbauten der ersten Eisenbahnentwicklung zum Vorbild gedient hat. Der Kettensteg, Nachfolger des von Dürer gezeichneten »Trockensteges«, ist noch immer eine offizielle, begehbare Überführung. Allerdings hat der Steg heute einen festen Halt, während die ersten Fußgänger 1824 den für »lebensgefährlich« erachteten Steg noch zum Schwanken bringen konnten.

Dahinter liegt dann, mit zwei Schwippbögen, dem mächtigen Schlayerturm dazwischen und zwei Rundbastionen davor, der »äußere« Pegnitzausfluß. Der Bau der Brückenbögen kostete den Stadtbaumeister *Jakob Grimm* wegen Versagens 1480 seine Existenz, denn er verschuldete durch Fehlstatik ihren Einsturz. Ebenso erging es ihm übrigens mit den Bögen der »Sutte« des Heilig-Geist-Spitals.

Hallertorbrücke

Die Hallerbrücke dahinter, eine moderne Verkehrsbrücke, gehört nicht mehr zum Weichbild der Altstadt. »Historisch« ist dagegen, darunter hindurch und hinaus auf die Haller-Wiese führend, das Hallertürlein; neben dem Kasemattentor auf der anderen Seite der »letzten« Stadtmauer, der einzige alte Mauerdurchgang außerhalb der großen Turmtore.

Maxplatz 35

Zum Schluß setzt man sich vielleicht in einen Biergarten, der direkt an der Pegnitz liegt, dem Wirtshaus »Kettensteg«, und schaut mit jener Besinnlichkeit auf die malerische Pegnitzlandschaft, die auch dem modernen Menschen ansteht.

Einst ein Wunderwerk der Technik, heute eine harmlose Fußgängerbrücke — der Kettensteg.

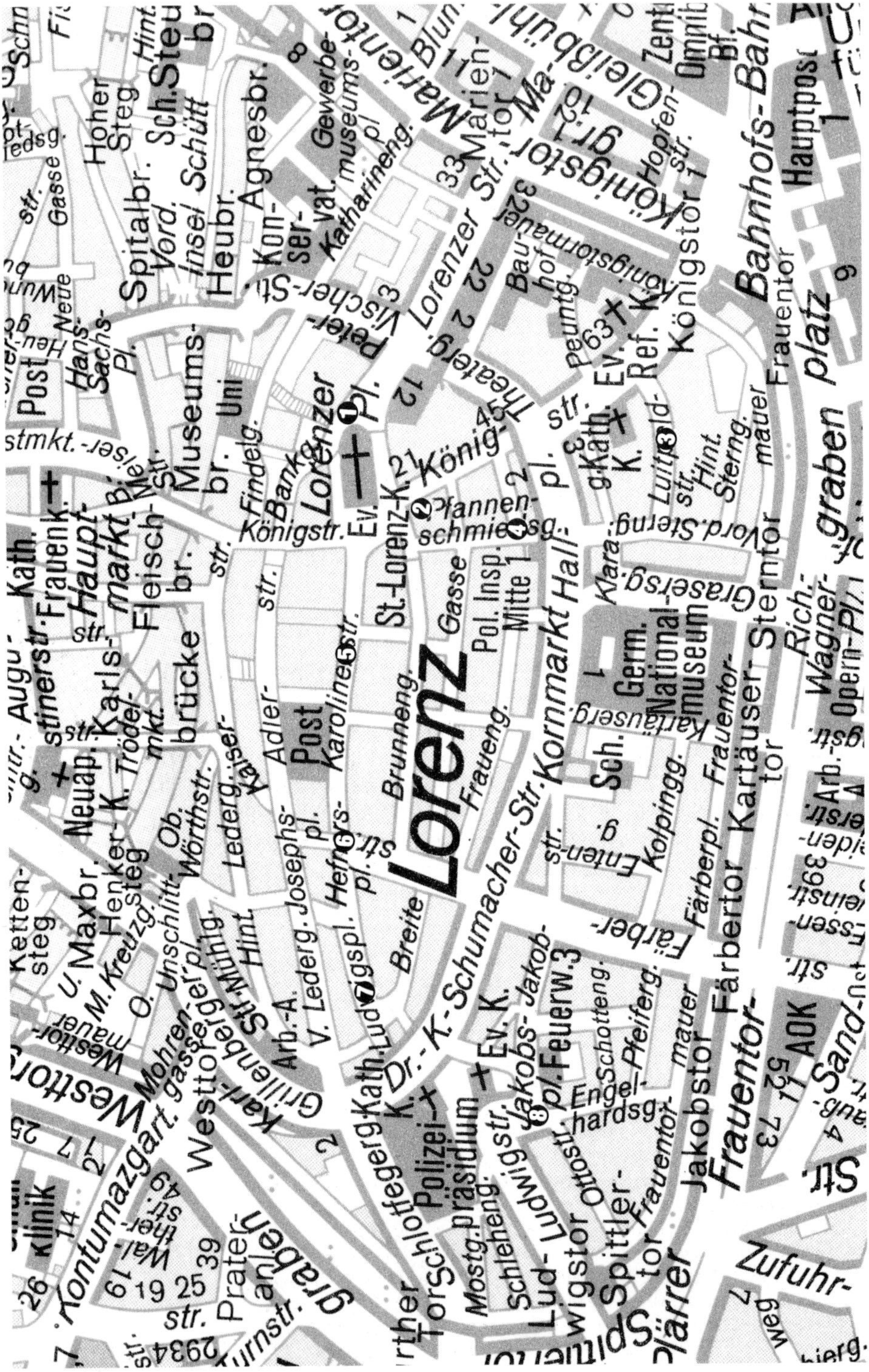

»Mucker«, Demos, Prunkpaläste

Lorenzer Altstadt: Vom Lorenzerplatz zum Jakober Viertel

von Helmut Häußler

Ausgangspunkt: Lorenzer Platz
Endpunkt: Jakobsplatz, U-Bahnhof Weißer Turm
Dauer: ca. 1 1/2 Stunden

Gemeinhin rechnet man unsere City zum modernen Nürnberg. Da hat man sein Geldinstitut, seine Vertrauensgeschäfte für die besonderen Einkäufe, von der Boutique bis zum Feinkostladen, für diesen Flecken Erde streitet man sich mit Anders-Interessierten, was davon Fußgängerzone werden soll und was nicht, und was Parkplatz und was nicht. Und wenn man eine Wut im Bauch hat, geht man hierher demonstrieren.

Auf dem Lorenzer Platz protestieren Friedensgruppen gegen Atommeiler und Apartheid, demonstrieren »Frauen gegen den Krieg« und finden gewerkschaftliche Kundgebungen statt. Religiöse Gruppen nehmen sich stumm bei der Hand und bilden Kreise. Hier fand eine umstrittene Rekrutenvereidigung statt. Musikantengruppen verdienen sich ein Taschengeld und der Tugendbrunnen ist umlagert von jungen Leuten. Selbsternannte Moralprediger, früher auch »Mucker« genannt, wettern gegen Sex, Fernsehen, Amtskirche und ähnliches und finden ein Publikum, das sich über sie amüsiert.

Der durch die heutige Karolinenstraße verlaufende Fischbach.

Die Straßenachse Königs-, Karolinen-, Jakobsplatz und ihr naher Umraum bilden eine eigene Welt. Entstanden ist sie Anfang des 12. Jahrhunderts, als der Stauferkönig Konrad III., um seine Macht zu festigen, die unteren Schichten, die Handwerker und Unfreien, in sogenannte Suburbien (siehe Seite 32) zusammenfaßte.

Die so entstandene südliche Altstadt fand ihr natürliches Ende an den sumpfigen »Steilufern« der Pegnitz und beherbergte zunächst eine reine Handwerkerbevölkerung, die kaum Kontakte hatte zu den Fischern vom Flußgrund und den Bewohnern der alten Königssiedlung im Norden. Allzuviel hatten die harten Schaffer der südlichen Altstadt bei den vornehmen Ministerialen und arrivierten Bürgern im Norden auch nicht zu suchen.

Weil die Pegnitz nicht erreichbar war und Handwerksbetriebe doch Wasser brauchten, leiteten sich die neuen Bürger einen Wasserlauf über eine gedeckte Bohle eines Grabens. Es ist derselbe Graben, der über den heutigen Kurt-Schumacher-Boulevard und Kornmarkt verlief, und auf dessen Fundamente man immer wieder stößt, wenn in der Umgebung von Hertie, CVJM-Bau, Brenninkmeier usw. aufgegraben wird (wo man dann noch heute über

die Massivität und die stattlichen Abmessungen des guten Stücks von ehe-
mals erstaunt ist). Der Wasserlauf kam vom Süden der Umgebung, vom Dut-
zendteich und wurde »Fischbach« genannt. Wie übrigens noch heute: er kam
erst in der Mitte des vorigen Jahrhunderts unter Pflaster und floß vorher of-
fen, wenn auch solide eingemauert durch die Pfannenschmieds- und Karoli-
nenstraße. Wer sein Ohr auf den Gullydeckel drückt, kann ihn noch heute
rauschen hören.

Die Sauberkeit eines Handwerkszweiges stand natürlich in Relation zur
Plazierung am Bache: am Oberlauf die Müller, Bäcker, Metzger usw. und
nach unten, gegen den Weißen Turm zu, die Färber, Gerber und Grobmetall
verarbeitenden Handwerker, heute noch an den Straßennamen abzulesen.

St. Lorenz-Kirche

Mittelpunkte dieses harten und armen, von Krisen noch weit
mehr geschüttelten Alltag als heute, war die Lorenzer Kirche, mit
ihrer späteren Pracht sicher ein überwältigendes Erlebnis für die alten Nürnberger, und — als administrativer Mittelpunkt — ein
Dienstmannshaus, ein schlanker, dachloser Turm mit Zinnen, später als »Nassauer Haus« ausgebaut.

Vor dem Tor der Verhei-
ßung.

An Stelle der Lorenzkirche stand zunächst eine winzige, aber durchaus als
»Basilika« ausstaffierte Kirche »Zum heiligen Grabe«, an das der Name der
großen Kirche »St. Laurentius zum Heiligen Grabe« erinnert. Die »große«
Kirche wurde 1360 vollendet, zu einer Zeit, als die beiden Halbstädte über
die Pegnitz hinweg durch die vorletzte Mauer bereits verbunden waren. Vier-
zig Jahre später zog man die Seitenmauern des Langhauses der Kirche nach
außen, bzw. die Strebepfeiler nach innen, um Seitennischen für die Privatal-
täre der Patrizier zu gewinnen, ein bis heute auffallender Zustand. Der Bau
eines Großchores (1433 bis 1477) ersetzte das Sanctuarium und die beiden
Kapellen am Ende der Seitenflügel.

Drei Baumeister mußten einander im Laufe der Jahre abwech-
seln. An der westlichen Schauwand berichtet das hochgezogene
Portal in Relief-Form die gesamte Heilsgeschichte von der Geburt
Christi bis zum Jüngsten Tage (»Tor der Verheißung«). Die Rosette
darüber bringt eine Stilisierung des »Himmlischen Jerusalem« und
der als Abschluß gesetzte, reich durchbrochene Schaugiebel bringt
die Wohn- und Lebensweise des zur Eigenbedeutung erwachten
Nürnberger Handwerkerstandes zur Geltung.

Was immer die Kirche auch heute noch an inneren Kostbarkeiten
zeigt (die weiten Chorglasfenster, der Engelsgruß von *Veit Stoß,* das
Sakramentshaus von *Adam Kraft,* die wunderbare Transparenz des
Imhoff-Tabernakels oder die fortlaufenden Reihungen des Rauten-
gewölbes — man möge sich eines geeigneten Führers bedienen), es
kann nur — insbesondere nach dem Raubbau der Regierung Mont-
gelas nach 1806 — ein schwacher Abglanz von der einstigen inneren
Pracht sein. Die Kirche muß — im Gegensatz zu heute — einen gewaltigen Hochaltar mit mächtigem goldenem Gesprenge besessen
haben, den man durch einen noch prächtigeren bei Eröffnung des
neues Chores ersetzte. Von einem der Türme der mittlerweile protestantischen Kirche läutet immer noch jeden Abend der mittelalterliche »Angelus« in Erinnerung an einen Nürnberger Patrizier, der
diese Glocke einst gestiftet hat.

König Adolf von Nassau hat mit dem »Nassauer Haus« nichts zu tun. Im 19. Jahrhundert ist man da einem romantischen Irrtum unterlegen. Die Grafen von Nassau hatten nur zeitweilig Besitztümer in der Umgebung. Jedenfalls ging der ehemalige Wehrbau (Wohnturm, Ministrialenturm, schließlich als »Kemenate« zum Verkauf angeboten) im 14. Jahrhundert in den Besitz der Familie *Ortlieb* über, die ihn gründlich in die zeitübliche Wohngotik verwandelte.

Statt der vorherigen, engen Sehschlitze wurden breite, asymmetrische über die Fläche verteilte Bereichsfenster eingesetzt, eine laternenartig hervortretende Hauskapelle im 1. Stock angebracht, die vorher offenen Zinnen mit einem Wappenfries und darüber einem aufgebockten Walmdach versehen; nur Keller, Unter- und erstes Obergeschoß blieben aus der romanischen Zeit erhalten. Zeitweilig wurde in dem Haus die goldene Kaiserkrone aufbewahrt, die Kaiser Sigismund den Ortliebs für 1500 rheinische Gulden verpfändet hatte. 1709 übernahm die Schlüsselfelder Stiftung *das Haus und betreibt noch heute das Weinrestaurant* »Nassauer Keller« *in den historischen Gewölben.*

Ein weit modernerer Bautrakt, schräg gegenüber, die Commerzbank von 1926 ist in ihrem Expressionismus kaum weniger eindrucksvoll.

Bereits Mitte des 19. Jahrhunderts stand am Lorenzer Platz das Bankhaus *Anton Kohn,* die größte Privatbank Bayerns. Die Privatbanken spielten bis 1870 eine große Rolle im Bankgeschäft und waren zum großen Teil in jüdischem Besitz.

Am Lorenzer Platz schließen dann noch das gotische Lorenzer Pfarrhaus (im Kriege erträglich verändert) und der neue Hauptbau der Stadtsparkasse an. Sein Bauplatz über dem vorletzten Stadtgraben trug zunächst das Zeughaus des Fränkischen Reichskreises, in seinen Mauern seit dem späten 18. Jahrhundert den frühen Thea-

Das kalte Wetter ist vorbei. Nun sind sie wieder da. Straßensänger und ihre Zuhörer in der Karolinenstraße.

Karolinenstraße 2

Gedenktafel für die alte Lateinschule am Lorenzerplatz 3.

Lorenzer Straße 2

Der Wirt und Theaterdirektor Georg Leonhard Aurnheimer.

Das Schauspielhaus im alten Stadtgraben am Lorenzerplatz. »Ein Denkmal seiner Vaterlandsliebe«, befand der Kupferstecher L. Schlemmer.

terbau des Schauspielunternehmers Aurnheimer und seit 1833 dann das erste eigentliche alte Nürnberger Stadttheater im quadrozentistisch-byzantinischen Stil.

Georg Leonhard Aurnheimer *war eigentlich Wirt des Gasthauses »Zum goldenen Reichsadler«. In anderen Städten waren bereits die ersten Nationaltheater gegründet worden. Das Bürgertum versuchte, sich anstelle des höfischen, festlich-dekorativen Theaters ein Theater zu schaffen, das zur Aufklärung beitragen sollte. In Nürnberg mußte Aurnheimer jedoch gegen das Vorurteil ankämpfen, daß seine »Nürnberger National-Schau-Bühne« eine unmoralische Anstalt sei, statt »sittliche Werte« zu vermitteln. 1799 eröffnete dann seine Schaubühne mit Kotzebues »Bayard«.*

1900 gründete Emil Meßthaler (1869-1926) in der Nähe des Stadttheaters von 1833 in dem alten Variete »Wolfsschlucht« sein »Intimes Theater«. Er ließ mit Vorliebe französische Schwänke und sozialkritische Stücke aufführen. In der Kaiserzeit war es den Gymnasiasten bis hin zur Strafe des Rausschmisses verboten, die »unkeuschen« und »vaterlandslosen« Theaterstücke zu besuchen. Hermann Kesten: »Als mein Freund Beisler und ich ins Intime Theater von Nürnberg zu einem Lustspiel von Oscar Wilde gingen, mußten wir es mit zwei Stunden Karzer büßen.«

1908 mußte Meßthaler das Theater verpachten, 1933 ließen es die Nazis schließen.

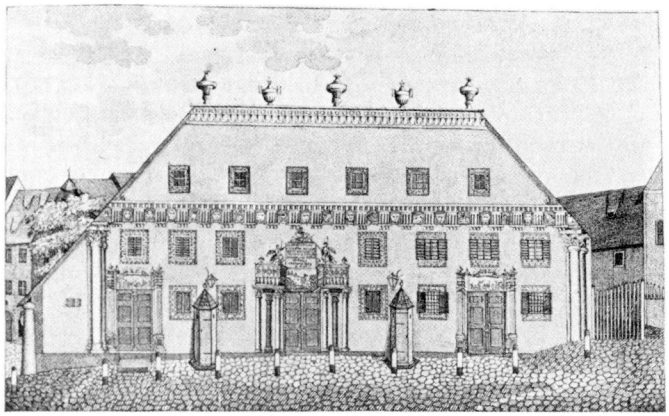

Königstraße 42

❷

Wo sich jetzt die lange und etwas langweilige Fassade des »Kaufhofes« hinzieht, haben einst prächtig geschmückte Neorenaissance-Hotels gestanden. Es waren in den 80er Jahren des vorigen Jahrhunderts gebaute, entlang der Königs-, Johannes- und Pfannenschmiedsgasse entstandene, sehr noble Hotels wie »Blaue Traube«, »Weißer Hahn«, »Roter Hahn«, »Patrizier«. Sie wurden nach Nürnbergs eigentlichem »Grandhotel« vor dem Königstor (Bahnhofstraße 1-3) auch »Mini-Grandhotels« genannt, und die »vornehmen« Leute ließen es sich viel Geld kosten, dort zu wohnen. Ihre Namen wurden im 19. Jahrhundert in den Tageszeitungen bekanntgegeben.

Gegenüber das Hotel »Deutscher Kaiser«, »Hotel Kaiserhof« (heute Kollektiv-Ärzte-Praxis) und am südlichenEnde der Straße das »Victoria« sind noch immer in einem aus dieser Zeit stammenden Haus, das im italienischen Palastrenaissance-Stil gebaut ist.

Von zarter Haut und Seiden-Klöß: Essen und Trinken

»Der Franke und speziell der Nürnberger muß sich, was seinen kulinarischen Geschmack betrifft, so mancherlei Unfreundlichkeiten anhören«, sagte jüngst Nürnbergs Oberbürgermeister, um sofort zu beteuern:»Dieses Gerede entbehrt natürlich jeglicher Grundlage«. Trotzdem: Beim Essen in einer Reihe von Nürnberger Kneipen und Restaurants hat man den Eindruck, daß der schale Geschmack des Unbefriedigtseins eine der heimischen Spezialitäten sein muß.

Davon, daß die»Küchenmeysterey«, das allererste deutschsprachige Kochbuch, 1485 in Nürnberg erschienen ist, merkt der heutige Esser in der Regel wenig, wenn er in einem beliebigen Innenstadtlokal das dringendste seiner Bedürfnisse befriedigen will. Auf der Speisekarte findet sich lediglich Allerweltsmampf wie Wiener Schnitzel mit Pommes, Gulasch mit Nudeln und Spaghetti mit Soße, den man ähnlich auch im Bahnhofsviertel von Kiel oder München vorgesetzt bekommt.

Die Suche nach der nürnbergisch-fränkischen Küche kann in der Frankenmetropole zur Irrfahrt werden. Sogar die feinen Rostbratwürstchen werden so recht original nur noch in ein bis zwei Lokalen serviert. Diese Wunderwerke aus feinem Schweinefleisch-Brät (was sonst noch drin ist, bleibt das Geheimnis des jeweiligen Herstellers), umgeben von zartester Haut, dürfen in Nürnberg die Länge und den Umfang eines kleinen Fingers nicht überschreiten. Im Nürnberger Land allerdings gibt es bedeutend größere Rostbratwürste, die im Geschmack manchmal der berühmten Thüringer Variante nahekommen. Die Nürnberger Bratwürste werden mit Kren, Sauerkraut oder Kartoffelsalat gegessen, das Zufügen von Senf entlarvt den Touristen. Und weil in Nürnberg alles ein bißchen anders ist, gibt es die Brat-Würste auch ungebraten. Sie werden dann in einem Sud aus Weinessig, Zwiebeln, Lorbeerblatt, Nelken, Wacholderbeeren, Pfefferkörnern und je einer Prise Salz und Zucker erhitzt, und heißen — eine echt urwüchsige Wortschöpfung — »saure Zipfel«. Gebraten und gesotten erhält man die Würstchen ausgezeichnet im »Bratwurstherzle« (Brunnengasse 11). Die Dinger sind so gut, daß man sie — leicht variiert — jeden Tag essen könnte. Immerhin: Die eingangs erwähnte»Küchenmeysterey« verzeichnete bereits sieben Möglichkeiten, wie die Nürnbergische Leibspeise zu bereiten wäre, und in letzter Zeit hat man in der Noris zusätzlich von Bratwurst-Suppen, Schaschlik-Bratwürsten oder gar von einer Bratwurst-Pizza gehört.

In Nürnbergs Bratwurstküchen sei auch — in der entsprechenden Jahreszeit — der Spargel aus dem Knoblauchsland als dickgekochte Suppe, als Salat oder mit heißer Butter empfohlen. Etwas früher im Jahr wird der Spargel durch den köstlichen Salat aus frischen Hopfensprossen ersetzt. Eine passende Vorspeise zu einem Bratwurst-Essen ist etwa eine»Schwemmkniedla«-Suppe (Grieß mit Ei und allerlei) auf Rinderbrühe-Basis, die mit »Peterla« (Petersilie) bestreut werden muß. Die allgemeine Vorliebe für dieses Gewürz hat den Nürnbergern den Spottnamen»Peterlas-Boum« eingetragen; ein»Peterla auf allen Suppen« dagegen, ist ein Wichtigtuer und Vereinsmeier.

Weil wir schon bei der Mentalität sind: Wenn der Nürnberger ins Gasthaus geht, dann möchte er einerseits»unter die Leute kommen«, andererseits aber auch Gelegenheit zu individualistischer Absonderung haben (ein Wirtshaus mit fünf Tischen, an denen je eine Person sitzt, kann unter Umständen für den sechsten Gast schon»voll« sein, und dieser wird sich zurückziehen). In einem richtigen Nürnberger Wirtshaus soll es nicht vornehm, aber auch nicht zu ordinär zugehen, das Essen soll solide und preiswert sein, der Wirt nicht zu gesprächig, aber auch nicht zu maulfaul und so weiter. Ein echter Nürnberger Gasthaus ist etwa die Gaststätte»Schwarzer Bock« (Eberhardshofstraße 1). Dort ißt der

Kenner am Mittwoch die Schlachtplatte aus frischen Blut- und Leberwürsten und Well-
fleisch mit Sauerkraut und Stopfer (Kartoffelpüree) oder die echt Nürnberger Stadtwurst
und den Preßsack (sehr schön mit »Musik«, will sagen: mit Zwiebeln, Essig und Öl, Pfeffer
und Salz und einer Spur Paprika angemacht). Am Sonntag sind »Schäuferle« (Schweine-
braten vom besten Stück) mit »Seiden-Klöß« (aus gekochten Kartoffeln und etwas Mehl)
angesagt. Wer die Klöße nicht mag, der kann auch Backers (Kartoffelpuffer) und dazu
Sauerkraut essen.

In Nürnberg muß auch beim Essen alles seine Ordnung haben: Das dunkle, süffige
Rauchbier trinkt der Nürnberger etwa im »Schlenkerla« (Tiergärtnertor 3) oder im soliden
Landgasthaus »Rottner« (Winterstraße 15); den erdigen Frankenwein wird er in einer der
Weinstuben und Weinkeller genießen (Wein Krüger, Wespennest; Weinstuben Heilig-
Geist-Spital, Weinstube Katharinenkloster). Eine Besonderheit sind die Biere von ver-
schiedenen fränkischen Landbrauereien, die der Seeleinsbühler Hof (Seeleinsbühlstra-
ße 9) führt. In allen genannten Gasthäusern gibt es natürlich auch Speisen von exklusiv
bis einfach. Man frage etwa nach Zwetschgen-Bammes (geräuchertes Rindfleisch) oder
Forchheimer Knoblauchwürsten.

Auch die auf traditionelle fränkische Art bereiteten Süßwasserfische wie Forellen und
Karpfen sind in vielen Wirtshäusern und Restaurants recht ordentlich zu haben. Unter
den ausgesprochenen Fischküchen tut sich die in der Pirckheimer Straße 63 hervor.

Jedes Jahr zur Weihnachtszeit ist die Nürnberger Innenstadt von Touristen bevölkert.
Der inzwischen weltberühmte »Christkindlesmarkt« lockt die Menschen wie eh und je.
Dann ist auch die Zeit der Zwetschgenmännle, des Glühweins, des Mets (Honigwein), der
verschiedenen Plätzchen und — ganz besonders — der echt Nürnberger Lebkuchen, die
schon seit dem Frühjahr in mehreren Großfabriken vom Fließband gerollt sind. »Do you
wanna buy a Zwetschgenmännle?« Verpackt in hübsche Blechdosen, die mit dem Bildnis
Albrecht Dürers oder mit einer bunten Ansicht der Nürnberger Burg bedruckt sind, vermögen die Lebkuchen Hamburger wie Münchner, Berliner wie Männer und Frauen aus
Österreich, den Niederlanden und den USA zu erfreuen.

Viele Nürnberger Hausfrauen ziehen auch heute noch die selbstgebackenen den ge-
kauften Lebkuchen vor. Honig ist die Grundlage, die einst die Zeidler (Imker) aus dem
großen Reichwald der Reichsstadt lieferten. Nimm »eyn Mäßl Zucker, ein halb Seidel Honig, vier Loth Zimmet, eyn Quentlein Pfeffer, zweyn halb Loth Ingwer, diesselb Menge
Muscat, ein Loth Gardumummlein, dazu noch ein Diethäuflein Mehl ...«, rät ein altes Re-
zept. Und weiter wollen wir das Geheimnis der Lebkuchenherstellung auch nicht aus-
plaudern. Schließlich stellte schon 1697 der Magister Johann Christof Wagenseil mit Anerkennung fest: »Die rechten Nürnberger Lebküchlein, welche angenehm von Geschmack und eine rechte Magenstärkung, auch angenehm beim Trunk sein, haben noch
niemals, wo man sich auch darum bemühte, anderwärts können nachgemacht werden.«
Und so soll das auch bleiben.   *Bernd Zachow*

Neben dem Kaufhof beherrscht die 85 m lange und 20 m breite Mauthalle die Königsstraße, deren Wiederaufbaukosten zum Teil durch eine Lotterie von der Nürnberger Bevölkerung aufgebracht wurden. Das Gebäude wurde 1498–1502 von Hans Beheim d.Ä. als Kornspeicher (siehe die »Lüftung« in dem mächtigen Steildach) erbaut, die Reliefarbeiten am östlichen Spitzgiebel und am Haupteingangsportal stammen von Adam Kraft.

Das Gebäude wurde direkt auf dem Wallgraben und inneren Mauerring der Stadt gebaut und hatte in den unteren Gewölben einen Weinkeller, den Herrenkeller, in dem sich der Hohe Rat zum Umtrunk einfand. Eine Philosophen- und Poetenstube befand sich im oberen Stockwerk. Als 1572 im Keller eine Zollstätte eingerichtet wurde, erhielt das Gebäude den Namen »Mauthalle«. Durch Umbau und Mauereinbrüche wurde das Haus 1897/98 in ein Laden- und Geschäftshaus umgewandelt. Mit runden Geschäfts-, Büro- und Werbeschaufenstern, die formal den Wappentoren an den Stirnseiten nachgeahmt waren, sollte der Bau wohl mit der wilhelminischen Pracht ringsum konkurrieren können. Das »Brauhaus Nürnberg« eröffnete 1929 im Keller die Gaststätte »Mautkeller«. Die Passage in der Königsstraße kam nach dem Krieg hinzu, wofür die alten Steinmuster aus dem Westgiebel »dran glauben« mußten. Der »Mautkeller« mit seinen schönen Kreuzgewölben, Steinpfeilern, Sitznischen und Wandmalereien, sowie Nebenstuben wie Ratsstube, Hochzeitszimmer, Vogelbauer, kann über 1000 Gäste aufnehmen.

Frackkoffer, Hutkoffer, Musterkoffer hielt die Firma Berner & Steinmetz in der Mauthalle feil.

Die Königstraße 1917. Links die Mauthalle. Kaffeehäuser und Konzertkaffees, noble kleine Hotels und Großgaststätten bestimmen das Straßenbild.

Westlich der Königsstraße beginnt hier das »Amüsierviertel«, die Nürnberger Sex- und Drogenszene, insbesondere die Luitpoldstraße mit einer Reihe von Striptaselokalen. »Unsere Stadt ist eine Stadt«, hat einer von der Prominenz gesagt, »und braucht auch so etwas«. Aber es ist keine Stadt, sondern immer bestimmte Personen, die so etwas brauchen.

An der Luitpoldstraße ist allerdings die Geschichte der Nr. 9 interessant. Hierhin zog 1899 die Fränkische Tagespost (siehe Seite 228), nachdem sie dreißig Jahre lang in der Weizenstraße 12 zu-

Luitpoldstraße 9

hause war (wo die Sozis 1889 die 100. Hausdurchsuchung — es wurde nach einer Broschüre von *Ignaz Auer* gefahndet — mit einem großen Faß Bier feierten). In der Luitpoldstraße gingen Druckerei und Zeitung in den Besitz der Sozialdemokratischen Partei über. Zuvor war sie im Besitz des 1897 gestorbenen *Karl Grillenberger* und für kurze Zeit von *Karl Oertel*, der auch zu dieser Zeit plötzlich starb.

❸
Luitpoldstraße
3, 7, 11

Das erste größere Kino mit 800 Plätzen wurde am 1.10.1912 in den Räumen des früheren Volkstheaters von *Oskar Speyer* eröffnet, dem auch das Cabaret »Wintergarten« im darunterliegenden Stockwerk gehörte. Die *Luitpold-Lichtspiele* in der Luitpoldstraße 3, kurz Lu-Li genannt, wurden nach Berliner Muster großzügig eingerichtet, mit riesigem Foyer, zwei Zugängen zum Theater, Garderobe, ansteigenden Plätzen, Bühne und versenktem Orchester.

Das auf das gehobene Bürgertum ausgerichtete Lu-Li entwickelte sich nach weiteren Umbauten in den zwanziger Jahren rasch zum bedeutendsten Erstaufführungstheater von Nürnberg, dem erst durch die großen Kinopaläste ernsthafte Konkurrenz erwuchs. Auch auf technischem Gebiet war das Lu-Li bahnbrechend: Bereits im Mai 1914 wagte sich der Pächter Fritz Lottes an die Präsentation der ersten deutschen Lichtspiel-Oper »Martha«, und auch der erste »echte« Tonfilm »The singing fool« hatte dort in der Spielzeit 1928/29 seine Nürnberger Premiere. Das Kino wurde 1945 durch einen Bombenangriff weitgehend zerstört, jedoch 1952 mit über 1.000 Plätzen schöner denn je nach den Plänen von Architekt Ludwig Amman wiedererrichtet, auf dessen Konto auch zahlreiche andere Kinobauten in Nürnberg gehen. Die feierliche Eröffnung erfolgte am 6.11.1952 mit dem Film »Saison in Salzburg«. Mit gehobenen Unterhaltungsfilmen und Rührfilmen lockte man fortan das Publikum. 1954 wurde das Lu-Li als erstes Kino in ganz Bayern auf Cinemascope umgerüstet. Doch nach der zweiten Blütezeit des Kinos folgte der Niedergang mit dem allgemeinen Kinosterben in den 60er Jahren. 1972 schloß das Lu-Li. Der neue Besitzer nannte es fortan »Rex« und baute 1975 ein zweites Kino ein.

Heute werden die Örtlichkeiten als Blue-Movie-Kino geführt. Dasselbe Schicksal ereilte ein paar Häuserblocks weiter die weniger berühmten City-Lichtspiele in der Luitpoldstraße 11, dem legitimen Nachfolger der im Krieg zerstörten »Universum-Lichtspiele«, die seit 1919 in der Luitpoldstraße 7 beheimatet waren.

In Nürnbergs Kabaretts ist auch der Humorist und Komiker Herbert »Herbertla« Hisel bekannt geworden. Er wurde sechsfacher Schallplatten-Millionär.

Pfannenschmieds-
gasse 24, 22
❹

In der Pfannenschmiedsgasse hat das zunächst stark lädierte Zeughaus den Krieg überstanden. Das 1588 im Renaissancestil erbaute Zeughaus wurde bis zum Ende des 18. Jahrhunderts zur Aufbewahrung von allen möglichen Waffen genutzt und ist heute eine Polizeistation. Nürnberg lehnte standhaft das Angebot der Nachbarfirma Hertie ab, für einen Verzicht auf das Zeughaus zugunsten ihrer Firmenneubauten einen (damals dringend benötigten) Konzertsaal zu finanzieren. Heute wird das Zeughaus von Herties Chefpropagandisten auf ihren Werbeblättern abgebildet.

Auf dem Areal der Firma Hertie stand das Apollotheater und das Hotel Wittelsbach, beide gehörten dem Unternehmer *Johann Baptist Zetlmeier* (1858-1935), ein typischer Gründerzeit-Unternehmer, der vieles in der südlichen Altstadt initiiert und gebaut hat und

völlig verarmt starb. Das »Apollo« war das beste und künstlerisch wertvollste Varieté Süddeutschlands. Weltbekannte Akrobaten traten hier auf.

Vor und nach dem 1. Weltkrieg amüsierte Hermann Strebel, genannt das »Strebala«, das Publikum im Apollo. Strebel war im Bleiweißviertel aufgewachsen und wurde, vor allem in den dreißiger Jahren, ein bekannter Komiker. 1935 übernahm er eine eigene Varietébühne im Hotel »Wittelsbach« und geriet öfter wegen seiner satirischen Bemerkungen gegenüber den Nazis in Schwierigkeiten. 1942 ging Hermann Strebel nach München.

Links das Zeughaus, rechts das Hotel »Wittelsbach« und das Varieté »Apollo«, aufgenommen 1943. Wo heute eingekauft wird, ist viel erlebt worden — von bester Unterhaltung bis zu den Faschingsbällen in Anwesenheit von Streicher.

Mit dem Jahr 1927 erreichte in Nürnberg der allgemeine Trend zum repräsentativen Großkino seinen Höhepunkt. Etliche der mittlerweile 26 Kinos hatten bereits modernisiert oder ausgebaut, als noch zwei Großkinos hinzukamen: das *Apollo* in der Pfannenschmiedsgasse und der *Phoebus-Palast* am Königstorgraben 11. Das Bedürfnis nach Ablenkung und Unterhaltung war damals so groß, daß die Stadt von 1927 auf 1928 einen Besucherzuwachs von mehr als einer halben Million auf 3,26 Mio. insgesamt verzeichnete.

Während der »Apollo-Prunk-Palast«, so nannte er sich in der Anfangszeit hochtrabend, mit 1.600 Plätzen lediglich durch den Umbau des schlechtgehenden, aber alteingesessenen Apollo-Varietétheaters entstand, war der Phoebus-Palast ein echter Kinozweckbau. Das damals größte Kino in Nordbayern wurde nach den Entwürfen von Professor Ludwig Ruff von der Kunstgewerbeschule erbaut und war mit vielen Kunstgegenständen geschmückt. Es wies 2.100 Plätze auf, einen Orchestergraben für 80 Personen, einen Rang für 600 Besucher und ein 38 m langes Parkett, das durch einen Mittelgang getrennt und von zwei Seitengängen begrenzt war. Als besondere Attraktion befand sich an der rechten Bühnenseite eine riesige Orgel der Fa. Wurlitzer, die ihren Einsatz neben der Filmbegleitung vor allem bei klassischen Musikeinlagen zwischen den einzelnen Programmblöcken fand. Die feierliche Eröffnung, dunkler Anzug war vorgeschrieben, erfolgte am 8.10.1927 mit dem Film »Die Hose« von Hans Behrendt in Anwesenheit von

Paula Wessely zog die Nürnberger mit »Das Herz muß schweigen« in den Phoebus Palast.

Regisseur und Schauspielern. Im September 1932 ging das Kino in den Besitz der UFA über und diente fortan etlichen UFA-Filmen zur Erstaufführung, nicht selten unter der persönlichen Schirmherrschaft von Julius Streicher. Dabei hatten die Nationalsozialisten seinerzeit als einzige den Bau des Kinos abgelehnt, da sie darin eine finanzielle und sittliche Gefahr für das Volk sahen. Im Krieg zerbombt, wurde 1948 das Foyer als kleines Kino wiederaufgebaut. 1952 kam das Große Haus mit 1.100 Plätzen hinzu, 1954 ein kleines Studiokino. Mit dem sinnigen Filmtitel »Das Haus in Montevideo« ging Mitte 1972 die glanzvolle Ära des einstigen Großkinos endgültig zu Ende; ein Bankhaus steht nun an seiner Stelle.

Die Pfannenschmiedsgasse und die Breite Gasse ist die »Urheimat« der Fußgängerzone. Von 1962 bis 1971 beriet man im Vekehrsausschuß über die Umstellung dieser beiden Straßen in eine Fußgängerzone und es gehörte damals Mut dazu, diese wenigen Straßenzüge wirklich allein dem Fußgängerverkehr vorbehalten zu wollen. 1972 verlangten die SPD und die FDP schon die Erweiterung der Zone auf die eben wiederaufgebaute Kaiserstraße, Königsstraße, das Gebiet zwischen Josefsplatz und Weißem Turm und Fleischbrücke bis Hauptmarkt. Die CSU versuchte vergeblich, eine »kleinere Lösung« schmackhaft zu machen. 1976 wurde der Ausbau der Kaiserstraße mit Kunstbepflasterung, Brunnen, Grünrabatten und postmodernen, mehrstrahligen Lampen verwirklicht. 1978 reichte die Fußgängerzone bis zum Weißen Turm, und 1980 kam dann die Region um Deutschhaus- und Jakobskirche hinzu.

Die Karolinenstraße war der lange Straßenmarkt der Staufer in der alten, von Ost nach West angelegten Siedlung. Man war stets darauf bedacht, durch versetzte Ecklagen der Häuser an der linken Seite der Karolinenstraße das prachtvolle Panorama des Lorenzer Westwerkes bis zum letzten Augenblick für den Herankommenden zu bedecken, um den Überraschungseffekt zu vergrößern. Der 1978 von den Architekten *Kappler/Nützel* erbaute Karstadt-Kaufhauskomplex mit vier Ober- und zwei Souterraingeschossen nimmt diese Vielgliedrigkeit mit seiner gotisierenden Fassade auf und kaschiert so seine Größe.

Der Gebäudekomplex »Grand Bazar« mit Läden, Büros, Filmtheatern und Innenhöfen kann sich in seiner modernen Farbigkeit, formgewaltigen Wucht und funktionellen Vielgestaltigkeit durchaus mit seinem behäbigen Vorgänger, dem Neorenaissance-Palastbau aus der Zeit vor hundert Jahren messen. 1905 wurde das Hotel »Zum Strauß« zu einem Kaufhaus großen Stils umgebaut, dem »Grand-Bazar zum Strauß«.

Im Hotel Strauß stellten sich übrigens 1893 die Kandidaten des »Kartells«, das alle bürgerlichen Parteien gebildet hatten, um die Wahl der Sozialdemokraten in den Landtag zu verhindern, vor. »Wenn die Russen oder Franzosen an die Türe klopfen, wird sich auch niemand, sei es Bayer oder Preuße, besinnen, gegen den gemeinsamen Feind Front zu machen.« Fünf Köpfe stark zogen die Sozialdemokraten in den bayerischen Landtag ein.

Mit dem Warenhaus zum Strauß wurde die bisher ruhige Wohnstraße zur Hauptverkehrsader der Stadt, viele Verkaufsläden grup-

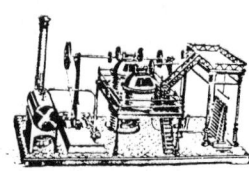

»Dampfbrauerei in eleganter Ausstattung«, hieß es im Spielzeugkatalog der Firma Gebr. Bing 1912.

**Königstraße 14/
Karolinenstraße**

**❺
Karolinenstraße
42–45**

pierten sich um das Warenhaus. In der Karolinenstraße lag auch der kleine Metall- und Galanteriewarenladen der Gebrüger Bing, aus dem die späteren Bing'schen Spielzeugfabriken (siehe Seite 177, 210) hervorging. Für den Export nach Übersee wurden besondere »Bingkaufleute« ausgebildet.

(siehe Seite 177, 210)

Kinematograf. Und Sonntags Matinee-Vorstellungen für die Arbeitersportler.

»Baj-äärs Ginematograpff — Theatär läbändär Fotograffi-jehn — Eindried zu jäderseid!«, so lockte ein mächtiger Neger in Generaluniform das mißtrauische Publikum in das erste stationäre Nürnberger Kino. *Heinrich Bayer* hatte es am 13.10.1906 in den Räumlichkeiten des ehemaligen Kabarets »Himmelsleiter« in der Karolinenstraße 53 eröffnet. Es folgten noch im selben Jahr gleich am Weißen Turm die späteren Union- bzw. Victoria-Lichtspiele und am Josephsplatz 10, im ehemaligen Warenhaus Schmoller, das spätere »Weltkino«. Beyers »Theater lebender Photographien« fand bereits zwei Jahre nach der Eröffnung einen würdigen Nachfolger in Philipp Müller, der sich auch »Nickel« nannte. Die ersten, knapp halbstündigen Programme des nunmehr in *Noristheater* umbenannten Kinos mit 217 Sitzplätzen bestanden aus einer Mischung von Klamotte, Kitsch und Kulturfilm.

Philippe Nickel und später sein Sohn Richard präsentierten jedoch bald auch selbstgedrehte Filme, u. a. von Königsbesuchen, Militärparaden, Festen und anderen gesellschaftlichen Großereignissen. Die einzigartige filmische Pioniertat, immerhin entstanden über 500 Dokumentarfilme zwischen 1907 und 1944, beinhaltet allerdings auch Dokumentationen für die Machthaber des Dritten Reiches, darunter Filmaufnahmen von Judendeportationen. Der Großteil der Filme wurde 1945 von den Amerikanern beschlagnahmt und gilt seither als verschollen. Das im Krieg zerstörte Anwesen, in dessen hinterem Teil das Kino lag, wurde 1948 wieder aufgebaut, eine Genehmigung für ein neues Kino jedoch nicht erteilt.

In Höhe der Färberstraße steht das Denkmal *Peter Henleins,* des Erfinders der Taschenuhr. Das Geschäftshaus Ruppert, ein moderner Bau, ist mit dem Altbau der früheren Firma Rupp eine Verbindung eingegangen.

Karolinenstraße 51
❻

1696 bezog die Thurn- und Taxissche Reichspost den ehemaligen Gasthof »Zum goldenen Reh« am Roßmarkt, heute Josephsplatz. Anfang des 19. Jahrhunderts kaufte die — nun königlich bayrische — Post die benachbarten Klostergebäude und St. Salvatorkirche hinzu und errichtete dort ein Postdienstgebäude. Das aufgekaufte Kloster gehörte einst den Karmelitern, mit volkstümlichem Namen auch »Frauenbrüder« genannt, weil sie sich der »Frauenseelsorge« widmeten. Ende des 19. und Anfang des 20. Jahrhunderts baute die Post auf dem Gelände des alten Postdienstgebäudes und des alten Bezirksamtes in der Karolinenstraße neue Gebäude vor allem für den Telegraphendienst. Dabei wurde der Ebracher Hof, das ehemalige Absteigequartier der Äbte dieses Klosters, abgerissen. Nach dem Krieg ist ein ganzer Fernmeldedienstgebäudekomplex an der Karolinenstraße 34 (ehemalige Kaufhalle), Adlerstraße 35 (Lukassowitzhaus) und Josephsplatz 3 entstanden.

Josephsplatz

Das Warenhaus Tietz, nach den Plänen von Paul Bittorf 1913 erbaut, war mit seinen weißen Marmorschäften im Lichthof, den kostbaren Kronleuchtern und seiner Einrichtung aus Nuß-, Eichen- und Mahagoniholz das größte Geschäftshaus seiner Zeit in der City. Die Umbenennung in Kaufhaus »Weißer Turm« (KWT) in den 30er Jahren rettete es nicht vor der »Arisierung«, obwohl es nicht als jüdischer Betrieb galt. Der Besitzer Theo Hartner ließ sich 1938 auf Druck der NSDAP von seiner jüdischen Frau scheiden. Während der Reichsparteitage und des Weihnachtsgeschäftes wurden immer wieder Boykottmaßnahmen durchgeführt. Wie rücksichtslos sich im bürgerlichen Leben gescheiterte Existenzen mit Hilfe der Nazi-

»Die vornehme Dame, der Bürger und die einfache Arbeiterfrau kaufen gleich gern dort ein«, warb das Warenhaus Tietz.

Partei bereicherten, zeigt die erzwungene Einsetzung des SS-Mitgliedes Leissing als »Geschäftsführer« des Kaufhauses. Gegen ihn lagen bereits Wechselproteste, ein Vollstreckungstitel und ein Haftbefehl vor. Heute wird das Kaufhaus von der Bekleidungsfirma Wöhrl geführt. Zusammen mit dem »Weißen Turm« und dem »Ehekarusselbrunnen« bestimmt das Kaufhaus das Milieu des Platzes.

Vor dem »Weißen Turm« steht seit 1984 der »Ehekarusselbrunnen« von Prof. Jürgen Weber aus Braunschweig, der einen Luftschacht der U-Bahn überrahmt. Er ist nach einem Lehrgedicht von Hans Sachs, »Das bittersüße ehlich Leben« in 23 Doppelversen, entworfen worden (in dem marmornen Herz ist das Gedicht eingemeißelt), das die guten und die schlechten Seiten des Ehelebens zusammenfaßt.

Jakobsplatz

Der Jakobsplatz wurde 1980 durch Zierpflasterung, Sitzrondelle und Bepflanzung zu einer »Oase des Verweilens« gemacht. Die schon 1977 geschlossene, aber auf Initiative der Stadtparkanwohner wieder rückgängig gemachte Verlegung des Neptunbrunnens (siehe S. 45) an den Jakobsplatz hat leider verhindert, daß der Brunnen vor den Steingebäuden in seinem ursprünglichen Vierpaßrahmen, der jetzt in einem Mauerzwinger verkommt, erst richtig zur Geltung kommt.

Im Osten des Platzes sieht man das Giebelfeld des Kaufhauses »Wöhrl«, den Weißen Turm selber, das katholische Pfarrhaus und ein turmartiges Jugendstilgebäude von 1905.

Die beiden Kirchen St. Jakob (überwiegend gotisch, Königskapelle eines alten Kastells) und die hochklassizistische St. Elisabeth stammen noch aus der Zeit der Deutschritter, die hier und außerhalb der Nürnberger Stadtmauern (Deutschherrenwiese und Deutschherrenbleiche) Besitztümer hatten und dem Viertel ein eigenes Gesicht gaben.

Die Jakobskirche wurde verschiedentlich umgestaltet und 1810, als sie Pfarrei wurde, von Heideloff und Mitarbeitern neugotisch ausgestattet, u.a. mit einer Schaufassade wie sie alte Ordenskirchen nicht hatten. Die Kirche ist jetzt durch ein rosenblattförmiges Holztonnengewölbe abgeschlossen, blau gestrichen in der Farbe des Himmels, wie zuweilen im Mittelalter üblich.

Der alte Friedhof hinter der Kirche, der jetzt gärtnerisch gestaltet werden soll, hat zu Deutschherrenzeiten die Niederkleriker und Laienmitglieder des Ordens zur ewigen Ruhe aufgenommen, die Vollkleriker wurden in der Kirche unter Epitaphen bestattet.

Ihrer Jakobuskirche beraubt, wollten sich die Deutschherren natürlich nicht auf Dauer ohne Ersatz abfinden. Ausgerechnet im 18. Jahrhundert, der Zeit des Niedergangs, begab man sich an das Planen neuer Großkirchen. Der Zentralbau der Elisabethkirche mit Rundkuppel wurde nach Auflösung des Ordens vom erzbischöflichen Ordinat in Bamberg gekauft, um hier eine zweite katholische Pfarrkirche (nach der Frauenkirche) einzurichten. Als die Kuppel nach der Teilzerstörung durch neue Aufbauten variiert wurde, lästerten die Nürnberger: »Allmächt, wos homm denn etz de'i dou fier a Gackala naafg'macht!«

Drei Freuden und drei Leiden der Ehe in sechs »Karussell-Wagen«. Die Auseinandersetzungen reißen nicht ab, sei es über die Darstellung der Ehe, die »fremdartigen, häßlichen und zänkischen Fratzen«, die unverhohlene Sinnlichkeit oder den kritischen Blick auf die Rolle des Mannes. Aber als Kontrapunkt zum kahlen, altersstarren Festungsturm hat das quirlige, tragische Gebilde Erlebniswert.

Sooch halt wos!

In irgendeiner Nürnberger Vorstadtstraße geht ein Betrunkener an einer Plakatwand vorbei. Eine Zigarette hängt schief in seinem Mundwinkel. Er versucht vergeblich, sie mit einem Streichholz anzuzünden. Als das letztere auch noch im Luftzug erlischt, schmeißt er die Zigarette mit der lapidaren Bemerkung weg: »Scheiß nei, dann ehm ned!« Er hat erkannt, daß er im Kampf mit den widrigen Umständen des Alltags der Unterlegene ist und fügt sich philosophisch in sein Schicksal, wobei ihm seine Mundart die entsprechenden Worte in den Mund legt.

Die Nürnberger Mundart wird von der Wissenschaft dem »ostfränkischen« Dialekt zugeordnet. Allerdings soll in diesem Zusammenhang nicht verschwiegen werden, daß sich durch die Nähe zur Oberpfalz sehr viel Nordbayerisches eingeschlichen hat. Unsere Diphthonge »ou« und »äi«, das merkwürdige »oo« (wie in »oofanger«) verweisen auf die gutturale Verwandtschaft mit unseren bajuwarischen Nachbarn. Um uns aber deutlich von allen Anrainern abzugrenzen, haben wir das Nürnberger »I« oder auch »Waffel-I« (Waffel=Mund) kreiert, das nur Nürnberger zu bilden in der Lage sind, wobei die Zunge leicht herausgestreckt wird: »Lou ämall denn Rolloo roo, nou lou i di«, heißt eins meiner Gedichte. Hochdeutsch: »Laß mal den Rolladen runter, dann laß ich dich«.

Die Mundart ist kein »restricted code«, keine nur aus wenigen Wörtern bestehende »Basic«. Sie ist ein sprachliches Biotop, das man genauso erhalten sollte wie einen noch nicht trockengelegten Froschweiher.

An stereotypen Wendungen, wie der anfangs zitierten, ist kein Mangel. Manchmal haben diese Stereotypen auch etwas Ambivalentes. Man fügt sich sehr schnell ins Unvermeidliche: »Su is halt!«...»Dou beißt die Maus kann Foden roo...« »Mach wos dergeeng.« Darin steckt, wenn auch unbewußt, eine durchaus konservative Beharrungstendenz.

Ein sprachlicher Fatalismus entsteht, der allen »Preußen« orientalisch vorkommen muß. Dann scheren wir auch gern alle über einen Kamm. »Preußen« sind für uns alle, die Hochdeutsch können. Wir machen keinen Unterschied, ob sie aus Hamburg oder Berlin stammen.

Wir haben Angst davor, uns festlegen oder gar festnageln zu lassen. Vor einer eindeutigen Stellungnahme drücken wir uns gerne: »Sogn toui nix, obber iich denk mer mein Teil!« Während sich die »Preußen« — jedenfalls unterstellen wir das einfach — oft in den Vordergrund drängen, sich gerne reden hören, bleiben wir lieber im Hintergrund. Wir kommentieren das, was die anderen sagen. Dabei geben wir dann gerne eine Probe unseres Humors, der etwas »Hinter-gründiges«, manchmal auch etwas »Hinterfotziges« hat. Wir sind ungern direkt. Wir sagen lieber um zehn Ecken herum, was wir meinen. Wir denken wir nicht gradlinig, wir denken linksherum wie der von Tucholsky als »Linksdenker« apostrophierte Karl Valentin.

KOPFARBEIT	Versuch einer Übersetzung
wosd ned im kubf hast	ins hochdeutsche Idiom:
moußd in di baa hoom	Was du nicht im Kopf hast
wenns dä dann aff	mußt du in den Beinen haben
di fäiß kwaadschn	wenn sie dir dann auf die Füße latschen
braxdä ka gedankn machn	brauchst du dir keine Gedanken zu machen.

Wenn man uns unseren Dialekt nimmt, stürzt für uns die Sprache zusammen wie ein Kartenhaus. Deswegen halten wir an ihm fest, ist er doch ein Stück »Lehmskwallidäd«.

Fitzgerald Kusz

Um die Mitte des 19. Jahrhunderts wurden mit Ausnahme der Elisabethkirche, des angrenzenden, frühklassizistischen Sakristeibaus von *Franz Ignaz Neumann*, und des Beheimschen Magazinbaus an der Schlotfegergasse alle Bauten, die dem Orden gehörten, abgerissen, und an ihrer Statt, hauptsächlich zum Jakobsplatz hin, von dem Ingenieurhauptmann *Schwabel* bis 1862 eine Ulanen-Kaserne erbaut.

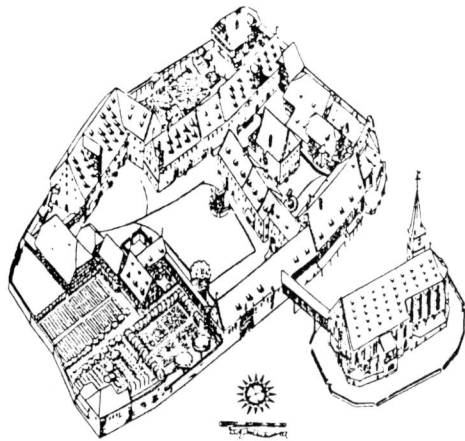

Der Komplex des Deutschen Ordens mit der Jakobskirche. Seit dem 15. Jahrhundert fanden aus der Stadt vertriebene Juden hier Bleibe und Auskommen. Infolge der Reformation brach jeglicher Kontakt zwischen Orden und Stadt ab. Um kein städtisches Gebiet zu betreten, war die Kirche über eine Brücke zu erreichen. Erst als Nürnberg eine bayerische Stadt wurde, wurde der Orden und seine Besitztümer aufgelöst.

Jakobsplatz 5

In der Zwischenkriegszeit, nach Verstaatlichung der Nürnberger Stadtpolizei, diente die alte Deutschhauskaserne dann als Polizeipräsidium. Während der Nazizeit wurden hier wie im Rathauskeller und auf der Burg Gefängnisprovisorien für Widerstandskämpfer eingerichtet, die dort mißhandelt, schikaniert und gefoltert wurden, bevor sie in das KZ Dachau geschafft wurden. Bereits in der Zeit vorher hatte der Polizeipräsident und Nazigönner *Heinrich Gareis* die Besucher von Veranstaltungen linker Parteien und Gewerkschaften, eines Republikschutztages und Turnfestes skandalös schikaniert und den Rechten auf ihren »deutschen Tagen« die miesesten Ausschreitungen durchgehen lassen.

Die Gebäude wurden im 2. Weltkrieg zerstört und 1962 durch einen Neubau ersetzt. 10 Jahre später plante man eine neue Anlage als terrassierten Zentralbau mit Hubschrauber-Landeplatz. Der 1981 von *Albin Hennig* errichtete Neubaukomplex von ausgewogenen Proportionen vermied geplante »Bausünden« und macht durch Einfügungen eines niedrigen Zwischenpasses in die Neubaufronten möglich, die bislang durch den Polizeikomplex verdeckte Nordseite der Elisabethkirche von der Straßenseite her einzusehen.

Schlotfegergasse

Die Schlotfegergasse ist ein traditioneller Ort der Arbeiterbewegung. Hier traf sich bei Heinrich Bauer ein geheimer Diskutierklub, die junge Genossen zu Rednern ausbildete — die Polizei führte während der »Sozialistengesetze« eine Liste der »gefährlichen Agitatoren«. In der Schlotfegergasse 10 bildeten die zehn Schreiner der Endreßschen Bauschreinerei vom Plärrer in der Wirtschaft »Zum goldenen Becher« den ersten Fachverein der Schreiner.

Architektur und Städtebau:
Kein Platz für die Moderne

Wenn ältere Nürnberger/Innen von »der Stadt« reden, dann meinen sie das Gebiet innerhalb jener parallelogrammartigen Eingrenzung, die »der Ring« genannt wird. Dieser Ring besteht aus Teilstücken von echten und rekonstruierten historischen Stadtmauern, den vorgelagerten Gräben und meist autobahnähnlichen Straßen. Die Altstadt, innerhalb der Mauern, lag 1945 in Schutt und Asche. Trotzdem beschloß man damals, die Stadt ein zweites Mal aufzubauen und veranstaltete einen Ideenwettbewerb. Gewinner wurden diejenigen, die der Stadt wieder zum altbekannten Aussehen verhelfen wollten, auf den alten Strukturen, mit der Eingrenzung durch den Ring. So blieb es beim Alten, obwohl eigentlich alles neu wurde. (Stadtbaumeister bis 1970: H. Schmeißner, ab 1970: O.P. Görl).

Die kleinen, rings um die Innenstadt angeordneten, ebenfals historischen Stadtteilzentren hatten von vornherein wenig Entwicklungschancen. Heute könnte man diesen Stadtteilgürtel als engeren Randbereich bezeichnen, denn nach 1945 haben sich ja noch diese »Niemandsorte«, von denen Langwasser der größte ist, vorgelagert. Bedeutungsvolle Nebenzentren und anreizende, von der Innenstadt aus weiterführende Straßenzüge, wie sie andere Großstädte haben, sucht man wiederum vergeblich. »Befreit« war man von der Aufgabe, endlich Wege zu finden, die dem südlichen Ring noch vorgelagerten Bahntrassen zu überwinden und so die Südstadt mit der Innenstadt zu verklammern.

Diese für Nürnberg charakteristische städtebauliche Dualität hat die Nachkriegsarchitektur außerhalb des Ringsbereiches zur Bedeutungslosigkeit verurteilt. Was nützt sie »der Stadt«, die nach der Nazizeit wieder den Bauhausideen verpflichtete, elegante und schnörkellose Architektur der Kunstakademie beim Tiergarten? Was macht sie »der Stadt« aus, die blechern aufragende Bundesanstalt für Arbeit? Ohne Belange für »die Stadt« ist auch das Rehabilitationszentrum, das mitten im Knoblauchsland zwischen Kraut und Rüben wie ein Kraftwerk hervorwuchtet. Welchen Einfluß auf »die Stadt« sollte der unerträglich provinziell gestaltete Eingangsbereich zum Fernsehturm schon haben?

Maßgebend ist erst einmal das, was man von oben, von der Burgfreiung herunter noch deutlich erkennen kann, was abgesteckt bleibt zwischen diesen vier dicken, runden Türmen. Dem von Denkmalpflegern und Stadtbewahrern (insbesondere die Vereinigung der Freunde der Altstadt e.V.) angestrebten Ideal von »Einheitlichkeit und Ordnung« tragen am auffälligsten die kleinstrukturierten, braunroten Dächer Rechnung. Diese gehören zu den architektonisch jenseits von gut und böse gestalteten Wohnhäusern, mit denen der Wiederaufbau eingeleitet wurde, unterhalb des Burggebietes und entlang der Pegnitz.

Die wenigen Flachdächer von Verwaltungs- und Geschäftsbauten, die während dieser ersten Aufbauphase südlich des Flusses errichtet wurden, bemerkt man kaum. Das Plärrer-Hochhaus, das zwischenzeitlich unter Denkmalschutz gestellt wurde, steht jenseits des Ringes und war und ist dementsprechend schon immer mehr Symbol für den Aufbau außerhalb der Altstadt. Den größeren Bauwerken verpaßte man nach dem Ende der 60er Jahre dann aber auch Ziegeldächer. Doch die exakt und zugleich unruhig verstaffelten, einzelne Häuser vortäuschenden Attrappendächer z.B. des Karstadt-Komplexes fallen nun aber auf. (»Karstadt-Komplex«, »Neue Deutsche Bank« und vieles andere mehr wurden vom Architekturbüro E. Kappler errichtet). Achsial-stadtmittig und störend wirkt jetzt auch das Walmdach mit den Rundbögen der 1988 fertiggestellten Deutschen Bank. Diesem Gebäude hat man den architektonisch zeitgemäßen und flacher eingedeckten Vorgänger bedenkenlos geopfert. Doch auch die Walmdächer der neuen Bayerischen Vereinsbank treten fast schon in Konkurrenz zur Lorenzkirche. Die östlich gelegene Universität mit ihrer massigen, aber spannenden Dachlandschaft bleibt von der Burgfreiung aus noch verborgen. Von hier aus gibt es deshalb keinen Blick auf modern Großstädtisches, auf Elegantes. Aber es gibt auch keine intimen Dachlandschaften, auf denen man lebt, nichts stählern-zartprofiliertes-glasiges, es sei denn, man blinzelt und gibt dem Trugbild nach, sich das durch die grün oxydierten Kupferdächer des alten Rathauses ersetzen zu können.

Zu ertragen hat man die Stadt im Regelfall jedoch von unten, von den Rändern her: Dort ist man, dort kommt man an. Am Bahnhofsplatz, am Rathenauplatz, am Plärrer — gestalt- und gestaltungslos auseinanderfließende Straßenkreuzungen. Oder man findet sich vor der Lorenzkirche, einem »Platzschlauch«, der im Zusammenhang mit der Errichtung der Fußgängerzone und des Karstadt-Komplexes geschaffen wurde. Da spielt die Musik, aber angesagt ist kein Jazz, kein Pop, kein Schönberg, sondern Volksmusik. Architektonische Ehrlichkeit und Spannung zwischen Geschichte und Gegenwart, Selbstbewußtsein und Wagnis, Toleranz für Provozierendes, das alles geht unter in einem an die Vergangenheit erinnernden Stilgemisch. Die Absicht der Altvorderen, einmal nicht mehr so richtig wahrnehmen zu können, wo das Alte aufhört und das Neue anfängt, hat sich erfüllt.

Bereits schon wieder 1951 wurden mittels braun gestrichener Betonkonstruktionen in der großen Wirtsstube des Heiliggeist-Spitals Holzbalken und Holzstützen vorgetäuscht. Ehrlichere Auffassungen, die sich dann doch durchsetzten, hat man bis jetzt jedoch noch nicht akzeptiert. Bauwerke der 50er und 60er Jahre, wie die Erweiterungen des Germanischen Nationalmuseums, die Hochschulbibliothek am Egidienplatz, die Norishalle, aber auch wie der bescheidene und sehr einfühlsame Museumsanbau an das Albrecht-Dürer-Haus, werden von den meisten nach Langwasser hinausgewünscht.

Zur Vervollkommung des Nürnberger Krankheitsbildes trug dann die aufkommende Postmoderne bei. Zu plump historisierenden Schöpfungen, wie z.B. dem Anbau des Fembohauses, zu »fränkelnden« Fachwerkhäusern entlang der Pegnitz und — vor allem in den Geschäftsbereichen — zu hervorquellenden und aufhockenden Chörlein und Erkern zu Kunststoffsprossen-Fenstern und »Dachrinnenbremsern.« Auch die Großbauwerke nach den 60er Jahren, z.B. das »Mac-Donalds-Haus« gegenüber dem Königstorturm, die Erweiterung des Polizeipräsidiums an der Elisabeth-Kirche, der Karstadt-Komplex, spiegeln nur diesen kranken hausgemachten Stil.

Mit voran ins Mittelalter des Jahres 2000 ging und geht bis jetzt die Bauverwaltung. Die Straßen und Plätze der Einkaufsgegenden sind vollgestopft mit »lebkuchenen« Papierkorbdosen, Pflocken, Trögen, Bänken und protzig glänzenden Kandelabern und einem Brunnenwerk, genannt »Ehekarussell«. (Warum sollte sich also nicht auch die Innengestaltung unseres »altehrwürdigen« Rathaussaales immer weiter zu Butzenscheiben und hölzernen Imitationen von mittelalterlichen Gittern hinein verfeinern? Warum soll, unseren ruhmreichen Traditionen folgend, demnächst kein Nürnberger Meister die Wände bemalen? Aber auch schon jetzt konferiert nicht nur jeder Kaninchenzüchterverein, sondern auch die Fa. Waffen-Diehl samt Nato-Generalität, wie im Jahre 1985 geschehen, hier wieder gerne.

Grob, robust und rücksichtslos geht es dafür unter dem Altstadtboden zu. Der rigoros in der Königsstraße, unterhalb der Lorenzkirche, ins allerdings glanzlos gestreifte Pflaster eingeschnittene Schlund hinunter zum Allerheiligsten, vermittelt das ins Helle heraus. Der modernen Zeit huldigt man im Untergrund. Mit der U-1 ist unser »Ring« überwindbar, in Richtung Galgenhof oder Gostenhof, aber leider nur im Dunkeln.

Konrad Biller

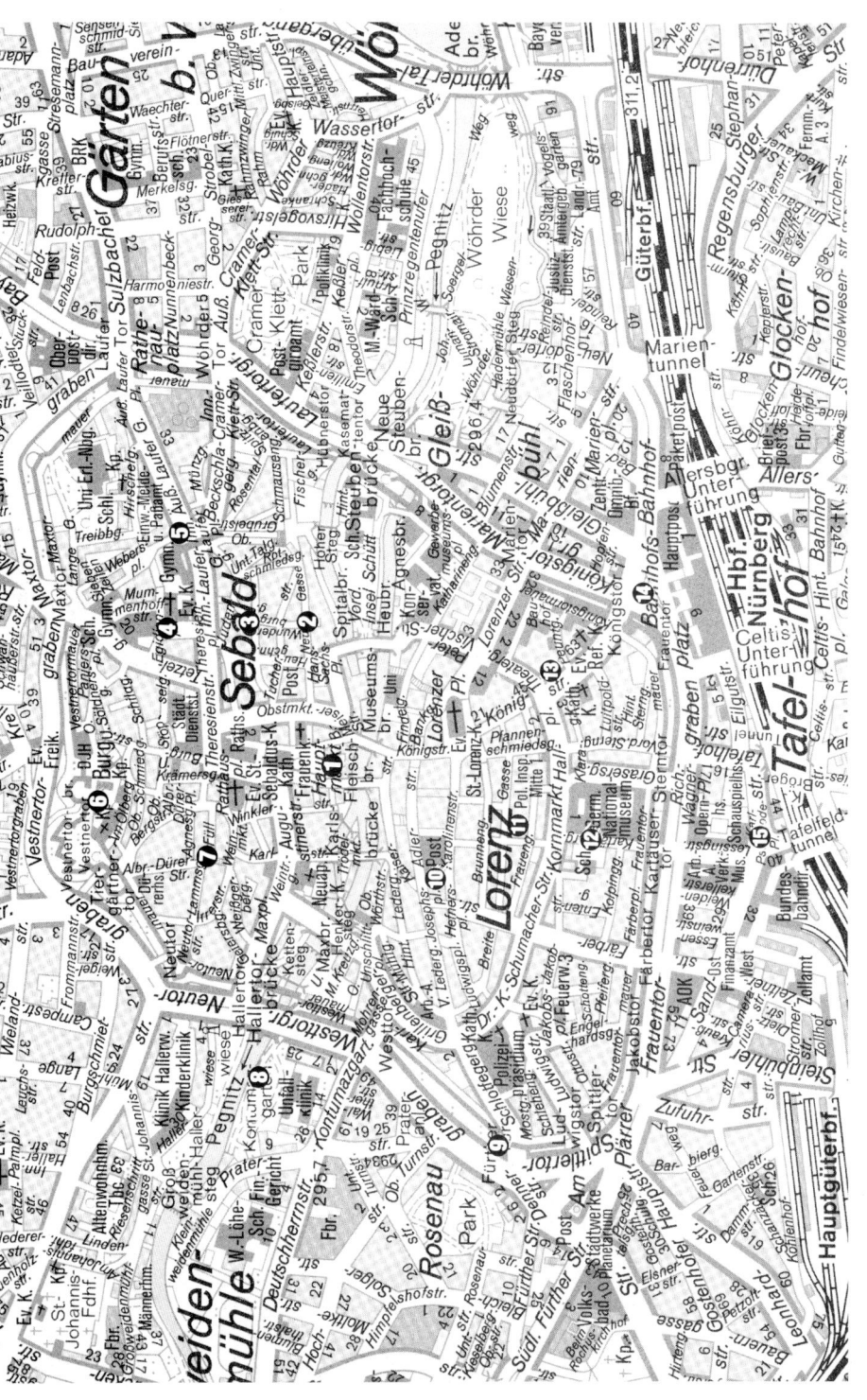

Vom »Frauenwohl« zur »Wandeltreppe«

Frauen-Rundgang: Zu allerlei Nürnberger Frauen-Zimmern und -Stätten

vom Arbeitskreis Frauenstadtrundgang

Ausgangspunkt: Hauptmarkt
Endpunkt: Buslinie 20 zum
*   Hauptbahnhof*
Dauer: ca. 3 Stunden

In Nürnberg sind genau sechs Straßen nach (authentischen) Frauen benannt, davon keine einzige nach einer Nürnbergerin. Mit unserem Stadtrundgang laden wir Sie ein zu einer Reise durch die Zeit — und wir garantieren Ihnen, vom Mittelalter bis in die Gegenwart hinein werden Sie mit uns genügend Nürnbergerinnen kennenlernen: Namentlich genannte und namenlose, Hexen und Nonnen, Hebammen und Kindesmörderinnen, Sozialistinnen und Liberale, Naturforscherinnen und Pianistinnen, Proletarierinnen und bürgerliche Frauen. Wir beginnen unseren Rundgang im mittelalterlichen Nürnberg am Hauptmarkt.

In den Zellen des *Lochgefängnisses unter dem Alten Rathaus* saßen die als Hexen angeklagten Frauen und wurden in der Folterkammer bei der »peinlichen Befragung«, d.h. unter der Folter, verhört. Als Folter waren üblich die »Daumen-« und »Beinschrauben« und das Aufziehen über eine Rolle an der Decke, deren Anbringung man noch heute sehen kann. Die Art der Folterinstrumente und die Dauer der Anwendung standen im Belieben des Richters und des Folterknechtes. Natürlich gestanden die so behandelten Frauen fast immer die ihnen zur Last gelegten Verbrechen wie »Schadens-«, »Wetter-« und »Liebeszauber« oder »Teufelsbuhlschaft«.

Rathaus/ Hauptmarkt ❶

Auch in der Reichsstadt Nürnberg wurden in der Mitte des 14. Jahrhunderts bis 1725 in 29 Verfahren vor allem Frauen der Hexerei und Zauberei angeklagt und verurteilt. Sie wurden gebrandmarkt, der Stadt verwiesen, an den Pranger gestellt, es wurden ihnen die Zungen und Ohren abgeschnitten, sie wurden in den »Block« gesperrt oder hingerichtet (siehe auch S. 86f.). Auf dem Hauptmarkt, an der westlichen Seite des Rathauses war der Pranger für alle gut sichtbar angebracht.

1885 gründeten Nürnbergerinnen einen »*Allgemeinen Frauenverein*«, dessen Vorsitzende, *Elise Scheitler*, hier wohnte. Zu dieser Zeit war das von Bismarck 1878 erlassene Gesetz gegen die »gemeingefährlichen Bestrebungen der Sozialdemokratie« in Kraft.

Neue Gasse 2

Drei Lehrstoffe wurden hier von Helene Grünberg behandelt: die Gewerkschaftsbewegung, die Unternehmerverbände, die Arbeiterschutzgesetzgebung. An der Vertrauensleutekonferenz der bayerischen Genossinnen nahm Ottilie Baader aus Berlin teil. Für Bayern wurde Marie Greifenberg aus Augsburg gewählt. Die Agitation sollte auch auf kleinere Orte ausgedehnt werden.

Aufgrund dieses Gesetzes ordnete der Rechtsrat der Stadt eine politische Überwachung des Frauenvereins an, da etliche Frauen mit stadtbekannten Sozialdemokraten verheiratet waren und befürchtet wurde, daß die sozialdemokratischen Männer mit Hilfe des Frauenvereins ihre Politik weiter betreiben wollten. Der Frauenverein aber nahm keinen rechten Aufschwung, und so lösten die Frauen ihn 1887 selbst wieder auf.

Neue Gasse 13

❷

Hier befand sich auch die Gaststätte *Historischer Hof.* Dort hielt *Helene Grünberg* (siehe auch Seite 79) seit Oktober 1907 gewerkschaftliche Bildungskurse für Arbeiterinnen ab.

Frauen und Mädchen sollten das Wesen und den Zusammenhang der Arbeiterbewegung genau kennen und so in Fabriken und Werkstätten besser agitieren können. Gegen Helene Grünberg wurde ein Strafverfahren eingeleitet, weil sie die für solche Kurse erforderliche polizeiliche Bewilligung nicht eingeholt hatte. Sie konnte jedoch freigesprochen werden.

Ebenfalls im Oktober 1907 tagte eine *Konferenz der weiblichen Vertrauensleute der bayerischen Genossinnen* im Historischen Hof.

Diese Landes-Frauenkonferenz in Nürnberg war erfolgreich: 1908 waren in Bayern schon in 34 Orten weibliche Vertrauenspersonen tätig, obwohl das Bayerische Vereinsgesetz von 1850 eine politische Vereinigung von

Frauen nicht zugelassen hatte.
Dies geschah nicht zuletzt durch die Verbreitung von Literatur wie Bebels
» Die Frau und der Sozialismus« und der Zeitschrift » Die Gleichheit« (her
ausgegeben von Clara Zetkin), durch Austausch von Referentinnen und dem
Aufbau von Frauenbildungsvereinen.

In der ehemaligen Prechtelsgasse befand sich das *Café Merk*, der **Martin-Treu-**
Ort, an dem 1885 ein *Arbeiterinnenverein* für Nürnberg gegründet **Straße 16**
und noch im gleichen Jahr verboten wurde. Der Vortrag zur Grün-
dungsversammlung, den Frau *Guillaume-Schack*, (Gründerin des
ersten Arbeiterinnenvereins), halten sollte, wurde ebenfalls polizeilich verboten. Im Juni 1892 wurde dort der *Frauen- und Mädchen-*
Bildungsverein für Nürnberg und Umgebung gegründet und 2 Jahre später ebenfalls vom Magistrat der Stadt verboten. 60 Frauen bekamen in diesem Zusammenhang Strafmandate.

Reine Frauenorganisationen waren eine historische Notwendigkeit, da die
meisten Arbeiterorganisationen (Arbeiterbildungsvereine, Arbeitervereine
u.a.) der industriellen Frauenarbeit ablehnend gegenüberstanden
(» Schmutzkonkurrenz«, traditionelles Frauenbild). Nach dem Scheitern der
Revolution von 1848, in der Ära der Reaktion, wurden Gesetze wie der Arti
kel 15 des Bayerischen Vereinsgesetzes beschlossen, die Vereinsgründungen
politischer Natur erschwerten und Frauen vollkommen von politischer Ar
beit ausschlossen. Erst 1898 wurde den Frauen die Teilnahme an politischen
Versammlungen gestattet, sofern sich diese ausschließlich mit Berufs- oder
Standesangelegenheiten beschäftigten.

Am 14. Oktober 1907 fand im Sächsischen Hof zu Nürnberg eine öffentli
che Frauenprotestveranstaltung statt, bei der eine Resolution gegen den Arti
kel 15 des Bayerischen Vereinsgesetzes und für das Frauenstimmrecht verab
schiedet und dann dem Bayerischen Landtag übergeben wurde. Erst 1908 je
doch wurde das Bayerische Vereinsgesetz zu Fall gebracht.

Zwei »Fachleute« des Dominikaner-Ordens, die Inquisitoren **Egidienplatz 13**
Jakob Sprenger und *Heinrich Institoris*, erwirkten 1484 von *Papst*
Innozenz VIII. eine Bulle gegen Hexerei und Zauberei, die Männer
und Frauen betraf. Ihr Handbuch für das Aufspüren und Verfolgen
von Hexen mit dem programmatischen Titel »*Hexenhammer*«, das
sie drei Jahre später veröffentlichten, richtete sich dann aber allein
gegen Frauen.

Auch in Nürnberg fand sich ein Verleger für dies wohl schauerlichste und weit verbreitete Manifest der Frauenverachtung und des
Frauenhasses: *Anton Koberger*, der »Fürst der Buchhändler«, wie
er von Zeitgenossen gerühmt wurde, druckte es 1494 in seiner
Großwerkstatt am Egidienberg (Gedenktafel am Haus Nr. 13).

In der Stadtbibliothek, die sich im 1. Stock des ehemaligen Peller- **Egidienplatz 23**
hauses (übrigens mit sehenswertem Innenhof) befindet, sind die
musikpädagogischen Werke von *Lina Ramann* (1833 bis 1912) einzusehen. Lina Ramann gründete zusammen mit ihrer Freundin *Ida*
Volkmann die *erste Nürnberger Musikschule.*

Sie war in Mainstockheim aufgewachsen und hatte sich aufgrund ihrer
musikalischen Begabung die Grundlagen der Harmonielehre selbst beige
bracht. Ab 1850 erhielt sie eine Musikausbildung in Leipzig, wo sie mit
Liszts Musik in Berührung kam. Später schrieb sie eine Liszt-Biographie

(1884) und das »Liszt-Pädagogikum«, das bis heute bedeutsam ist für das Klavierspiel. 1865 eröffneten die beiden Frauen die »Ramann-Volkmannsche Musikschule« am Albrecht-Dürer-Platz. Die hervorragenden Pianistinnen Ramann und Volkmann gaben häufig Konzerte in Nürnberg und trugen so zur Verbreitung moderner Musik bei.

Am Egidienplatz wird deutlich, daß der Schluß, wie ihn die Verfahrensweisen der herkömmlichen Geschichtsschreibung nahelegen, in Nürnberg hätten vielleicht keine Frauen gelebt, grob voreilig wäre.

Egidienplatz 33

Helene von Forster. In ihrem »Festspiel zum 2. bayerischen Frauentag in Nürnberg« (1901) traten historische Frauengestalten auf.

Das Geburtshaus *Helene von Forsters* (1859–1923) wurde im 2. Weltkrieg durch Bomben« zerstört. Eine der wenigen Gedenktafeln, die in Nürnberg Frauen gewidmet ist, erinnert hier an Helene von Forster als eine der prominentesten Vertreterinnen der bürgerlichen Frauenbewegung dieser Stadt. 1893 organisierte sie zusammen mit *Dr. Bertha Kipfmüller* (1861–1948), der ersten Frau Bayerns, die die Doktorwürde erlangte, den ersten Frauentag in Nürnberg — die 17. Generalversammlung des ADF (Allgemeiner Deutscher Frauenverein).

Im Verein Frauenwohl, der im Anschluß an diesen Frauentag zu seiner konstituierenden Sitzung zusammentrat, war Helene von Forster jahrelang die 1. Vorsitzende und als solche Mitbegründerin der Schulen des Vereins und seines Wöchnerinnenheims, in dem sie 1898 die Eröffnungsrede hielt.

Mit ihrer Wahl in die Vorstandschaft des ADF und später auch des BDF (Bund Deutscher Frauenvereine, seit 1894 Dachverband der bürgerlichen Frauenorganisationen) begann für Helene von Forster eine Reihe zahlreicher Vortragsreisen ins In- und Ausland, wobei ihre bevorzugten Themen sich mit der Verbesserung des weiblichen Erziehungs- und Schulwesens beschäftigten, mit der Forderung nach Zugang für Frauen in die Wohlfahrtspflege und in die Volksbildungsbewegung sowie mit der unzureichenden zivilrechtlichen Stellung der Frau, der auch im neuen BGB von 1900 noch nicht einmal das Erziehungsrecht an ihren Kindern zugesprochen war.

Als geistvolle Spötterin wurde Helene von Forster innerhalb der bürgerlichen Frauenbewegung auch über die Tore Nürnbergs hinaus berühmt, ihr ausgesprochen schauspielerisches und deklamatorisches Talent stellte sie unter anderem bei der Aufführung selbstverfaßter Dichtungen unter Beweis.

Als 1908 das bayerische Vereinsgesetz aufgehoben wurde, trat Helene von Forster der liberalen »Fortschrittlichen Volkspartei« bei. Und auch 1919, als die Frauen endlich sowohl das aktive als auch das passive Wahlrecht erlangt hatten, machte sie demonstrativ von diesen Rechten Gebrauch: Als Vertreterin der DDP (Deutsche Demokratische Partei) gehörte sie zu den ersten sechs Frauen, die in den neuen Nürnberger Stadtrat einzogen.

In zahllosen Versammlungen forderte Helene Grünberg die Beseitigung des Artikels 15 des Bayerischen Vereinsgesetzes und die Einführung des Frauenstimmrechts.

Seit dem 1. Juli 1905 war *Helene Grünberg* (geboren 1874 in Berlin) als *erste Arbeitersekretärin* im ersten Arbeitersekretariat Deutschlands tätig. Das Arbeitersekretariat war 1894 in Nürnberg gegründet worden, um Arbeitern Rechtsauskünfte in Fragen der Sozialversicherung, die in den 80er Jahren eingeführt worden war, geben zu können. Bei ihrer Anstellung übertrug man Helene Grünberg, neben ihrer täglichen Bürotätigkeit, die Betreuung der proletarischen Jugend und die »Agitation unter den Arbeiterinnen«.

Egidienplatz 22

Über die Grenzen Nürnbergs hinaus bekannt wurde Helene Grünberg mit der Gründung des *» Vereins der Nürnberger Dienstmädchen, Waschfrauen und Putzfrauen«* im März 1906.

Diese Berufsgruppe stand unter einem besonderen Ausnahmerecht, nämlich der Gesindeordnung. Diese sah weder Alters- noch Krankenversicherung vor, der größte Teil des Lohnes bestand aus dem täglichen Essen und dem oft miserablen Schlafplatz. Bei »Entlaufen« aus dem Dienst konnte das Dienstmädchen von der Polizei zwangsweise an die Dienststelle zurückgebracht und gegen sie eine Haftstrafe verhängt werden. Es galt das Züchtigungsrecht. Ein besonderes Gängelungsmittel war das Dienstbuch, das lückenlos alle Dienstverhältnisse und Zeugnisse enthalten mußte.

Die Nürnberger Statuten galten in allen größeren Städten Deutschlands als Grundlage für weitere Gründung von Dienstbotinnenvereinen.

Helene Grünberg wurde als Delegierte für Gewerkschaftskongresse und Parteitage gewählt. Bei der Frauenkonferenz in Kassel 1920 sprach sie sich entschieden gegen die Anwendung der Demobilmachungsverordnung aus, mit der verheiratete Frauen aus der Erwerbsarbeit gedrängt werden sollten. Etwa 20 Jahre kämpfte Helene Grünberg für die politischen Rechte der (Nürnberger) Frauen, bis sie am 7. Juli 1928 ihrem Leben ein Ende setzte.

Webersplatz 6
❺

Mitstreiterinnen Helene Grünbergs traten am 11. und 12. September 1908 in der »Goldenen Rose« zur *5. Konferenz der sozialistischen Frauen Deutschlands* zusammen.

Führende Vertreterinnen der proletarischen Frauenbewegung nahmen teil, u.a. Clara Zetkin, Ottilie Baader, Luise Zietz. Thematischer Schwerpunkt der Konferenz war die Neuorganisation der Genossinnen. Die Frauen beschlossen — mit nachträglicher Genehmigung des offiziellen Parteitages — keine eigene Frauenorganisation zu gründen, sondern in die Partei einzutreten, was ihnen seit 1908 zum ersten Mal möglich war. Für die Fortbildung der Frauen wurde die Gründung von Frauenvereinen empfohlen, um die politische Bildung zu fördern und somit langfristig dem proletarischen Klassenkampf zu dienen.

Vestnertorbastei
❻

Hier forschte die Astronomin, Mathematikerin und Zeichnerin *Maria Clara Eimmartin* (1676—1707) in der Sternwarte ihres Vaters.

Georg Christoph Eimmart unterwies seine Tochter in Mathematik und Astronomie, darüber hinaus erlernte sie Latein und Französisch ebenso wie Zeichnen, Malen und Radieren, was für die Zeit äußerst ungewöhnlich war. Durch ihre mehr als 100 Zeichnungen der verschiedenen Mondphasen legte sie die Grundlage für eine verbesserte Beobachtung dieses Planeten. Als sehr talentierte Zeichnerin nahm sie ihre astronomischen Beobachtungen, so z.B. die totale Sonnenfinsternis 1706, zum Anlaß für Radierungen und Zeichnungen. Nach dem Tod des Vaters setzte sie die Arbeit alleine fort, bleibt aber oft unerwähnt.

Nach der Aufhebung der Vereinsgesetze herrschte in der »Goldenen Rose« eine optimistische Stimmung.

Von der Vestnertorbastei führt uns ein malerischer Weg durch den »Bürgermeistergarten« (im Winter geschlossen) hinunter zum Neutor und Weinmarkt.

Hier waren eine Zeitlang die *Schulen des Vereins Frauenwohl* untergebracht, der auf Betreiben von *Helene von Forster* und *Dr. Bertha Kipfmüller* 1893 im Anschluß an die in Nürnberg tagende 17. Generalversammlung des ADF gegründet wurde. In seiner Orientierung der gemäßigten Richtung der bürgerlichen Frauenbewegung entsprechend, war sein Ziel die »Hebung des weiblichen Geschlechts in geistiger, sittlicher und ökonomischer Beziehung.«

Weinmarkt 14
❼

Die Nürnbergerinnen des Vereins Frauenwohl sahen im Gegensatz zu ihrem gleichnamigen Mutterverein, der seit seiner Gründung im Jahre 1888 den radikalen Flügel der bürgerlichen Frauenbewegung repräsentierte, und durch seine kämpferische, agitatorische Haltung Aufsehen erregte, ihre Schwerpunkte in der praktischen Arbeit und in lokalen Unternehmungen.

Erste Initiativen waren kostenlose Näh- und Sprachkurse, die vor allem Fabrikarbeiterinnen und Dienstmädchen, aber auch Handwerkerfrauen und -töchter sowie Angehörige kaufmännischer Berufe besuchten. Die Nachfrage nach diesem Unterricht war so groß, daß bereits 1903 in St. Leonhard weitere Kurse eingerichtet werden mußten.

Im Jahr 1900 übernahm der Verein die »Neue Nürnberger Frauenarbeitsschule«, die zusammen mit der Hauswirtschafts- und Hausangestelltenschule und den Seminaren für Handarbeitslehrerinnen und Wirtschaftslehrerinnen das Kernstück der vereinseigenen Schulen bildeten. Angegliedert

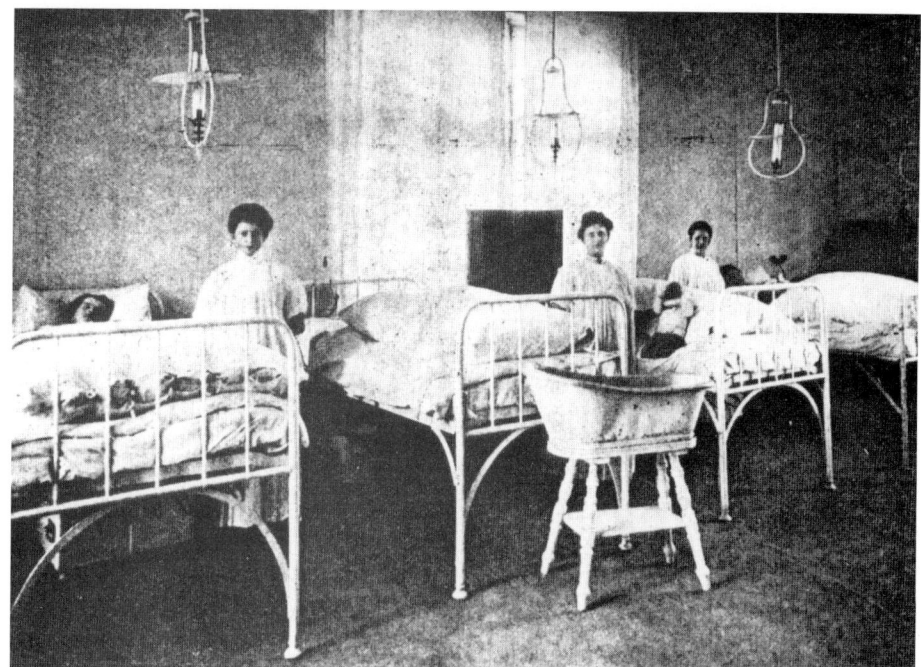

waren bis 1909 auch kunstgewerbliche Werkstätten. 1903 regte der Verein Frauenwohl auch die Gründung des »Kaufmännischen Verbands weiblicher Angestellter« an. Weiterhin gründete der Verein Frauenwohl das erste Wöchnerinnenheim Bayerns, denn in den wenigsten Haushalten hatten die Frauen ein Bett für sich alleine, geschweige denn einen Raum zur Verfügung, der die für eine Geburt nötige Ruhe und Pflegemöglichkeit bot — nicht selten waren Familien, in denen sich 9 bis 10 Personen ganze drei Betten teilen mußten.

Weiterhin richtete der Verein Frauenwohl eine Hauspflege-Kommission ein, die während des Klinikaufenthaltes der Frauen deren Familien versorgten.

Noch im Eröffnungsjahr (1898) nahmen 63 Frauen die Dienste des Wöchnerinnenheims in Anspruch. Die Ausbildung der für die Hauspflege und im Heim benötigten Pflegerinnen übernahm eine an das Wöchnerinnenheim angegliederte Pflegerinnenschule.

Seit Beginn des 15. Jahrhunderts wurden hier in der Pegnitz Kindsmörderinnen ertränkt. Ein Dekret von 1598 besagt, daß außerhalb Nürnbergs sehr viele neugeborene Kinder in den Bächen gefunden wurden, und wer eine Kindsmörderin anzeige, erhalte 50 Gulden vom Rat der Stadt. Ein anderes Dekret von 1702 weist auf die hohe Anzahl von Kindsmorden hin und bestimmt für die Täterinnen als Strafe das »Sacken« (in einen Sack stecken) auf der Hallerwiese und anschließendes Ertränken in der Pegnitz. Von 1510 bis 1777 wurden in Nürnberg 94 Todesurteile an Frauen wegen Kindsmordes vollstreckt.

Hallertorbrücke
❽

Die Motive der Täterinnen — überwiegend 20-30-jährige unverheiratete Mägde, Taglöhnertöchter oder Handwerkstöchter — waren: Eheverbot, finanzielle Probleme, Vergewaltigung, Furcht vor Strafe wegen »Unzucht«, Furcht vor Arbeitsplatzverlust, die schlechte Stellung eines unehelichen Kindes, das z.B. weder Handwerker werden noch Ehrenämter innehaben konnte. Erschwerend für die Frauen kam hinzu, daß mittlerweile durch die Ausrottung der als »Hexen« denunzierten Hebammen das Wissen über Verhütungs- und Abtreibungsmethoden verloren gegangen war.

Projekte der Neuen Frauenbewegung

Der Nürnberger Frauenbuchladen, *Innerer Kleinreuther Weg 28*, existiert seit 1979. Vom Verkauf von Büchern, Zeitschriften und Broschüren können die sechs Buchladenfrauen allerdings nicht leben — sie arbeiten unentgeltlich. Der Buchladen will aber nicht nur Verkaufsstelle sein, sondern auch als Anlaufstelle und Ort des Austauschs für Frauen dienen. Die Öffnungszeiten sind: Montag bis Freitag von 10—18 und Samstag von 10—13 Uhr.

Eine Treppe höher bietet das Café des Frauen-Kunst-Kultur-Zentrums Wandeltreppe Frauen und ihren künstlerischen Arbeiten eine Öffentlichkeit und dient zugleich als Treffpunkt für alle auf künstlerischem, literarischem oder musischem Gebiet interessierten und aktiven Frauen.

Der Geschichtslosigkeit von Frauen entgegenwirken — dieser Gedanke gab vor zwei Jahren den Anstoß zur Gründung des Frauenarchivs FIBIDOZ (Feministisches Informations-, Bildungs- und Dokumentationszentrum), *Wilhelm-Marx-Straße 58*. Die Mitarbeiterinnen haben es sich zur Aufgabe gemacht, historisches und aktuelles Material zur Frauengeschichte zu sammeln, zu archivieren und dokumentieren, um die gesellschaftliche Situation von Frauen in Gegenwart und Vergangenheit zu analysieren und öffentlich zu machen. Einen Schwerpunkt der im FIBIDOZ arbeitenden Gruppen bildet zur Zeit die regionale Frauengeschichte um die Jahrhundertwende. Weitere Arbeitsgruppen haben behandelt bzw. befassen sich unter anderem mit Hexen, Gentechnologie, feministischer Theorie.

Das Archiv bietet: Eine Präsenzbibliothek mit über 1.000 Bänden, ein Zeitungsausschnittsarchiv mit frauenspezifischen Artikeln, ein Zeitschriftenarchiv, eine Sammlung Grauer Literatur (Broschüren, Flugblätter, Veranstaltungsprogramme) und unveröffentlichte wissenschaftliche Arbeiten von Frauen. Das FIBIDOZ ist geöffnet: mittwochs von 16—19 Uhr, donnerstags 10—13 und 17—20 Uhr, samstags 10—13 Uhr.

Das FIBIDOZ informiert über die verschiedensten Frauenaktivitäten in Nürnberg und Umgebung, z.B. über weitere autonome Frauenprojekte wie: den Notruf für vergewaltigte Frauen und Mädchen; die Berufsgruppe zum sexuellen Mißbrauch von Mädchen, die sich regelmäßig im FIBIDOZ trifft; Kassandra, ein Selbsthilfeprojekt von Prostituierten; das selbstverwaltete Frauenhaus; die Gruppe § 218, die sich in Nürnberg aus dem Anlaß des geplanten »Beratungsgesetzes« zusammenfand; den Selbstverteidigungsverein »Aura«.   Am *Stresemannplatz 19* finden wir das Künstlerinnenarchiv. Hier werden Informationen über Künstlerinnen aller Epochen und Stilrichtungen gesammelt. Karteien über Künstlerinnen, Kataloge über Museen und Galerien bieten auf kleinem Raum alles, was das künstlerisch interessierte Frauenherz begehrt, und zwar montags von 14 bis 17 und mittwochs von 18 bis 21 Uhr.

Das auf dem Selbsthilfekonzept basierende Feministische Frauengesundheitszentrum (FFGZ), *Fürther Straße 154 (Rückgebäude)*, besteht seit 1979, mit einem breitgefächerten Angebot an Kursen, Informationen und Beratungen über Schwangerschaft, Geburt, Stillen, Verhütung, § 218, Massage, Körperarbeit, Sexualität.

Die FFGZ-Kartei enthält Informationen über Aids, Krebs, Ärztinnen, Hebammen, Heilpraktikerinnen und Kliniken. Außerdem werden im FFGZ Infobroschüren, Diaphragmen und Spekula verkauft. Öffnungszeiten: montags, dienstags und freitags von 17—19 Uhr; donnerstags zwischen 10 und 13 Uhr telefonische Information.

Das selbstverwaltete Frauenzentrum, *Saldorferstr. 6,* mit etwa 70 Mitfrauen, will Treffpunkt sein für Informationsaustausch, für Seminare und Vorträge zu Fragen der Frauenbewegung, Frauenpolitik und Frauenkultur. Darüber hinaus können lesbische Frauen hier einen Freiraum finden, ohne von der sonst üblichen Diskriminierung betroffen zu

Plenum im FIBIDOZ e.V.

sein. Öffnungszeiten: Dienstag, Freitag und Samstag jeweils 21 bis 1 Uhr. Deutsche und ausländische Mädchen zwischen 10 und 18 Jahren finden im Mädchen-café-Treff, *Wilhelmstr. 17*, ein vielfältiges Programm wie z.b. Hausaufgabenbetreuung, Vorbereitungskurse auf den qualifizierten Hauptschulabschluß, Mal- und Werkgruppen, Deutschförderkurse und — für die »älteren« von 16 bis 18 — ein Abendcafé. Das Mädchen-Café ist montags bis donnerstags von 15.30 bis 19 und freitags von 14 bis 19 Uhr geöffnet.

Im Turm an der Spittlertormauer befindet sich heute die Geschäftsstelle der VVN (Vereinigung der Verfolgten des Naziregimes). Gerade in einer für die Nationalsozialisten so wichtigen Stadt wie Nürnberg soll an diesem Ort der zahlreichen Frauen gedacht werden, die unter Lebensgefahr versuchten, dem mörderischen Regime Widerstand entgegenzusetzen. Leider sind der Mut und die Einsatzbereitschaft dieser Frauen meist vergessen. Stellvertretend für die zahlreichen Frauen, deren Aktivitäten und deren Schicksal vergessen sind, sollen die folgenden Widerstandskämpferinnen gesehen werden.

Spittlertormauer 7
⑨

In Nürnberg standen Frauen meist nicht an der Spitze der Widerstandsgruppen, sondern leisteten die mühevolle und nicht weniger gefährliche »tägliche« Arbeit (z.B. Flugblätter verteilen, Geld sammeln, Unterkünfte für Verfolgte suchen). Eine ganze Reihe von Frauen war in der kommunistischen Gruppe »Roter Sandberg« — so auch der Name der von ihnen verfaßten Zeitschrift — aktiv, die in den Stadtteilen Johannis und Kleinreuth tätig war und trotz einer großangelegten Razzia in Johannis am 5. April 1933 weiter operieren konnte. Zwei der Zeitungsverteilerinnen, Maria Gmeiner und Babette Weisenseel, wurden im April allerdings zu je einem Jahr Gefängnis verurteilt. Kunigunde Schwab stellte ab März 1933 in einer Villa am Platnersberg, die einem befreundeten Architektenehepaar gehörte, für den Politi-

schen Leiter der KPD Agitationsmaterial her. Als sie ihrer nicht habhaft werden konnte, verhaftete die Gestapo ihre Schwester als Geisel. Kuni Schwab stellte sich daraufhin und wurde vor dem Nürnberger Sondergericht im Januar 1934 zu 1 1/2 Jahren Zuchthaus in Aichach verurteilt. Auch heute noch ist sie aktiv in der VVN gegen den Faschismus tätig.

Hanne Schmidt, die »Rote Hanne«, war Mitarbeiterin bei der »Roten Hilfe« und später deren Leiterin für Nürnberg und Nordbayern. Beim ersten Versuch, sie zu verhaften, sprang sie aus dem Fenster ihrer Wohnung in der Fichtestraße. Am 30. Mai 1933 allerdings wurde sie dann an der Ecke Schiller-/Rollnerstraße von der Gestapo gefaßt und später verurteilt.

Ein besonders drastisches Beispiel für die unmenschliche Diktatur ist die Verurteilung der Arbeiterin Therese Müller zum Tode. Sie hatte ihrem Sohn Ernst, einem KJDV-Funktionär, geraten, zur sowjetischen Armee überzulaufen. Das Todesurteil wegen Wehrkraftzersetzung wurde am 25. Mai 1943 in München-Stadelheim mit dem Fallbeil vollstreckt.

Karolinen-straße 43—45 ⑩

In der Karolinenstraße tagte vom 21. bis 23. Oktober 1893 im Hotel Strauß die 17. Generalversammlung des ADF, die den Anstoß gab sowohl zur Gründung eines Nürnberger Ortsvereins des ADF (siehe auch S. 78) als auch zu der seines Zweigvereins, dem Nürnberger Verein »Frauenwohl«.

Überregional vertrat der ADF die gemäßigte Richtung der bürgerlichen Frauenbewegung. Sein erstes Anliegen betraf die Reform der Mädchenbildung: 1895 schickten die ADF-Frauen eine Resolution an den Nürnberger Magistrat und an die Schulverwaltung, in der sie die Einführung des 8. Schuljahres für die Volksschulen forderten, die Einrichtung von Volksschulküchen, den Ausbau der höheren Mädchenschule zur Mittelschule und die vermehrte Einstellung von Lehrerinnen, die auch in den Oberklassen unterrichten sollten. Weiterhin arbeitete der ADF mit an der Gründung einer öffentlichen Lesehalle, erstellte ein »Auskunftsbuch für Wohlfahrtseinrichtungen der Stadt Nürnberg« — Vorläufer des heutigen »Sozialatlas« — und richtete eine »Auskunftsstelle in Rechtssachen« ein, die Frauen und Mädchen kostenlose Rechtsberatung erteilte.

Der Dachverband der bürgerlichen Frauenbewegung, der Bund Deutscher Frauenvereine (BDF), hielt in Nürnberg eine seiner Generalversammlungen ab. Bekannte Vertreterinnen wie Henriette Fürth und Gertrud Bäumer nahmen daran teil.

Die Themen umfaßten auch politische Fragen anderer Tragweite: so kam es zur Auseinandersetzung um eine Resolution bezüglich der russischen Revolution: »Der in Nürnberg versammelte BDF gibt seiner tiefsten Empörung Ausdruck über die jeder Gesittung Hohn sprechenden Greueltaten, die in Rußland aus Rassenhaß (und im Interesse der Autokratie) fortgesetzt an wehrlosen Frauen und Mädchen begangen werden... « In der Endfassung der Resolution erschien der hier eingeklammerte Teil, um den der Streit entbrannt war, nicht. Auch Nihilisten und Revolutionäre begingen Greueltaten, war die Meinung eines Teils der Versammelten.

Als richtungsweisend für die damalige Zeit darf wohl ein Vortrag von Marie Stritt gewertet werden über die »Einheitlichkeit in der Frauenbewegung«, in dem sie die Unabhängigkeit der Frauenbewegung von allen Organisationen, Parteien und Kirchen forderte, da dort ausschließlich Männerforderungen vertreten würden.

Um 1400 befand sich dort das Bordell der Stadt Nürnberg (also eine städtische Einrichtung), das sogenannte Frauenhaus. Die

Überwachung geschah durch einen von der Stadt angestellten »Frauenwirt«.

Frauengäßchen ⑪

Der Rat schrieb 1487 dem Frauenwirt genau vor, wie er mit den Frauen im Frauenhaus umgehen mußte. So wurde ihm das »Verkaufen, Verpfänden, Verleihen« der Frauen an gemeine Liebhaber oder Käufer untersagt. Er durfte die Frauen nicht verkümmern lassen, sie aber auch nicht nötigen, bei ihm Speis und Trank zu kaufen, sondern sie in ihrer Wahl frei sein lassen. Er mußte sie in die Kirche und auf die Straße gehen lassen, durfte sie aber nicht aushorchen, überwachen oder beischlafen. Verheirateten Frauen war es nicht erlaubt, im Frauenhaus zu arbeiten. Der Frauenwirt durfte Frauen, die »aussteigen« wollten, nicht daran hindern.

1496 verbot der Rat der Stadt den Frauen, zum Tanz auf dem Rathaus und bei dem Derrer (Saal an der Karlsbrücke) zu kommen. Mit der Reformation erfuhr auch das Frauenhaus Einschränkungen. So mußte der Frauenwirt per Ratsbeschluß das zur Breiten Gasse gelegene Tor zugesperrt lassen, die Frauen durften bei Androhung von Strafe des Lochgefängnisses nicht mehr in die Kirche gehen. Etliche evangelische Pfarrer, besonders von St. Egidien, empörten sich öffentlich über das Frauenhaus. Am 18. März 1562 beschloß der Rat, es zu schließen.

Im Germanischen Nationalmuseum, das laut Auftrag die Kunst, Kultur und Geschichte der deutschen Nation dokumentieren soll, sucht frau lange nach den Frauen in dieser Vergangenheit. Die ausgesprochen sehenswerten Werke der Malerin und Naturforscherin *Maria Sibylla Merian* (1647-1717) können im Kupferstichkabinett nur auf Anfrage (dienstags bis freitags von 9-16 Uhr) eingesehen werden.

Kornmarkt 1 ⑫

Ihr Stiefvater unterrichtete sie seit ihrem 11. Lebensjahr im Kupferstechen, und sie entwickelte diese Kunst weiter, indem sie ein neues Umdruckverfahren erfand, daß die Konturen weich erscheinen läßt.

Nach der Heirat mit dem Nürnberger Maler Andres Graff lebte sie von 1670-1682 in Nürnberg. Sie verkaufte ihre Kupferstiche und handelte mit selbstentwickelten Farben. In der »Jungfern-Company« unterrichtete sie Frauen im Zeichnen, Malen und Farbenherstellen. Sie bemalte Tischdecken, Stofftapeten, Möbel und ein Feldherrenzelt. Ihre in Frankfurt begonnenen Naturforschungen setzte sie in ihrem Laboratorium und mit Hilfe ihrer Raupenzucht fort. Maria Sibylla Merian war die erste, die den Zusammenhang zwischen der Raupe und dem dazugehörigen Schmetterling erkannte und dies in ihren Werken darstellte.

1685 trennte sie sich von ihrem Mann und lebte ab 1691 in Amsterdam. Als 52jährige wagte sie 1699 ein für das 17. Jahrhundert sehr ungewöhnliches Unternehmen: Sie segelte mit ihrer ältesten Tochter nach Surinam (Südamerika). 21 Monate lang sammelte und zeichnete sie Insekten, Amphibien und Pflanzen und notierte die Anwendung von Früchten und Heilpflanzen (z.B. als Verhütungs- und Abtreibungsmittel der Indianerinnen und Sklavinnen). Die »Metamorphosis Insectorum Surinamensis« (1705) wurden ein riesiger Erfolg.

Viele Jahre lebte Maria Sibylla Merian in Nürnberg. Das Bildnis stammt aus ihrem letzten Lebensjahr 1717. Das von ihrer Tochter auf einer zweiten Reise gesammelte Material konnte sie nicht mehr bearbeiten.

Susannna Maria von Sandrart (1658-1716) lebte und arbeitete als Kupferstecherin und Zeichnerin in Nürnberg. Auch ihre Werke sind im Germanischen Nationalmuseum aufbewahrt.

Ihre Eltern stammten beide aus bedeutenden KünstlerInnenfamilien. Ausgebildet wurde sie vom Vater, in den wenigen Zeugnissen über sie werden ihre Genauigkeit und Vorlagentreue gerühmt. Ihr Großonkel Joachim von

Sandrart erwähnte sie als eine der wenigen Frauen in seinem Lexikon »Teutsche Akademie der edlen Bau, Bild- und Mahlereikünste« (1675), wobei er natürlich besonders betont, daß Susanna Maria »ohne Versäumnis der Hausgeschäfte Gebäude, Landschaften und andere Zierlichkeiten, auch schöne Historien in rechter Geschwindigkeit wol und kunstgemäß weiß auszubilden«.

Bezeichnend für eine weibliche Biographie bis heute ist die Tatsache, daß sie nach ihrer Heirat als Hausfrau waltete und die künstlerische Arbeit für den Verlag des Vaters erst nach dem Tode des Gatten wieder aufnahm. Ihre Werke verkauften sich so gut, daß sie von ihrer Kunst leben konnte. Ihr zweiter Ehemann, Wolfgang Moritz von Endter gibt ihr »Malbuch« (eine Sammlung von Kupferstichen und Zeichnungen) heraus.

Obwohl Susanna Maria von Sandrart etwa 300 Radierungen schuf, stand und steht sie immer im Schatten der Männer ihrer Familie und wird in vielen einschlägigen Werken überhaupt nicht erwähnt.

Klaragasse

Susanna Maria von Sandrart. Ihr Schaffen ist ebenso wie das anderer Nürnberger Künstlerinnen in Vergessenheit geraten.

Die Klarakirche aus dem 13. Jahrhundert an der Ecke Königstraße/Klaragasse gehörte ursprünglich zum Kloster der Magdalenerinnen. Auch als »Reuerinnen« bekannt, sahen sie ihre Aufgabe vornehmlich darin, »gefallene Mädchen« auf den Pfad christlicher Tugend zurückzuführen, d.h. sie widmeten sich der Resozialisierung von Prostituierten. 1274 schlossen sich die Magdalenerinnen dem Klarissenorden an. In der Folgezeit erfreute sich das Kloster zunehmender Beliebtheit bei den führenden Familien Nürnbergs, die hier ihren unverheirateten Töchtern eine angemessene Versorgung sicherten. Diese enge Versippung mit den politisch einflußreichen Kreisen bewahrte das Kloster in der Reformationszeit vor der sofortigen Aufhebung. Zur Symbolgestalt des Widerstands gegen die freilich nicht allzu nachdrücklichen reformatorischen Bestrebungen des Rates wurde *Caritas Pirckheimer* (1467-1532). Schwester des bedeutenden Humanisten Willibald Pirckheimer und selbst eine hochgebildete Frau, stand sie von 1503 bis zu ihrem Tode dem Kloster als Äbtissin vor; ihr Grab befindet sich heute in der Kirche. Endgültig geschlossen wurde das Kloster erst 1591 nach dem Tod der letzten Nonne.

Vor dem Frauentor (heute befindet sich dort der Hauptbahnhof) außerhalb der Stadtmauern, lag die Richtstätte der Stadt. Hier wur-

Die Geschichte der bis zum Ende des 16. und Anfang des 17. Jahrhunderts in Franken als »Hexen« umgebrachten Frauen ist häufig noch unerforscht.

den auch vier Frauen, die wegen Hexerei verurteilt worden waren, hingerichtet. So wurden 1659 *Margaretha Mauter* am 26. April und *Maria Regina Mettmann* am 17. Mai getötet. Vor der Verbrennung wurde Margaretha »gnadenhalber« vom Scharfrichter erwürgt, die verwachsene Maria Regina wurde enthauptet. Nach dem Verbrennen wurde die Asche »in alle Winde zerstreut«, da auch sie noch als gefährlich galt. Da der Rat der Stadt einen »Hexenwahn« befürchtete, wie er im Erzbistum Würzburg und Bamberg zum Ende des 16. Jahrhunderts herrschte (hier kamen weit über 2.000 Personen als »Hexen« um, davon etwa 90 % Frauen), und diesen aus wirtschaftlichen Motiven zu vermeiden suchte, ließ er auch einen Mann hinrichten, der Frauen als Hexen und Unholde verleumdet hatte.

Frauentor ⑭

Ungefähr am Standort der heutigen Kammerspiele befand sich bis 1945 das Herkules-Velodrom, ein ovaler Bau für Radrennen und große Veranstaltungen. Hier wurde am 19. März 1911 erstmals der »Internationale Frauentag« begangen. Zielsetzung war die politische Gleichberechtigung der Frau, wobei als erster Schritt die Einführung des Frauenwahlrechts galt. Nachdem 1910 beim Kongreß der Sozialistischen Internationale in Kopenhagen beschlossen worden war, alljährlich einen »Frauentag« durchzuführen, hatten in Nürnberg die Sozialdemokraten und der Gewerkschaftsausschuß zu dieser Versammlung aufgerufen.

Karl-Pschigode-Platz ⑮

Nach der Versammlung bildete sich ein Demonstrationszug, der durch die Stadt zum Egidienberg, zum Haus des Oberbürgermeisters Dr. von Schuh, führte. Dort wurde ein »vieltausendstimmiges Hoch auf das Frauenstimmrecht« ausgebracht.

Danach fand der Frauentag dezentral in zehn verschiedenen Lokalen statt. 1913 und 1914 nahmen etwa 6.000 Frauen und Mädchen an diesen dezentralen Versammlungen teil. Fräulein Sammetfeder, *die Vorsitzende des Bundes der Frauenrechtlerinnen der Ortsgruppe Nürnberg-Fürth, begrüßte das »mächtige Vorgehen der zum Klassenbewußtsein erwachten Frauen«.*

Im Herkules-Velodrom.

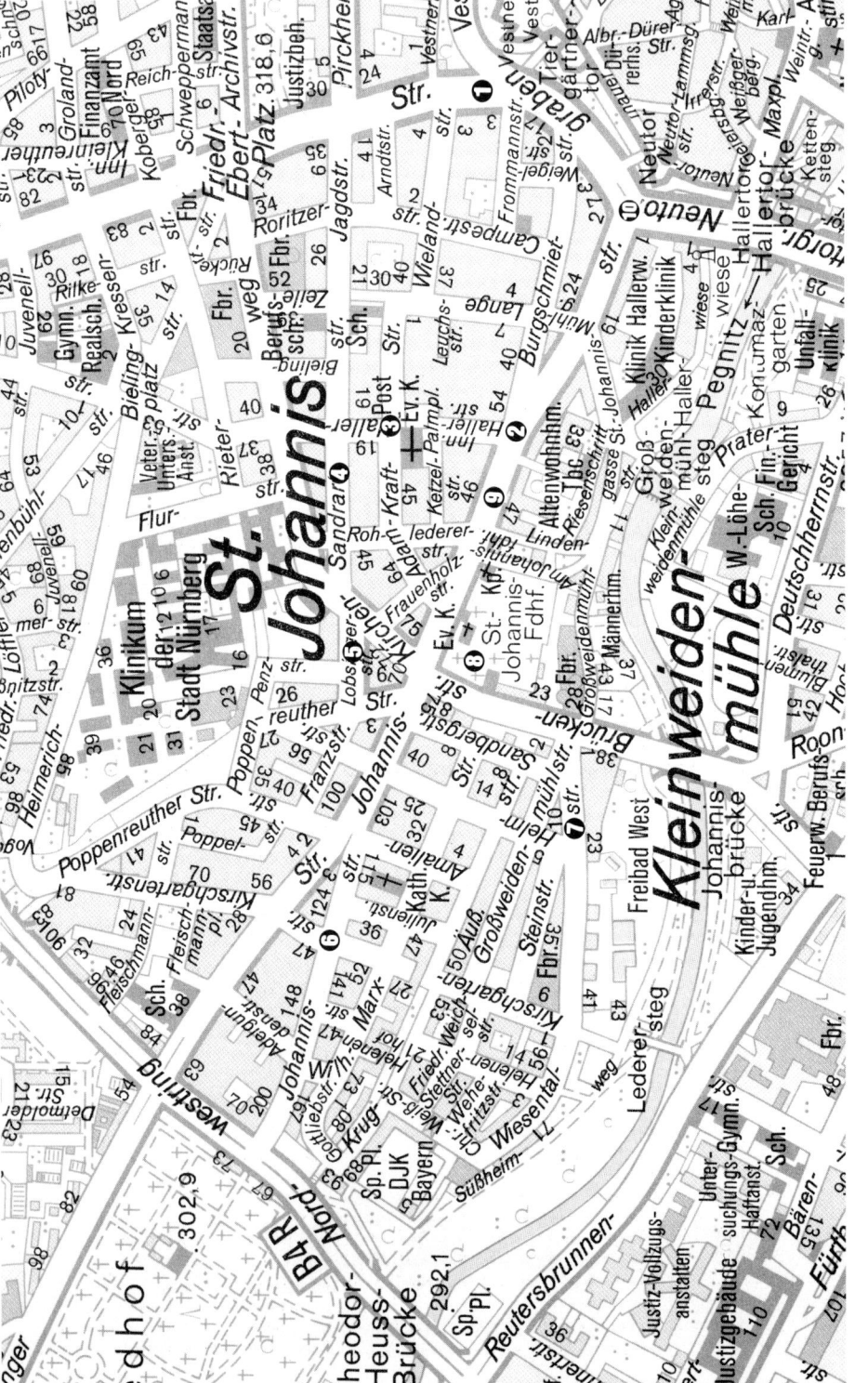

»Kärwa« beim Gott Amor und etwas Vergänglichkeit

St. Johannis

von Manfred Vasold

Ausgangspunkt: Tiergärtnertor, Straßenbahnlinie 4
Endpunkt: Neutor, Straßenbahnlinien 4, 6
Dauer: ca. 2 Stunden

Die ehemalige, kleine Vorstadt St. Johannis liegt nordwestlich der Nürnberger Altstadt und wird im Süden von der Pegnitz begrenzt, im Osten von der Bucher Straße. Die sehenswürdigen Teile dieser alten Vorstadt sind ziemlich verstreut, daher führt unser Rundgang ein wenig im Zickzack durch diesen Stadtteil.

Von der Straßenbahnhaltestelle am Tiergärtner Tor laufen wir, etwas abschüssig, in die Frommanstraße (nach dem Germanisten *Friedrich Karl Fromman* [1814-1887], dem 2. Direktor des Germanischen Museums). Einzelne prächtige Bauten und Anwesen (z.B. Nr. 5, ein villenartiges Wohnhaus mit Jugendstildekor; Nr. 8 und 9, Neobarock; Nr. 17, ein Eckhaus im sogenannten Neu-Nürnberger Stil; Nr. 23, großes Eckhaus mit Dekor im Stil des Neobarock) weisen darauf hin, daß es in Johannis — neben Arbeitersiedlungen — auch etliche bürgerliche Wohnstätten gibt. St. Johannis ist, soziologisch betrachtet, vielleicht der am stärksten durchmischte Stadtteil. Dies gilt nicht für die Altersstruktur der Bewohner. In Johannis wohnen relativ viele ältere Menschen — es gibt hier vier Altersheime — daneben aber auch ganz junge Leute, viele Studenten — von daher rührt die ausgeprägte Kneipenszene.

Wir biegen nach links in die nach dem Nürnberger Verleger *Friedrich Campe* (1777-1846) benannte Straße und folgen ihr bis zur Burgschmietstraße. Diese hieß vormals Seilersgasse, wurde aber später nach dem Erzgießer *Jakob Daniel Burgschmiet* (1796-1858) getauft. Der hatte 1844 seine Werkstatt aus der Altstadt hierher verlegte.

Im vorigen Jahrhundert kam das Aufstellen von Denkmälern sehr in Mode. An vielen Orten und Plätzen wurden Standbilder und Büsten von Persönlichkeiten aufgestellt, die den damals kulturell und politisch dominierenden gesellschaftlichen Gruppen wichtig waren. Davon profitierte Burgschmiet. Aus der sozialen Unterschicht der Handlanger, Tagelöhner und Lumpensammler kommend, erlebte er einen beispiellosen sozialen Aufstieg.

Kunstgießer Christoph Lenz. Die nach dem Besuch König Ludwig I. 1827 hochangesehene Werkstatt wird noch heute von den direkten Nachkommen Burgschmiets betrieben.

Burgschmietstraße 18

Rechts steht eines von sieben monumentalen Steindenkmälern, die die Kreuzwegstationen Jesu darstellen. Die figurenreichen Reliefs des Kreuzwegs, der vom Tiergärtnertor zum Johannisfriedhof führt, wurden von Adam Kraft und seinen Gesellen in den Jahren 1503 bis 1508 geschaffen. Gestiftet wurde der fromme Weg von dem Bamberger Ritter *Heinrich Marschall von Rauheneck*. Als Ausgangspunkt gilt nach der Überlieferung das »Pilatushaus« am Tiergärtnertor.

Die heute noch sichtbaren Stationen in der Burgschmiet- und Johannisstraße wurden vor kurzem gereinigt bzw. restauriert; sie zeigen, wie anfällig diese Sandsteinskulpturen für Luftverschmutzung sind. Seit 1889/1910 sind hier im Freien nur noch Kopien zu sehen; die Originale befinden sich im Germanischen Nationalmuseum.

Moderne Wohnbauten stehen rechts am Beginn der Langen Zeile. Was heute geteerte Straße ist, war bis vor gut hundert Jahren (1874) noch Bett des Baches Kidron. Die Geruchsbelästigung, die von ihm ausging, war so stark, daß die Gartenbesitzer ringsumher immer wieder klagten. Resultat: Der Bach wurde weiter nach Süden verlegt und abgedeckt.

Durch die nach einer Nürnberger Patrizierfamilie benannte Hallerstraße gelangen wir zum Palmplatz. Der Nürnberger Buchhändler *Johann Philipp Palm*, 1766 - 1806, wurde wegen der Veröffentlichung der Flugschrift, »Deutschland in seiner tiefen Erniedrigung«, auf Befehl Napoleons füsiliert.

In der Johannisstraße.

Die Friedenskirche wurde schon vor dem Ersten Weltkrieg von *German Bestelmeyer* entworfen, erst 1928 eingeweiht und während des Krieges stark zerstört. In ihrem Inneren: historische Kunstwerke aus der zerstörten Kapelle Heilig Kreuz.

Kurz hinter der Kreuzung von Haller- und Sandrartstraße erreichen wir den Kirchenweg, wichtige Verkehrsader und Industriestraße Nürnbergs. Einige schöne Sandsteinfassaden sind noch erhalten, daneben Arbeiterhäuser in rotem Backstein. Haus Nr. 16 — mit Hinterhof, mehreren Rückgebäuden und übelriechenden Trocken-Klos zwischen den Etagen — mußte dem Raumbedürfnis der Bleistiftfabrik Staedtler weichen. Die 1835 gegründete Bleistiftfirma stellte außer Bleistiften und Rötelkreide auch die ersten Farbstifte, sogenannte Ölkreidestifte her. Bereits 173 Jahre zuvor hatte ein Vorfahre *Johann Sebastian Staedtlers*, der »Bleiweißschneider und Steftmacher« Friedrich, ein Bittgesuch an den Rat der Stadt gerichtet, ihm ungeachtet des Widerstands der Schreinerzunft »das bleiweißsteftmachen zu erlauben«.

Kirchenweg 16
❹

Im Kirchenweg befindet sich auch die 1887 an anderer Stelle gegründete Firma *Fleischmann*, eine der ältesten im Familienbesitz befindlichen Spielwarenfabriken, die die berühmten Spielzeugeisenbahnen herstellt.

Kirchenweg 13

Über den Kirchenweg kamen einst die Bewohner der dörflichen Vororte Thon sowie Groß- und Kleinreuth zu ihrer Pfarrkirche St. Johannis, daher der Name.

Das große, nordstädtische Klinikum, Eingang von der Flurstraße, eröffnet 1897/98, ist mit ca. 2700 Betten das größte geschlossene Krankenhaus der Bundesrepublik. Bau 32 und 36 sind typische Bauten im Pavillonstil, wie sie von den späten 1860er Jahren bis zur Jahrhundertwende in Mode waren: Die moderne Bakteriologie entdeckte gerade um diese Zeit Mikroorganismen als Krankheitserreger; und man baute nun in diesen kleinen Einheiten, um die potentiellen Infektionsherde möglichst klein zu halten.

Flurstraße 17

Der Kirchenweg krümmt sich, weil hier einst die Sternschanze stand, Teil eines äußeren Befestigungssystems. Auf diesem Grundstück errichtete *Heinrich Uttendörfer* 1854 eine Patronen- und Zündhütchenfabrik; sie wurde 1889 für 900.000 Goldmark an die Rheinisch-Westfälische Sprengstoff AG verkauft. Diese Fabrik forderte schon vor hundert Jahren den Protest der Anwohner heraus.

Einen Einblick in das Arbeiterwohngebiet Johannis ermöglicht uns der folgende Weg zur Pegnitz. Johannis ist ein Teil der Nürnberger Nordstadt, wo »die Besseren« wohnen. Aber seit der Industrialisierung ist Johannis keineswegs ausschließlich bürgerlich geprägt, wie z.b. die Wahlergebnisse der Zwischenkriegszeit beweisen, wenngleich hier keine Großbetriebe sowie geschlossene Arbeitersiedlungen existieren, wie man sie in der Südstadt findet. Johannis ist teils proletarisch, teils bürgerlich.

In den letzten freien Wahlen der Weimarer Zeit stimmten im November 1932 36,2% für die SPD (Gesamtstadt: 31,0%) und 21,3% für die KPD (15,2%); für die NSDAP stimmten in Johannis 25,2% (Gesamtstadt 32,8%). In Johannis erschien seit 1930 eine Zeitung der KPD, nach deren Flurbezeichnung der »Rote Sandberg« benannt. Im Morgengrauen des 5. April 1933 wurden ganze Viertel von Johannis systematisch abgesperrt und durchsucht — doch der »Rote Sandberg« hörte nicht auf zu erscheinen, nicht einmal, nachdem die Nazis seinen Herausgeber, Fritz Peter, im Mai 1933 verhaftet hatten. Im November 1933 stellten die Herausgeber das Erscheinen ein. Der illegale Apparat der Nürnberger KPD war zerschlagen, und von den verhafteten Funktionären erlangte kaum einer die Freiheit wieder. Einer der wenigen Überlebenden war Hermann Schirmer, der in Johannis in der Christoph-Weiß-Straße lebte, und Verfasser des Buches »Das andere Nürnberg« ist, in dem er die Zeit des Widerstandes während des Nationalsozialismus schildert. Schirmer war MAN-Arbeiter, Stadtrat der KPD, wurde 1933 verhaftet und nach der Gefängnishaft in das KZ Dachau eingesperrt. Er war nach 1945 Landesvorsitzender der KPD in Bayern, gründete die DKP mit und starb mit 83 Jahren.

Hermann Schirmer als Landtagskandidat des Stimmkreises III.

Als »Sandberg Gold« bezeichnet man heute noch den proletarischen Bewohner von Johannis sowie seinen Dialekt (auszusprechen: Samberch Gold).

Lobsingerstraße
❺

In der Lobsingerstraße weisen die Häuser noch einige schöne Sandsteinfassaden auf. Kurz vor der Franzstraße ist rechts ein gemütlicher Biergarten. Kleine Gastwirtschaften, die wenigstens ein paar Stühle im Freien stehen haben, gibt es in Johannis reichlich.

Bei Überqueren der Schnieglinger Straße erinnern wir uns an das im Dezember 1987 abgerissene »Institut für ästhetische Grenzbereiche« (Nr. 29) in einer ehemaligen Eisengußfabrik, das lange Zeit ein Zentrum der Nürnberger Avantgarde war mit vielfältigen Aktivitäten wie Performances, Konzerten, Theateraufführungen. Es soll in Kürze an neuer Stelle wiedereröffnet werden. Zum Kulturangebot des Stadtteils gehört auch das nahe »steps« (Johannisstraße 83), das dem Jazz ein Podium bietet (mit Biergarten) und auch Ausstellungen zeigt. Für Magen und Gemüt bietet sich die urige Gaststätte »Straßenbahndepot« (Johannisstraße 140) an.

Wilhelm-Marx-
Straße 38

Wir lassen auf unserem Spaziergang diese sinnlichen Genüsse allerdings beiseite und tun etwas für die Seele. Die Kirchtürme vor uns gehören zur katholischen Michaelskirche (Architekt: Otto Schulz, 1910). Nürnberg war bis in die Mitte des vorigen Jahrhunderts so gut wie ausschließlich protestantisch; der Zuzug aus den ländlichen Gebieten, von der Industrialisierung begünstigt, und vor allem natürlich der Zuzug von Flüchtlingen nach dem Zweiten Weltkrieg bewirkte eine konfessionelle Vermischung. Vor uns liegt der große Westfriedhof, der 1880 eingeweiht wurde. 1913 wurde

hier unter erbittertem Widerstand der Kirchen und Teilen der Bevölkerung die erste Leichenverbrennung in dem Krematorium vorgenommen, begleitet von wütenden Redeschlachten.

Etwa 300 Meter vor dem Friedhofseingang biegen wir links in **Kirschgartenstraße** die Kirschgartenstraße, überqueren die Wilhelm-Marx-Straße, in **❻** der sich das »Feministische Informations-, Bildungs- und Dokumentationszentrum« (siehe S. 82) befindet, und gehen durch den Torbogen vor uns die steinernen Stiegen hinunter, die den steilen Abfall zur Pegnitz ausgleichen.

Die großen Wohnblocks wurden zwischen 1925 und 1930 von der Gemeinnützigen Wohnungsbaugesellschaft der Stadt Nürnberg nach den Plänen von *Konrad Sorg* errichtet, Ausdruck der Konsolidierung der Weimarer Republik und des sozialpolitischen Fortschritts jener Zeit. Die Siedlung umfaßt knapp sechs Hektar Land (57.000 m²); hier stehen 119 Häuser mit 950 Wohnungen.

Beim Bau der Wohnanlage traten ungeahnte Schwierigkeiten auf. Dazu heißt es in einem damaligen Bericht: »Man stieß auf ein förmliches Labyrinth unterirdischer Gänge, von dessen Dasein vorher nur verhältnismäßig wenige Menschen Kenntnis gehabt haben dürften. Die Gänge liefen in dem weichen weißen Sandsteinfelsen wirr durcheinander, sie gingen bis zu 6 m Tiefe hinab, waren 1,50 - 2 m hoch und 50-80 cm breit. Es stellte sich durch Nachforschungen heraus, daß diese Gänge die Bezugsquelle von weißem Silbersand waren, der in Franken heute noch zum Putzen und Bestreuen (zwecks leichterer Reinhaltung) von Gängen, Treppen, auch von Zimmern, wie zum Putzen von Eßbestecken usw. verwendet wird.« (Erwin Stein, Hrsg., Monographien deutscher Städte, Bd. XXIII, Berlin 1927).

Die Pegnitzwiesen bieten sich zu einem schönen Spaziergang an, **Wiesental-/** aber auch in der Wiesentalstraße ist noch etwas zu sehen. In einem **Steinstraße ❼** alten Fabrikkomplex der Bayerischen Metallwarenfabrik ist ein Gewerbehof für Handwerker und Künstler entstanden, in dem die »Immotion Dance Company« trainiert, das Kindertheater »Mumpitz« probt, Körper-building, asiatisches Schwerttraining und fernöstliche Kampfsportarten ausgeübt werden, ein Sprechstudio seine Dienste anbietet, und die Bühne der »Euphorischen Lustlosigkeit« seine spärlichen Besucher unterhält.

Brückenstraße 23 An der Brückenstraße befindet sich außer dem Zugang zum Freibad West auch das bekannte Stadtteilzentrum von Johannis. In einer ehemaligen Desinfektionsanstalt, liebevoll »Desi« genannt, haben sich vor einigen Jahren engagierte Mitglieder einer Bürgerinitiative eine Begegnungsstätte erkämpft, mit einem anspruchsvollen Programm.

Kneipe, Kommunikation und Kreativität. Mit Rock-Nacht und Akrobatik, Filmen und dem »Friedens«-Programm des Nürnberger Schauspiel-Ensembles wurde das Desi 1982 eröffnet.

Im Umfeld des Stadtteilzentrums haben sich eine Reihe von empfehlenswerten Lokalen niedergelassen, so das Café »Trocadero« mit gutem dunklem Bier in der äußeren Großweidemühlstraße 14, das »Sabberlod« mit schönem Biergarten in der Wiesentalstraße 21, das »Pêle Mêle« mit Kunstgalerie in der Großweidenmühlstraße 17.

Großweidenmühle Gleich nebenan hat die älteste Bleistiftfabrik Nürnbergs, Lyra, ihre Fabrikanlagen aufgegeben. Die Firma wurde 1806 gegründet, als Nürnberg seinen Charakter als freie Reichsstadt verlor und das »Bleistiftmachen« erstmals allgemein erlaubt war. 1860 wird die Fabrik zur Großweidenmühle verlegt, um die vorhandene Wasserkraft zu nutzen. Als eine der ersten unter den neueren Fabriken nimmt die Firma nach dem Brauch der Alt-Nürnberger Handwerksmeister eine Fabrikmarke an. Die Fabrikbauten sollen abgerissen werden, die alten Maschinen hat das »Centrum Industriekultur« erhalten.

1528 entstand unterhalb des Friedhofs, an der Pegnitz, ein eigenes Pestspital, es wurde einem der Pestheiligen geweiht, dem hl. Sebastian, das Sebastiansspital, von den Nürnbergern »Wastl« genannt. Nach Rückgang der Pest war es Pflegestätte für Arme und seit 1883 Altenwohnheim, das durch An- und Umbauten um die Jahrhundertwende enorme Ausmaße angenommen hatte. 1919 wurden die alten heruntergekommenen Gebäude verlassen.

Wir befinden uns jetzt vor der Urzelle des 750 Jahre alten Vororts St. Johannis. Neben dem Johannisfriedhof befand sich einst ein Leprosenhaus, ein sogenannter »Siechenkobel« für Aussätzige.

Brückenstraße

Im August 1234 schenkte König Heinrich VII. dem Spital der Ritter des Deutschen Ordens zu Nürnberg einen Garten und drei Mühlen; in dieser Schenkungsurkunde ist erstmals von einem domus leprosorum in St. Johannis die Rede. Der Aussatz (die Kranken wurden aus-gesetzt, daher der Na-

me) war im mittelalterlichen Europa weitverbreitet; vor den Mauern Nürnbergs gab es vier Leprosenhäuser.

Der Aussatz war hierzulande schon im Hohen Mittelalter bekannt; nach den Kreuzzügen nahm seine Verbreitung deutlich zu. Die sehr Wohlhabenden behielten ihre leprösen Angehörigen meist bei sich zuhause; die große Mehrzahl der Kranken wurde in einem Siechenkobel isoliert. Die Aufsicht über diese Häuser führte der Rat der Stadt Nürnberg, der sie einem sogenannten Pfleger anvertraute. Die Insassen waren einer strengen Zucht unterworfen: ihre Kleidung, die sie leicht kenntlich machte, die Tage, an denen sie betteln durften, die Zahl der Gebete, die sie zu verrichten hatten, ihre keusche Lebensweise in und außerhalb des Kobels — das alles war streng geregelt. In das Leprosenhaus mußte man sich einkaufen, mit dem Eintritt ging die gesamte Habe an das Haus.

Die Kreuzung Johannisstraße/Brückenstraße. In den 60er Jahren ein neuralgischer Punkt.

Neben diesem Siechenkobel soll bereits im 13. Jahrhundert eine Kapelle gestanden haben; die heutige Johanniskirche im Johannisfriedhof geht allerdings erst auf die Jahre 1377/95 zurück.

Am Johannisfriedhof 32

❽

Die Baumeister der Johanniskirche sind unbekannt. Sie ist die einzige der historischen Kirchen Nürnbergs, die im Krieg unzerstört blieb. Der zierliche Chor ist aus rötlichem Sandstein erbaut, und zwar ohne Strebepfeiler. Das

Innere der Kirche ist sehr harmonisch gegliedert. Der Hochaltar wurde von der Familie Holzschuher gestiftet, seine Skulpturen verraten den Einfluß des Veit Stoss. Die Bilder zeigen Szenen aus dem Marienleben und der Passion des hl. Johannes; die Malerei wird einem Dürer-Schüler zugeschrieben, Wolf Traut (1478-1520). Der Imhoff-Altar ist eine Stiftung des Patriziers Peter Imhoff und seiner Frau, einer geb. Holzschuher; die Malerei der Altarflügel gleichfalls von Traut. Der — sehr alte — Passionsaltar steht heute in der Südostecke des Langhauses und besteht nur noch aus einem Tryptychon, das Szenen aus dem Leben Jesu darstellt.

Trotz Numerierung sind die kunstgeschichtlich interessanten Grabplatten (mit Wappen, Handwerkszeichen) nicht immer leicht zu finden. Am besten erwirbt man im Steinschreiberhaus, Johannisstraße 55, den kleinen Führer »St. Johannisfriedhof Nürnberg«.

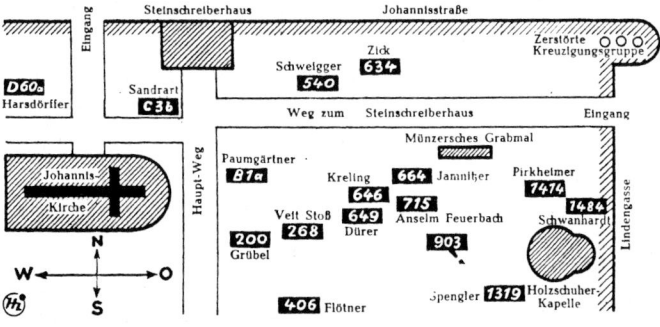

Seit der Zeit der Johanniskirche besteht auch der Kirchhof. Er wurde angelegt, um die Pesttoten zu begraben. Alleine im Jahre 1395 sollen in Nürnberg 7000 Menschen an der Pest gestorben sein, es folgten schwere Pestzüge im 15. und 16. Jahrhundert.

1519 wurde der Johannisfriedhof zur allgemeinen Begräbnisstätte für die Toten der Sebalder (= nördlichen) Stadtseite.

Lange Zeit wurden die Leichen hier ohne Sarg bestattet, von einem Tuch umhüllt — der Rat der Stadt achtete streng darauf, daß das Holz aus dem Reichswald nicht unnötig verschwendet wurde. Zunächst war es nur den Patriziern gestattet, ihr Grab mit einem Stein abzudecken. Je weiter das Barock als Zeitalter voranschritt, desto aufwendiger wurden die Verzierungen der Grabmäler.

Für einen Gang durch den Johannisfriedhof, den wir von seiner *Nordseite* her betreten haben, sollte man sich wenigstens eine halbe Stunde Zeit nehmen, denn dieser Kirchhof ist einzigartig.

Geht man vom Steinschreiberhaus 20 m geradeaus, so findet man, 10 m links (östlich) des Chors der Johanniskirche, das Grabmal von *Andreas Georg Paumgartner,* (2. Reihe), mit einem schönen barocken Epitaph, nach einem Entwurf des Bildhauers *Georg Schweiger.*

Der Totenschädel über den beiden gekreuzten Knochen weist einen Nagel in der Stirn auf. Angeblich ist der bedeutend ältere Ehemann im Schlag von seiner Frau mit einem Nagel getötet worden.

Wir laufen bis zum Grab Nr. 44 und biegen hier nach links ein, in der sechsten Reihe finden wir das Grab des Bildhauers, Kupferstechers und Malers *Veit Stoss* (um 1447-1533).

Das Grab von Veit Stoß. Im Hintergrund die Holzschuher Kapelle.

Veit Stoss, zu Horb am Neckar geboren, ging nach Abschluß einer Steinmetz- und Bildhauerlehre auf Wanderschaft; er ließ sich zu Beginn der 1470er Jahre in Nürnberg nieder. 1477 gab er sein Bürgerrecht auf und ging nach Krakau, von wo er erst 1496 zurückkam. Er bekam viele Aufträge und verfügte über ein Vermögen, das er nun allerdings in gewagten Handelsgeschäften anlegte. Als eine schlesische Gesellschaft in Konkurs ging, verlor er fast alles. Da er nach seiner Überzeugung schlecht beraten worden war, schrieb er — um wieder an sein Geld zu kommen — einen falschen Schuldschein aus und legte ihn vor. Veit Stoss wurde wegen Urkundenfälschung öffentlich durch beide Wangen gebrannt, eine entehrende Strafe. Danach gingen die Aufträge nur noch spärlich bei ihm ein.

Wenn wir nun die gleiche Richtung weiterverfolgen, gelangen wir, acht Reihen später, einige Gräber nach links, zum Grabmal *Albrecht Dürers* (Nr. 649).

Sechs Reihen weiter nach Osten — einige Gräber nach rechts — das Grab Nr. 940, ein Pestgrab, dessen Stein den hl. Sebastian zeigt.

Die Inschrift auf dem Original lautete: » War das nit ein sehnliche und jemmerliche Clag. / Ich starb auss meinem Hauss selb dreyzehendt auf einen Tag. 1427.«

Zwei Reihen weiter und acht Gräber nach rechts ist das Grab Nr. 1046 (*Birke*). Unter einem Kreuz sehen wir den Stifter mit seiner Frau, 14 Söhne und 6 Töchter — doch von diesen 20 Kindern starben 15 zu Lebzeiten der Eltern, wie die Kreuze zu ihren Häupten anzeigen. An den Handwerkszeichen — Semmeln, Bretzeln und Broten — erkennen wir den Beruf des Vaters.

Sechs Grabreihen weiter und etwa zehn Gräber nach rechts das Grab Nr. 1300 (*Eva Endres*). Das Handwerkszeichen auf diesem Grab zeugt von einem Hefflemacher (= Nadelmacher). Drei Reihen weiter, acht Gräber nach links (Grab Nr. 1619) ruht der Goldschmied *Hans Bauch*, der seinen Namen mit einem redenden Wappen verknüpft: er fährt seinen Bauch auf einem Schubkarren spazieren. Die Handwerkszeichen — Herz mit Hammer und zwei Pfeilen — weisen auf einen Goldschmied hin.

Das Innere der Kirche.

Auch das Wappen der Holzschuherkapelle — ein hölzerner Schuh — ist ein redendes Wappen. Die Kapelle, 1395 erstmals erwähnt, ist äußerlich ein schlichter Rundbau, um so mehr überrascht das prächtige Netzgewölbe im Innern; die Gewölberippen enden in einem hängenden Schlußstein. Die Kapelle stand einst außerhalb der Friedhofsmauern; hier endete, mit der Grablegung Christi (rechts), der Kreuzweg des Adam Kraft.

Der Weg entlang der Mauer hinter der Kapelle führt zum Grab Nr. 2151. Die Grabtafel zeigt ein schlafendes Kind, hinter dessen Kopf eine Eidechse kriecht. Einer Legende nach soll dem Kind eine Eidechse in den Mund gekrochen sein, die so seinen Tod verursachte.

Nun über den Weg, links am Tor vorbei, eine Grabreihe nach links, zum Grab Nr. 2125, das ziemlich in der Nordostecke des Friedhofs liegt. Es ist das Grabmal einer alten Patrizierfamilie, der *von Oelhafen*, von denen einer im Namen mehrerer fränkischen Reichsstädte den Westfälischen Frieden (1648) aushandelte. Fünf Reihen weiter vorne, einige Gräber nach links, das Grabmal Nr. 2060 des Handelsherrn und Patriziers Bartholomäus *Viatis* (1538-1624), eines der reichsten Männer Deutschlands in seiner Zeit.

Tausende wanderten 1955 durch die geschmückten Gräberreihen.

Auftakt zur »Kerwa«.

9

St. Johannis war zweitweise preußisch. Die Hohenzollern waren bis ins 15. Jahrhundert Burggrafen von Nürnberg; Grund und Boden dieses Vororts befanden sich im Lehnsbesitz der Markgrafen von Ansbach-Bayreuth und gelangten 1791 — wie auch die Markgrafentümer — an die preußische Krone. Daher schlief Friedrich der Große, als junger Kronprinz, vor den Toren der Stadt, und zwar hier. Die Johannisstraße war seinerzeit noch die große Ausfallstraße von Nürnberg in Richtung Frankfurt am Main. Die Preußen bauten anno 1800 die Fürther Straße aus und verlegten so die Fernstraße Nürnberg-Frankfurt nach Süden. 1825 wurde St. Johannis als 32. Stadtteil von Nürnberg eingemeindet.

Südlich der Johannisstraße lagen große Ziergärten, die ihre prächtigste Entfaltung nach dem 30jährigen Krieg, während des Barockzeitalters, erlebten. Sie befanden sich südlich *hinter* den schönen Barockfassaden zu unserer Rechten.

Man wird es kaum glauben, aber noch heute sind hinter den Fassaden der Häuser mit den vielen kleinen Tante-Emma-Läden und Imbiß-Lokalen historische Gärten verborgen. Im Barockgarten an der Johannisstraße 13 oder im Hesperidengarten, Johannisstraße 47, wird jedes Jahr am Sonntag vor dem Johannistag die »Kärwa« eröffnet. Während die meisten Nürnberger Kirchweihen nur noch Bier- und Volksfeste sind, hat sich die Johanniskirchweih ihren eigenen Charakter bewahrt und ihre für den Stadtteil traditionell große, alle Bevölkerungsschichten verbindende Bedeutung behalten. Musikalische Darbietungen, Theateraufführungen, Hans-Sachs-Schwänke erfreuen während des fünftägigen Festes die alteingesessenen Johanniser und ihre Gäste. In vielen Familien gehört es zum Brauch, den Johannisfriedhof zu besuchen, dessen Gräber zu die-

sem Anlaß besonders geschmückt werden.

Die historischen Gärten in der Johannisstraße waren schmal und länglich, zwischen 20 und 30 m breit und 100 bis 200 m lang. Wie bei diesem Haus, das sich im vorigen Jahrhundert im Besitz des Bürgermeisters *Johannes Scharrer* befand; in seinem Innern Räume mit schönen Stuckdecken (Privatbesitz).

Hinter dem Haus Nr. 47 liegt ein hübscher Ziergarten, der unlängst renoviert und seit der Johanniskirchweih 1985 wieder für die Öffentlichkeit zugänglich ist. In dem ehemaligen Wohnhaus, durch das man eintritt, ist heute ein Café untergebracht; die Anlage wird nach Süden vom Haus des Gärtners begrenzt.

Die Längsachse dieser Gartenanlage durchziehen drei Wege, die von vier Querwegen unterbrochen werden; eine runde Ausweitung der Wegkreuze in der Mitte verbreitert die Anlage optisch. Barocke Plastiken aus Stein verzieren den Garten: Götterstatuen mit allegorischem Charakter. Die Putten am nördlichen Wasserbecken versinnbildlichen die vier Jahreszeiten, die Figuren am südlichen Becken die vier damals bekannten Kontinente: außen Europa und Afrika, am schönsten in der Mitte Asien und Amerika. Benannt ist dieser Garten nach den Hesperiden, aus deren Gärten Herkules goldene Äpfel entwenden sollte: Hesperidengarten. Ein kleiner Springbrunnen, auf dem der Gott Amor sitzt, plätschert verträumt und schafft — so nahe der lauten, großen Stadt — eine stimmungsvolle Atmosphäre.

Wir verlassen diesen Garten nach rechts, stadteinwärts. Wo die Johanniskirche an den Ring stößt, steht ein wuchtiges Mietshaus, gebaut um 1880, mit Sandsteinfassade und reichem Neo-Renaissance-Dekor, bergaufwärts, am Eingang zur Burgschmietstraße, gegenüber der ersten Kreuzweg-Station der stark begrünte Burgschmiet-Brunnen. Nach zweihundert Metern befinden wir uns wieder am Ausgangspunkt.

Historischer Garten in der Johannisstraße.

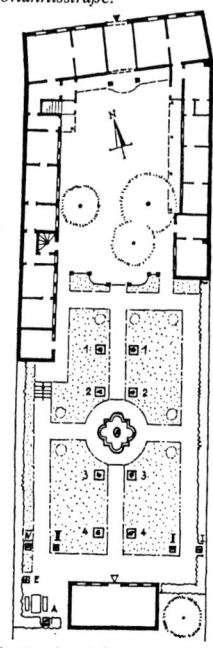

Gartenplan Johannisstraße 13. Schöner und ursprünglicher als der Hesperidengarten.

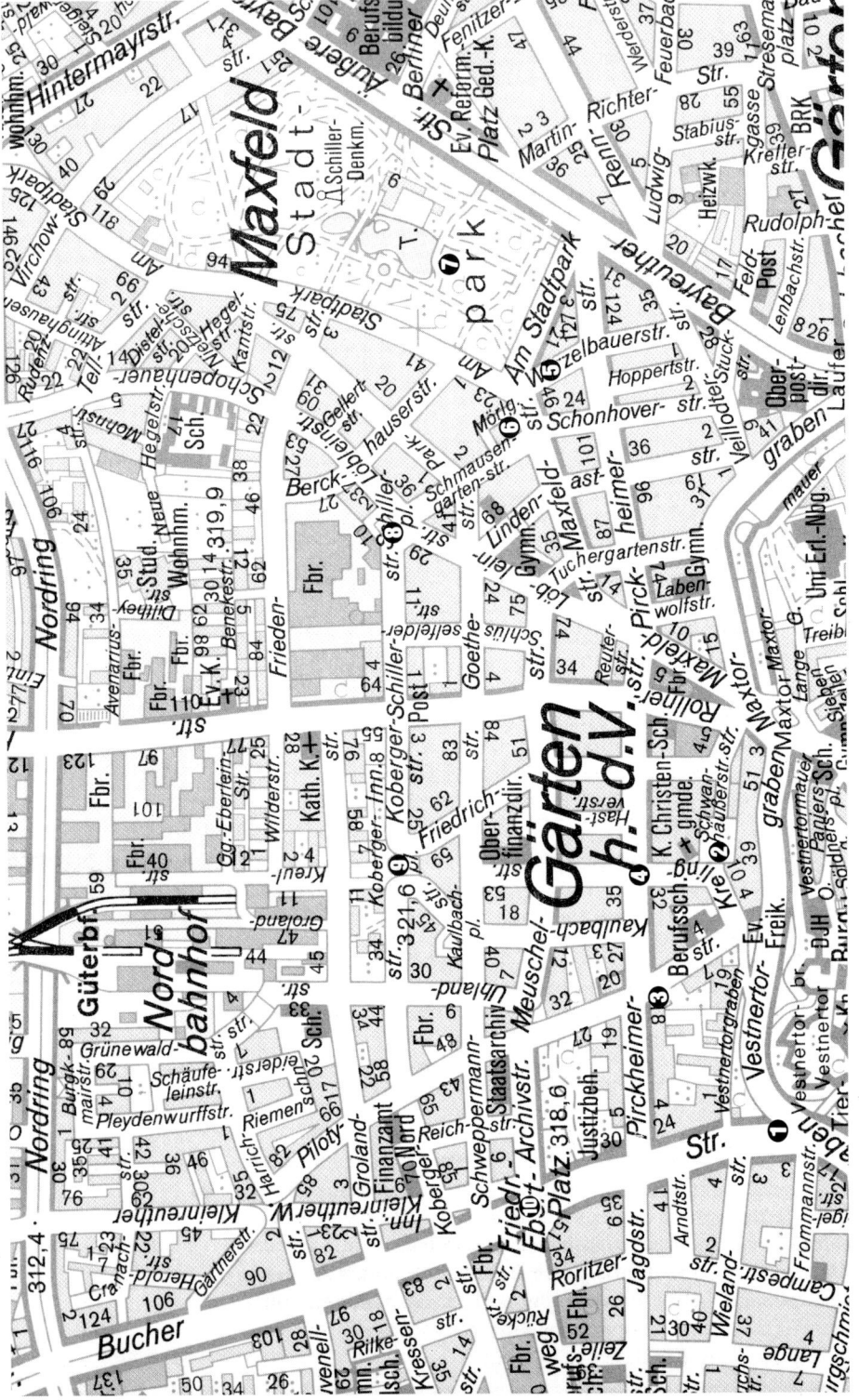

Von Maischeduft und Bierkrawallen

Die Nordstadt

von Jürgen Walter

Ausgangspunkt: *Tiergärtnertor, Straßenbahnlinien 4, 6*
Endpunkt: *derselbe*
Dauer: *ca. 2 1/2 Stunden*

Die Gegend um den Stadtpark war lange Jahre eine gutbürgerliche Wohngegend, deren Bewohner für Traditionspflege und konservative Einstellungen und Wertorientierungen bekannt waren. Mittlerweile beginnt sich das Image der Nordstadt zu verändern. Wohngemeinschaften, linke Anwaltskanzleien und Künstler haben die Annehmlichkeiten der großzügigen Bürgerhäuser entdeckt und geben dem Stadtteil ein eher linksliberales und unkonventionelles Flair. Mit ihnen verändert sich auch die Struktur der Geschäfte und es gibt mittlerweile viele schicke Lokale in der Nordstadt.

Die Nordstadt war eher ein Nachzügler unter den Vierteln vor den Toren der alten City. Als Johannis und Wöhrd schon längst als arrivierte Vororte galten, erstreckten sich von der nördlichen Stadtmauer bis nach Groß- und Kleinreuth, den ersten Dörfern des Knoblauchslandes, noch Gärten und Felder. Durch den mächtigen Sandsteinfelsen mit der Kaiserburg auf der Kuppe versperrte die Noris der Region hinter dem Vestnertorgraben alle Verkehrswege. Der Magistrat der Stadt hielt es nicht einmal für geboten, die nördliche Umwallung durch ein größeres Tor durchlässig zu machen. Erst als sich der Krieg der freien Reichsstadt näherte, erkannte man den strategischen Wert des Vorlandes und schuf eine Befestigungslinie, die vom heutigen Stadtpark über Goethe- und Schillerstraße bis hin zur Schweppermannstraße reichte. Von hier zog der Schwedenkönig Gustav Adolf 1632 gegen Wallensteins Lager.

Den Namen ›Maxfeld‹ erhielt der Stadtteil zwischen äußerer Bayreutherstraße und Bucherstraße 1855, als Maximilian II. nebst Gattin für einige Tage nach Nürnberg kamen, um sich beim großen Volksfest auf dem »Judenbühl« zu amüsieren.

Im vorigen Jahrhundert nahm sich dann die Industrie der vernachlässigten Region an. Der Fabrikant *Schmaus* (siehe S. 169, 172), der 1866 aus Schweinfurt zugezogene Bleistiftfabrikant *Schwanhäußer* sowie die nach der alten Patrizierfamilie *Tucher* benannte Brauerei sorgten für Arbeitsplätze. 1933 war die Nordstadt noch eine Hochburg der Nationalsozialisten. Vom Luitpoldhain abgesehen, bekamen die Nationalsozialisten nirgendwo so viele Stimmen wie in der Gegend um den Stadtpark.

Vestnertorgraben

Rock im Burggraben.

Schwanhäußer Park

❷

❸
Pilotystraße 13

Durch das Tiergärtnertor verläßt man das Burgviertel und wendet sich ostwärts. Am Vestnertorgraben kann man einen Blick auf die nördlichen Befestigungen werfen. Im *Burggraben* findet alljährlich ein Festival mit einheimischen Rock-Musikern (zu denen mittlerweile auch der legendäre Wahlnürnberger aus England, *Kevin Coyne* zählt) statt.

Bevor man in die Pilotystraße einbiegt, sollte man der Krelingstraße ein paar Meter folgen. Nach den Eigentümern der Bleistiftfabrik Schwan Stabilo ist der Schwanhäußer Park benannt, der noch über alten Baumbestand verfügt — aber nicht mehr lange: Eine Baugesellschaft will hier Eigentumswohnungen errichten. Die Kritik an diesem Vorhaben wird von einer wirklich großen Koalition vorgebracht: Nicht nur der Bund Naturschutz und Grüne wenden sich gegen die Ausdünnung der Parkflächen, selbst die Junge Union mosert gegen die eigene Partei.

Die »Filmvilla« wurde 1912/13 vom Nürnberger Architekten *Paul Bittorf* für den jüdischen Hopfenhändler *Arthur Lust* gebaut. Sein Sohn, *Peter Lust*, Journalist, mußte 1933 nach Kanada emigrieren — wie andere prominente deutsche Juden auch, die zuvor in der Villa Lust häufig zu Gast waren, so der Filmregisseur *Fritz Lang* und der Dirigent *Bruno Walter*.

Nach dem Krieg wurde aus dem alten Herrensitz eine moderne Kulturstätte. Als die Fränkische Galerie 1985 ihr Domizil hier verließ, wurde die DGB-Bildungseinrichtung »Arbeit und Leben« ihr Nachfolger. Mit ihr bezog als Gast der Fachbereich Film des Bildungszentrums Nürnberg hier seine neuen Räume. Das ehemalige Kinderzimmer der Lustschen Villa wurde zum »Kinosaal«, in dem seither den Filmbegeisterten Retrospektiven, Länderreihen und sogar Kurzfilmtage geboten werden. Außerdem verfügt die jetzige

Ansicht der Film-Villa gegen den Garten.

»Filmvilla« über Bibliothek und Videothek. Um die Bildungsveranstaltungen von »Arbeit und Leben« sorgt sich rührig *Manfred Schwab*, ehedem »Werkkreis Literatur der Arbeitswelt«.

Villa in der Pirckheimerstraße Nr. 14.

In der Nähe die »Frankenstube« — eine linksintellektuelle Szene-Kneipe; Publikum ab 30 Jahre aufwärts.

In der Pirckheimerstraße, eine der Hauptverkehrsadern der Stadt, wohnte einst Ludwig Fels, der zwischen Wien und Hamburg so ziemlich jeden Literaturpreis im deutschsprachigen Raum gewonnen hat. Mit eindringlicher, verletzender und direkter Sprache setzt Fels sich in seinen Gedichten und Erzählungen mit dem komplizierten spätbürgerlichen Bewußtsein, der armseligen kleinbürgerlichen Bewußtlosigkeit und der Vergangenheit auseinander.

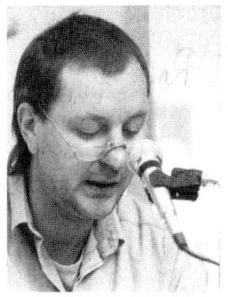

Wo lebe ich? Unter welchen Leuten?
Ihr Volkssport war Judenvergasen und
das Zeugen von Soldaten mit Soldatenbräuten:
Sie sind es, die heute noch in
Habachtstellung kuschen im Sarg.

Ludwig Fels bei einer Lesung.

In der Künstlervilla hatte bis Ende der 70er Jahre ein Künstler-Kollektiv sein Zuhause. Sie ging dann in den Besitz einer kunstinteressierten Immobilienfirma (verleiht jährlich einen Kunstpreis!) über, die den Keller an die Galerie DADA-MORGANA vermietete. Im zur Villa gehörenden Kutscherhaus hat sich eine Schicki-Mikki-Bar namens »Vogel« eingenistet. In den Toilettenräumen der Bar drehte der Regisseur *H. Pöllman* 1985 seinen Film »Der Eheberater«.

Pirckheimer Straße 9

Schräg gegenüber das Verwaltungszentrum der Stadtmission. 1886 vom Pfarrer *Karl Heller* gegründet, kümmerte sich diese Institution in ihren Anfängen vor allem um die von der raschen Industrialisierung am stärksten betroffenen gesellschaftlichen Randgruppen (Arbeitslose, Zuwanderer aus Oberpfalz, Bayern, die mit ihrer neuen Umgebung nur schwer zurechtkamen etc.). Heute u.a. auch Betreuung von Drogensüchtigen.

In der Kaulbachstraße (Nr. 32, 26), Rollnerstraße 39, Koberger-platz 6, Meuschelstraße (Nr. 23, 25, 34, 38) sowie der Friedrich-straße (Nr. 50, 55) finden wir, wie im benachbarten Schoppershof, schöne Häuser in Jugendstilformen.

❹

An der Ecke Krelingstraße befinden sich Verwaltungszentrum, Betraum und Kunstgalerie der »Christengemeinschaft« (Steiner-Richtung).

Die Schwulen-Sauna »Club 67« mußte eine spektakuläre Aids-Razzia über sich ergehen lassen. Selbst im Freistaat des Herrn Gau-weiler (noch) kein »normales« Ereignis. Der 33jährige Kellner war der erste bekanntgewordene Aids-Tote, was einigen Medien will-kommenen Anlaß bot, Vorurteile über Homosexuelle zu schüren.

Wurzelbauerstraße 23
❺

Im Vorderhaus sind die Verwaltungsräume des Kulturladen Nord, in ganz Nürnberg nur »KuNo« genannt, untergebracht. Im begrünten und mit Fassadenmalereien versehenen Hinterhof dient ein größerer Schuppen als Werkstatt und ein flaches, langgestreck-tes Gebäude als Tagungs- und Vergnügungsstätte. Im Gegensatz zu den anderen Kulturläden Nürnbergs ging die Initiative zum KuNo nicht von der Stadt (sie bezuschußt nur reichlich dürftig), sondern von einer Gruppe engagierter Linker aus. Zahlreiche Gruppen, von Aktmalern bis zum »Wissenschaftsladen«, nutzen den KuNo, und das Fest am 1. Mai gehört zu den legendären Gelagen der Szene.

Im KuNo hat auch der »Städtepartnerschaftsverein Nürnberg-San Carlos und Region Rio San Juán« seinen Sitz. Nürnberg war 1984 die erste Kom-mune der BRD, die eine offizielle Städtepartnerschaft mit einer nicaragua-

Im KUNO. Wenig später brach die Kuh zusammen.

nischen Stadt einging. Mit Hilfe der Grünen und linker Sozialdemokraten setzte der Verein sein Vorhaben im Stadtrat durch und überwand auch den Widerstand der (von der CSU dominierten) Bezirksregierung in Ansbach. Mittlerweile kam es zu regen kulturellen Kontakten, der Jugendaustausch wurde forciert, und die Stadt, der Verein sowie Privatleute leisteten der ärmsten Region des armen mittelamerikanischen Landes technische, finanzielle und medizinische Hilfe. So kümmert sich ein Nürnberger Ingenieur um den Ausbau der Kanalisation von San Carlos, und die Hilfsorganisationen Medico International und Terres des Hommes stehen der Stadt und dem Verein beratend zur Seite.

An der Ecke Mörl-/Schmausengartenstraße sollte man den »Checkpoint Charly«, einen gemütlichen Second-Hand-Buchladen, aufsuchen. Besitzer Charly plaudert bei einigen Tassen Kaffee gerne über Poesie und Belletristik. Aber Vorsicht: Wer sich hier nicht früh genug losreißen kann, wird den Rundgang kaum zu Ende führen!

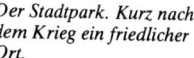

Mörl-/Schmausengartenstraße
❻

Wahrlich kafkaesk mutet die benachbarte Szenenkneipe an: In der etwas düsteren Wirtsstube hängen rätselhafte Bilder des Nürnberger Malers, Musikers und Globetrotters *Peter Hammer,* und die Gäste scheinen auf der Suche nach sich selbst und nach dem nächsten Bier zu sein. Hier verkehrte einst der mittlerweile hochdotiert in Köln malende *Blalla Hallmann.*

Weitere Szene-Kneipen des Viertels mit je nach Zeitgeist schwankendem Interieur und Publikum: das »Exil« (Schonhoverstraße 18), das »Anderland« (Berckhauserstraße 5) und »Mödl & Meyer« (»Das Frische Restaurant«, Friedrichstraße 11).

Das Maxfeld bzw. der heutige Stadtpark wurden einst Judenbühl genannt. Dieser Name war entstanden, als man den Schutt von im 14. Jahrhundert am Hauptmarkt abgebrochenen Judenhäusern

Der Stadtpark. Kurz nach dem Krieg ein friedlicher Ort.

Hermann Kesten bei der Einweihung seines Denkmals. Auf dem Sockel stehen seine Sätze: »Ich bin ein Spaziergänger. Ich ging durch hundert Städte. Immer dieselbe Straße. Meine Straße. Ich gehe, als wüßte ich wohin. Obgleich ich ankomme, wohin ich nicht will.«

(siehe S. 39) zur Auffüllung eines sumpfigen Platzes vor dem Laufertor nutzte; der dabei aufgeworfene Hügel erhielt die Bezeichnung: Judenbühl.

Das Gelände des heutigen Stadtparks war schon sehr früh Schauplatz vieler kleiner und großer (Freiluft-)Veranstaltungen. 1877 stieg von hier unter allgemeiner Anteilnahme der Bevölkerung ein Herr *Blanchart* mit dem Ballon auf. Ein Jahr nach der 1848er Revolution kamen hier zwischen 20.000 und 30.000 Männer aus ganz Franken zusammen, um für mehr Demokratie zu demonstrieren. Im Juli 1861 fand an diesem Ort das Zweite Allgemeine Deutsche Sängerfest statt. 5.300 Sänger und 14.000 Zuhörer sollen damals zusammengekommen sein. Das nationale Pathos, das Stimmung und Geist der damaligen Zeit bestimmte, kommen deutlich in einem von *Johann Kaspar Beeg* herausgegebenen »Gedenkbuch« zum Ausdruck. Da heißt es über den Empfang der Sängergäste:

»Erwartungsvoll stand alles im Nürnberger Bahnhof gerüstet; da rollte endlich — es war 7 Uhr morgens — hinter den keuchenden Locomotiven die unendliche Reihe der Wagen herein in die herrlich geschmückten Hallen, und nun folgte ein unbeschreiblich ergreifender Auftritt. Die rauschenden Klänge des Arndt'schen Liedes: 'Was ist des Deutschen Vaterland?', welches die Musik angestimmt hatte, wurden übertäubt von den vieltausendstimmigen Hochruf, aus dem Munde der Begrüßten wie der Begrüßer, und wie eine ungeheure Schallwoge pflanzte sich das Jauchzen fort, hinaus unter die harrende Menge auf dem weiten Platze vor dem Bahnhofe.«

1882 und 1896 war das Maxfeld Schauplatz der ersten beiden Bayerischen Landes-, Industrie-, Gewerbe- und Kunstausstellungen.

Den Mittelpunkt des Parks stellt die Kopie des Neptunbrunnens mit wechselvoller Geschichte (siehe S. 45), von 1660/68 dar. In der Nähe des Neptunbrunnens versteckt sich hinter Bäumen und Sträuchern eine Schach- und Kartenecke, deren Besuch dringendst empfohlen wird: Zwar beschweren sich die Parkwächter immer wieder über Abfall (meist aus leeren oder zerbrochenen Bierflaschen bestehend) und freilaufende Hunde, die auf Entenjagd gehen, doch ist die Zusammensetzung des Publikums für Nürnberg einzigartig: Auf marmorierten Steintischen spielt der pensionierte Herr Doktor mit einem leicht verwahrlost wirkenden, aber einschlägig genialen Penner (in der Noris: »Sandler«) Schach.

Gegenüber vom Judenbühl und später in der Breiten Gasse wuchs der 1900 geborene *Hermann Kesten* als Sohn eines jüdischen Kaufmanns auf. Er war literarischer Leiter des Kiepenheuer-Verlags in Berlin, bis er 1933 flüchten mußte. In Amsterdam leitete er den ersten deutschen Exilverlag. Eines seiner in der Emigration geschriebenen Bücher »Die Zwillinge von Nürnberg« beschreibt das Nürnberg zwischen den beiden Weltkriegen.

Am Schillerplatz (man hat's mit den Dichtern und Philosophen rund um den Stadtpark) ragen die Schornsteine der neben Patrizier größten Brauerei Nürnbergs in den von *Maischeduft* geschwängerten Himmel.

Von Braustätten, Bierkrawallen und Felsen-kellern

Bier gehörte einst zu den kulinarischen Spezialitäten Nürnbergs. Heute meiden Bierken-
ner die Produkte der zwei in der Stadt ansässigen Bierfabriken und trinken lieber handwerklich gebrauten Stoff aus den zahlreichen Privatbrauereien des Nürnberger Umlands. Mittelfranken ist trotz anhaltendem Brauereisterben noch immer eine der brau-
ereireichsten Regionen der Welt. Vor 100 Jahren war Nürnberg *d i e* Bierstadt Bayerns:
Großebrauereien trugen die Namen *Reif, Henninger, Tucher, Lederer* und *Zeltner.* Der
Export aus den Sudstätten Nürnbergs lag bis 1880 an der Spitze aller bayerischen Städte, gefolgt von Kulmbach, Erlangen und München.

Nürnbergs Hopfenmarkt, verkehrsgünstig gelegen zwischen den Anbaugebieten im
Spalter- und Hersbrucker Land, der Holledau und Böhmen, wurde zum Welthandelsplatz
dieses wichtigsten Ausgangsproduktes. Jahrhundertelang war Bier als haltbares und
preisgünstiges Getränk ein Grundnahrungsmittel des Volkes und für die Freie Reichsstadt, durch die Umgeld genannte Malz- und Biersteuer, eine der bedeutendsten Einnah-
mequellen. Ständig verbesserte Brauordnungen, deren Einhaltung von städtischen Bier-
beamten überwacht wurde, sollten den Betrieb der über 40 innerhalb der Stadtmauern
arbeitenden Braustätten regeln. (Erstes Reinheitsgebot 1305! Nur Gerste durfte verwendet werden).

Der Bierpreis verursachte ewige Streitigkeiten zwischen wohlhabenden Brauern und
den um das Wohl der Bürger besorgten Ratsherren. 1866 war eine Bierpreiserhöhung
Auslöser des »Bierkrawalls«. Die aufgebrachte Masse der Biertrinker konnte die Brau-
ereibesitzer durch die Demolierung von Wirtshauseinrichtungen und durch Übergriffe auf
Brauereien schnell dazu bewegen, die Maß wieder zum alten Preis anzubieten.

*Die 1880 neuerbaute Brauerei der Gebrüder Lederer an der Bärenschanzstraße, heute Patrizier-Bräu, Aufnahme
um 1880.*

Mit der Industrialisierung begann die Umstrukturierung der historischen Nürnberger Braustätten. Der Einsatz von Dampfmaschinen ab 1851 und die Einführung der Linde'schen Eismaschine nach 1876 erforderten immer größere Kapitalmengen, die schließlich nur noch von Aktiengesellschaften aufgebracht werden konnten. Die Betriebe wichen aus den beengten Produktionsverhältnissen der Altstadt in Neubauten auf Grundstücken außerhalb der Stadtmauern aus. 1925 schloß die letzte Braustätte der Altstadt, fünf Großbrauereien teilten sich damals den Markt. Nach dem 2. Weltkrieg nahmen drei Firmen die zunächst nur erlaubte Produktion von Dünnbier auf.

Schließlich verblieb für die aus der Fusionierung von Brauhaus Nürnberg AG und der Tucher-Brauerei entstandene Brau AG (heute Tucher-Bräu AG) nur mehr die Lederer-Brauerei als einziger Konkurrent.

Die Lederer-Brauerei wiederum, mit dem heute aus Marketinggründen wiederauferstandenen Krokodil, ging 1972 in den Besitz des Fürther Brau-Imperiums »Patrizier-Bräu« (»des Lebens süffige Würze«) über. Gustav Schickedanz hatte im Laufe der dreißiger Jahre durch günstige Aufkäufe von Brauereien mit dem Aufbau des Konzerns begonnen. Es heißt, der Patrizier würde demnächst alle Brauaktivitäten in seine Fürther Braustätte verlagern, und die Nürnberger Brauerei mit dem schattigen Biergarten an der *Bärenschanzstraße* sei von der Schließung bedroht.

»Zum Glück gibts Tucher«, mag die Reaktion der Nürnberger Biertrinker sein — doch auch diese Brauerei wird seit 1985 vom Kulmbacher Brauriesen EKU beherrscht.

Christian Koch

Koberger Platz
❾

Die Koberger Straße bildet die nördliche Grenze des Stadtentwicklungsgebietes des späten 19. und frühen 20. Jahrhunderts. Sie durchschneidet den ungefähr quadratischen Koberger Platz, von dem aus die nach Südosten und Südwesten führenden Diagonal-

𝔅rauhaus 𝔑ürnberg

straßen das Viertel markieren. Während die Koberger Straße eine Neorenaissance-Bebauung der Jahrhundertwende zeigt, ist der nur an der Südseite bebaute Platz mit verputzten Mietshäusern in Jugenstilformen der Zeit um 1906 bestanden.

Der Güterbahnhof Nord wurde 1899 eingeweiht und sicherte die wirtschaftliche Einbindung des Gebiets. Eine gemeinnützige Wohnungsbaugemeinschaft errichtete nebenan in den Jahren 1928/29 eine Siedlung aus schmucklosen dreigeschossigen Häusern mit insgesamt 1.162 Wohnungen. Ähnlich funktionelle Viertel findet man heute noch am Hasenbuck oder an der Pillenreuther Straße in der Südstadt.

Kobergerstraße

Koberger-/Archiv-/Schweppermannstraße stecken das Terrain für Anhänger von Second-Hand-Läden ab: »Magie des Mondes« mit Café (Schweppermannstraße 27/Nähe Friedrich-Ebert-Platz), »Ikes Wundertüte« (Krelingstraße 11/hinter der Burg), »Kinderherzl« (Schweppermannstraße 3), »King Kong« (Bucherstraße 20) finden sich alle in einem Umkreis von ca. 300 m. In der Schweppermannstraße 17 wohnt *Kuno Rixgens,* — »freischwebender« Plakatmaler, wie er sich selbst bezeichnet. Kuno (Jg. 1899) war Spanien-

Kämpfer und ist heute noch aktiver Kommunist.

Durch die Kobergerstraße geht es zum Friedrich-Ebert-Platz. Man passiert den »wilden Jäger«, eines der wenigen verbliebenen Speiselokale mit guter fränkischer Küche (der Wirt hält zwar »Bayernkurier« und »Welt«, begrüßt aber dennoch auch hungrige WG-Mitglieder und Alternative recht freundlich). Schräg gegenüber »droht« das Finanzamt Nord, bei dem neuerdings der Putz von der Decke kommen soll. Mehrere Räume mußten gesperrt werden.

Die Beratungsstelle für Schwangere, Eltern und Kinder sollte wegen der städtischen Finanznot geschlossen werden. Private Hilfe hat dies verhindert. Die Blindenanstalt mit der Süddeutschen Blindenbücherei zählt zu einer der größten Einrichtungen dieser Art in der Bundesrepublik.

Wer Frauen und Bücher mag, ist beim Inneren Kleinreuther Weg 28 richtig, beim Frauenbuchladen und dem Frauen-Kunst-Kultur-Zentrum »Wandeltreppe« (siehe auch S. 82).

Groß und unübersichtlich liegt nun der Verkehrsknotenpunkt Friedrich-Ebert-Platz vor dem Rundgänger. Empfohlen sei eine Rast auf der Parkinsel in der Mitte. Hier befindet sich Nürnbergs wohl beliebtester Stehimbiß.

Vom Friedrich-Ebert-Platz aus geht man — an griechischen Gemüsehändlern und türkischen Änderungsschneidern vorbei — via Bucher Straße wieder zum Ausgangspunkt, dem Tiergärtnertor, zurück. An dieser Verbindungsstraße zwischen dem Norden und der Altstadt, die Johannis von der Nordstadt trennt, lebten noch in diesem Jahrhundert zahlreiche jüdische Familien. Aus dem Land getrieben oder umgebracht — ihre Spuren sind verwischt.

Der Koberger Platz, benannt nach dem Buchdrukker und Verleger (1450–1513), der 24 Pressen, über 100 Gesellen und Niederlassungen in acht Städten hatte.

Kobergerstraße 70

Friedrich-Ebert-Platz
⑩

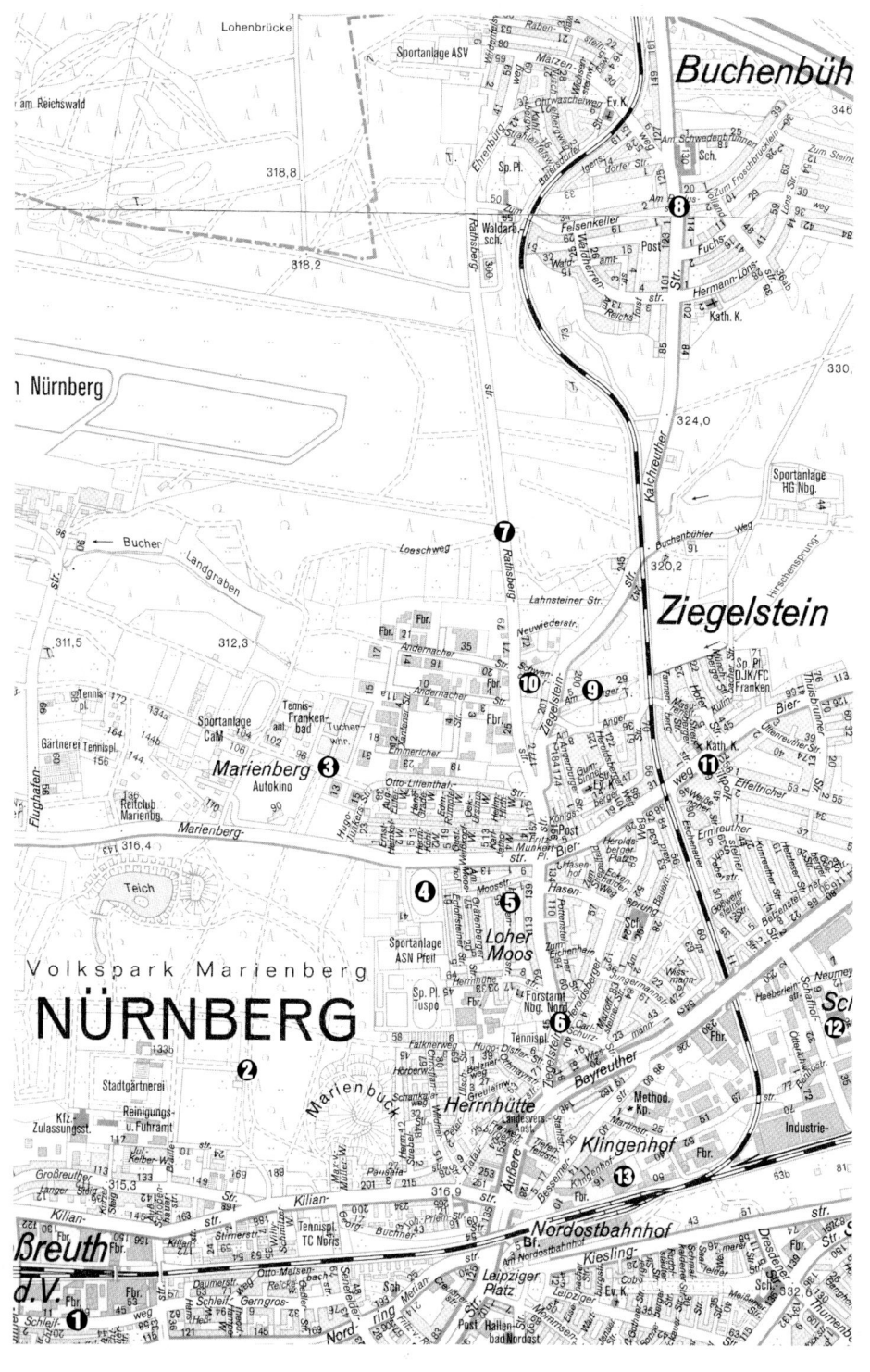

Fischschwärme, 5 Bienen-völker und eine frische Resi

Die Arbeitersiedlungen Ziegelstein — Loher Moos — Buchenbühl

von Isolde Kohl und Mathias Murko

Ausgangspunkt: *Schleifweg, Nähe Nordostbahnhof*
Endpunkt: *Klingenhofstraße, Nordostbahnhof*
Dauer: *mit dem Fahrrad ca. 2 Stunden*

Ziegelstein, Loher Moos und Buchenbühl sind alte Dörfer, um die sich erst in den 1920er Jahren ein breiter Gürtel von Siedlungshäusern und Eigenheimen legte. Damals eingemeindet, begannen sie im Laufe der Zeit mit Nürnberg zusammenzuwachsen. Auffällig an diesen sehr jungen Siedlungen ist, daß immer noch sehr vertraute Nachbarschaften gepflegt werden — jeder kennt jeden, obwohl sich Umfeld und Sozialstruktur in den letzten Jahren durch einige große Bauprojekte, wie z.B. am Marienberg oder zwischen Ziegelsteinstraße und Klingenhof, stark verändert haben. Wir benutzen für die relativ ausgedehnte Strecke das Fahrrad.

Der Volkspark Marienberg ist heute eines der beliebtesten Erholungsgebiete der Stadt.

Hier befand sich die Zentrale des 1902 gegründeten »Konsumverein Nürnberg und Umgebung«. Sein erklärtes Ziel war, die »nöthigsten Lebensmittel möglichst gut und billig« zu beschaffen. Durch Einlagen und Großeinkauf vieler Mitglieder wurde er zum Mittel der Selbsthilfe der Arbeiterschaft. Später erfolgte der Übergang vom Einkauf zur Eigenproduktion.

Schleifweg 37

Mitglied wurde man im »Konsum«, wie die Genossenschaft genannt wurde, durch eine Einlage (30—50 RM pro Jahr). Diese berechtigte einerseits zum Einkauf in den vorbildlich ausgestatteten Konsumgeschäften im Nürnberger Stadtgebiet. Ebenso attraktiv war aber auch die jährliche Rückvergütung der Gewinne, die für die Mitglieder zu einem Preisnachlaß von 3—5% auf alle eingekauften Waren führte. Daß die Waren nur an Mitglieder abgegeben wurden, stellten Kontrolleure sicher.

Unter dem Vorsitz des Gewerkschafters Josef Simon entwickelte sich der Nürnberger Konsumverein, trotz der skeptischen bis ablehnenden Haltung großer Teile der SPD, die sich nicht auf waghalsige »genossenschaftliche Experimente« einlassen wollte, zu einem bedeutenden Wirtschaftsunternehmen. Im zehnten Geschäftsjahr (1912) betrug der Umsatz 4,8 Mio. Mark bei fast 23.000 Mitgliedern. 1927 umfaßte der Fuhrpark der Zentrale am Schleifweg bereits 21 Autos. Zum Betriebsgebäude gehörten das Zentrallager, eine Bäckerei, eine Schlosserei, eine Limonadenfabrikation, eine Sauerkrautfabrik, eine Kaffeerösterei sowie eine Kohlenhandlung. 1929 unterhielt der Konsumverein 104 Läden, das »Kaufhaus am Ring« sowie eine

Einkaufen im Konsum, Loher Moos.

Wurstfabrik. Die Zahl der Mitglieder war auf 34.000 angewachsen. Am Ende der Weimarer Republik häuften sich die Übergriffe der SA auf Einrichtungen der Genossenschaften. Die Zerschlagung der Arbeiterbewegung 1933 bedeutete auch das Ende der Konsumgenossenschaften — im Mai wurden sie »gleichgeschaltet« und von der Deutschen Arbeitsfront übernommen. Josef Simon kam ins Gefängnis. Nach 1945 wurde aus der ehemaligen proletarischen Selbsthilfeeinrichtung eine neutrale Verkaufsorganisation, die seit 1969 das Zeichen »coop« führt.

Volkspark Marienberg ❷

Im Jahre 1927 beschloß der Nürnberger Stadtrat, im heutigen Volkspark Marienberg einen eigenen Flughafen zu bauen. Dieser Entscheidung waren lange Verhandlungen und Verträge mit der Nachbarstadt Fürth vorangegangen, um den 1917 bei Fürth auf Initiative der Militärregierung errichteten Flugplatz gemeinsam zu nutzen. Neben politischen und wirtschaftlichen Gründen spielten Prestigeerwägungen der Stadt Nürnberg eine bedeutende Rolle bei der Entscheidung gegen den Fürther Flugplatz. Ein weiteres wichtiges Argument war die große Entfernung zum Nürnberger Hauptbahnhof (12 Kilometer). Das neue Gelände zwischen Großreuth und Marienberg, das nun für den Flughafenbau auserkoren wurde, war nur 4 Kilometer vom Nürnberger Hauptbahnhof entfernt.

Insgesamt mußten 80 Hektar zwischen der Marienbergstraße und der Siedlung Großreuth angekauft werden. Dabei verloren die am Stadtrand gelegenen Vereine, wie z.B. der Arbeitersportverein »Freie Turnerschaft Nürnberg«, ihren Stammplatz. Auch der auf diesem Gelände gelegene Friedhof von Ziegelstein wurde geopfert.

1930 konnten die ersten Probeflüge durchgeführt werden, doch die angespannte Wirtschaftslage verzögerte zunächst den weiteren Bau am Flughafengelände. Die Nationalsozialisten forcierten dann seine Fertigstellung 1933 im Hinblick auf den »Parteitag des Sieges«. Nach nur dreimonatiger Bauzeit wurden das Abfertigungsgebäude, die Flugzeughalle und die zum Flughafen gehörige Gaststätte am 20.8.1933 eingeweiht. Ab 1939/40 wurde der Flughafen am Marienberg nur noch für militärische Zwecke genutzt.

Im August 1943 wurde er bei einem Bombenangriff zerstört. In der Nachkriegszeit diente das Gebäude als Sammelstelle für den Ruinenschutt der Nürnberger Nordstadt, was die sanften Hügel in diesem sonst so flachen Gelände des Knoblauchslandes erklärt.

Flugpostübernahme im Flughafen Nürnberg-Fürth.

1956 wurde erstmals vorgeschlagen, hier einen großen Volkspark zu errichten. 1957 wurde mit der Gestaltung dieses großen, innenstadtnahen Erholungsgebietes begonnen. Der Volkspark Marienberg ist heute eines der beliebtesten Erholungsgebiete im Stadtbereich und jedes Wochenende finden sich rund um den großen Park lange Autokolonnen. Sein Kernstück ist ein künstlich angelegter See. Der Park wird von einer Pferdebahn gekreuzt, hat einen Trimmpfad und zahlreiche Fahrradwege. Ein großer Spielplatz bietet auch für die großstadtgebeutelten kleinsten Nürnberger die Möglichkeit zum Austoben.

Das heutige Frankenbad, auf der gegenüberliegenden Seite des Volksparks hinter dem einzigen Nürnberger Autokino, steht in enger Verbindung zur Nürnberger Braukunst: es befindet sich auf einem Grundstück der Tucher-Brauerei.

Marienbergstraße 90
❸

Da das Gelände von jeher sehr sumpfig war und viele Tümpel hatte, legte man um die Jahrhundertwende hier 4 große Weiher an. Im Winter wurden große Eisblöcke für die Bierkühlung herausgesägt und auf Pferdefuhrwerken in die Eiskeller der Brauerei gebracht. Im Sommer konnte man kleine Boote mieten und über die Weiher schippern. 1926 wurden zwei Weiher vom Polizeisportverein übernommen, die dann nicht mehr für die Öffentlichkeit zugänglich waren. An den anderen beiden Weihern errichtete 1939 die Firma Neumeyer eine Badeanstalt für Werksangehörige.

Nach dem Krieg wurde ein Weiher mit dem Ruinenschutt der Nürnberger Altstadt zugeschüttet, ein anderer vom Schwimmverein Franken ausgebaut. Heute ist dieses von seinen Anlagen her völlig antiquiert wirkende Bad vor allem wegen seines nicht gechlorten Wassers beliebt, das es noch immer aus verschiedenen Naturquellen und einem Tiefbrunnen bezieht. Das Kinderbecken ist das Klein-Rimini von Nürnberg — hier gibt es nicht nur betonierte Einfassungen, sondern auch Reichswaldsand zum Burgenbauen. Wem's gefällt, der kann sich in dem dunkelgrünen Wasser die Fischschwärme um die Beine streichen lassen.

Marienbergstraße
❹

Auf dem Weg zur früheren Ziegelsteiner »Endstation« befindet sich auf der rechten Seite der Marienbergstraße die Sportanlage ASN-Pfeil, der Platz der »Assen«. Die Anlage wirkt heute recht verschlafen und wird immer mehr vom Tennissport bestimmt. Der Fußball hier hat schon bessere Zeiten erlebt — damals, als der Verein seine Zentrale noch zwischen Bessemerstraße, Ziegelsteinstraße und Wißmannstraße hatte. Und nach 1933 — nach dem Verbot des Arbeitersportvereins »Freie Turnerschaft« durch die Nationalsozialisten — als man auf dem Gelände des heutigen TUSPO, das sich gleich dahinter anschließt, spielte. Herrnhütte war einst eine Fußballhochburg. Heute kann man sich kaum noch vorstellen, daß dort sogar Nationalspieler kickten.

1937 bis 1939 war der 1925 als »Allgemeiner Sportverein Nürnberg« gegründete Verein besonders erfolgreich — aus wirtschaftlichen Erwägungen war damals aus dem ASN allerdings eine Betriebssportgemeinschaft der Firma Neumeyer geworden. In der höchsten regionalen Spielklasse, der bayerischen Gauliga, lag die Mannschaft aus Herrnhütte vor dem »Club«, vor »Bayern« und vor Fürth. Sie besiegten den Dresdner Sportclub und Rapid Wien. Nach dem Verbot des Polizeisportvereins durch die Alliierten 1945, wurde dem Verein das heutige Gelände zugewiesen. Trotz der Fusion mit dem Schweinauer FC Pfeil, aus dem der für jeden Fußballer und Nichtfußballer in Nürnberg bekannte, wenn nicht gar legendäre, Heiner Stuhlfauth hervorgegangen war, konnte aber der Sturz in die sportliche Drittklassigkeit nicht aufgehalten werden. 1949 wurde auf dem Gelände der »Assen« eine Radrennbahn eröffnet, die der berühmten Radrennbahn in Reichelsdorf Konkurrenz machen sollte. Das blieb allerdings ein Wunschtraum. Die Radsportler kamen mit der sehr steil angelegten, aus Ruinenschutt aufgetürmten Bahn nicht zurecht. Heute werden auf der Strecke manchmal Windhundrennen ausgetragen.

Loher Moos: Fünf Bienenvölker und vier Pfaue

Nördlich an der Marienbergstraße stand auf dem Gebiet der jetzigen neuen Wohnanlage bis in die 60er Jahre hinein der »Mooshof«. Die Siedlung, die in diesem sumpfigen Gebiet am 1919 entstand, erhielt den Namen »Loher Moos«. Ursprünglich ein zusammenhängendes Waldgebiet, wurde es durch die Eisenbahnlinie nach Escherau in zwei Hälften geteilt. Nach dem 1. Weltkrieg begann hier ein denkwürdiges Kapitel Nürnberger Siedlungsgeschichte: innerhalb von nur 20 Jahren entstanden neue Wohnsiedlungen, mit deren Bau drei Ziele verfolgt wurden: Erstens sollte billiger Wohnraum für Nürnberger Arbeiterfamilien geschaffen werden. Zweitens schuf man damit in schweren wirtschaftlichen Zeiten neue Arbeitsplätze. Drittens wollte man aber auch eine städtebaulich fortschrittliche Architektur verwirklichen. Loher Moos wurde 1922 zusammen mit Buchenbühl eingemeindet.

Während Bayern und vor allem München noch ganz im Zeichen der politischen Unruhen am Ende des 1. Weltkrieges standen, in München die Räterepublik ausgerufen wurde und die verfassungsmäßig gewählte Regierung unter dem Mehrheitssozialisten Hoffmann nach Bamberg floh, tagte in Nürnberg am 10. März 1919 erstmals eine Siedlungskommission. Der Plan, den alten Nürnberger Reichswald zu Siedlungszwecken urbar zu machen, war vom Arbeiter- und Soldatenrat des III. Bayerischen Armeekorps gefaßt worden. Er richtete einen Aufruf an die arbeitenden Soldaten und die gesamte Nürnberger Bevölkerung, auf diesem Gebiet eine neue große Wohnsiedlung zu errichten. Unter Führung des Nürnberger Rechtsanwalts Dr. Ewinger hoffte man so, den durch Wirtschaftskreise und Demobilmachung verunsicherten und zum Teil radikalisierten Teilen der Bevölkerung zu Arbeit, Brot und Wohnung zu verhelfen.

Der gesamte Baubetrieb wurde zunächst in Eigenregie der Beteiligten durchgeführt. An der Ziegelsteinstraße entstanden ein Steinbruchbetrieb, das Sägewerk, eine Schreinerei und sogar eine Ziegelbrennerei. 2.550 Arbeiter beteiligten sich 1919 am Siedlungsbau, das war der Höchststand. Die Oberleitung übernahm der Nürnberger Architekt Schmeißner.

In den Jahren 1919/20 entstanden unter seiner Leitung die ersten Häuser der neuen Siedlungen in Buchenbühl und Loher Moos.

Wirtschaftliche Erwägungen führten dann dazu, daß aus der »Siedlungsstelle Nürnberg« eine Körperschaft des öffentlichen Rechts wurde, das »Siedlungswerk Nürnberg« (im Verwaltungsrat: Stadt Nürnberg, Kreis Mittelfranken, »Freistaat« Bayern). Die beteiligte Arbeiterschaft hatte die Form einer Genossenschaft als zu kapitalistisch abgelehnt. Wir werden einzelne Häuserzeilen stellvertretend für die mehrphasige Bebauung der Siedlung im Nürnberger Norden kennenlernen.

Die Häuser in der Heimstättenstraße, Moosstraße und Gräfenberger Straße gehören zu den in der Zeit von 1924–1939 entstandenen Heimstätten. Sie wurden in den ersten Jahren des Siedlungs-

Siedlungshäuser in der Marloffsteinerstraße 68–84.

»Mädchenbrunnen« an der Echenhaider Straße.

werks noch als Mietwohnungen für die »einfache, bescheidene Arbeiterfamilie, durchschnittlich mit vier und fünf Kindern mit ebenso einfacher Habe« gebaut. 1924 fiel die Entscheidung, in Zukunft keine Mietshäuser mehr zu errichten, sondern ausschließlich »Reichsheimstätten«, also Eigenheime. Wer hier wohnen wollte, mußte 4 Zehntel des Kaufpreises bei der Heimstättensparkasse ansparen und für die restlichen 6 Zehntel eine Hypothek aufnehmen.

Mit der vor allem vom Sozialministerium in München forcierten, auf die Förderung von Privateigentum gerichteten »Heimstättenpolitik« wurde dem revolutionären Geist der Siedlungspolitik der Gründerzeit endgültig das Licht ausgeblasen. Die Bewohner von Loher Moos wehrten sich zwar erbittert gegen den Plan, die Häuser in Einzelbesitz übergehen zu lassen, da man eine Zerstörung der gewachsenen sozialen und politischen Struktur befürchtete. Doch der Widerstand war vergeblich.

Tausenden von Erwerbslosen gab das Siedlungsprogramm Arbeit. Hier werden Arbeiter von Buchenbühl zum Nordostbahnhof zurückgebracht.

Die Heimstätten, die in dieser Zeit gebaut wurden, unterschieden sich in wesentlichen Details von den bisherigen Bauten. So fehlte bei den Häusern in der Heimstättenstraße der rückwärtige Stallanbau, da kaum noch Kleintierzucht betrieben wurde. Über die beim Bau der Heimstättensiedlung verfolgten Ziele und die Raumaufteilung heißt es anläßlich der Besichtigung der ersten Häuser in der Herrnhüttestraße (1924):

> *»Bei der Errichtung der Heimstätten wurde darauf gesehen, daß diese solide und gediegen ohne besonderen Luxus in der Weise ausgeführt wurden, daß sie den erwerbstätigen Ständen, sowohl dem Mittelstand, dem Beamten und Arbeiter als Behausung, als wirkliches Heim dienen können. Eine Heimstätte besteht aus einem Haus mit 5 Wohn- und Schlafräumen, einer Küche, Trockenklosett, Keller, Boden und angebauter Remise und hinter dem Hause liegenden Nutzgarten von ungefähr 250 Quadratmetern Größe.«*

Die Häuser in der Heimstättenstraße sind zwischen 1925 und 1926 entstanden und knüpften in der Bauweise an die bereits bestehenden Gebäude in der Ziegelsteinstraße an, um den geschlossenen Siedlungscharakter zu bewahren.

In der Nähe der Gräfenberger Straße befindet sich kurz vor der Einmündung zur Herrnhüttestraße, in einer kleinen Parkanlage, der »Mädchenbrunnen«, der 1933 mit großem Aufwand den Anwohnern von Loher Moos übergeben worden war. In Anwesenheit des Gauleiters *Streicher* befand der Nürnberger Oberbürgermeister *Liebel* bei der Einweihung:

> »*Diese Figur sei ein Sinnbild der neuen deutschen Jugend, Symbol des neuen Deutschland. Wie die Figur sich klar im Wasser spiegelt, so soll sich die Seele der deutschen Jugend widerspiegeln in der deutschen Volksgemeinschaft; erhebend in ihrer Schönheit und erfüllt von dem Gedanken, alles zu tun fürs Vaterland.*«

Der Geschäftsführer des Siedlungswerks *(Strößner)* hatte diesen Brunnen noch selbst beim Münchner Künstler *Ludwig Dasio* in

Gräfenberger Straße

Eckenhaider Straße

Die ehemalige Geschäftsstelle des Siedlungswerks Ziegelsteinstraße/Ecke Bierweg 1939. Der Brunnen wurde bei der Modernisierung des Platzes abgerissen. Die Brunnenfigur befindet sich in der heutigen Geschäftsstelle im Heroldsberger Weg.

Auftrag gegeben. Er konnte dann allerdings bei der Übergabe des Brunnens nicht mehr anwesend sein, da die Nationalsozialisten ihn inzwischen verhaftet hatten.

Die kleine Siedlung an der Südseite der Herrnhüttestraße zwischen dem Eichenwäldchen und der Firma Hering entstand zwischen 1925 und 1930 aufgrund einer Privatinitiative des Kaufmanns *Anton Porst*. Die Eckhäuser zwischen den Ein- und Zweifamilienhäusern hatten zur Herrnhüttestraße hin kleine Ladengeschäfte. Die Häuser in der hufeisenförmigen Siedlung des Architekten *Simon Hahn* wurden an Privatinteressenten verkauft. 1928 öffnete die noch heute bestehende Gaststätte »Zum Flugplatz« ihre Theke. Beim ersten Vorstoß zur Gründung dieser Kneipe 1926 war es zu Proteststürmen seitens eines Abstinenzlervereins gekommen. Bei einer Unterschriftenaktion (in den umliegenden Wohnsiedlungen) wurden 55 Stimmen gegen das Projekt gesammelt. Auch die Sozialdemokraten hatten 1926 starke Bedenken gegen die Wirt-

Herrnhüttestraße 19 c

schaft, da man eine Konkurrenz für den in Loher Moos entstehenden Saalbau befürchtete. 1928 wurde dann ein Antrag der Humbser Brauerei genehmigt — der Saalbau stand vor seiner Vollendung.

Ziegelsteinstraße
❻

An der Gabelung zwischen Ziegelsteinstraße und Heroldsberger Weg befindet sich ein Block, der noch in die vom Architekten *Schmeißner* geplante erste Bauphase im Siedlungsprogramm von Loher Moos gehört. Darauf macht auch eine Inschrift mit dem Baudatum 1919 aufmerksam. Bei der Auswahl der Siedler wurden Kriegsteilnehmer und Schwerbeschädigte besonders bevorzugt und gemäß der Entstehungsgeschichte läßt sich ein Übergewicht von »roten Siedlern« feststellen: Man kann davon ausgehen, daß in Loher Moos nahezu jeder gewerkschaftlich organisiert war; ungefähr 80–85% gehörten der SPD an.

Die ersten 258 Familien, die die Einfamilienhäuser in Loher Moos und Ziegelstein bezogen, waren verpflichtet, in den Ställen Kleintiere zu halten und Gemüse anzubauen, nur in den kleinen Vorgärten waren Blumen erlaubt. 1921 gab es 41 Schweine, 3.331 Hühner, 847 Kaninchen, 213 Gänse, 5 Bienenvölker und 4 Pfaue. Neben dem Geschnatter dieses lieben Kleinviehs muß die Siedlung Moos zu dieser Zeit von einem infernalischen Geruch erfüllt gewesen sein, denn die Häuser waren mit Trockenklosetts ausgestattet, um den darin gesammelten Inhalt zum Düngen der Gärten zu verwenden. Daß die Siedler im Umgang mit Pflanzung und Düngung oft recht unerfahren waren, läßt sich aus den Ratschlägen des Siedlungswerks leicht ablesen: »Es empfiehlt sich, die Abortgruben im Jahre zweimal zu reinigen und zwar zu der Zeit, zu der die Fäkalien auf dem Gelände verteilt werden sollen. Dies ist im Herbst und im Spätwinter. Im übrigen sollten die Grubendeckel fest verschlossen bleiben. Es ist auch völlig falsch, das Gemüse, nachdem es gepflanzt ist, ständig zu odeln, weil dies sonst den Geschmack der Fäkalien annimmt.«

Heroldsberger Weg
10

Der Saalbau »Loher Moos« wurde 1928 eingeweiht. Neben der geräumigen Wirtschaft verfügte man über einen Saal, der für 600 Plätze ausgelegt war. Es gab eine Bühne, einen Vorführraum für Kino und sogar drei Kegelbahnen. Im Garten war Platz für 6.000 bis 10.000 Gäste (hier widersprechen sich die Jubelmeldungen in den Tageszeitungen), was sich angesichts der heutigen Nürnberger Biergartennot fast astronomisch ausnimmt. 1943 wurde der Saalbau mit seinem architektonisch außergewöhnlichen Uhrturm zerstört und nicht wieder aufgebaut.

Loher Moos wurde 1988 unter Denkmalschutz gestellt. Genauer gesagt handelt es sich eher um einen Ensembleschutz, d.h. die gesamte Baugruppe (nicht das einzelne Haus) darf nicht mehr verändert werden. Hier wird allerdings nicht so streng vorgegangen wie bei einzelnen Gebäuden. Beim Ensembleschutz ist entscheidend, daß eine Renovierungs- und Umbaumaßnahme nicht den Charakter des Gebäudes verändern darf, insbesondere seine Wirkung zum Straßenraum hin. Baumaßnahmen sind allerdings nur formlos anzuzeigen, was den Sinn des Ensembleschutzes relativiert.

Die Kreuzung von Ziegelsteinstraße, Marienbergstraße und Bierweg, die »Endhaltestelle« Ziegelstein, erhielt 1982 einen neuen Namen. Die Stadt Nürnberg ehrte damit *Fritz Munkert*, einen

SPDler aus Loher Moos, der im Widerstand gegen die nationalsozialistische Herrschaft im Zuchthaus Brandenburg ermordet wurde. Er hatte 1933 am Aufbau eines illegalen Verteilers von Schriften der verbotenen SPD mitgewirkt. Wegen Vorbereitung eines »hochverräterischen« Unternehmens wurde er 1934 vom Oberlandesgericht München in einem Prozeß gegen insgesamt 36 Mitglieder der illegalen sozialdemokratischen Partei Nürnbergs zu 2 1/2 Jahren Zuchthaus verurteilt. Diese Strafe verbüßte er im Zuchthaus Amberg und im Konzentrationslager Dachau. 1944 wurde er wegen »Wehrkraftzersetzung« — ihm wurden kritische Äußerungen und Kontakte zu Fremdarbeitern vorgeworfen — zum Tode verurteilt und im Zuchthaus Brandenburg ermordet.

Der Weg zum zweiten Teil des Siedlungsprojekts aus den zwanziger Jahren — nach Buchenbühl — führt über die Rathsbergerstraße. **❼** Auf der linken Seite befindet sich der in der Nachkriegszeit entstandene neue Flughafen. Er soll — getragen von Nürnbergs Traum, doch noch Anschluß an die Welt zu gewinnen — bis 1990 um eine neue Abfertigungshalle erweitert werden. Es bleibt zu hoffen, daß sich die in Spitzenstunden erwarteten 1.430 Passagiere dann nicht auf die Füße treten müssen.

Auf dem Weg durch die auf dem ehemaligen Wehrmachtslager am 1949 entstandene »neue Siedlung« kreuzt man die Eisenbahn nach Gräfenberg.

Die Kalchreuther Straße wurde im Rahmen des Siedlungsprojekts vom Waldweg zur befestigten Straße ausgebaut. Gegenüber dem ebenfalls zu dieser Zeit entstandenen Schulhaus befindet sich der »Saalbau Buchenbühl«, der 1927 eröffnet wurde.

Kalchreuther Straße 125

Der Saalbau Buchenbühl.

⑧ In der Mitte der Siedlung steht eng geduckt an einer Häuserwand, der sehr einfach gehaltene und ein wenig schiefe, 132 cm große Gedenkstein, der dem Hauptplatz seinen Namen gab. Der Obelisk trägt keinerlei Aufschrift und erinnert der Sage nach an einen Förster namens Paulus , der just an dieser Stelle Anfang des Jahrhunderts vom Herzschlag getroffen worden sein soll. Der Obelisk bildet das Kernstück der Rodungssiedlung, die hier am Felsenkeller, dem Froschbrücklein, dem Fuchsweg, dem Märzenweg und am

Marktstand am Paulusstein.

Steinbruch, entlang der Kalchreuther Straße in den 20er Jahren entstanden war. Im Unterschied zum Loher Moos mit seinem Reihenhausbau dominieren in Buchenbühl, mit drei Ausnahmen, die Doppelhäuser. Die Buchenbühler Gärten waren mit 1.500 Quadratmeter wesentlich größer als die in Loher Moos.

Aus nördlicher Richtung kommend, erreichen wir auf der Kalchreuther Straße Ziegelstein. Auf einer Karte aus dem 16. Jahrhundert liegt das alte Dorf Ziegelstein abseits der großen Fernhandelsstraßen in einer Rodungsinsel des Sebalder Forstes. Das Dorf wurde auf feuchten, sandigen Böden errichtet. Der hohe Grundwasserstand verhinderte die Unterkellerung der Häuser, so daß man sich zumeist mit kleinen Anbauten half.

Die Dorfweide — der Anger — durchschnitt das Dorf in west-östlicher Richtung. In nord-südlicher Richtung verlief die alte Straße, die vom Laufer Tor über Herrnhütte und Ziegelstein nach Kalchreuth führte. Auf diesem Weg wurden über ein halbes Jahrtausend Ziegel-, Sandstein- und Holzfuhren in die Stadt transportiert. Nach Regenfällen war der Weg kaum mehr befahrbar. Die Ziegelsteiner mußten dann den »Steinbauern«, die aus den Sandsteinbrüchen bei Buchenbühl kamen, Vorspanndienste leisten. Im Süden des Dorfkernes lag der Ziegelhof, dort wurde bis ins frühe 20. Jahrhundert eine Ziegelbrennerei betrieben, die dem Dorf seinen Namen gab.

Erinnerung an ein schwaches Herz?

⑨

Der Anger im alten Teil von Ziegelstein wirkt noch heute sehr auffällig. Die Bebauung des großen freien Platzes ist bisher immer an den Eigentumsrechten der Anlieger gescheitert. Vom ursprünglich dörflichen Ziegelstein ist nur noch wenig zu spüren. Das alte Dorf wurde schon im Dreißigjährigen Krieg vollständig eingeäschert. Zu den erhaltenen älteren Gebäuden Ziegelsteins aus der ersten Hälfte des 19. Jahrhunderts, zählen die Häuser »Am Anger« 5, 15, 17, 19, 20 und die Hofanlage des Jagdschlößchens »Am An-

Hofanlage Schwendengarten 4.

ger« 30, 32, 34. Das zweigeschossige mit Schopfwalm verzierte Gebäude »Am Anger« 21 reicht möglicherweise bis ins 17. Jahrhundert zurück und ist damit das älteste noch erhaltene Bauwerk Ziegelsteins.

Geblieben sind auch einige Hofanlagen: Schwendengarten 4, Ziegelsteinstraße 185 und 183, wobei das letztere liebevoll fränkisch renovierte Anwesen den einzigen noch erhaltenen Backofen Ziegelsteins aufzuweisen hat.

Schwendengarten 4
Ⓘ

Wie die meisten Dörfer in der nahen Umgebung Nürnbergs war auch Ziegelstein früher ein beliebtes Ausflugsziel der Nürnberger. Zumeist wanderten sie über Herrnhütte durch den Wald nach Ziegelstein. Die Gartenwirtschaften »Zur grünen Au« und »Zur Stadt Nürnberg« gibt es noch heute. Allerdings sind sie, wenn nicht gerade »Ziegelsteiner Kirchweih« ist, aus der Mode gekommen — die Franken verbringen ihre Wochenenden lieber in der »Fränkischen Schweiz«, als in einem Nürnberger Vorort.

Ziegelsteinstraße 195

»Der Mann mit dem Fisch« vor der Gaststätte »Am Brunnen vor dem Tore« ist ein Werk des Bildhauers *Josef Wirth.* Wirth gehörte zu jenen Künstlern, die in die 1934 im Rahmen der nationalsozialistischen Kulturpolitik entstandene »ältere Künstlersiedlung« zo-

Hiltpoltsteiner Straße 61

⑪

Bierweg 71

**Schafhofstraße
35–37
⑫**

**Klingenhofstraße
70**

*Die Kabelwagen hatten
Trommeln mit der weithin
erkennbaren Aufschrift der
Firma.*

gen. Abgesehen von einigen Ateliers mit großen Fenstern am Nordostbahnhof und am Nordbahnhof hatte es bis dahin in Nürnberg
nichts vergleichbares gegeben. Es entstanden Doppelhäuser, die in
der ganzen Hausbreite ein Atelier von fast 40 Quadratmetern besa-
ßen. Die »jüngere Künstlersiedlung« wurde auf Initiative des Di-
rektors der Städtischen Kunstsammlung, *Emil Stahl,* ab 1935 verwirklicht. Die sechs Doppelhäuser waren 1936 bezugsfertig und
hatten ein auf der Nordseite der Häuser gelegenes großes Atelier.
Die Nazis konnten allerdings für die 12 Häuser nur 9 Nürnberger
Künstler finden, die bereit waren, hier einzuziehen. Einer davon
war *Emil Zentgraf,* der die Reproduktion des jedem Nürnberger
wohlbekannten Ochsen auf der Fleischbrücke schuf (siehe S. 51).
Der Ochse wurde im Krieg stark zerstört — Reste findet man heute
noch im Garten des Hotels Sanssouci.

Der Hiltpoltsteiner Straße folgend, überquert man die Äußere
Bayreuther Straße und fährt durch Schafhof. Hier befand sich nach
dem 2. Weltkrieg ein großes Flüchtlingslager, an dessen Stelle die
Obdachlosensiedlung in der Neumeyerstraße getreten ist. Die Häuser mit den grauen Waschbetonfassaden werden von immer mehr
Bewohnern verlassen. Die Stadt Nürnberg plant, die leeren Häuser
als Übergangswohnungen für »Spätaussiedler« zu nutzen. Es fragt
sich, ob hier nicht ein Ghetto durch ein anderes ersetzt wird.

Angefangen hatte der 1875 geborene *Fritz Neumeyer* mit der
Herstellung von Spiel- und Metallwaren in einer Gibitzenhofer Fabrik. Heeresaufträge führten zur Umstellung der Produktion auf
Rohre und Motorkühler. Es folgten Großaufträge zur Herstellung
von Messingkartuschen und Geschoßhülsen. Das Werk erwies sich
nun als zu klein. 1916–18 ließ Neumeyer die große Fabrikhalle errichten.

Nach dem Plan des Architekten *Hans Müller* — er hat in Nürnberg unter anderem das Schießhaus in Erlenstegen, das Hotel
»Deutscher Hof«, das Verlagshaus der »Fränkischen Tagespost«
sowie verschiedene Verwaltungsgebäude entworfen — entstanden
sieben große Eisenbetonhallen, ein Trafohaus, ein 60 Meter hoher
Kamin und ein Wasserturm. Der Wasserturm lieferte mittels einer
Pumpe die Wasserdruckkraft für die Pressen und Stanzen. An der
Bennostraße, außerhalb des Fabrikgeländes, liegen das Verwaltungsgebäude und ein Angestelltenwohnhaus.

Am Ende des Ersten Weltkrieges zwangen Auftragsrückgänge
Neumeyer zu Fusionsverhandlungen, aus denen schließlich die Ka-
bel- und Metallwerke Neumeyer Aktiengesellschaft hervorging.

Im 2. Weltkrieg beteiligte sich die Firma an der Rüstungsproduktion. Es wurden viel Kriegsgefangene aus dem Osten als Zwangsarbeiter eingesetzt. Nach Kriegsende besetzten die Amerikaner das
Werk. Die letzten Gebäude räumten sie erst 1949. Die Fabrikanlage
ist nahezu unverändert erhalten geblieben.

Nach 1870 entstanden in Deutschland eine ganze Reihe von
Margarinefabriken. Man übernahm das Verfahren zur Herstellung

von »Kunstbutter« aus Rinderfett, Milch und Speiseölen aus Frankreich. Die Not der Arbeiterschaft und der Bedarf an Speisefett verhalfen dem Butterersatz zu raschem Erfolg. Die alteingesessene Fürther Fettfabrik *Heinrich Lang* und Söhne schloß sich 1911 mit der Nürnberger Kunstbutterfabrik *Salb* und *Wohl* zu den Vereinigten Margarine-Werken zusammen und errichteten den großen Fabrikkomplex. Der von dem Nürnberger Architekten *Georg Richter* geplante Bau ist ein Musterbeispiel neubarocker Architektur. Der mit einer Uhr versehene Wasserturm prägt noch heute die Silhouette von Herrnhütte und Schafhof.

1913 nahm man auf dem Gelände die Produktion auf. 1924 entwickelte die VMW die »Frische Resi«, 1926 kam »Resi Schmelz« dazu: zwei Marken, die auch nach dem Kriege sehr beliebt waren (»Ob zum Kochen, Backen, Braten — Resi Schmelz läßt's gut geraten«) und der Firma den Namen »Resi-Werke« eintrugen.

»Ob zum Kochen, Backen, Braten ...«

Die Firma erzielte bis in die 50er Jahre hohe Umsätze, danach gings bergab. Eine 1971 erfolgte Fusion mit der Feinkostfirma Homann, konnte das endgültige Aus für die VMW nicht mehr verhindern. Nach Verlagerung der noch produktiven Firmenteile nach Hannover wurden die Vereinigten Margarine-Werke 1974 liquidiert.

Das riesige Gelände wurde jahrelang kaum genutzt, bis findige Architektenköpfe, liquide Geldgeber und wohlbekannte Namen aus der blühenden Nürnberger Gastronomieszene eine neue Verwendung der seit 15 Jahren leerstehenden Hallen, von denen einige Gebäudeteile unter Denkmalschutz stehen, durchsetzen konnten. Seit Juni 1988 befindet sich in den alten Margarinewerken die wohl größte Diskothek der Stadt, statt Vereinigte Margarine-Werke heißt es nun »Resi-Freizeit-und-Kultur-Park«. Die 1.200 Quadratmeter-Halle hat als Kernstück eine riesige Tanzfläche, darüber schwebt eine 350.000-Watt-Lichtanlage. Es ist nur zu hoffen, daß es den Tanzwütigen bei dem Gedanken an die 25.000 Meter verlegten Kabel, die Lärm und Lasershow ermöglichen, nicht ganz ranzig im Magen wird. Auf dem Resi-Areal befinden sich mittlerweile auch gastronomische Einrichtungen, die ermüdeten Stadtradler nach dieser Tour durch Nürnberger Industrie- und Siedlungsgeschichte sicherlich interessieren könnten.

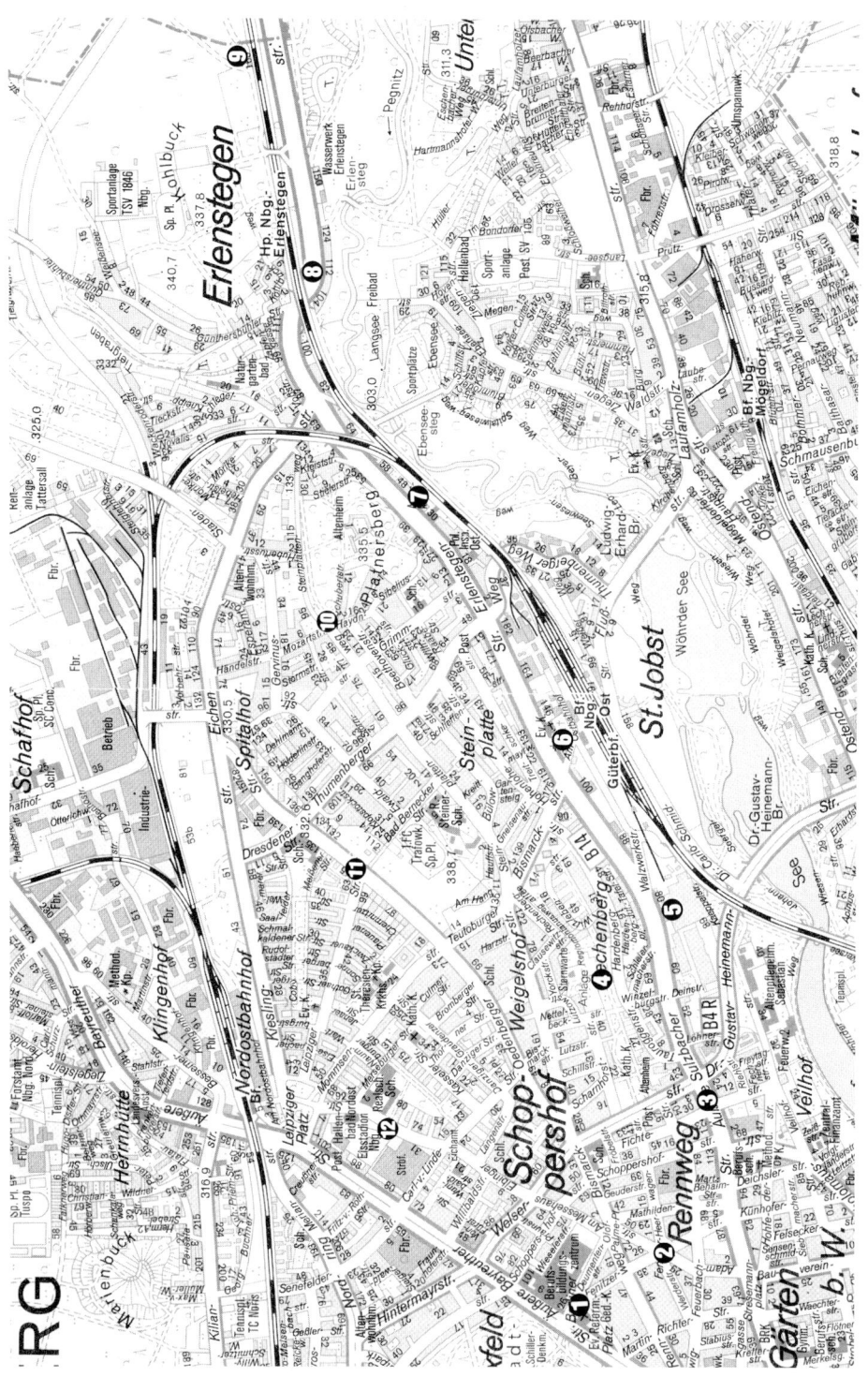

»Rothe Fahnen«, Choräle im Kalbsgarten

Schoppershof — Jobst — Erlenstegen

von Bernd Zachow

Ausgangspunkt: Berliner Platz, Straßenbahnlinien 3, 13 zum Nordostbahnhof, zwischendurch Straßenbahnfahrt mit Linie 8 von Station Deichslerstraße bis Station Erlenstegen
Endpunkt: *derselbe*
Dauer: *ca. 3 Stunden*

»Ein Stadtteil verliert sein Gesicht«, schrieb vor einiger Zeit ein Nürnberger Journalist über Schoppershof. Das erst in den »Gründerjahren« zwischen 1871 und etwa 1910 rund um den historischen »Hof« der einstigen Patrizierfamilie Schopper entstandene Viertel (1899 nach Nürnberg eingemeindet) war bis in die 1970er Jahre hinein ein kleinbürgerlich-proletarisch geprägtes Quartier mit seiner für viele Nürnberger Vorstädte typischen Mischung aus Wohn-Gebäuden, in deren Hinterhöfen sich oft Werkstätten kleiner Handwerker befanden, und vereinzelten Fabrikanlagen.

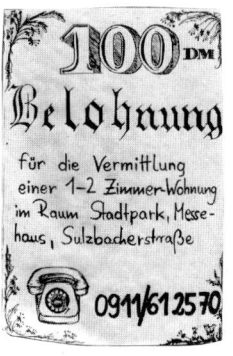

Trotz geringem Freizeitwert eine beliebte Wohngegend.

Der 2. Weltkrieg hatte dort kaum Zerstörung hinterlassen; nach wie vor prägten lange, architektonisch sehr einheitlich gestaltete Straßenzüge das äußere Bild; ein eigentliches Zentrum (etwa rund um eine Kirche, einen Markt-Platz oder ein Schloß, wie das bei den nach Nürnberg eingemeindeten ehemaligen Dörfern vielfach der Fall ist), gab es in Schoppershof nicht. Das an sich nicht sehr ausgeprägte Stadtteilbewußtsein der Bewohner wurde durch den tiefgreifenden Strukturwandel der letzten 10 bis 15 Jahre nicht gerade gefördert. So siecht zum Beispiel die gemeinsam mit den benachbarten Stadtteilen St. Jobst und Erlenstegen gefeierte »Kirchweih« seit Jahren dahin.

Die Handwerksbetriebe, die Fabrikanlagen und viele kleine Läden sind heute weitgehend verschwunden. (Dafür gibt es seit einigen Jahren den unvermeidlichen Kauf-Markt). Neuentstandene Wohnblocks beherbergen eine schnell wechselnde Einwohnerschaft; in den in teure Eigentumswohnungen aufgegliederten, aufwendig restaurierten Gründerzeit-Bauten pflegt man mehr oder minder gepflegte Privatheit. Die spärliche »Szene«, die in den Bistros, Kneipen und Cafés entlang der Schoppershofstraße oder im »Underground«-Musikladen »SUB« am Fenitzerplatz anzutreffen ist, hat mit dem Viertel nichts weiter am Hut. Die Reste des alten Schoppers-Hofes sind durch den über den Nordost-Ring brausenden Verkehr vom eigentlichen Viertel getrennt.

Die Friedensinitiative Nord-Ost (FINO) demonstriert für eine atomwaffenfreie Zone. Weit über die Hälfte der Anwohner hatten sich bei einer Befragung gegen Atomwaffen ausgesprochen.

Gast & Cafe-Haus Schoppershof

Georg Ehrlinger

29

Gemütlichkeit im alten Schoppershof. Ein Lokal in der Bismarckstraße 29 um die Jahrhundertwende.

Berliner Platz

❶

Nächtliche Feier am Olof-Palme-Platz.

❷

Diese Entwicklung war 1972 noch nicht vorauszusehen. Damals fand in den Messehallen, die bis dahin am Rande des Stadtteils ihren Standort hatten, zum letzten Mal die Nürnberger Spielwarenmesse statt. Das 1953 erbaute, 1956/57 erweiterte Messe-Gebäude, in dem auch fast alle größeren politischen Saalveranstaltungen der fünfziger und sechziger Jahre sowie Ausstellungen aller Art stattfanden, war endgültig zu klein geworden. Kaum ein Schoppershofer weinte der Unruhe verbreitenden, verkehrsintensiven und dabei — wegen der Innenstadtnähe — wirtschaftlich für den Stadtteil kaum interessanten Messe eine Träne nach. Heute wird ihr Platz von einem Berufsschulzentrum eingenommen.

Als störend empfanden einige CSU-Stadträte die 1986 beschlossene Umbenennung des ehemaligen Adamsplatzes in »Olof-Palme-Platz«. »Wir haben bislang ja auch keine Straße nach Beckhurts, Kennedy, Aldo Moro oder anderen Terror-Opfern bezeichnet«, meinte einer ihrer Vertreter. Wie dem auch sei, der Platz (an dem niemand wohnt) heißt heute nach dem ermordeten sozialdemokratischen schwedischen Ministerpräsidenten. Die Friedensinitiative Nord-Ost (FINO), eine der rührigsten Gruppen im Stadtteil, hatte die Umbenennung initiiert. Sie brachte in der kleinen Parkanlage inmitten des Platzes eine metallene Gedenktafel mit der Aufschrift »Olof Palme — er lebte für Frieden und Gerechtigkeit — er wurde ermordet« an.

Der Fenitzerplatz ist heute der einzige Ort in Schoppershof, der zu Veranstaltungen unter freiem Himmel einladen könnte. Seit 1979 veranstaltete dort eine »Stadtteilinitiative« der DKP jährlich einmal mit bescheidenem Erfolg ein Straßenfest. Auch der Versuch, am Fenitzerplatz die Stadtteil-Kirchweih wiederaufleben zu lassen, kann als gescheitert angesehen werden. Kommentar eines Anwohners: »Mit an jedn Joar wärd's lumperter«.

Letzte Spielwarenmesse im alten Messehaus, Frühjahr 1972.

Im Haus Fenitzerplatz 4 ist das bereits erwähnte »SUB«; vordergründig ein Platten- und Musikkassetten-Laden, tatsächlich jedoch auch eine Künstleragentur und Treffpunkt für Outsider des Musikgeschäfts. Das »SUB« veranstaltet lockere Pop-Konzerte und gibt das Magazin »Joy + Pain« heraus. Theaterschaffende haben gleich um die Ecke, in der Geuderstraße 11, eine Anlaufstelle. Der Schauspieler *Johannes Lubig* vermittelt dort Auftrittsmöglichkeiten und veranstaltet Theater-Workshops. »Theater-Forum Nürnberg« nennt sich das Unternehmen.

Fenitzerplatz 4

Daß Nürnberger Architektur nicht immer nur Fachwerk, Butzenscheiben und Chörlein bedeuten muß, ist in einigen Straßen rund um den Fenitzerplatz zu sehen. Die Häuser Fichtestraße 50 (erbaut ca. 1908), Fröbelstraße 6 (1907) und Schoppershofstraße 51 (ca. 1907) sind Beispiele einer speziellen Nürnberger Spielart des Jugendstils.

Schoppershofstraße

Schönstes und größtes Zeugnis einer eigenartigen Mischung aus »neugotischer« Substanz und Jugendstil-Verzierungen ist die Bismarckschule, die die Architekten Georg Kuch und C. Weber in den Jahren 1902-4 gebaut haben. Sehr hübsch sind die vergoldeten Inschriften über den — getrennten — Eingängen für Knaben und Mädchen. Ein frühes Zeugnis der burgenähnlichen Industriearchitektur im Stadtteil ist ein paar Häuser weiter in der Schoppershofstraße erhalten: die inzwischen aufgelassene Anlage der Firma Triumph-Adler (traditionsreicher Schreibmaschinenhersteller, heute eine Tochtergesellschaft der Olivetti).

Bismarckstraße 20

Gleich um die Ecke findet sich ein Schauplatz »bewegter« Stadtteil-Geschichte, auf den keine Gedenktafel hinweist. Im heutigen Hotel »Drei Linden« war schon vor 1933 ein SA-Sturm-Lokal untergebracht, das einen recht schlechten Ruf hatte. So wurde zum Beispiel vor der November-Wahl 1932 genau vor dem Haus ein

Äußere Sulzbacher Straße 1

❸

Reichsbannermann aus Schoppershof von SA-Leuten angeschossen. Am 18. Februar 1932 war man von diesem Stützpunkt aus zu einem Überfall auf das nahegelegene Heim der Sozialistischen Arbeiterjugend am Platnersberg aufgebrochen. Sechs Mitglieder des sozialdemokratischen Reichsbanners kamen nur durch das (vermeintlich) schnelle Eingreifen der Polizei mit leichten Verletzungen davon. Im SA-Haus in der Äußeren Sulzbacher Straße begann im August 1933 auch das Martyrium des Antifaschisten *Ludwig Göhring*, der — nachdem er die von ihm gedruckten »Blätter der sozialistischen Freiheitsaktion« verteilt hatte — am damaligen Ost-Bahnhof verhaftet wurde und im SA-Lokal ersten »Befragungen« unterzogen wurde.

Der Antifaschist Ludwig Göhring 1983.

Organisierter antifaschistischer Widerstand kam in Schoppershof an erster Stelle aus den Reihen der kommunistischen Partei, der mit massivem Einsatz der NS-Verwaltung zerschlagen wurde. Am 22. April 1933 drang die Polizei in die Werkstatt eines Malers in der Martin-Richter-Straße ein, wo zehn Zentner kommunistische Broschüren gelagert waren, der geplante Grundstock einer zentralen Schriftenstelle der KPD Nürnberg. Am 5. Mai 1933 wurden die Brüder Käde, die in einem Gartenhaus in der Nähe des Nordost-Bahnhofs Flugblätter druckten, festgenommen. Allein aus der relativ kurzen Werderstraße wurden Josef Schauberger, Georg Hartmann, Georg und Marie Popp und Loni und Konrad Sperk verhaftet. Ihre Haftzeit im Gefängnis und im Konzentrationslager betrug zusammengerechnet 40 Jahre.

Rechenberg ❹

Auf dem nahegelegenen Rechenberg wird der Spaziergänger mit einem wohl erfreulicheren Aspekt Nürnberger (Geistes-)Geschichte konfrontiert, der deshalb aber kaum weniger umstritten ist. Auszug aus einem Bericht in der Stadtchronik vom September 1872:

»Freitag, den 13., früh 6 Uhr starb zu Rechenberg, wo er seit 12 Jahren wohnte, der bekannte atheistisch-demokratische Philosoph Ludwig Feuerbach... Sein Begräbnis wurde auf Sonntag, den 15. Nachmittag 4 Uhr bestimmt, und da, wie dieselben behaupten, Feuerbach seit 3 Jahren sich für sie und ihre Bestrebungen erklärt hatte, so eigeneten sich die Sozialdemokraten ihn als den ihrigen zu und suchten sein Begräbnis zu einer Demonstration zu gebrauchen. Sie sammelten sich in Massen... und entfalteten rothe Fahnen. Außer ihnen hatte sich eine Deputation des Magistrats und von anderen Gesellschaften und eine ungeheuere Menschenmenge eingefunden...«

Das Gerangel um Feuerbach sollte in Nürnberg bis in die sechziger Jahre unseres Jahrhunderts andauern. Ein nach langem hin und her schließlich 1930 (!)mit privaten Mitteln errichtetes Denkmal für den Philosophen in der Nähe seines Wohnhauses auf dem Rechenberg entfernten die Nazis schon drei Jahre später wieder. Im März 1955 fand man die Reste dieses Gedenksteins unter den Trümmern einer Lagehalle und brachte sie — restauriert — an den alten Standort auf dem Rechenberg zurück. Daß dies nicht nur das Mißfallen der CSU-Vertreter im Stadtrat erregt hatte, zeigte sich im Oktober 1955 und im Juli 1956: Das Denkmal wurde von unbekannten Tätern mit Farbe beschmiert und mit Hammer und Meißel erheblich beschädigt. Danach wurde es eine gewisse Zeit von der Polizei bewacht. Heute steht das Feuerbach-Monument weitge-

Ludwig Feuerbach. Der Schüler und Kritiker Hegels strebte vergeblich eine akademische Laufbahn an. Seine Kritik an Religion und Zeitgeist waren zu unerbittlich. Nürnberger Sozialdemokraten unterstützten ihn in wirtschaftlicher Not.

hend unbeachtet inmitten der Rechenberg-Anlage.

Ein weiteres beachtenswertes Bauwerk auf dem Rechenberg ist die Volkssternwarte (Regiomontanusweg 1), die 1930/31 nach Entwürfen des Architekten *Paul Seegy* erbaut wurde. Sie wurde in den 20er Jahren vom einstigen Nürnberger Stadtrat *Hans Heß* gestiftet. Man kann sie an bestimmten Tagen besichtigen. Das Teleskop stammt zwar aus der Zeit des Stifters, funktioniert aber noch, und der Sternenhimmel ist zumindest mit entsprechender Einführung und bei gutem Wetter ausgezeichnet zu beobachten. **Regiomontanusweg 1**

In den Sternen stand auch zeitweilig das Schicksal einer der einst bedeutendsten Industrieanlagen des Nürnberger Raums: der »Eisenwerk Nürnberg A.G.«, im Volksmund immer noch nach dem ehemaligen Gründer, *Julius Tafel,* »Tafel-Werk« genannt. **Äußere Sulzbacher Straße 60 ❺**

Seit Frühjahr 1875 verhandelte Tafel mit dem Reichsfreiherrn von Cramer-Klett (seine Firma ist die spätere MAN) über die Errichtung eines Fein-eisen-Walzwerks auf einem Cramer-Klett gehörenden Grundstück in Jobst. Bereits anderthalb Jahre später, im Herbst 1876 wurde die Erzeugung von Stabeisen mit zunächst vierzig Mann Belegschaft aufgenommen. Sie erreichte im ersten Jahr etwa 1.800 Tonnen. 1899 begann Tafel mit der Fertigung von Schienennägeln und 1905 von Schwellen- und Laschenschrauben für den rund um Nürnberg intensiv betriebenen Eisenbahnbau. In den zwanziger Jahren folgte eine modern eingerichtete Schrauben- und Kleineisen-Fabrik. Im Jahr 1900 wurde das Werk in eine Aktiengesellschaft umgewandelt und hieß von nun an »Eisenwerk Nürnberg A.G., vormals J. Tafel & Co.«

Der für Deutschland verhängnisvolle Ausgang des 1. Weltkriegs nahm dem »Eisenwerk Nürnberg« seine Brennstoffgrundlage, da man bisher alle Kohle aus der Gegend um Pilsen bezogen hatte. Deshalb suchte man An-

Die Anlage des ehemaligen Tafelwerks. In den Hallen wird ein Museum für Industriekultur eingerichtet.

*schluß an einen Bergbau- und Hüttenbetrieb im »Reich«. So übernahm 1919
die Gutehoffnungshütte Oberhausen den überwiegenden Teil der Aktien. In
den dreißiger Jahren plante man sogar die Errichtung eines eigenen Stahl-
werks im Süden von Nürnberg. Diesen Plan vereitelte der 2. Weltkrieg.
Gleichwohl hat man bei Tafel wie schon 20 Jahre zuvor an Rüstung und
Krieg fleißig mitverdient. Nach Teilzerstörung und Wiederaufbau in den
vierziger und fünfziger Jahren wurstelte man weiter, bis eine »Krise« zuviel
dem Werk ein Ende machte.*

Das Unternehmen liegt nun schon seit Jahren still; über die endgültige Verwendung des Geländes wurde immer noch nicht entschieden. Schlagzeilen machte 1981 zunächst der geplante Verkauf
von 96 ehemaligen Betriebswohnungen in der Sulzbacher- und
Dein-Straße sowie am Weißen Weg an eine Sanierungsfirma. Viele
der seit über zwanzig Jahren dort wohnenden Mieter wären von der
Umwandlung der Miet- in Eigentumswohnungen hart getroffen
worden. Mehr um die Erhaltung dieser eingeschworenen Nachbarschaft als um die Bewahrung der industriegeschichtlich bedeutenden Bausubstanz ging es der Stadt Nürnberg, als sie von ihrem Vor-
kaufsrecht Gebrauch machte und die Wohnungen unter Beibehal-
tung des Status quo übernahm.

Auch die übrigen Werksanlagen befinden sich heute in städtischem Besitz. Sie werden jedoch nur teilweise genutzt. So etwa vom
»Centrum Industriekultur«, einer Sammlungs- und Forschungs-
stelle, die sich mit der regionalen Wirtschaftsgeschichte beschäftigt
und in einer Werkshalle eine Art Industriemuseum einrichtet. Außerdem beherbergt das einstige Tafelwerk seit Oktober 1987 einen
neuen kulturellen Veranstaltungsort, die »Theaterhalle« (Äußere
Sulzbacher Straße 60). Sie ist komfortables Regendach für Großveranstaltungen mit überregionaler Bedeutung wie »Jazz Ost/
West« und »Kulturzirkus« (eine Art Theaterfestival), aber auch
Spielstätte für »freie« Theatergruppen aus Nürnberg.

THEATERHALLE

Zu den weiteren Etappen des Rund-Gangs gelangen wir mit der
Trambahn, deren Geschichte bis in die Zeit der flotten Industrialisierung Nürnbergs im vorigen Jahrhundert hineinreicht. Im Gefolge dieses Industrialisierungsprozesses verwandelten sich das weiler-
artige Schoppershof, der Kirchhof St. Jobst und das Dörfchen Erlenstegen in Wohn- und Arbeitsorte einer modernen Großstadt,
deren Einbindung in den Stadtbereich auch verkehrstechnisch geboten schien. So wurde am 1.6.1882 die Pferdebahn-Strecke vom
Laufer Tor, dem östlichen Ausgang der Altstadt, nach St. Jobst
(Walzwerkstraße) in Betrieb genommen. Nach Einstellung des
Pferdebahnbetriebs 1898 wurde auf elektrischen Betrieb mit zwei
Wagen umgestellt. Im Oktober 1905 wurde die Strecke bis zum
Thumenberger Weg (Platnersberg) erweitert, und ab 14.11.1909

fuhr die Straßenbahn schließlich bis nach Erlenstegen. Neuerdings erwägen die Nürnberger Verkehrsbetriebe die Stillegung auch dieser Straßenbahnstrecke.

Vorläufig jedoch rattert und bimmelt die Linie 8 noch nach Osten. Kaum ein Fahrgast denkt während dieser Fahrt an die turbulente Geschichte der einstigen »Böhmischen Straße«, die er grade entlangschaukelt.

Einer der 1906 in Betrieb genommenen »Zeppelin-Triebwagen«, der zwischen Westfriedhof und Erlenstegen fuhr.

Am 9. Juli 1449 ritt hier der mit Nürnberg verfeindete Markgraf Albrecht Achilles entlang, der wenige Stunden vorher Bauernhäuser und Herrensitze in Erlenstegen niedergebrannt hatte. Am 17. Mai 1552 folgte ihm sein Verwandter Albrecht Alcibiades. Er errichtete ein Feldlager am Rechenberg und beschoß von dort aus die Nürnberger sieben Wochen lang. Vom 30jährigen Krieg wurden Schoppershof, Erlenstegen und St. Jobst im November 1631 berührt, als 3.000 Kaiserliche in Erlenstegen, Mögeldorf und Laufamholz im Quartier lagen. Die Herrensitze Wölckern und Förnberg wurden dabei eingeäschert. Am 19. Juni 1632 hielt sich König Gustav Adolf von Schweden aus Anlaß einer Besprechung mit Nürnberger Ratsherren auf dem Schlößchen Thumenberg auf.

Und weiter fahren wir durch die Geschichte der einstigen Heerstraße. Auf ihr zogen im Oktober 1741 französische Hilfstruppen nach Böhmen, die vorher zwischen Rechenberg und Thumenberg gelagert hatten. Am 4. Juli 1796 besetzten preußische Truppen St. Jobst, Erlenstegen und das Reichswaldgebiet. Der Jobster Pfarrer Kühnlein leistete in der Wirtschaft »Goldener Stern« in Erlenstegen den Treue-Eid auf den Preußenkönig. Den Preußen folgten die Franzosen, die Nürnberg dem von ihnen geschaffenen Königreich Bayern einverleibten. Die Kriege von 1813/14 brachten in schneller Folge französische, österreichische und russische Truppen in die Nordost-Vorstadt. Im April 1945 schließlich rückten amerikanische Panzer von Erlenstegen kommend zum Platnersberg vor, wo sich SS-Leute verschanzt hatten. Es kam zu einem kurzen, aber heftigen Gefecht.

Schoppershof 131

»Die harte Nuß in Bayerns Maul«

»Alles kreischend, fein und fränkisch, superklug und kalt und zänkisch«, fand ein könglich bayerischer Beamter im vorigen Jahrhundert das Klima an seiner neuen fränkischen Wirkungsstätte; ein (Vor-)Urteil, über das ein Durchschnitts-Franke auch heute noch nicht mit geringschätzigem Achselzucken hinweggehen kann. Spiegelt sich doch im Vers des Bayern eine jahrhundertealte, latente Antipathie zwischen Bayern und Franken, die auf mehr oder minder rationalen politisch-historischen Vorbehalten beruht. Hinzu kam auf fränkischer Seite — zumindest seitdem die Franken durch die Rheinbundakte von 1806 Zwangsbayern wurden — ein Gefühl »jenseits aller Politik«, das den international anerkannten Kirchen- und Gesellschaftskritiker Karlheinz Deschner aus Mainfranken zu der Aussage verführen konnte: »Ich bin apatriotischer Kosmopolit, aber leidenschaftlicher Franke.«

Um dies alles zu verstehen, muß man zurückschauen. Ende des 18. Jahrhunderts ist Franken ein kulturell und politisch heillos zersplittertes Gebilde. Adelige, Kleriker und Patrizier regieren politische Einheiten von teilweise mikroskopischem Umfang. Über dieses Land der Gärtchen, der traditionsreichen Kleinstädte, der eigenwilligen Sucht jedes Dorfes, jedes Marktfleckens, sich zu behaupten — über dieses Konglomerat aus »Inseln« geht im Zuge der europäischen Neuordnung der napoleonischen und nachnapoleonischen Zeit die Geschichte einfach hinweg. Franken fällt nach und nach an die bayerische Linie der Wittelsbacher, die sich nun stolz »Könige von Bayern« nennen.

Die neue Herrschaft hat von Anfang an in Franken wenig Freunde. Die einen können den Verlust ihrer Privilegien nicht verschmerzen, die anderen fürchten, daß sie nie welche erlangen. Als 1806 in Nürnberg alle Glocken zur Feier des Anschlusses an Bayern geläutet werden müssen, fällt der Legende nach eine Angehörige der bisher regierenden Patrizierfamilien ihren Kindern weinend um den Hals: »Ihr armen Kinder, nun seid ihr Fürstenknechte«.

Das mehr aufgeklärte, national-liberale Bürgertum, das im alten Nürnberg nicht direkt zur Führungsschicht zählte, erwartete von den Bayern-Königen ebenfalls keine günstige Entwicklung seiner Lebensumstände. Spätestens ab 1830 herrscht in Bayern ein reaktionäres Klima von fast metternichschem Zuschnitt, das sich auch nach 1848 nur kurzfristig etwas bessert. So liebäugelt man im nicht besitzenden (Klein-)Bürgertum mit einem künftigen »Deutschen Reich« unter preußischer Führung, während die bayerischen Könige von »Gottes Gnaden« eher zu einem lockeren Bund mit dem »Kaiser des Heiligen Römischen Reichs Deutscher Nation« in Wien tendieren. Während des österreichisch-preußischen Krieges 1866, an dem Bayern auf der Seite Österreichs teilnimmt, öffnen Bürger fränkischer (protestantischer) Städte den preußischen »Befreiern« die Stadttore. Bayerische Beamte werden beschimpft, bespuckt und verprügelt.

Der bayerische Staat reagiert zwiespältig. Man fühlt sich als Besatzer, der gezwungen ist, sich unter der einheimischen Bevölkerung um jeden Preis einen Stamm von Loyalisten zu schaffen. Das macht man, indem man »Eingeborenen« Verantwortung im Unterdrückungsapparat überträgt. Bis Anfang unseres Jahrhunderts kommt es zu einer Situation, die Ludwig Thomas Kunstfigur »Josef Filser« Franken so beschreiben läßt: Das ist dort, »wo die meißten schantharmen und biamthen herkomen«. Die nüchternen, oft pedantisch genauen, ja kleinlichen Franken kamen den Bayern für die Besetzung von Posten der unteren Verwaltungsebene gerade recht.

Auch wenn es im Verhältnis Bayern/Franken in den letzten anderthalb Jahrhunderten oft nach Burgfrieden aussah, Franken blieb bis zum heutigen Tag die »harte Nuß in Bayerns Maul«. Der in den letzten Jahren neu entdeckte Regionalismus gab auch den antibayerischen Gefühlen eine neue Richtung. Waren nicht Bamberg, Würzburg und besonders Nürnberg schon Städte von Weltgeltung, als München noch ein »kleines Drecks-nest« war? Nürnbergs Oberbürgermeister Peter Schönlein macht sich seit geraumer Zeit zum Sprecher eines neuen Zusammenschlusses fränkischer Stadtoberhäupter, der sich dem Kampf gegen die (nicht nur finanzielle) Benachteiligung Frankens im bayerischen »Freistaat« verschworen hat. Selbst die Parteizugehörigkeit soll da hinter dem Franken-tum rangieren. Über 180 Jahre der Benachteiligung Frankens durch nahezu alle Mün-chener Regierungen, lassen sich eben nur schwer auf den Konflikt zwischen der CSU-Mehrheit im Bayrischen Landtag und dem SPD-Oberbürgermeister von Würzburg oder Nürnberg reduzieren.

Bernd Zachow

Wir kommen zur ehemaligen Siechenkapelle St. Jobst. Der mau-erumgebene Friedhof, der bis an die stark befahrene Sulzbacher Straße reichende Sandsteinvorbau, umgeben von schönen Bäumen, bildet immer noch eine in sich geschlossene Baugruppe, die an längst vergangene Zeiten erinnert. Die Zerstörung im Jahr 1943 und der Wiederaufbau 1949 haben das äußere Bild nicht verändert; lediglich der »Siechen-Kobel«, eine von vier ähnlichen Einrichtun-gen, mit denen der Magistrat einst seine Bürger vor der einge-schleppten Lepra schützen wollte (befallene Wanderer wurden schon vor den Mauern der Stadt abgefangen und im Kobel isoliert), ist verschwunden. (Bis 1943 war er ein beliebtes Ausflugslokal der Nürnberger). Dafür umgibt das Jobster Kirchlein heute eine Vor-ortstraße, die durch gesichtslose Bauten der Wiederaufbau-Zeit, neue Kaufmärkte, einige ältere Villen und die Anlagen rund um den Ost-Bahnhof geprägt ist. Der schön gefaßte, hölzerne Heilige »Jobst«, der früher von einer Nische an der Außenmauer der Kir-che aus die Wanderer grüßte, hat sich vor dem trostlosen Anblick ins Innere seiner Heimstätte geflüchtet.

Vor 45 Jahren. Die Jobster Kirche und das Pfarrhaus im Vordergrund wurden zerstört.

Äußere Sulzbacher Straße 146 ⑥

Hier grüßt er an der Chor-wand rechts vom Altar, der hölzerne Heilige.

Schoppershof 133

Erlenstegenstraße

Ab Höhe Thumenberger Weg heißt die Äußere Sulzbacher Straße Erlenstegenstraße. Im Jahr 1900 lag der Vorort Erlenstegen noch völlig außerhalb des Bereichs städtischer Bebauung. Doch in den ersten drei Jahrzehnten unseres Jahrhunderts entstanden entlang der Erlenstegenstraße vom Thumenberger Weg bis zum Ortskern von Erlenstegen vornehme Villen mit Blick auf das Pegnitztal und das schon von Dürer in einer aquarellierten Zeichnung festgehaltene malerische Mögeldorf. Bemerkenswert ist etwa die einstige Villa des Fabrikanten *Merkenthaler,* die heute Sitz des Bundeswehr-Standort-Ältesten ist.

Platnersberg

Der mit Parkanlagen, weiteren Villen, einem Altersheim und einer Bezirks-Sportanlage bebaute Platnersberg (nach *Zacharias Platner,* Schöpfer der Nürnberger Gasanstalt) wurde in früherer Zeit von einem Schlößchen geziert, das Ende des vorigen Jahrhunderts von dem Nürnberger Architekten *Karl Alexander Heideloff* im Stil seiner romantisierenden »Gotik« neu errichtet wurde. Berühmt war in den Jahren vor dem Ersten Weltkrieg die »Parkrestauration Platnersberg« in der vorherigen Villa des königlichen Kommerzienrates *Julius Beißbarth,* in dem sich auch weniger betuchte Nürnberger für ein paar Stunden so richtig »vornehm« fühlen konnten.

Thumenberger Weg

Beispiele für die eigenartige Mischung aus Wohn- und Gewerbebebauung der Nürnberger Vorstadt sind die Gebäude der »Bundesmonopolverwaltung für Branntwein«, bei der der Verfasser stets eine Gedenkminute einlegt, oder die Lederwerke Kromwell. Die ursprüngliche Lederhandlung von *Moritz E. Kromwell* von 1846 wurde gegen die Jahrhundertwende um eine Gerberei und eine Treibriemenfabrik erweitert. Viele bei Kromwell beschäftigten ArbeiterInnen wohnten im nahegelegenen Erlenstegen, das dadurch schon früh seinen rein dörflichen Charakter verlor.

Erlenstegenstraße 30

❼

Bemerkenswert ist rechter Hand an der Erlenstegenstraße ein Gebäude, das seit vielen Jahrzehnten der Menschenfreundlichkeit dient: Die Maximilians-Augenklinik, die älteste Einrichtung dieser Art in Europa. (Gegründet 1814 und benannt nach König Maximilian I. von Bayern).

»Ich sage nicht unbillig, die Gegend um Nürnberg sey ein Paradieß von Teutschland zu nennen: Denn wo findet man eine so schöne und mit solchen vortrefflichen Lust-Schlössern prangende anmuthige Plaine, als um Nürnberg?«

Was *Johann Heinrich von Falckenstein* hier meint, ist — trotz des Bahndammes, der seit 1877 das Dörfchen ebenso durchschneidet wie neuerdings die Bundesstraße 14 — in Erlenstegen durchaus noch nachvollziehbar. Umgeben von einem Landschaftsschutz-Gebiet, das eines der wertvollsten im Stadtgebiet ist, bietet Erlenstegen dem Ruhesuchenden, aber auch dem (kunst-)historisch Interessierten einiges.

Da ist zunächst das »Lust-Schlößchen«. Der Bau kann trotz der Barockisierung die typische Form der nach 1552 wiederaufgebau-

Immerhin fünf Jahre hielt sich das »illegale« Kulturzentrum. Das »Bunte Haus«.

ten Nürnberger Herrensitze nicht verleugnen: quadratische Grundfläche und turmartiger hoher Bau. Es besaß ursprünglich auch die vier nürnbergischen Ecktürmchen und war durch einen Wassergraben geschützt.

Das folgende Haus war einst das imposante Gasthaus »Goldener Stern« (1744 erbaut) — für viele Reisende jahrhundertelang die letzte Raststelle vor den Mauern Nürnbergs. Das Gebäude ist mehr oder minder in der ursprünglichen Form erhalten. Nicht erhalten hat sich die gute heimische Küche, die man dort bis vor wenigen Jahren noch genießen konnte.

Erlenstegenstraße 111

Erlenstegenstraße 95 ❽

Das alte Gasthaus »Goldener Stern« in Erlenstegen an der einstigen »Heerstraße« in Richtung Prag. Der große Biergarten besteht nicht mehr.

Schräg gegenüber gab es zwischen 1981 und 1986 die Kuriosität eines besetzten Hauses in städtischem Besitz. Zeitweilig bestand die Hoffnung, die Stadt Nürnberg lasse sich auf die Vorstellungen der Hausbesetzer zur Schaffung eines alternativen Kulturzentrums in dem Gebäude ein, bevor das »Bunte Haus« 1986 dann doch ersatzlos verschwand.

Erlenstegenstraße 90

An die bäuerliche Vergangenheit der Erlenstegener erinnert der Spitalhof (urkundlich erstmals 1361 erwähnt), ein auch heute noch beeindruckendes Gütlein. Brutales zwanzigstes Jahrhundert ist dagegen die Bahnunterführung Eichendorffstraße: ein klotziges Spannbeton-Gebilde, das das herkömmliche Ortsbild ebenso vernichtet hat wie eine Reihe alter Bäume.

Gervinussstraße

Kaputt ist auch ein einstiger Schauplatz jugendlichen Überschwangs und gesetzter Gemütlichkeit. Der schattige »Kalbsgarten«, eine Gastwirtschaft mit Biergarten und Saalbau, wich ab Ende 1983 luxuriösen Eigentumswohnungen. Die Anlage wurde merkwürdigerweise »wegen der Einbeziehung der dörflichen Umgebung« vom Bundesbauministerium ausgezeichnet.

Der »Kalbsgarten«, eigentlich die Gastwirtschaft »Zum Weißen Roß« war einst eines der beliebtesten Ausflugslokale der Nürnberger. »Hier kön-

nen Familien Kaffee kochen«, verhieß ein Schild am Gartenzaun, und wenn die Mutter den »Schatt« (Kuchen) oder den Brotzeitkorb auspackte, dann wurde es richtig gemütlich. Man aß in hübscher Umgebung mit Blick auf das Pegnitztal und spielte »Sommerfrische«. Ende der sechziger Jahre erhitzte sich hier noch die 68er Generation beim Bier in langen politischen Diskussionen. Der Spaß ist vorbei, auch der Biergarten der Familie Kalb ist dem Erdboden gleichgemacht.

Um die Jahrhundertwende war der Kalbsgarten aber nicht nur Ausflugslokal. Lange Zeit trafen sich die Erlenstegener Bauern in ihren Arbeitsschürzen abwechselnd im »Kalbsgarten« und im »Goldenen Stern« zum Kartenspielen. Und noch bis in die Zeit des 2. Weltkriegs reicht der Brauch des Neujahr-Singens: Regelmäßig an Silvester stimmten die Gäste des »Kalbsgartens« im Hof den Choral »Nun danket alle Gott« an, und auch wer nur zufällig dazukam, wurde anschließend von der Familie Kalb mit kostenlosem Punsch bewirtet.

Exklusiv ging es früher bei der »Hauptschützen-Gesellschaft« im Schießhaus Erlenstegen zu. Nürnbergs ältester Verein (gegründet 1429) war bis in die Nazi-Ära hinein dem gehobenen Bürgertum vorbehalten. An einer wohlbehüteten Ahnentafel läßt sich ablesen, daß es kaum eine Nürnberger Patrizierfamilie gab, die im Erlenstegener Schießhaus nicht »Sport« und wirtschaftlich-politische Interessen gepflegt hätte.

Erwähnenswert auch die heute durch einen »marterl«-ähnlichen Stein gekennzeichnete frühere Grenze zwischen dem Gebiet der Freien Reichsstadt Nürnberg und jenem Gebiet, das Kaiser *Karl IV.* unter dem Namen »Neuböhmen« vom oberpfälzischen Sulzbach aus regieren ließ. Der Grenzstein (sogenannte »Böhmische Marter«) befindet sich am Ortsausgang von Erlenstegen, direkt an der Bundesstraße 14, auf der Tag und Nacht der Verkehrsstrom von und nach Osten donnert. Ein Problem, das die Erlenstegener schon seit Generationen beschäftigt. Aus dem Jahresbericht des »Vereins zur Verschönerung von Erlenstegen« von 1906:

»Leider müssen wir konstatieren, daß es viele Autler (Autofahrer) gibt, die, ungeachtet der oberpolizeilichen Vorschrift, durch Erlenstegen, selbst bei scharfen Kurven, in unsinnigem Tempo fahren. (...) Randsteine sind vom Thumenberger Weg an nach Erlenstegen noch nicht gelegt und es kann wiederholt beobachtet werden, wie Fußgänger, um sich halbwegs zu schützen, in den Straßengraben flüchten ...«

Der geübte Flaneur kann im Café »Glückswinkel« (gegenüber der Straßenbahnhaltestelle Erlenstegen) eine Pause einlegen. Das Lokal hat den Charme der fünfziger Jahre, die Gäste ebenso. Wer es schicker möchte, gehe ins Café »Steinplattenhöhe«. In einer Villa der Gründerzeit kann man Sekt oder Mokka schlürfen und manchmal auch eine Literaturlesung oder einem Kammerkonzert lauschen. Eingerichtet ist das ganze Café im Stil der Zwanziger. Im gleichen Haus befindet sich der »Fiasco Classico«, wo man Weine der Toskana probieren und kaufen kann. Wer sich sommers auch äußerlich erfrischen möchte, kann das im »Naturgartenbad« (mit Freikörperkultur) hinter dem Café »Glückswinkel« tun.

Am Steinplattenweg fällt inmitten der durchweg recht konservativ gestalteten, gutbürgerlichen Wohnhäuser und Villen das den architektonischen Vorstellungen *Rudolf Steiners* angenähte Gebäude der Waldorf-(Rudolf Steiner-)Schule auf. 60 Lehrer unterrichten hier ca. 600 Schüler nach Grundsätzen, die sie so formulieren: »Unser Ziel ist die Bildung und Förderung des ganzen Menschen, also nicht nur die Vermittlung von Wissen, sondern auch die Förderung der Willens- und Gefühlskraft der Schüler«. Eine Ausbildung, die in unserem Land wohl auch weiterhin nur wenigen vergönnt sein wird. Denn wer seine Kinder an diese exklusive Privatschule schikken will, muß Schulgeld zahlen.

Die Nürnberger Vorstädte sind eine Welt der Kontraste. Vom großbürgerlichen Quartier rund um den Steinplattenweg in Erlenstegen in die benachbarte Arbeitersiedlung am Nordostbahnhof

Zapfengasse 9

Haydnstraße 15
⑩

Steinplattenweg 25

Villencharme in Erlenstegen: Das Café Steinplattenhöhe.

Leipziger Straße
⑪

zwischen Leipziger Platz, Oedenberger-, Kiesling- und Mommsen-straße, die in den Jahren zwishen 1929 und 1931 nach Entwürfen von *Karl Sorg* erbaut wurde: Die Siedlung ist fächerartig angelegt und verbreitert sich vom Leipziger Platz mit einer Hauptachse, der Leipziger Straße, und einer Nebenachse, einem breiten Grünzug, nach Osten hin. 1930 gehörten zu der Anlage: eine Gaststätte, neun Läden und vier Künstler-Ateliers; die Wohnungen waren nicht größer als 50 Quadratmeter.

Sozialsiedlung am Nordost-bahnhof. Ein Zeugnis der Städtebaupolitik der späten zwanziger Jahre unter dem sozial-liberalen Oberbür-germeister Hermann Lup-pe.

Heute ist die Siedlung im Besitz der städtischen Wohnungsbau-gesellschaft (WBG) und wird von vielen älteren Menschen be-wohnt, die die preiswerten Mieten schätzen. Eine Sanierung der in-zwischen völlig veralteten und komfortlosen Kleinwohnungen ist im Gespräch. Durch diese Maßnahme würden viele ältere Mieter vertrieben werden! Auch für den Spaziergänger und Kunsthistori-ker ist die Anlage gerade im gegenwärtigen Zustand interessant. Sie stellt ein vollständig erhaltenes Zeugnis des fortschrittlichen Woh-nungsbauprogramms der zwanziger und frühen dreißiger Jahre in Nürnberg dar.

Elbinger Straße

Vorbei am Nordost-Bad und dem Straßenbahn-Betriebshof ge-langt man zum ältesten Teil von Schoppershof, dem sogenannten Tucher-Dorf mit dem Patrizierschlößchen der Familie Tucher, das auf den Trümmern des einstigen Hofes der Schopper errichtet wur-de.

Die Familie Schopper *war eine — schon früh ausgestorbene — Nürnber-ger Patrizierfamilie. Einer ihrer Angehörigen war zu seiner Zeit fast be-rühmt: Er war Professor an der Nürnbergischen Universität in Altdorf. Sonst tat sich die Familie eigentlich nur durch ihre Skrupellosigkeit in Gelddingen hervor. Nach den verschiedenen Nürnberger Judenpogromen des Mittelal-ters und der frühen Neuzeit sollen die Schoppers sich geschickt jüdisches Ver-mögen angeeignet haben. Versteht sich, daß eine solch ausgezeichnete Fami-lie auch zum regierenden Rat der Stadt zählen mußte.*

Nach der Zerstörung des Schopperschen Herrensitzes im Jahre 1552 ging das Gut in den Besitz des reichen Kaufmanns Barthel Viatis über, der das Haus wieder aufbauen ließ. Sein Erbe, Martin Preller, stellte Anfang des 17. Jahrhunderts den jetzigen Zustand des Schlosses her (1616). Am 11. September 1649 erlebte es die Unterzeichnung des Durchführungsvertrages (»Exekutionsrezesses«) zum Westfälischen Frieden, das letzte große diplomatische Ereignis in der Reichsstadt. Seit 1875 ist das Schlößchen Eigentum der Familie von Tucher, die auch der gleichnamigen Brauerei ihren Namen gab. Noch durch einen anderen Umstand ist die Familie Tucher heute zumindest in der

Bundesrepublik weiterhin bekannt: Das Dürerbildnis einer Tucher-Ahnfrau ziert den 20-Mark-Schein.

Im 1916 erbauten früheren »Linde«-Eisstadion. Ein schüchterner Versuch auf dem Eis 1954.

Der Eingang zum eigentlichen Schloßbezirk erfolgt von der Elbinger Straße aus. Dort wird die Außenmauer von zwei einstöckigen Nebengebäuden unterbrochen, zwischen denen sich ein Portal in schweren Barockformen spannt. Durch das schmiedeeiserne Tor gelangt man in einen Vorhof; man steht in einer malerischen, kleinen, in sich geschlossenen Welt mit spitzen Dacherkern, Gemüsebeeten und einem Ziehbrunnen; die eher schäbige Vorortstraße jenseits der Mauer versinkt, das dem Kleinen, dem Überschauberen und Harmonischen zugewandte Gemüt des Verfassers hat einen weiteren Schlupfwinkel gefunden.

Den meisten Schoppershofern ist das Schloß der Familie Tucher trotzdem ziemlich wurscht. Die sind schon eher an zwei Sportstätten interessiert, die entlang der Bayreuther Straße liegen: Das Brunswick Bowling-Center (auch Kneipenbetrieb) und das ehemalige »Linde«-Eisstadion, das eine überdachte Fläche von 6400 qm für den Eissport bietet. Dort und in den übriggebliebenen Eckkneipen in der näheren Umgebung der Bayreuther Straße wird man vielleicht noch jene traditionsbewußten Nürnberger Vorstädter treffen, deren Wahlspruch »Mach mer halt aso zu« eine ganze Weltanschauung faßt.

Bayreuther Straße
⑫

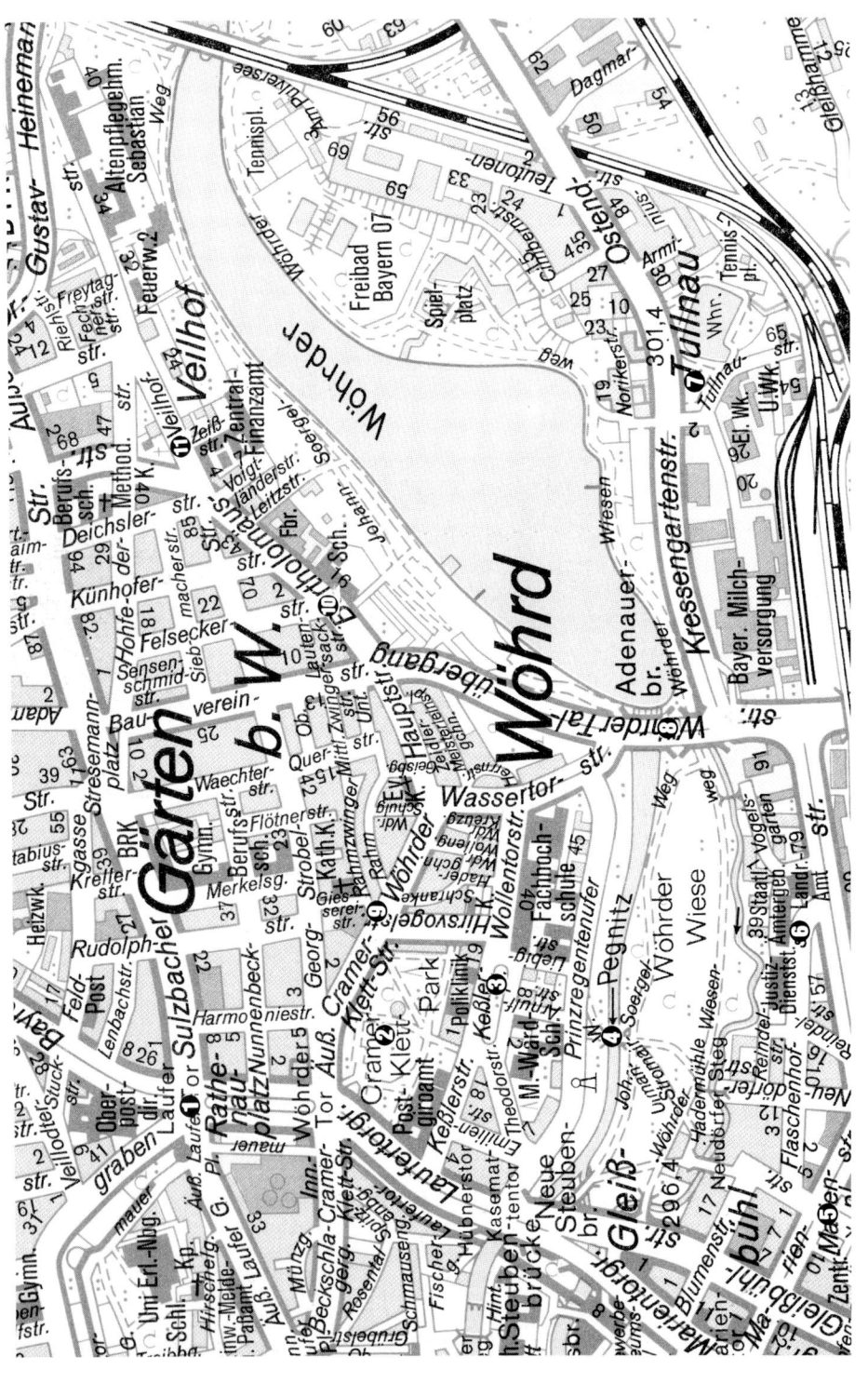

Mühlen, Milch und Bäckerschweine

Wöhrd

von Walter Bauernfeind

Ausgangspunkt: *Rathenauplatz, Straßenbahnlinien 8, 9, 13*
Endpunkt: *derselbe*
Dauer: *ca. 2 1/2 Stunden*

Das im Osten von der Stadtmauer der Altstadt und im Süden von
der Sulzbacher Straße eingegrenzte, unmittelbar am rechten Ufer
der Pegnitz gelegene Wöhrd hat in seiner über 700jährigen Geschichte gleichsam drei »Geschichten«.

Die erste reicht zurück bis in das Jahr 1273, der ersten urkundli-
chen Erwähnung des Dorfes »Werd«. Bereits damals war es im Besitz der Nürnberger Burggrafen, bis es 1427 an die Freie Reichsstadt
Nürnberg verkauft und zum Marktflecken ernannt wurde. Tuchmacher, Färber und Gerber siedelten an dem Fluß, der diesen Gewer-
ben Wasser und Energie lieferte.

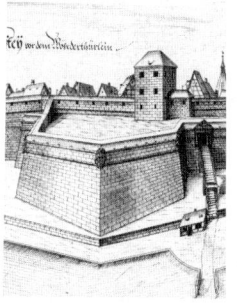

Wöhrder Torbastei vor dem Wörderthürlein.

Die zweite Geschichte Wöhrds schrieb die industrielle Revolution, der Maschinen- und Eisenbahnbau, wofür stellvertretend der
Firmenname Cramer-Klett steht. Wöhrd entwickelte sich zu einem
typischen Arbeiterquartier mit eigener Tradition und Kultur sowie
einem regen Vereinsleben — auf kleinstem Raum zählte man damals 30 Wirtshäuser.

Die dritte Geschichte ist gerade erst 45 Jahre alt: In der Bomben-
nacht vom 13./14. August 1943 wurde Wöhrd nahezu vollständig
zerstört. Was wir heute sehen, ist unverkennbar das Produkt des
Wiederaufbaus nach 1953.

Aus der Altstadt gelangte man durch das »Laufer Tor« auf die Straße nach
Lauf (und weiter nach Prag) und auf die heutige Sulzbacher Straße, die Stra-
ße nach Bayreuth (und weiter über Hof nach Leipzig), die auch heute noch
Bayreuther Straße heißt. Als weiterer kleiner Durchlaß existierte seit 1766
das sog. Wöhrder Türlein, das die Leute in die Vorstadt Wöhrd brachte, die
eine eigene Umwallung mit vier Stadttoren hatte, deren Verlauf heutzutage
jedoch nur noch die Straßenführung erahnen läßt. Diese Vorstadt war ge-
prägt von der Pegnitz mit den weiten Feuchtwiesen des Talgrundes (Wöhrder
Wiese). An den Flußarmen befanden sich mehrere Wassermühlen (siehe
S. 157).

Rings um die Stadt existierte nicht nur die Stadtmauer (mit ihren Toren wie
z.B. dem Laufer Tor), sondern als zweiter Schutz seit 1449 noch eine weitere
Verteidigungslinie, die sogenannte Landwehr. Zwischen Stadtmauer und
Landwehr befanden sich ausgedehnte, repräsentative Gartenanlagen rei-

cher Nürnberger Bürger mit Bade- und Gewächshäusern, die diesen zur Erholung dienten. Reich ausgestaltet wurden diese Gärten vor allem in der Barockzeit; für diese Barockgärten war Nürnberg weit über seine Grenzen hinaus berühmt. Außer dem heutigen Namen des Stadtteils (Gärten bei Wöhrd) und dem Straßennetz, das zum größten Teil schon Bestand hatte, erinnert allerdings nichts mehr an diese Anlagen.

Rathenauplatz

❶

Der Rathenauplatz ist heute — neben Bahnhofsplatz und Plärrer — die wichtigste Verkehrsdrehscheibe am Eingang zur Nürnberger Altstadt. Sein Bild wird wie früher beherrscht vom *»Laufer Torturm«*, einer von vier gleichartig gestalteten Stadttürmen. Seine runde Form erhielt er erst 1556. Nicht ästhetischen, sondern militärlogistischen und -ballistischen Gründen haben wir dies zu verdanken: Kanonenkugeln haben erheblich weniger Wirkung, wenn sie auf eine Rundmauer treffen, statt auf eine gerade Mauer.

Nördlich von diesem Turm befindet sich die Oberpostdirektion. Früher stand an dieser Stelle das *Parkcafé Wanner*, das ein beliebter Treffpunkt war (das Gebäude war übrigens ähnlich gestaltet wie das jetzige gleichnamige Café am Dutzendteich). Gegenüber hatte bis vor wenigen Jahren ein etwas nobleres Etablissement sein Domizil, das Café *»Vier Jahreszeiten«*.

Eines der wenigen Attentate auf die Nürnberger Stadtmauer ereignete sich übrigens hier: Der weite Raum des Platzes konnte nur dadurch geschaffen werden, daß man im letzten Jahrhundert die Mauerwälle und Bastionen einriß und das Grabensystem aufschüttete. Die Mauerlücke reicht bis zum *Wöhrder Tor* (hier befand sich früher das *»Wöhrder Türlein«*), der ehemalige Graben ist fast gänzlich zugeschüttet.

Auf der Ostseite des Platzes finden sich Beispiele der eher berüchtigten denn berühmten Nürnberger *»Ringstraßenarchitektur«:*

Seit Anfang des Jahrhunderts und verstärkt seit dem Wiederaufbau der Nachkriegszeit, beherrschen jetzt statt der Industriebetriebe, die früher das Bild prägten, Verwaltungsgebäude verschiedenster Couleur die Szene.

An der Südwestecke des *Cramer-Klett-Parkes* wurde 1925 das **Cramer-Klett-Park** *Postscheckamt* im Stil der neuen Sachlichkeit erbaut, es war das erste völlig auf Maschinenbuchung umgestellte Postscheckamt.

Der Park selbst ist eine angenehme Ruhezone mit schönem Baumbestand. In seiner Mitte befindet sich der *Apollotempel,* ein recht hübscher, klassizistischer Rundbau (um 1820/30), der der Gartenpavillon des *Cramer-Klett-Palais* war und seit 1945 zeitweise als Marionettentheater genutzt wird. Das Palais selber, das im 2. Weltkrieg zerstört wurde, trug seinen Namen nach der bedeutendsten Fabrikgründerfamilie der Frühindustrialisierung in Nürnberg.

Der Apollo-Pavillon.

Auf dem gesamten Areal südlich des Parkes bis zum Prinzregentenufer befand sich bis zur Jahrhundertwende die Cramer Klett'sche Maschinenfabrik.

1837 gründete Friedrich Klett in Wöhr eine kleine Werkstatt, um an dem beginnenden Eisenbahn- und Maschinenbau-Boom teilzuhaben. Das Know-how brachten 1841 drei britische Techniker — Earnshaw, Rye und Hooker — kurze Zeit später als Mitgesellschafter in Klett & Co ein. Produktionsprogramm und Kapazitäten wurden rasch erweitert. Für die im Bau befindliche Nord-Süd-Eisenbahn von Nürnberg nach Bamberg wurde Eisenguß produziert, Dampfmaschinen wurden bis nach Böhmen und Thüringen verkauft.

Als Klett 1847 starb, übernahm sein Schwiegersohn Theodor Cramer-Klett das Unternehmen (eigentlich ein Verleger, der u.a. auch die Schriften Ludwig Feuerbachs veröffentlichte). Er investierte einen Großteil seines Vermögens in die Eisengießerei und Maschinenproduktion und kündigte den Gesellschaftervertrag mit den Briten. Anfang der 50er Jahre markierte der Eisenbahnwagenbau den Übergang der bis dahin stark handwerklich geprägten Fertigung zur Massenproduktion. Die Arbeitsteilung wurde vorangetrieben, die Belegschaft mit billigen un- und angelernten Arbeitern umstrukturiert. Anfang der 70er Jahre waren im Werk bereits 3.300 Arbeitskräfte beschäftigt; allein mit dem Bau der Eisenbahnwagen wurden 12 Mio. Mark umgesetzt; Klett war zur größten Waggonfabrik Deutschlands geworden, Cramer-Klett einer der führenden Unternehmer Bayerns. Technische Pionierleistungen, wie die mit 300 PS 1854 größte Dampfmaschine des Kontinents, im Eisenbahn- und Brückenbau, aber auch auf militärischem Gebiet mit der Gründung einer Gewehrfabrik (1867), sowie geschickte Finanzgeschäfte, ließen das Unternehmen prosperieren.

Theodor Cramer-Klett erkannte die Bedeutung des Eisenbahnwesens.

Die Industrialisierung prägte Wöhrd ihren Stempel auf: Die sozialen Strukturen, Lebensverhältnisse, Straßenführung und Bauwesen wurden einem raschen Wandel unterworfen. Mit der Expansion von Produktion und Beschäftigung bei Cramer-Klett fiel schließlich auch die Stadtmauer: Das Wöhrder Türlein war bereits Mitte der 60er Jahre zum Nadelör geworden; als sich ein Erweiterungsbau als nur schlechte Übergangslösung erwies, beschloß 1866 der Magistrat eine »Eingabe um Aufhebung der Waffenplatzeigenschaft« beim König, so daß 1869 mit dem Mauerabriß begonnen wurde; 1871 fiel die Wöhrder Torbastei (1875 die Stadtmauer zwischen Pegnitz und Katharinengasse und 1878 der Waffenhof des Laufer Tors).

Dennoch war der Industriestandort Wöhrd nur mehr begrenzt erweiterungsfähig. Als schließlich in den 80er Jahren die Modernisierung des ge-

Die Cramer-Klett'sche Maschinenfabrik. Rauchende Schlöte und technische Pionierleistungen.

samten Unternehmens entstand, wurde die Fertigung aus Wöhrd in das neue Industriegebiet in Lichtenhof verlagert. Am 1.8.1898 fusionierte die ›Maschinenbaugesellschaft Nürnberg‹ (die 1873 zur AG geworden war) mit der Augsburger Maschinenfabrik zur MAN (Maschinenfabrik Augsburg-Nürnberg AG, siehe S. 240f.). Auf dem ehemaligen Werksgelände in Wöhrd entstand ein Wohnviertel für das gehobene Bürgertum.

Äußere Cramer-Klett-Straße 4

Während der faschistischen Gewaltherrschaft okkupierte und wohnte in der Villa der Cramer-Klett eine der erschreckendsten Gestalten der nationalsozialistischen »Bewegung«, der Gauleiter von Franken, *Julius Streicher.*

Julius Streicher. Sein Hetzblatt hatte 700.000 Auflage. 1946 kam er an den Galgen.

Julius Streichers politische Karriere begann 1919 zunächst in verschiedenen reaktionär-nationalistischen Bünden, bevor er sich am 20.10.1922 Hitler anschloß und die NSDAP in Nürnberg aufbaute. Seine Hauptpropagandawaffe wurde 1923 »Der Stürmer«, das sich unter seiner Herausgeberschaft zum radikalsten rassistischen Hetzblatt des Nationalsozialismus entwickelte. Erst seine Beteiligung am Münchner Putsch der NSDAP führte im November 1923 zu seiner Entlassung als Lehrer (allerdings mit Ruhegeld) und zum Verbot der Partei. Bereits 1924 gelang Streicher mit 5 Gleichgesinnten auf eigener Liste der Einzug in den Stadtrat (SPD: 20, KPD: 3 Sitze), den er als Tribüne für seine Brandreden nutzte. Bei der Gemeindewahl 1929 erzielte die (wieder zugelassene) NSDAP 8 Sitze (15,7%), und bereits zu dieser Zeit machte die Nürnberger Partei durch systematischen Terror gegen SPD und KPD auf sich aufmerksam.

Am 9./10. März 1933 war Streichers große Stunde gekommen: SA Trupps stürmten die Zentrale der Metaller-Gewerkschaft, Terror und Verhaftungen überzogen die Stadt und die von über 1000 SA- und SS-Leuten überwachte »NS-Musteraktion« zum Boykott aller jüdischen Geschäfte füllte die Konzentrationslager; alle wichtigen politischen Stellen wurden besetzt, die »Säuberung« der Stadtverwaltung begann. Streicher ernannte sich als Gauleiter von Franken zum Alleinherrscher. Seine sexualpathologische Veranlagung, sein »Vergnügen«, bei Folteraktionen selbst »Hand anzulegen«, waren allseits bekannt — nicht umsonst verweigerten ihm Reichs- und bayrisches Innenministerium die Übergabe von Staatsämtern.

Einen Höhepunkt erreichte der faschistische Terror 1938: Im Oktober ließ Streicher die Synagoge am Hans-Sachs-Platz als »undeutsches, frechscheußliches, orientales Bauwerk« niederreißen, nur als Vorstufe für die anschließende systematische Verwüstung jüdischer Geschäfte und Wohnungen durch SA-Trupps (»im Räuberzivil«) im November, selbst offizielle Stellen mußten 26 Todesopfer »zugeben«. Die Verordnung zur völligen Ausschaltung der jüdischen Bevölkerung (»aus dem deutschen Wirtschaftsleben — keineswegs nur da) vom 8.12.1939 bot Streicher schließlich die Grundlage,

Die Streicher Villa.

die bereits zuvor selbst im Sinne der NSDAP widerrechtlich begonnene »Arisierung« systematisch durchzusetzen. Daß er und maßgebliche Teile der Gauleitung sich dabei persönlich maßlos am »arisierten« jüdischen Eigentum bereicherten, leitete zugleich seinen Fall ein. Eine Abtreibungsaffäre und schließlich das Lächerlichmachen des »Reichsmarschalls« im internen Kreis boten seinen Feinden in der NSDP (vor allem Polizeipräsident Benno Martin) endlich die nötige Handhabe. Auf Veranlassung von Göring wurde eine Untersuchung angeordnet, und Streicher mußte sich 1940 vor dem Obersten Parteigericht verantworten. Zwar beließ man »dem alten Gefährten des Führers« »Rang und Würden eines Gauleiters«, untersagte ihm jedoch — da »zur Menschenführung nicht geeignet« — »die Führung der Geschäfte«. Sein Hetzblatt »Der Stürmer«, das stark das politische und emotionale Klima prägte, indem es zur fast vollständigen Vernichtung des europäischen Judentums kam, blieb ihm ebenfalls bis 1944 erhalten.

Im Nordwesten des Platzes befindet sich der Neubau des *Postscheckamtes*, im Norden das *Ärztehaus*, die Notzentrale der niedergelassenen Ärzte. Im Osten des Platzes hat die *Georg-Simon-Ohm Fachhochschule* seit 1904 ihr Domizil. Sie hat sich im Laufe der letzten Jahre bis zum *Wöhrder Talübergang* ausgedehnt.

Keßlerplatz
❸

An ihrem Vorgänger, der Königlichen Polytechnischen Schule zu Nürnberg, lehrte Georg Simon Ohm, der in Erlangen Mathematik und Physik studiert hatte. Zehn Jahre lang verwaltete er das Rektorat. 1843 veröffentlichte er in Nürnberg das Ohm'sche Gesetz der Akustik.

An der Ecke steht ein Mormonenbethaus, das vor allem von hier in den Kasernen stationierten Amerikanern benutzt wird.

Der Erlanger Georg Simon Ohm.

Die 1609 gegründete Maria-Ward-Schule, die besser bekannt ist unter dem Namen »Englische Fräulein«, ist die einzige reine Mäd-

Theodorstraße

Hans Magnus Enzensberger wuchs in Nürnberg auf und studierte in Erlangen. Der Dichter war Herausgeber der Zeitschrift Kursbuch, hat im Jahre 1967 den Kulturpreis der Stadt Nürnberg erhalten und in Moskau eine Russin geheiratet. Gezeichnet von Michael Mathias Prechtl.

❹

Links die Verlagsgebäude der Nürnberger Nachrichten, rechts das ehemalige »Braune Haus«.

chenschule Nürnbergs, eine Gesamtschule mit Internatsbetrieb. Angeschlossen ist ein Frauenkloster.

Im Bereich Keßlerplatz/Theodorstraße/Emilienstraße/Prinzregentenufer entstand im ersten Jahrzehnt des 20. Jahrhunderts ein Prominentenviertel, als noch heute durch prächtige, repräsentativ-herrschaftliche Häuser geprägt ist.

Interessant ist der Wechsel verschiedener Stilrichtungen auf überschaubarem Raum: Theodorstraße 1,3 = Neurenaissancedekor, Theodorstraße 5,7,9,11 = Jugendstildekor, Prinzregentenufer 3 = Neu-Nürnberger Stil, Nr. 5 = Neubarock, Nr. 7 = Spätjugendstil, Nr. 9 = Neuklassizistisch.

Hier in der Theodorstraße hat übrigens heute die Haute volé der Nürnberger Grünen ihr Domizil, man hat gelernt, was Lebensqualität ist.

Diese Gegend, so der Nürnberger *Magnus Enzensberger*, wollte, als er hier aufwuchs, keine der Wöhrder Jugendbanden haben. »Die großen Chefs der Wöhrder hausten in der Rahm... Sie sprachen ihren eigenen Dialekt, fast wie Ausländer, und betrachteten Wöhrd als eine Stadt für sich. Ihr Fußvolk kam aus den Slums am Zwinger, am Geisberg und an der Kreuzgasse... Ihr strategisches Vorfeld war die Wöhrder Wiese.«

Am Prinzregentenufer mit seiner herrlichen Platanenallee erhebt sich das 1915 enthüllte Reiterstandbild Bismarcks: ein typischer Vertreter des Bismarck-Denkmalkultes der Wilhelminischen Ära, das dank des hohen Baumbestandes nicht sonderlich zur Geltung kommt.

Ursprünglich war von seiten der Stadt geplant worden, ungefähr auf Höhe der Arnulfstraße eine große Brücke über den Talgrund anzulegen. Dieser Plan wurde jedoch nie abschließend realisiert. Weil man vorerst nur den Fußgängersteg gebaut hatte und die große Talüberquerung auf später aufschob, erhielt dieser Steg im Volks-

mund den Namen »Dummheitssteg«. Statt eines oberirdischen Brückenschlages entsteht jetzt mit dem Bau der U-Bahn eine unterirdische Verbindung der nördlich und südlich der Pegnitz gelegenen Stadtteile.

Auf dem südlichen Ufer der Pegnitz liegt die Marienvorstadt. Der Stadtteil entstand Mitte des 19. Jahrhunderts als Plansiedlung, deren Hauptachse die Marienstraße war. Ein großer Nachteil des Geländes war die relative Enge nach Osten zwischen Pegnitz und Bahndamm. In früheren Zeiten befanden sich hier u.a. die Schweineställe der Bäcker der Lorenzer Innenstadt. Der etwas ungewöhnliche Zusammenhang Bäcker/Schweine erklärt sich dadurch, daß die Bäcker die Schweine mit Kleie mästeten, die sie als Mahlrückstand vom Müller erhielten.

Ähnlich wie am nördlichen Ufer entstanden hier — allerdings früher — Wohnquartiere der Oberschicht. Sandsteinvillen wurden an Marien- und Blumenstraße, an Bad- und Gleißbühlstraße errichtet. Von den alten Villen aus der Mitte des 19. Jahrhunderts ist keine mehr erhalten (das letzte Beispiel — Marienplatz 3 — wurde 1974 abgebrochen), in der Badstraße finden sich noch zwei ältere Wohnhäuser.

Der Marienplatz, das einstige repräsentative Zentrum der Vorstadt mit Brunnen und baumreicher Grünanlage, ist heute durch den dort entstandenen Busparkplatz nicht einmal mehr zu erahnen. **Marienplatz ❺**

Im Norden des Platzes erheben sich die Verlagsgebäude des Nürnberger Zeitungsmonopols »Nürnberger Nachrichten/Nürnberger Zeitung«. Das heutige Verwaltungsgebäude war während der nationalsozialistischen Diktatur Sitz des *Braunen Hauses,* der Gauleitung von Franken. Dieses Gebäude wurde nach 1945 von den »Nürnberger Nachrichten« gekauft, deren Herausgeber *Joseph Drexel* als Mitglied in der Widerstandsgruppe Niekisch selbst zu den Verfolgten des Naziregimes gehörte.

Versorgt nahezu den ganzen fränkischen Raum.

Marienplatz 1–5/
Badstraße

Joseph Drexel.
Von den Nazis zu drei Jahren und sechs Monaten Zuchthaus verurteilt, ausgewiesen und ins KZ gebracht.

Wegen seiner antifaschistischen Vergangenheit und weil er in der Zeitschrift »Widerstand« (dem Organ des Niekisch-Kreises vor 1933) journalistische Erfahrungen gesammelt hatte, erhielt Dressel 1945 von der amerikanischen Besatzungsmacht Lizenz und Papierlieferungen für eine Zeitung. Bis Ende der 60er Jahre wurden die meisten kleineren Zeitungen des Nürnberger Umlands von den Nürnberger Nachrichten entweder aufgekauft oder zur engen Kooperation mit dem Nürnberger Großverlag gebracht. Es existieren zwar Lokalredaktionen mit unterschiedlichem Grad an Eigenständigkeit, der »Mantel«, d.h. der allgemeine und der Anzeigenteil, ist bei allen Ausgaben gleich. Somit ist die linksliberale »NN« heute mehr oder minder konkurrenzlos im fränkischen Raum (Ausnahme bildet nur Mainfranken). Auch die »Nürnberger Zeitung« für den rechtsliberalen, CSU-nahen Leser hat den gleichen Anzeigenteil und die gleichen Kapitaleigner. Am Marienplatz sind inzwischen Neubauten für die einzelnen Glieder des »Verlags Nürnberger Presse« entstanden und auch der in der Badstraße ansässige Kikker-Verlag sowie der Nordbayrische Pressevertrieb und der Heimatsender »Radio Franken« gehören zum Konzern. »Die Abendzeitung« hat ihren Schwerpunkt eher in München und stellt keine große Konkurrenz dar. Bliebe allenfalls noch die Stadtzeitschrift »Plärrer« (Singerstraße 26), die ein Stück Gegenöffentlichkeit außerhalb des Meinungsriesen repräsentiert, sowie Neugründungen lokaler Radiosender (siehe Anhang).

Das städtische Baumagazin Kressengartenstraße 4, 1930.

Flaschenhofstraße
❻

Das heutige Gerichtsgebäude war früher eine Kunstgewerbeschule (siehe S. 168). Weiter östlich des ehemaligen »Vogelgartens« gibt es einen großen Biergarten, der bei schönem Wetter die Menschenmassen anzieht.

In Richtung Wöhrder Talübergang sticht der riesige Komplex der »Bayrischen Milchversorgung« ins Auge. Es ist ein gemischtwirtschaftliches Unternehmen, das 1915 auf Initiative der Stadt Nürnberg gegründet worden war, um ausreichende Milchversorgung zu garantieren. Andere Städte, Absatzgenossenschaften, Händlerorganisationen u.a. schlossen sich schon bald dieser Idee an und so entstand der neue Milchgigant.

Entlang der Kressengartenstraße gelangt man zur Tullnau, deren Name schon im 15. Jahrhundert erwähnt wird. Hier befand sich lange Zeit eine Mühle. Heute ist die Tullnau eine schöne kleine Parkanlage mit Weiher; wegen ihrer unpopulären Lage findet sie allerdings nur wenig Beachtung.

Bis zum 2. Weltkrieg war die Tullnau ein beliebtes Ausflugsziel; in dem schattigen Park gab es eine gutbesuchte Wirtschaft. Hauptattraktion war eine große Wasserrutschbahn, sie war ähnlich einer Achterbahn angelegt: 8-10 Personen saßen in einem hölzernen Kahn und rutschten dann von einem Podest über Schienen in den Weiher. Später wurde diese Rutsche an den Valznerweiher verlegt und noch später im Tiergarten aufgestellt.

Über den Wöhrder Talübergang gelangt man in die ehemalige Vorstadt Wöhrd. Von ihrem einstigen Charakter ist allerdings nach den Zerstörungen im Kriegsjahr 1943 so gut wie nichts mehr vorhanden; ein übriges tat in der Nachkriegszeit die rücksichtslose Verkehrsführung — unter starker Verbreiterung bzw. Neuanlage von Straßen — mitten durch den alten Ortskern. Den Abschluß dieser Entwicklung bildete die Anlage des »Wöhrder Sees«. Anstelle der Pegnitz, die früher direkt an der Vorstadt vorbeiführte — bzw. im Süden durch sie hindurch — verläuft jetzt eine vierspurige Straße.

Wöhrder Talübergang
❽

Der Milchgigant am Talübergang.

Auch von der früher reichhaltigen Kneipenkultur ist nicht mehr viel geblieben. Ein nennenswerter Treffpunkt ist das sogenannte *Storchennest*, dessen Name an jene Störche erinnert, die bis in die fünfziger Jahre hierher zum Brüten kamen, wahrscheinlich angelockt durch das »Feuchtbiotop« Wöhrder Wiese. An die Störche erinnert ebenfalls der sog. *Storchenbrunnen*, der sich in der kleinen Grünanlage beim »Marktplatz« befindet.

Bei der Bartholomäuskirche — der evangelischen Pfarrkirche, die originalgetreu wieder aufgebaut wurde — soll auch der zentrale Platz Wöhrds sein, der aber — da ihn eine Hauptverkehrsstraße durchschneidet — praktisch nicht vorhanden ist.

Der Verlauf der Straßen Rahm und Schranke, bzw. Rahmzwinger und Hirsvogelstraße/Wollentor lassen noch die Anlage der alten Befestigung erahnen. An der Ecke Schranke/Hirsvogelstraße befindet sich ein Hochbunker, der im altdeutschtümelnden Heimatschutzstil an Stelle der ehemaligen Mauer erbaut wurde. Gegenüber sieht man die Holzhäuser des ehemaligen Jugendwohnheimes Rädda Barnen (was soviel wie: »Rettet das Kind« heißt), einer schwedischen Stiftung aus den Jahren 1949/51. Diese Häuser wollte die Stadt unbedingt abreißen; als man jedoch Holzproben nahm, konnte keinerlei Baufälligkeit festgestellt werden, und die Häuser blieben erhalten. Heute ist die Anlage ein städtisches Lehrlingswohnheim.

Rahm/Rahmzwinger

Erst mit dem verstärkten Zuzug von katholischer Bevölkerung aus Oberfranken und der Oberpfalz in das protestantische Nürnberg in der Mitte des 19. Jahrhunderts wurde es nötig, in den neu entstehenden Stadtvierteln eigene katholische Pfarreien zu gründen wie die St. Josefs-Kirche.

Gießereistraße
❾

Blick vom Noricus zum Wöhrder See.

Im Bereich zwischen Georg-Strobel-Straße und der alten Bebauung von Wöhrd — die heute durch den Rahmzwinger gekennzeichnet wird — entstanden in den 1850er und 60er Jahren mehrere Straßenzüge (u.a. die drei Zwingerstraßen, die Querstraße, die Bauvereinsstraße). Gebaut wurden die Häuser u.a. vom »Wohnungsbauverein«, der auf Anregung König Max des II. 1861 gegründet worden war und sich die Herstellung billiger, den damaligen Ansprüchen genügender Arbeiterwohnungen zur Aufgabe stellte (Bauvereinsstr. Nr. 9-19). Auch Cramer-Klett ließ von seinem Betriebssozialwerk Wohnungen bauen (Bauvereinsstraße 14-20, Bartholomäusstraße 5a/b und 13a-c). Der Hauptausbau des ganzen Viertels in Richtung Sulzbacherstraße erfolgte erst nach 1880. Von dieser alten Bebauung sind heute nur noch in der Waechterstraße 20 und Rudolfstraße 7 Zeugen vorhanden.

Bartholomäusstraße 16
⑩

Der ältere Teil des viergeschossigen Sandsteingebäudes — der Grund- und Hauptschule, die Generationen von Wöhrdern besucht haben — stammt aus dem Jahre 1898; 1911 mußte aufgrund der raschen Bevölkerungsentwicklung im Zuge der Industrialisierung bereits eine Erweiterung vorgenommen werden.

In der Bartholomäus- und Veilhofstraße befinden sich die Werkshallen des einzig verbliebenen größeren Industriebetriebes des ganzen Stadtviertels, der 1916 gegründeten Firma Ernst Reime.

Veilhofstraße

1529 wurde der Wöhrder Friedhof aus der Vorstadt heraus nach hier verlegt. Diese Verlegung war eine Vorbeugungsmaßnahme des Rates vor der Ausbreitung von Seuchen. Der Friedhof ist zwar nicht so imposant wie die vergleichbaren in Johannis und Gostenhof

(Johannis- und Rochusfriedhof), ein kurzer Rundgang lohnt sich aber allemal.

Wieder beim Wöhrder Tor. So sah es vor dem Abbruch 1871 aus.

Im Zentralfinanzamt finden jeden Mittwoch um 9 Uhr die Zwangsversteigerungen statt. Ein paar Häuser weiter werden Leute ausgebildet, die Trost bei solchen und ähnlichen Gelegenheiten spenden sollen, im evangelischen Predigerseminar (im Nebengebäude befindet sich das landeskirchliche Archiv). An der Ecke Hohfederstraße lädt eine kleine, aber feine Grünanlage zum kurzen Verweilen ein.

Voigtländerstraße 7

Entlang der Hohfederstraße, durch die früher die LKW-Transporter des Tafelwerkes (siehe Seite 129) rumpelten, gelangt man zum Stresemannplatz, der praktisch nur eine Verbreiterung der Sulzbacherstraße darstellt. Am östlichen Ende verlief in reichsstädtischer Zeit die Landwehr als eine Straßensperre über diesen wichtigen Handelsweg, der aus Richtung Prag kommend in die mittelalterliche Metropole Nürnberg führte.

Stresemannplatz ⑫

Neben vielen Ladengeschäften, Verwaltungsgebäuden und Restaurants befindet sich in der Sulzbacherstraße das »Elitegymnasium« Nürnbergs, das »Melanchthon«. Seinen humanistischen Anspruch tut diese »Institution«, die 1911 an diesen Standort aus der Altstadt verlegt worden war, schon von weitem kund: Auf dem Dach steht die römische Wölfin, die Romulus und Remus säugt. Dieses Wahrzeichen des Humanismus wurde im Laufe der Jahre des öfteren Zielscheibe diverser Abiturientenwitze.

Sulzbacher Straße 32

Die Sulzbacher Straße endet am Laufer Tor.

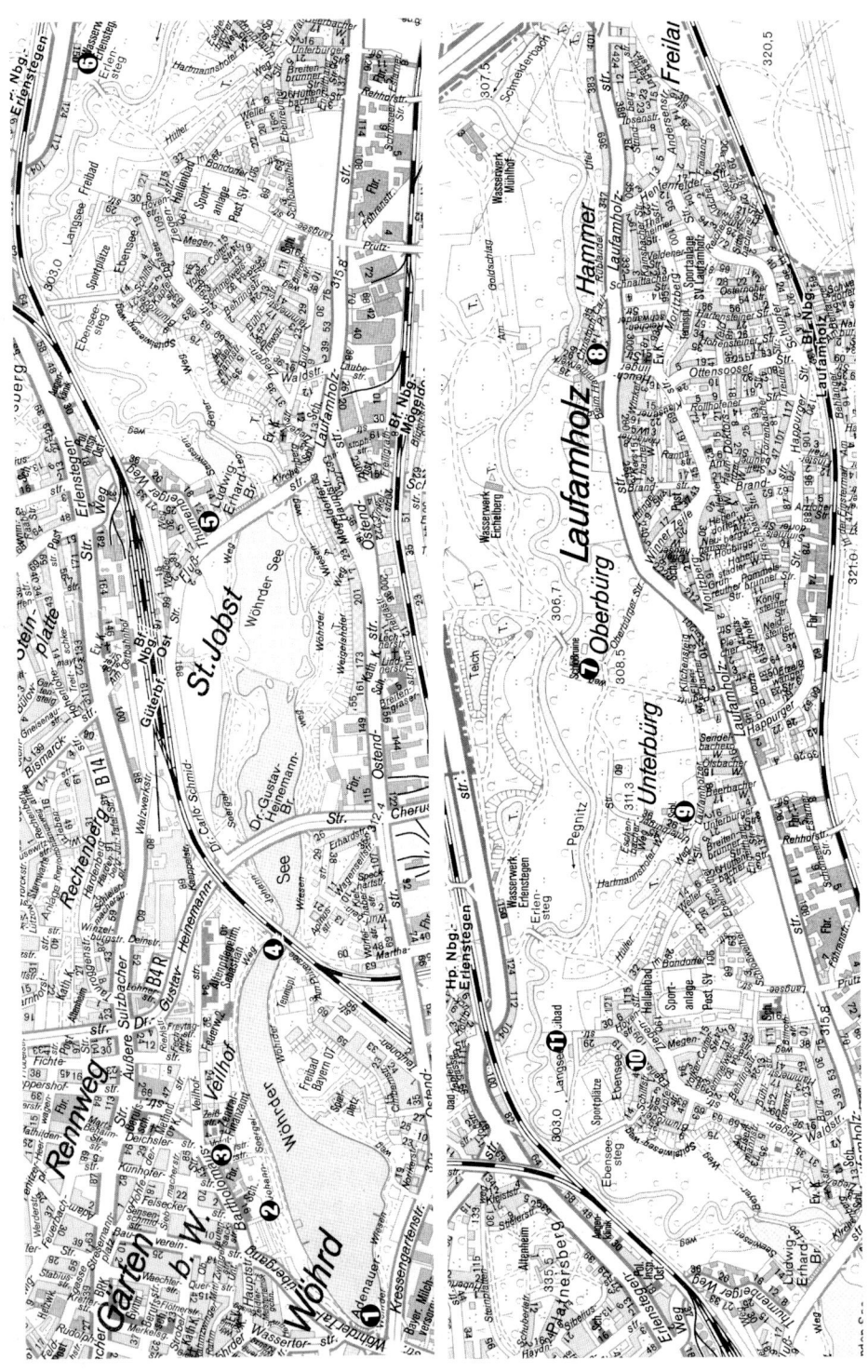

Ungewöhnlich viel Grün mit blitzendem Gold

Pegnitz-Tour

von Rainer Büschel und Ulli Kuhnle

Ausgangspunkt: Wöhrder Talübergang, Adenauer-Brücke
Endpunkt: Langseebad
Dauer: mit dem Fahrrad ca. 3 Stunden

Was für die Münchner die Isar ist, ist für die Nürnberger die Pegnitz. Auf ihrem fünfzehn Kilometer langen Weg von Laufamholz bis Doos teilt der Fluß die Stadt in die Nord- und die Südstadt.

Die träge dahinfließende Pegnitz scheint am sogenannten Unteren Wöhrder See vor dem Wehr an der Konrad-Adenauer-Brücke fast zum Stillstand zu kommen. Das ruhige Bild, das der Fluß dem Betrachter bietet, läßt nicht vermuten, daß er einst die Ursache vieler Überschwemmungen der tiefer liegenden Altstadt gewesen war. Das verheerende Hochwasser im Jahre 1909 war den Stadtvätern noch gut im Gedächtnis, als 1959 die schon seit den dreißiger Jahren bestehenden Überlegungen, die Pegnitz aufzustauen, in die Tat umgesetzt wurden. Hierzu wurde der häufig überschwemmte Wiesengrund ausgehoben. Der Untere Wöhrder See wurde als erster Bauabschnitt 1972 geflutet. Der Untere und der Obere See, die zwischen 1975 und 1981 entstanden, haben eine Gesamtfläche von knapp 52 ha. Die mittlere Seetiefe beträgt 1,90 Meter. Aufgrund der geringen Wassertiefe, der Verschmutzung am Oberlauf und der Überdüngung der Pegnitz muß die Stadt die alljährlich wuchernden Algen, besonders aber das kammförmige Laichkraut mit Mähbooten entfernen.

Begrenzt wird der See im Westen am Wöhrder Talübergang von einem beweglichen Wehr, das den Wasserstand des Sees automatisch reguliert, ihn aber auch schon zweimal auslaufen ließ. Als das Wehr 1988 zum zweitenmal klemmte, wurde eine neue, gerade von Fischern ausgesetzte und sehr teure Ladung Jungfische mit weggeschwemmt. Auf der Brücke steht als Wasserspeier das Duplikat eines Reiters aus dem im Stadtpark sich befindenden Neptunbrunnens (siehe S. 45 und S. 106). Das Original des Brunnens befindet sich in Leningrad. Am Osten bildet ein Sandfang die Grenze des Sees.

Mit dem Wöhrder See entstand ein citynahes Erholungsgebiet mit einer ganzen Palette an Spiel- und Freizeiteinrichtungen. Surfer, die sich bei schönem Wind und Wetter fast gegenseitig umfah-

Wöhrder Talübergang
❶

Eine beliebte Rennstrecke. Wöhrder See mit Noricus.

Zeltnerhügel

Johann-Soergel-Weg

❷

ren, und Sportangler nutzen das Gewässer. Die Ufer des Sees sollten auch städtebaulich genutzt werden. In den 60er Jahren wurden kühne Pläne entwickelt, um das gesamte Ufer des Unteren Sees zuzubetonieren.

Realisiert wurde schließlich »nur« der Bau der weithin sichtbaren Hochhausgruppe »Noricus« auf dem Zeltnerhügel — mit 42 Geschossen höchstes Wohnhaus Europas. Es entstanden etwa 700 Wohneinheiten für 3.000 Einwohner mit einem malerischen Blick über ganz Nürnberg. Die Wohnanlage kam mehrfach in die Schlagzeilen, da Konflikte zwischen den Bewohnern der Eigentumswohnungen und den meist weiblichen Mietern der Ein-Zimmer-Apartements auftraten. Aufgrund der anonymen Verhältnisse, hoher Mieterfluktuation und der damit verbundenen Unsicherheiten in den Fluren und der Tiefgarage stellten besorgte »Noricaner« in den 70er Jahren eine »Bürgerwehr« auf die Beine. Ein weiterer Versuch, die Wohnsituation zu verbessern, war die Gründung des Vereins der Noricaner, der eine eigene Hauszeitung herausgab und gemeinsame Aktivitäten der Bewohner organisierte.

Auf der betonierten Ostseite der Uferpromenade, die ansonsten Spaziergängern, Fahrrad- und Rollschuhfahrern als »Rennstrecke« dient, findet jährlich im Juli das internationale Wöhrder Seefest statt. Vor und zwischen den Unterstellhäusern haben zahlreiche Vereine, Initiativen und Organisationen, von der Gefangenenhilfsorganisation Amnesty International über Laientheatergruppen bis zur FINO (Friedensinitiative Nordost) ihre Stände. Ihr Angebot wird jedoch durch den großen Biergarten und ein vielfältiges kulinarisches Angebot internationaler Spezialitäten wie z.B. im spani-

Einer strahlt, einer nicht. Peter Schönlein mit der Seenixe beim Wöhrder-See-Fest 1988.

schen Pavillon in den Hintergrund gedrängt. 1987 blieben viele auf den Bartwürsten sitzen, als das Fest kurzfristig wegen schlechten Wetters abgesagt wurde. Natürlich strahlte die Sonne. Der Besucher des Festes kann sich auf einem Holzsteg am Ufer des Sees von den Strapazen des Festes erholen. Seitlich vor dem Steg wurde den Surfern mit einer nicht unumstrittenen überlebensgroßen Bronzeplastik ein »Denkmal« gesetzt, von Spöttern auch der »surfende Affe« genannt.

Etwas versteckt hinter Büschen findet der Eingeweihte den »Klüpfl«. Dabei handelt es sich keineswegs um einen Handwerkermarkt, wie man aus den beiden Holzhämmern, dem Wahrzeichen der Einrichtung, schließen könnte. Das Jugendfreizeitheim Klüpfl kam zu seinem Namen, als den Mitarbeitern in der Aufbauphase 1984 ein Holzhammer fehlte, der im Nürnberger Dialekt »Klüpfl« heißt. Im Klüpfl wird deshalb Kleinkunst ohne Holzhammer gemacht. Vom Kabarett bis zur Rockband, von der Ausstellung bis zur Autorenlesung wird hier alles geboten. Über das Programm informiert die Klüpflzeitung »Rülps«. Im Bistro gibt es außer billigen Getränken auch hin und wieder etwas zu essen — vorausgesetzt, das Bistro-Team ist in guter Laune. Ein Grund für den noch zu geringen Bekanntheitsgrad des Hauses mag am versteckten Eingang in der Leitzstraße 10 liegen.

Leitzstraße 10

Der 1975 von der »Stiftung Altenhilfe« der Stadtsparkasse Nürnberg errichtete Anbau in moderner Flachbauweise ermöglicht den Bewohnern des Alten- und Pflegeheims »Wastl« mit seiner Cafeteria und dem zum See hin offenen Bereich den Kontakt zur Außenwelt.

Eisenbahnbrücke
Veilhof
❹

Die Veilhofer Pegnitzflutbrücke, die am 5. Mai 1877 das erste Mal benutzt wurde, ist die erste und größte von insgesamt 29 Pegnitzbrücken, die der Zug auf der Strecke von Nürnberg nach Bayreuth bis Neuhaus überqueren muß. Bis 1899 war die Strecke eingleisig. Auf Drängen mehrerer Gemeinden wurde sie zweigleisig ausgebaut. 1931 kam eine dritte Spur zum Ostbahnhof am Dutzendteich hinzu. Man kann die Eisenbahnbrücke auch auf dem 1925 angebauten Fußgängersteg überqueren. Die Veilhofer Brücke ist eine techniche Meisterleistung ihrer Zeit. Für den Bau verwendete die Maschinenfabrik Augsburg-Nürnberg AG (MAN) damals neuartige, genormte Träger- und Verbindungsteile, mit der die 112,5 Meter lange Strecke überwunden wurde. Bei der Brückenkonstruktion konnte gegenüber anderen Konstruktionen materialsparend und in kürzerer Zeit gearbeitet werden. Das Bauwerk besteht aus je drei Überbauten mit 36 Metern Stützweite und hat ein Gesamtgewicht von 837 Tonnen.

1925 wird der Fußgängersteg angebaut. Die Veilhofer Eisenbahnbrücke.

Oberer Wöhrder
See

Während bei der Gestaltung des Unteren Wöhrder Sees eher die Freizeit- und Erholungsbedürfnisse der Bevölkerung im Vordergrund standen, wurde auf Drängen des Bundes Naturschutz der Plan fallengelassen, am Oberen Wöhrder See Hotels, einen Bootshafen und eine in den See gebaute Gaststätte mit Biergarten anzulegen. Für diesen Teil des Sees, der zwischen 1971 und 1981 angelegt wurde, sprach die Stadt ein striktes Nutzungsverbot aus. Was vorher niemand wissen konnte: der See verwandelte sich in ein Eldorado für See- und Zugvögel. In den zum Teil künstlich angelegten Altwasserarmen auf beiden Seiten des Sees und den 14 kleinen Inseln im See finden seltene Wasservogelarten ein Winterquartier. Wasseramsel, Eisvogel und Kormoran sind wieder Dauergäste am Oberen See. Auch Störche und Graureiher kann man mit etwas Geduld und Glück hier zu sehen bekommen. Den Abschluß des Oberen

Wöhrder Sees vor dem Sandfang bildet die neue Ludwig-Erhard-Brücke.

Unschwer als Mühlengebäude zu erkennen ist das Haus am **Seewiesenweg** Nordufer der Pegnitz gegenüber der Satzinger Mühle. Aufgrund der Flußbegradigung steht der im Jahr 1866 gebaute Goldhammer heute etwas versetzt zur Pegnitz. Die »Bleichfelder«, wie man die Grundstücke zwischen Mögeldorf und Jobst früher nannte, weil hier Weber ihre Leinwand in der Sonne bleichten, wurden von der Familie Keller mit der Mühle, einem Wohnhaus nebst angebauter Wagenhalle, Stall und Remise, Hausmeisterwohnung und Comptoir bebaut. Im Jahr 1880 erwarb Christian Reich für 142.000 Gulden Grundstück und Anwesen und erhielt noch im gleichen Jahr die Erlaubnis zum Errichten und Betreiben eines Hammer- und Brokatstampfwerkes mit 16 Metallhämmern und 6 Brokatstampfen. Die Metallhämmer befanden sich im Hauptgebäude, die Brokatstampfen waren in einem Neubau nordwestlich des Mühlengebäu-

des aufgestellt. Bereits sechs Jahre nach der Einrichtung der Hämmer im Jahre 1886 reichte die Wasserkraft nicht mehr aus, und drei Wasserräder wurden durch eine Turbine ersetzt. Dieser Modernisierung vorangegangen war die Errichtung sechs weiterer Bronzestampfen im Jahre 1881. Die Arbeit in der Mühle war für die Beschäftigten wegen der bei der Bronzeherstellung entstehenden Dämpfe äußerst gesundheitsgefährdend. Außerdem drang der feine Bronzestaub in die Poren der Haut ein und legte sich auf die von den Arbeitern mitgebrachten Speisen.

Der Wöhrder Wiesengrund vor Anlegung des Oberen Wöhrder Sees. Aufnahme 1973.

Als der Bronzemarkt zu Beginn des 20. Jahrhunderts stagnierte, versuchte man, die Produktion auf die Herstellung von Aluminiumbronze umzustellen. Wegen der dabei bestehenden Explosionsgefahr genehmigte die Stadt Nürnberg dies jedoch nicht, und die Firma ging 1912 in Konkurs. In den sechziger Jahren wurde das

Turbinenhaus am Mühlengebäude aufgrund der Verlegung des Flußlaufes abgerissen und durch einen architektonisch wenig gelungenen modernen Anbau ersetzt.

Am im weiteren Verlauf gewundenen Flußbett der Pegnitz hat die Stadt 1987 ein künstliches Feuchtbiotop einrichten lassen. Die lehmige Beschaffenheit des Untergrundes, der das Oberflächenwasser nicht abfließen läßt, wurde ausgenutzt und ein kleiner, mit Schilf und Bäumen umpflanzter See geschaffen.

Das Gebiet, in dem das Wasserwerk liegt, gehört zum nördlich der Pegnitz gelegenen »Fassungsbereich« des Wasserschutzgebietes. Die Stadt Nürnberg bezieht hier aus 96 Brunnen etwa 55.000 Kubikmeter Trinkwasser pro Tag, das durch Druckleitungen dem Stadtrohrnetz und einem Hochbehälter am Schmausenbuck zugeführt wird. 1891 erwarb sie hier etwa 23 Hektar Wiesengrund, um den hohen Wasserbedarf der seit 1850 stark angestiegenen Bevölkerung decken zu können. Die Zahl der Quellwasserleitungen, die Wasser von außerhalb in die Stadt führten, war bis dahin gering, da verhindert werden sollte, daß Nürnberg im militärischen Konfliktfall von der Wasserversorgung abgeschnitten werden konnte.

Am 30. April 1896 wurde das Pumpwerk in Betrieb genommen. Zunächst förderten dampfbetriebene Pumpen mit jeweils siebzig PS sechzig Liter Wasser pro Sekunde zutage. 1901 kamen zwei weitere Dampfpumpwerke hinzu. Seit den zwanziger Jahren arbeitet das Wasserwerk mit elektrisch betriebenen Pumpen. Der heutige bauliche Zustand des Erlenstegener Wasserwerks geht auf die sechziger Jahre zurück. Kurz vorher, 1956, wurde das Wasserschutzgebiet erweitert.

Erlensteg

⑥

Renaissancetor zum inneren Wirtschaftshof des Schlosses Oberbürg. Aufnahme 1923.

Die Ruine der Oberbürg liegt heute in der »Engeren Schutzzone« südlich der Pegnitz. In diesem Gebiet, das sich im Besitz der Energie und Wasserversorungs-AG (EWAG) befindet, wurde jede landwirtschaftliche Nutzung eingestellt. In Zukunft sollte dort kein Mensch mehr wohnen. Aus diesem Grund wurde das in der Nacht vom 28. auf den 29. August 1943 durch einen Bombenangriff zerstörte ehemalige Wasserschloß nicht wieder aufgebaut.

Oberbürger Straße

Es wird vermutet, daß hier einmal der Wirtschaftshof der »Herren von Laufenholz« (siehe S. 162) stand, der im Ersten Markgrafenkrieg 1449 zerstört worden war. Beim ungefähr vierzig Jahre später erfolgten Wiederaufbau wurde versucht, das Anwesen gegen kriegerische Angriffe zu sichern. So entstand hier ein hölzernes »pürglein ... das mit Gräben, Wassern und Tüllen und anderem umbfangen« war, wie eine Urkunde von 1487 berichtet. Vermutlich wurde die hölzerne Burg nach einer weiteren Zerstörung im Bauernkrieg 1526 dann aus Stein wieder errichtet. Ihren wahrhaften Charakter verlor sie nach einer weiteren Zerstörung im Zweiten Markgrafenkrieg 1552. Die Anlage wurde im Zuge häufiger Besitzerwechsel immer mehr zum Schloß umgebaut. Um 1700 war die Oberbürg ein prunkvolles Barockschloß mit bemalten Fassaden, Hesperidengarten und einem Schwanenhaus im Schloßweiher. Sie war zu dieser Zeit gesellschaftlicher Mittelpunkt des wegen seines protestantischen Glaubens aus dem katholischen Österreich geflüchteten Adels.

Der Messingschläger.

Das prachtvolle Anwesen wechselte bis in das zwanzigste Jahrhundert mehrere Male den Eigentümer. An einen der letzten, *Baron Leuckart*, erinnert sich ein Mögeldorfer Bürger:

»Noch in meiner Jugendzeit hatte Baron Leuckart ein wunderschönes Schlittengespann mit zwei Apfelschimmeln. Der Kutscher, wie es sich bei den Leuckarts geziemte, war ein altgedienter Kavallerist mit gelben Handschuhen. Er saß immer gravitätisch auf dem Bock, während sein Herr in Decken gehüllt, vornehm und elegant aus dem Schlitten sah.«

1961 erwarb die EWAG die zerstörte Oberbürg und das gesamte sie umgebende Gebiet. Die noch existierenden Außenmauern des Schloßgebäudes wurden bis auf die Grundmauern abgetragen. Einen Teil der ehemaligen Wirtschafts- und Wohngebäude versah man mit Notdächern und gab sie dem langsamen Verfall durch Wind und Wetter preis. Die Ruinen sind heute oft Schauplatz von Parties und Grillfesten. Die Wände dienen mehr oder weniger begabten Grafitti-Malern als Ersatzleinwand und die EWAG als heutiger Besitzer hat alle Hände voll zu tun, die Ereignisse wieder entfernen zu lassen.

Das kleine, von Mauern umgebene Dorf aus dem 17. Jahrhundert gilt als eine der bedeutendsten frühindustriellen Wohn- und Produktionsstätten. Die erste urkundliche Erwähnung geht auf das Jahr 1372 zurück. Damals stand an der Pegnitz eine Getreidemühle. 1492 hatte der Nürnberger Conrad Cammerer, wie in einem Wasserbrief berichtet wurde, *»allda große Hämmer mit schwerer Arbeit aufgerichtet und gebaut«*. In der Folge entstand hier eine der frühesten Produktionsstätten der Messingherstellung im Deutschen Reich.

Hammer

Das Hammerwerk hatte schon 1532 sieben Wasserräder. Zahlreiche Arbeiter waren in der frühen Fabrik beschäftigt, die eigenen Wohnraum benötigten. Der Besitzer des Hammerwerks baute deshalb Häuser, in denen die Arbeiter bereits damals mietfrei in Wohnungen untergebracht waren. Die Wohnungen bestanden aus einer heizbaren Stube, einer Kammer, Küche und einem Bodenraum. Jährlich vor Pfingsten wurde die Wohnung kostenlos gekalkt und der Ofen ausgebessert. Manche Wohnungen hatten Geiß- und Schweineställe. Zusätzlich bekam jeder Arbeiter ein Stück Feld mit Kartoffelanbau. Darüberhinaus konnten die Arbeiter freiwillige soziale Leistungen des Hammerherrn in Anspruch nehmen — für das 17. Jahrhundert durchaus ungewöhnlich. So gab es seit 1650 eine kostenlose Schule für die Arbeiterkinder. Zwar waren die Arbeiter nach einer dreijährigen Ausbildung durch ein Handgelübde, das sie verpflichtete, die Produktionsgeheimnisse zu wahren, an den Betrieb gebunden. Dafür war ihre Stellung aber unkündbar. Auch bei Krankheit und Invalidität oder bei altersbedingter Arbeitsunfähigkeit konnten die Arbeiter ihre Wohnungen behalten und bekamen eine Pension. Witwen und sonstige Angehörige erhielten neben freier Wohnung eine Unterstützung. Selbst uneheliche Kinder fanden Schutz und Unterstützung. Außerdem zahlte der Hammerherr sämtliche Gemeindeabgaben, die Familiensteuern und die Frondienste. Bei schlechtem Geschäftsgang wurde den Arbeitern ein geringerer Lohn gezahlt. Sie hatten jedoch die Erlaubnis, sich, wie auch sonst in ihrer Freizeit, ein Zubrot als Zimmerleute, Maurer oder Schmied zu verdienen. Gemeindediener und Hebamme wurden vom Hammerherrn bezahlt und standen den Familien kostenlos zur Verfügung. Mit den »Kreiß-Intelligenz-Blättern« hatten die Einwohner der Industriesiedlung sogar eine eigene Zeitung. Hammer war eine nahezu autarke Ortschaft, in der Familien über mehrere Generationen hinweg lebten und arbeiteten.

1 Walzwerk (zerstört), 2 Turbinenhaus, 3 Arbeiterwohnungen, 4 Uhrenhaus, 5 Schulhaus, 6 Kontore, 7 Gießerei, 8 E-Werk (abgerissen), 9 (Wirtschaftshaus (zerstört), 10 Herrenhaus (zerstört), 11 Obelisk, 12 Westtor.

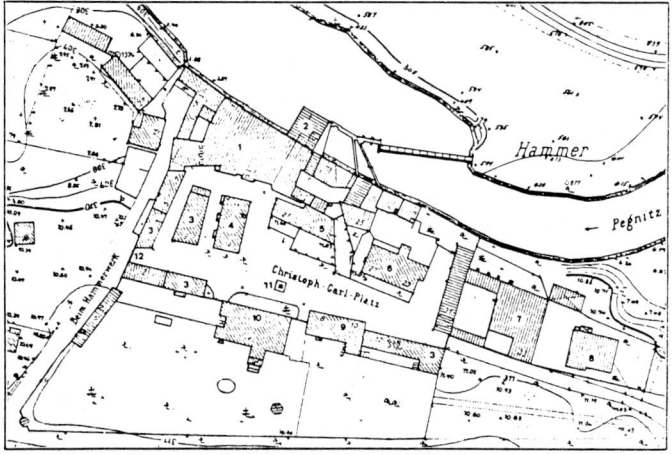

Christoph-Carl-Platz

❽

Das Dorf wurde nach seiner Zerstörung im Zweiten Markgrafenkrieg 1552 mit einer Mauer umgeben, von der das Westtor erhalten geblieben ist und durch das man die Siedlung auch heute noch betritt. Das Osttor wurde im 2. Weltkrieg durch Bomben zerstört. Die Siedlung Hammer ist um den großen, zentral gelegenen Christoph-Carl-Platz gebaut. Seit 1861 steht das »Wahrzeichen« des Dorfes, ein mit ägyptischen Hieroglyphen verzierter Obelisk, der zuvor in dem in Gostenhof gelegenen Barockgarten des Johann Christoph

Volckamer gestanden hatte. Volckamer, damals Besitzer des Hammers, hatte 1709 auf einer Geschäftsreise einen Obelisken in Konstantinopel gesehen, und ließ sich eine auf ein Drittel verkleinerte Kopie davon anfertigen.

Das Uhrenhaus, Sitz des Patrimonialgerichts, im Jahre 1921.

Auf der Südseite des Platzes befand sich das im Krieg zerstörte Herrenhaus. An dieses schloß sich das heute nur noch in den Grundmauern erhaltene Wirtshaus »Einkehr zu Hammer« an, das im Jahre 1687 erbaut wurde. Im Norden und im Osten befinden sich heute restaurierte ehemalige Arbeiterwohnungen. Auf der gegenüberliegenden Seite des Platzes steht das ehemalige Schulhaus. Das Gebäude, in dem auch die Wohnung des Schulmeisters war, trägt am Giebel die Jahreszahl 1668. Zum Westtor schließt sich das ebenfalls gut erhaltene Verwaltungsgebäude mit einem Kontor aus der Zeit nach dem 1. Weltkrieg an. Ebenfalls in westlicher Richtung steht quer zum Christoph-Carl-Platz das 1983 renovierte Uhrenhaus aus dem siebzehnten Jahrhundert, in dem ein kleines Museum eingerichtet werden soll. Das Uhrenhaus beherbergte zeitweilig das Patrimonialgericht des Dorfes. Die Hammerherren hatten eine eigene Gerichtshoheit. Im Fachwerkerker ist die dreihundert Jahre alte Stundenuhr mit Schlagwerk untergebracht. Sie verkündete den Bewohnern der Siedlung die Zeiten für Arbeitsbeginn und -ende, für Pausen und Gebet. Im Osten schließt das Gebäude der ehemaligen Gießerei des Hammerwerkes den Platz ab.

Bis ins letzte Viertel des 19. Jahrhunderts wurde die Fabrik von Wasserrädern angetrieben. Danach wurden diese durch Turbinen ersetzt. Produziert wurden in dieser Zeit vor allem Messingbleche und Feingoldfolien, die bis nach Indien exportiert wurden, um damit Tempeldächer zu decken. Noch im

*August 1943, wenige Tage vor der Zerstörung, kamen Messingfolien zur Ab-
deckung von Moscheen im Orient aus Hammer. Ein Wiederaufbau der zerstörten Teile des Dorfes und der Fabrik kam für den damaligen Besitzer Herbert von Forster zu teuer. Er verkaufte den Ort, der 1958 in das Wasserschutzgebiet einbezogen worden war, 1977 an die EWAG. Nur das Wohnhaus der
Familie, der Garten und der Obelisk blieben in seinem Besitz.*

*Die EWAG erneuerte das Wehr und modernisierte die Turbinenanlage,
die heute etwa dreihundert Kilowatt Strom liefert. Schon seit 1903 wurde in
Hammer Strom erzeugt. Neben dem Hammer versorgte das »Ernst-von-
Forstersche-Überlandwerk« auch noch eine große Zahl von umliegenden
Dörfern und Gemeinden mit Strom.*

Unterbürger Straße
⑨

Um den alten Handelsweg nach dem böhmischen Eger zu schützen, wurde in einer sumpfigen Niederung an einer Stromschnelle
der Pegnitz — einer »loufe« — eine Wasserburg errichtet. Das Wasser der Pegnitz wurde an dieser Stelle durch einen Damm aufge-
staut, so daß die Burg von einem Wassergraben umgeben war. Die
Festung bekam den Namen »Loufenholz« (Wald an der Stromschnelle), den dann auch die Besitzer übernahmen: Die »Herren
von Laufenholz«.

*Das Geschlecht der Laufenholzer kann bis in die Mitte des 13. Jahrhun-
derts zurückverfolgt werden. In dieser Zeit ist wahrscheinlich auch die Befestigung errichtet worden. Die Burg wurde im vierzehnten Jahrhundert des öfteren von Kaiser Karl IV. zu Jagdaufenthalten genutzt. Im Jahre 1352 baten
anläßlich eines solchen Aufenthalts Nürnberger Juden den Kaiser um die
Wiederaufnahme in die Stadt. Sie waren 1349 nach einem Pogrom, das etwa
600 Juden das Leben gekostet hatte, aus der Stadt gewiesen worden. Der Kaiser war an diesen Ausschreitungen an seinen »Kammerknechten« nicht un-
schuldig, da er dieses Pogrom quasi als Gegenleistung zur Niederschlagung
des Handwerkeraufstands im selben Jahr duldete. Zu dem daraufhin vom
Kaiser erlassenen Dekret zur Wiederaufnahme stellt Eugen Kusch fest:
»Man sieht hinter dieser Urkunde förmlich das viele Gold blitzen, das es sich
die Betroffenen kosten ließen, vor dem gleichen Herrn, der sie kurz vorher
um denselben Lohn unbedenklich dem Verderben preisgegeben hatte.«*

*Ab 1445 war die Unterbürg im Besitz verschiedener Patrizierfamilien. Im
19. Jahrhundert wurde das ehemalige Wasserschloß im damals leider üblichen neugotischen Stil völlig umgebaut. Die früher schießschartenähnlichen
Fenster wurden erweitert und mit gotischen Rahmen »verziert«. Einen völligen Stilbruch stellt der 1886 an der Außenfassade der Nordseite angebaute
Gußeisen-Balkon dar. Der Burggraben wurde aufgefüllt und die Zugbrücke
abgerissen.*

*Unterbürg. Der Stammsitz
der Herren von Laufenholz.
Aufnahme 1934-36.*

Nach der Zerstörung im 2. Weltkrieg wurde Unterbürg wieder
restauriert. Heute befinden sich trotz seiner Lage in der Wasser-
schutzzone Luxuswohnungen im Schloß. Sieht man die verfallende
Ruine Oberbürg, erscheint dies trotz der hohen Mietpreise begrü-
ßenswert.

Ebensee
⑩

Der Stadtteil Ebensee liegt am gleichnamigen, sich heute in Privatbesitz befindenden Weiher. Dieser wurde im 19. Jahrhundert
von der Mögeldorfer Brauerei im Winter genutzt, um das zur Kühlung des Bieres notwendige Natureis zu erhalten. Es wurde von der
in dieser Jahreszeit arbeitslosen Maurern und Steinbrechern der
Gegend herausgeschnitten. Die Villenkolonie wurde zwischen

1908 und 1938 von der Baufirma Popp & Weisheit in dem am See gelegenen Wäldchen erbaut. Die Häuser besitzen Stilelemente aus dem Barock und dem Jugendstil. Ein 270 Meter langer Holzsteg verbindet die Siedlung mit der Straßenbahn in Erlenstegen. Der Steg mit Blick auf das Freibad Langsee machte es möglich, die Pegnitzauen auch bei Überschwemmung trockenen Fußes zu überqueren.

Die Villenkolonie Ebensee. Postkartenidylle von 1911.

In der Siedlung selbst gibt es keinen Laden und keinen Betrieb — **Ebenseestraße/** eine Klausel im Kaufvertrag schloß dies aus. Die ruhige Lage des **Langsee** Viertels sollte erhalten bleiben. Sie wird allerdings gestört durch die **⑪** im Sommer zahlreich anrückenden Badegäste des nahegelegenen Langseebades, so daß die Ebenseebewohner mit einer Unterschriftenaktion ein Parkverbot für Nicht-Ebenseer zu erreichen versuchten. Der Sportverein TSV 1846, der zweitälteste Verein Nürnbergs nach der »Hauptschützen-Gesellschaft«, betreibt den Natursee an der Ebenseestraße seit 1921 als öffentliches Freibad. Als erstes Freibad in Nürnberg bot der Langsee in einem abgegrenzten Bereich der Liegewiese die Möglichkeit, alle Hüllen fallen zu lassen. Der sieben Meter tiefe, von Bäumen umgebene See am Ufer der Pegnitz wird von eigenen Quellen gespeist. 1988 wurde vom Verein in Eigenarbeit zusätzlich ein solarbeheiztes Nichtschwimmerbecken gebaut. Siebzehn Kollektorplatten auf dem Dach des Dusch- und Kassenhauses erwärmen das Wasser auf 25 bis 30 C. Aufgrund der Nähe zum Wasserschutzgebiet Wiesengrund der EWAG wäre eine Ölheizung auch gar nicht genehmigt worden.

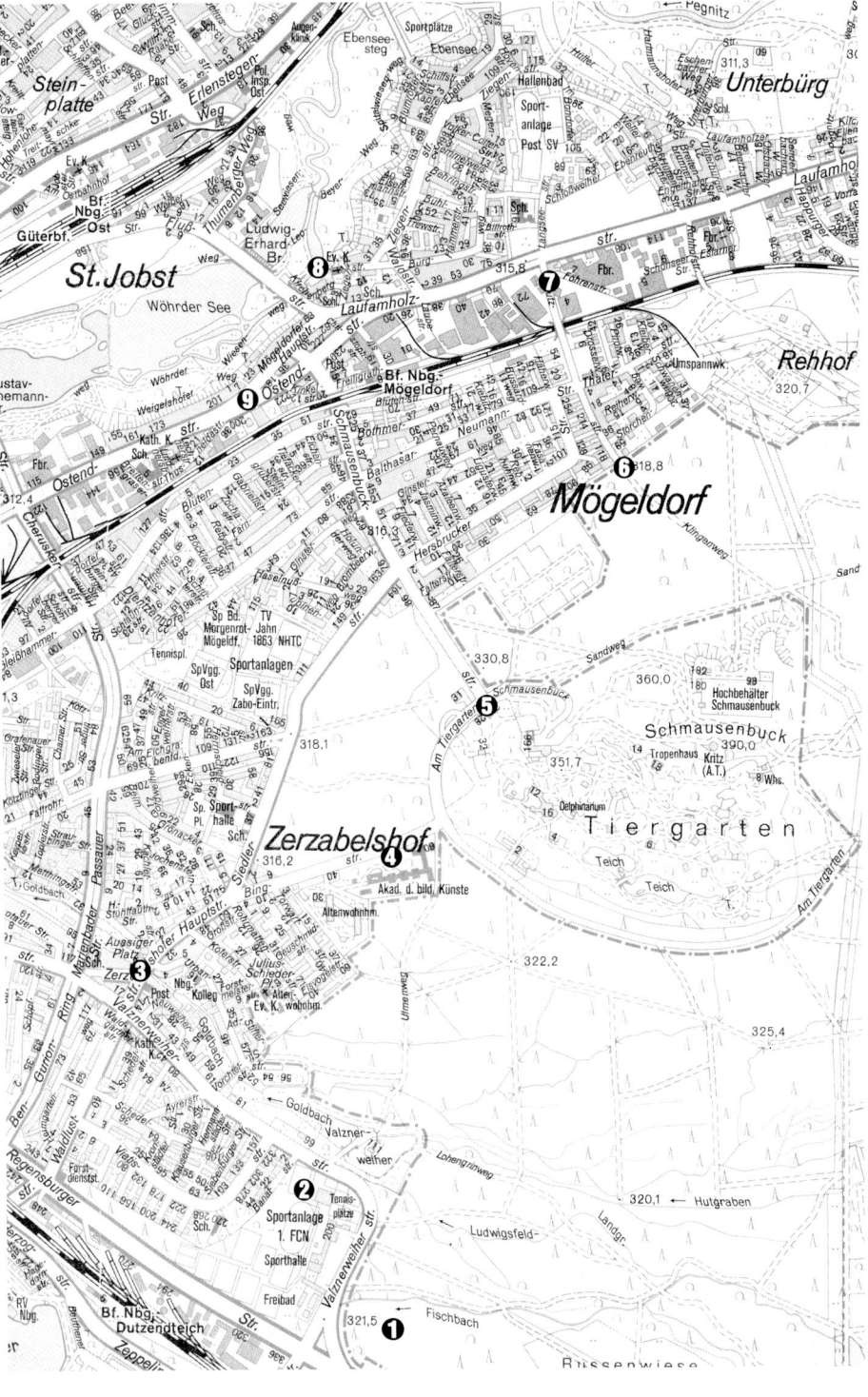

»Ohne Kalb-halb« — Club, Künstler, Cnopf

Zerzabelshof — Mögeldorf

von Jürgen Walter

Ausgangspunkt: *Valznerweiher, Buslinie 44*
Endpunkt: *Lechnerstraße, Straßenbahnlinie 3, Busse*
Dauer: *ca. 3 1/2 Stunden*

Zwei durchaus unterschiedliche Ortsteile liegen im Nürnberger Osten einträchtig nebeneinander: Zerzabelshof und Mögeldorf. Das erstere Stadtviertel, seit den großen Tagen des 1. FC Nürnberg nur als »Zabo« bekannt, gilt als Wohnort der »kleinen Leute«, durchsetzt mit ein bißchen Beamtenmittelstand; in Mögeldorf, das seit 1877 durch die Ostbahn als Industriegebiet völlig erschlossen wurde, hat sich die Upper Middle Class Nürnbergs niedergelassen.

Woher der Name »Zerzabelshof« für den 1559 erstmals erwähnten, am Saum des nordwestlichen Lorenzer Reichswaldes gelegenen Weilers kommt, darüber existieren mehr als ein Dutzend Versionen. Die wahrscheinlichsten dürften sein: Verballhornung von »Sternzagelshove« (heutzutage Sternschnuppen) oder Namensgebung durch einen früheren Förster. Erst 1919 wurde die sumpfige Umgebung des einstigen Urwaldgeländes, das nur durch Rodungsstreifen durchbrochen war, trockengelegt. Die damals installierte Kanalisation ließ sogleich Brunnen und Tümpel ausdörren. Vier Jahre später wurde das Forstdorf nach Nürnberg eingemeindet. Baugenossenschaften sorgten für seine Urbanisierung, private Hauseigentümer spielten so gut wie keine Rolle. Kein Wunder: Rund 90% der Arbeitnehmer waren damals Fabrikarbeiter.

In den 20er und 30er Jahren wurde das eher bescheidene Viertel plötzlich europaweit bekannt: Schon 1913 hatte der 1. FC Nürnberg sein Gelände »Aufs Land« verlegt — und nun war er Abonnementmeister. Fußball war damals nicht unbedingt nur der Sport der »Proleten«; um die Sportplätze herum siedelten sich auch betuchte Leute an. Mittlerweile ergänzen US-amerikanische Soldaten mit ihren Familien die rund 7.000 Köpfe starke Population des Zabo.

Bis zu diesem trüb-braunen Teich reichten jene mittelalterlichen Rodungen, die dem späteren Zerzabelshof vorausgingen. Im von altem Baumbestand umgebenen Weiher — schon seit Jahrzehnten als Ausflugsort geschätzt — lassen sich sogar noch Fische ausmachen, Karpfen, im Volksmund »Schweine des Wassers« genannt. Seinen Namen verdankt der Teich einem ehemaligen Nürnberger Bürgermeister und Reichsmünzmeister: *Herdegen Valzner* erwarb ihn 1403, um sein Wasser für den Betrieb des ihm gehörenden Gleißhammers zu nutzen.

Valzner Weiher

Die Meistermannschaft 1948. Schaffer, Uebelein I, Knoll, Kennemann, Winterstein, Uebelein II, Maxl Morlock. Kniend: Herbolsheimer, Gebhardt, Bergner, Pöschl.

Valznerweiher Straße

❷

Die Valznerweiherstraße führt nun am »Club«-Gelände (Eröffnung: Oktober 1968) vorbei. Mit dem »Neuen Zabo« (Kosten 11 Millionen) sollte ein »entscheidender Schritt zum Großverein« gemacht werden. Flächen und Erhaltungskosten waren von vornherein überdimensioniert. Die Errichtung eines Sporthotels auf dem Gelände soll nun zur Verbesserung der Finanzlage beitragen.

Es gibt Zweitliga-Teams im Eishockey und Handball. Die Handball-Frauen sind sogar ebenso erstklassig wie die Tennisspieler. Faustballer, Sportkegler und Basketball-Mädchen haben beachtliche Erfolge aufzuweisen. Und doch »herrscht« ein Verein, eine Mannschaft unumstritten in der Noris: der 1. Fußballclub Nürnberg, im Volksmund nur der »Club« oder — fränkisch — »der Glubb«. Ehe die in Franken gehaßten »Bayern« aus München dem Club mit seinen neun deutschen Meisterschaften den Ruhm des Rekord-Titelhalters entrissen, herrschte in Nürnberg die Überzeugung vor, daß nur eine Mannschaft auf der Welt Fußball spielen könne — und wenn es sein müßte, lange Jahre in der Zweiten Liga.

1900 von 18 unentwegten Kickern in der »Burenhütte« an der Deutschherrenstraße 18 gegründet, begann die große Epoche des FCN mit dem Einzug auf dem vereinseigenen Sportplatz in der Vorstadt Zerzabelshof (Zabo) im August 1913. Zwar bezog man beim Eröffnungsspiel eine deftige Niederlage gegen Braunschweig, aber schon 1920 wurde der Club erstmals »Deutscher Meister«.

Der legendäre Heiner Stuhlfauth (1896—1966), nach dem Spanier Zamorra als bester Torhüter seiner Zeit gehandelt — er war bekannt für seine blitzschnellen, riskanten Ausflüge vors Tor —, und der geniale Mittelfeldspieler Hans Kalb prägten in den 20er und frühen 30er Jahren das Bild vom »unschlagbaren« Club. »Club ohne Kalb-halb«, hieß es über den von Alfred »Spezi« Schafter trainierten Spieler. Jetzt leben sie in Straßennamen der Stadt weiter. In dieser Zeit hatten die Nürnberger vor allem die Fürther Nachbarn zu fürchten. Nach einem verlorenen Finale waren die Cracks aus der kleineren Feindstadt so sauer, daß sie zu einem Länderspiel in Holland zwar

Stuhlfauth fängt. Links steht Kalb in Abwehrstellung.

im selben Zug, aber doch in einem anderen Waggon anreisten. *Das deutsche Team, damals nur aus Franken zusammengesetzt, traf sich erst auf dem grünen Rasen wieder, siegte gemeinsam mit 1:0 — und fuhr getrennt nach Hause. Beim Endspiel der Weltmeisterschaft 1954 schoß Noris-Kicker Maxl Morlock (26 Länderspiele, Clubrekord) »sein« Tor: Die BRD siegte mit 3:2 über Ungarn und war wieder wer.*

Im Jahr 1968 schaffte der Club seinen letzten Meisterschaftstitel und — Novum im deutschen Fußball — stieg im nächsten Jahr postwendend ab. Aber jetzt sind sie wieder da, die millionenschweren Stars um den sicheren Torwart *Köpke* und den Nationalstürmer *Eckstein*. Der Spieleraufstand, der 1984 bundesweit die Sportpresse erschütterte, ist vergessen. Aufmüpfige gibt es nicht mehr in der Mannschaft.

Es ist wenig bekannt, daß Nürnberg-Fürth bis 1933 (Verbot) auch im Arbeitersport Deutsche Fußballmeister stellte: den TSV Fürth (1920) und TSV Nürnberg-Ost (1930, 32); Südmeister waren Nürnberg-West (1925, 27) und Nürnberg-Schweinau (1926).

An niedrigen Wohnhäusern vorbei führt die Zerzabelshofer Hauptstraße, in die man nach rechts einbiegt, direkt ins alte Zentrum des Zabo.

Der älteste Gastronomiebetrieb des Walddorfes wurde 1794 eröffnet: ein wuchtiges Haus mit schönem Biergarten, das heute jugoslawische Spezialitäten anbietet. Schräg gegenüber hat der Hockey-Torwart *Thomas Barth* aus der 1875 gegründeten »Zabo Linde« ei-

21 mal stand er im Tor der Nationalmannschaft, der 1896 in Nürnberg geborene Heinrich Stuhlfauth.

Aussiger Platz 1/ Zerzabelshofer Hauptstraße 28 ❸

Zabo/Mögeldorf   167

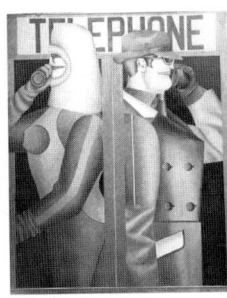

Auf der »documenta« 1968 kaufte Nürnberg das Ölgemälde »Telephone« von Richard Lindner.

Bingstraße
❹

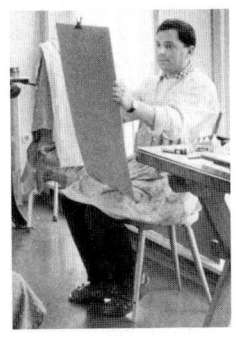

Michael Mathias Prechtl in seinem Atelier in der Zwikkauer Straße in den 50er Jahren.

Am Tiergarten
❺

ne gutgehende Kneipe mit anspruchsvoller Musik gemacht. Seine Gäste kommen aus allen möglichen Ländern und vertreten diverse Stilarten, vom Cajun-Folk über den Chicago Blues bis zum Avantgarde-Rock.

Wir lassen die Neubausilos, die um die Jochensteinstraße entstanden sind, als der 1. FC Nürnberg seine Sportanlage Anfang der 60er Jahre für gutes Geld zum Abriß freigab, links liegen.

1954 erhielt die Akademie der Bildenden Künste einen Neubau in unmittelbarer Nachbarschaft des Tiergartens. Hier schuften Nürnbergs angehende Maler und Bildhauer in von sanftem Grün umrahmten Pavillons und Atelierhöfen.

Auch wenn die Gebäude neu sind, die Akademie hat eine alte Tradition, denn Nürnberg kann sich rühmen, daß in seinen Mauern 1675 in dem vom 30jährigen Krieg völlig verwüsteten Land die erste Malerakademie Deutschlands gegründet wurde. Ihr Gründet war der damals im Reich berühmteste Maler, Joachim von Sandrat, Verfasser des ersten Lehrbuches für Kunstgeschichte und Kunsttheorie. Dieses Niveau ließ sich nicht halten. Die alte Malerakademie erhielt 1833 den Namen und die Aufgaben einer Kunstgewerbeschule. Unter Augustin Kreling zog die Schule zwar noch mal Schüler aus ganz Deutschland an, aber auch dieser Ruf verblaßte. Danach wurde die Kunstgewerbeschule »Staatsschule für angewandte Kunst« und wurde von den Nazis 1941 wieder in den Rang einer Akademie erhoben.

Die vor dem ersten Weltkrieg einsetzende Entwicklung zur modernen Kunst ist an Nürnberg weitgehend vorbeigegangen — mit wenigen Ausnahmen. Zum Beispiel kann man den aus der Klasse für Schrift- und Werbekunst *Max Körners,* Professor an der Kunstgewerbeschule, in den 20er Jahren hervorgegangenen *Richard Lindner,* der seinen Stil selber auf die Inspiration durch Nürnberger Puppen zurückführt, als Mitbegründer der Pop-Art bezeichnen . Auch *Michael Mathias Prechtl,* Buchillustrator und Plakatmaler, der in der Kriegsgefangenschaft zu zeichnen begann, schrieb sich 1950 als Student an der Nürnberger Akademie ein. Berühmt ist die Kunstakademie eher für ihr alljährliches Fest, für das sich die kommenden Künstler originelle Masken ausdenken und auf dem einige Liaisons fürs Leben oder zumindest die nächsten paar Stunden eingegangen werden.

Radikale Tierschützer — es hat einige Auseinandersetzungen um die Delphin-Show gegeben — mögen einen dafür kreuzigen, aber der Tiergarten ist großzügig und schön angelegt. Kenner halten ihn für eine der attraktivsten Anlagen seiner Art in Mitteleuropa. Erst 1937 wurde das Areal im Osten Nürnbergs zu Füßen des Schmausenbucks angelegt. Zuvor hatte ihn das Gebiet der kleinen Weiher um den Großen Dutzendteich, nahe dem Parteitagsgelände, beherbergt. Noch früher war ein kleiner Zoo in der nördlichen Altstadt angesiedelt. Nach drei Seiten hat man schöne Ausblicke auf die Stadt und das Pegnitztal.

Der heutige Tiergarten täuscht bei den — zumindest in menschlichen Augen — naturähnlichen, weitläufigen Gehegen, Weihern und Waldwiesen, einen Hauch von Wildnis vor. Die eher engen Gehäuse der Menschenaffen

aber dokumentieren das Gegenteil, obwohl Nürnberg lange Zeit in der Aufzucht unfrei geborener Gorillas führend war. Das künstlich klimatisierte Tropenhaus beherbergt neben Tapiren und südamerikanischen Großnagern auch Seekühe, deren Haltung noch vor 20 Jahren als schier unmöglich galt. Ein überdimensionaler Raubvogelkäfig und ein Delphinarium, dessen Decke vor Jahren von Rostflecken verunziert war, weil die Mini-Wale beim Basketball zu hoch zielten, runden das weitläufige Bestiarium ab.

Hier schuften Nürnbergs angehende Bildhauer.

Ein viertelstündiger Fußmarsch vom Parkplatz des Tiergartens führt zu einem bewaldeten Hügel, dem 380 m hohen Schmausenbuck. Hier in der Nähe wurde bereits 1372 gezecht, getanzt und gekegelt. Es handelt sich um eines der ältesten urkundlich erwähnten Walderholungsgebiete der deutschen Forstgeschichte.

Auch Albrecht Dürer suchte und fand Motive auf dem Schmausenbuck, über den eine alte Kaiser-, Handels- und Heeresstraße führte. Benannt wurde der Hügel nach dem in der Nordstadt ansässigen Fabrikanten Schmaus, der 1888 einen Aussichtsturm erbauen ließ, von dessen Plattform aus der Blick des Scharfsichtigen die Noris, die Pegnitzauen sowie den Moritzberg und die Ausläufer der Fränkischen Schweiz erspähen kann.

Der Klingenweg führt durch den Wald zurück in die Zivilisation der typisch fränkischen »Hüttlersbauer«. Zwischen Prutz- und Schmausenbuckstraße stehen Eigenheime mit Gärten.

Aussichts-Turm »auf der Gritz« am Schmausenbuck.

Mögeldorf — der Name weist darauf hin — war einst ein von großen wie kleinen Bauern geprägter Ort. Fränkische Siedler sollen

Barren von Berg.

sich hier schon um das Jahr 800 niedergelassen haben. Urkundlich bezeugt ist auch, daß Kaiser Konrad II. und Gefolge im Mögeldorf des Jahres 1025 genächtigt haben. Neben Tagelöhnern zogen auch Handwerker, die vornehmlich in den Sandsteinbrüchen des Schmausenbucks arbeiteten, in die Gegend. Sieben Patrizierfamilien wählten die Region an der Pegnitz zum Wohnsitz. In der zweiten Hälfte des vorigen Jahrhunderts kamen dann betuchte Privatiers, im Nordosten auch Industriearbeiter ins rustikale Mögeldorf. Entlang der 1859 gebauten Ostbahn siedelten sich Industriebetriebe an. Im 2. Weltkrieg wurden etliche Anwesen durch Fliegerangriffe in Schutt und Asche gelegt. Den eigentlichen Todesstoß aber versetzten erst Nürnbergs Stadtplaner dem großzügigen, dörflichen Charakter der Vorstadt: Ohne Rücksicht auf Verluste (vor allem ländlicher Grundstücke) wurde ab 1969 die Ostend- über die Mögeldorfer Hauptstraße bis zur Verbindungsstraße nach Laufamholz vierspurig »durchgebrochen«. Mittlerweile ist der »autogerechte« Vorort weitgehend zur Domäne wohlhabender Geschäftsleute, Makler, Ärzte, Rechtsanwälte und anderer Dienstleistungskapitäne geworden.

Dicht an der Einmündung der Prutzstraße (Robert Prutz, Dichter und Literaturhistoriker, gehört zu den Revolutionären von 1848 um Freiligrath) in die Laufamholzstraße liegt der »Kaufmarkt«-Moloch, eine von vier Filialen in Nürnberg, laut Disponenten-Einschätzung einer der weltweit stärksten Verbrauchermärkte, was das Verhältnis von Raum und Umsatz betrifft. Der Kaufmarkt gibt sogar eine eigene Verbraucherzeitschrift in hoher Auflage heraus, die

schon öfter Zielscheibe für Satire war. Gleich neben dem Mega-Markt ist die Sportartikelfirma Berg. Ohne die Effekthascherei, welche die beiden fränkischen Sportartikelgiganten Adidas und Puma in Herzogenaurach kennzeichnet, hat sich Berg zum unauffälligen, aber scheinbar unentbehrlichen Ausstatter hochgedient: kaum ein internationales Leichtathletiksportfest, bei dem nicht Hürden von Berg umgetreten werden dürfen, kaum eine hochkarätige Turnveranstaltung, bei der nicht genannte Firma Reck oder Barren geliefert hat.

Hier war das im Krieg zerstörte älteste (1894) Gasthaus »Ritter St. Georg«. Die alte Mögeldorfer Schmiede aus dem Jahre 1682 prägt wie der gegenüberliegende Klößlhof das Ortsbild. Folgt man der Straße weiter stadteinwärts (urplötzlich nennt sie sich Mögeldorfer Hauptstraße) und biegt dann nach rechts in die Flußstraße ab, die nach Erlenstegen führt, hat man das wohl schönste Ensemble dieses östlichen Stadtteils vor sich: den Kirchenberg und die Satzinger Mühle.

Laufamholzstraße 2, 10 ❽

Bereits 1591 verlegte der Papiermüller *Nikolaus Rumpler* seinen Betrieb in den Talgrund der Pegnitz, um so dem Wassermangel in der Tullnau zu entgehen. Noch heute sind etwa zwei Drittel des Gebäudekomplexes erhalten, doch wurde der Nutzungscharakter nicht nur bei den seit 1979 entstandenen Zusatzbauten erheblich verfremdet. Ein Hotel, eine Discothek, die aufgrund von Anwohnerprotesten (Motorenlärm bis drei Uhr morgens) wieder weichen mußte, sowie ein Café ersetzten die »Kunstmühle« der Familie Satzinger. 1846 war die von der Fabrik Hahn betriebene Mühle mit

Kirchenberg 1

Ambiente mit Satzinger Mühle. Hier soll einmal gearbeitet worden sein?

56 Arbeitern Mögeldorfs größter Betrieb, und in den 60er Jahren wurde hier noch Getreide gemahlen. Mittlerweile wurde das Ambiente so perfekt zweckenfremdet, daß kein Tourist auf die Idee käme, in dieser Idylle sei einmal gearbeitet worden.

Kirchenberg   An einigen originell geschnittenen Häusern vorbei (u.a. ehemaliges Badhaus der Gemeinde), gelangt man zum St. Ulrich-Nicolaus-Gotteshaus, einer der wenigen Wehrkirchen Nürnbergs. Dem Pfarrgarten mit wenigen alten Gräbern links und rechts gegenüber liegen das Hallerschloß (1482 von Johann Tetzel erbaut) und das Cnopfsche bzw. Linksche Schloß: Zeichen immensen Wohlstands in vergangener Zeit.

Ziegengasse 3-5   Das Cnopfsche Schloß ist, wie fast alle Mögeldorfer Schlösser, aus einem Großbauernhof hervorgegangen. 1510 machte sich die Witwe *Margarethe Gaiswurgel* daran, an dieser Stelle einen neuen Bauernhof zu bauen. Der Rat der Stadt Nürnberg verweigerte ihr das Recht, die Nürnberger Erker an den vier Ecken, die damals für Herrensitze üblich wurden, anzubringen und die Witwe stirbt im Gram. Erst der spätere Besitzer Jacob Cnopf kann 1788 den Herrensitz mit Erkern vollenden. 1936 geht das Schloß in den Besitz des Fabrikanten Link über.

Ziegengasse 12-22   Ausdruck wachsenden bürgerlichen Reichtums ist auch das Schmausenschloß mit seinem barocken Satteldachbau. Die Bierbrauerstochter *Anne Susanne Schmaus* hatte es 1682 errichten las-

sen. Sie gab auch Order, das umfassende Hofgelände in einen Park à la Versailles zu verwandeln. 1957 wird der Park in den heutigen Volksgarten und einen beim Schloß verbleibenden Rest aufgeteilt.

Gute Küche und ein reges Vereinsleben. Der Doktorshof 1916.

Zurück auf der Mögeldorfer Hauptstraße, läßt man in Richtung City ein mehr als hundert Jahre altes Fachwerkwirtshaus (vormals Linksches Gartenschloß), den »Volksgarten« — heute vom Wienerwald besetzt, links liegen, bevor man den Doktorshof erreicht.

Schmausenbuckstraße 6-14

Schon vor der Jahrhundertwende war die Gastwirtschaft als Ausflugsziel sehr beliebt. Das ehemalige Stallgebäude mit einem Erdgeschoß aus Sandsteinquadern und einem Fachwerkgiebel wurde 1754 erbaut. Reges Vereinsleben und — für Nürnberg wichtig! — eine eigene Metzgerei machten den Doktorshof zu einem der bekanntesten Lokale im Nürnberger Osten. Glücklicherweise blieb er vom städtebaulichen Kahlschlag der 60er Jahre verschont und repräsentiert noch das alte, ländliche Mögeldorf.

Mögeldorfer Hauptstraße 47

❾

Bevor man Mögeldorf verläßt, sollte man noch der Noris-Weinbrennerei gedenken, die einst von der Ecke Ziegen-/Laufamholzstraße aus ganz Deutschland mit einem billigen, wenn auch nicht sonderlich geschmackvollen Weinbrand belieferte. Die 1850 gegründete Spirituosenfabrik (hervorgegangen aus der Gastwirtschaft »Zum Roten Ochsen«) wurde 1980 von einem Größeren aufgekauft und dichtgemacht. Seitdem ist Mögeldorf »trocken«.

Laufamholzstraße 9

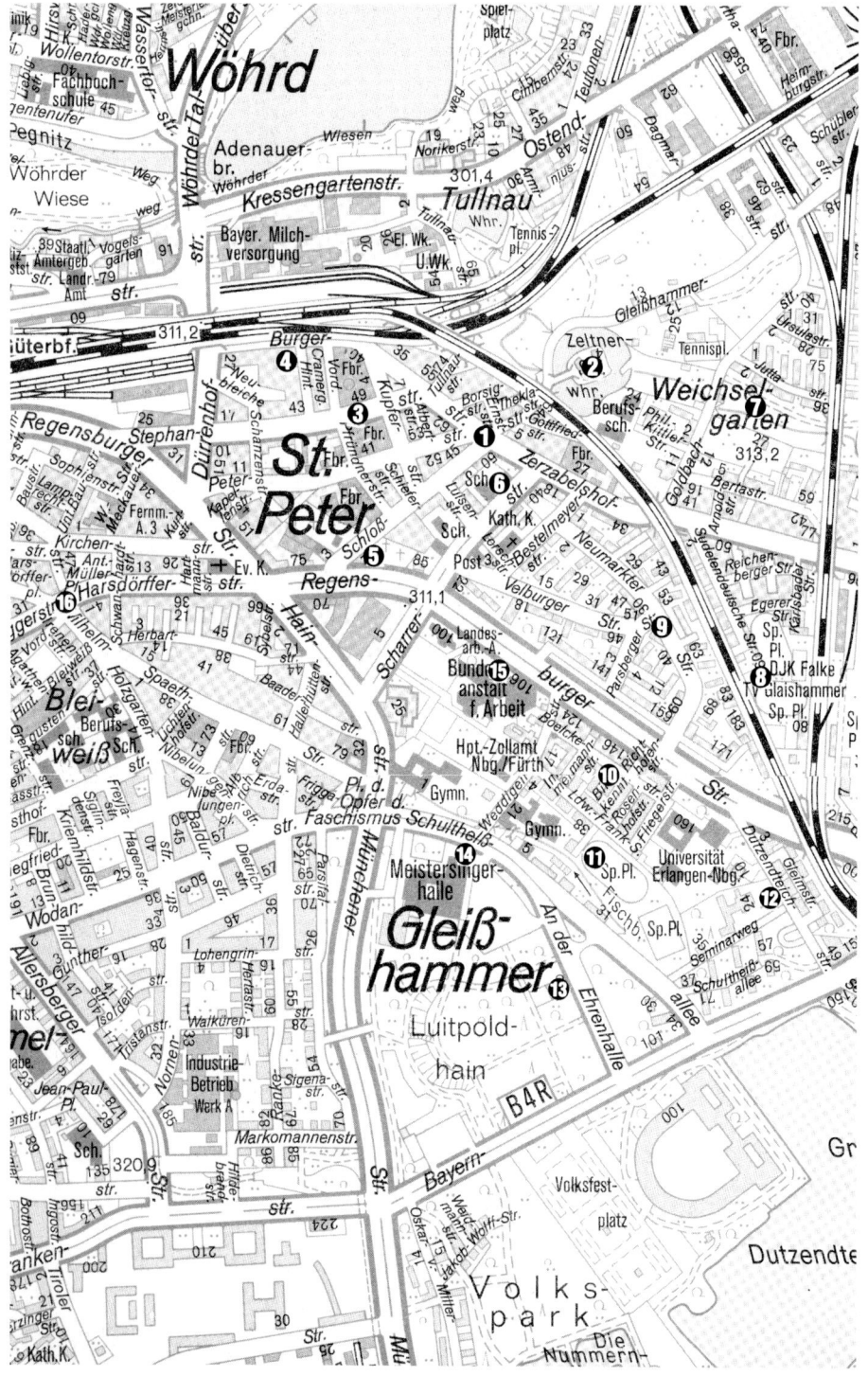

»Wäschamadla« und ein Wasserschloß

Gleißhammer

von Anita Hübner-Stangl

Ausgangspunkt: Haltestelle Burgerstraße, Buslinien 43, 44
Endpunkt: Platz der Opfer des Faschismus, Straßenbahnlinie 6
Dauer: ca. 3 1/2 Stunden

Wenn von Gleißhammer die Rede ist, fragt der Nürnberger:» Wo liegt denn das?« Erwähnt man jedoch die Regensburger- oder Münchenerstraße, die Meistersingerhalle, die Diehl-Werke, das Wasserschlößchen Zeltnerschloß, so folgt meist ein »Aha!«
Das auf der Stadtkarte viereckig erscheinende Gleißhammer ist nördlich durch mehrere parallel laufende Eisenbahnhauptstrecken, östlich durch die Ringbahn, südlich durch die Bayernstraße und westlich durch die Münchener-/Hain-/Regensburgerstraße, eine Ausfahrtsstraßenführung, begrenzt. Diagonal durchzogen wird Gleißhammer durch die Bundesbahnhauptstrecke Nürnberg-Regensburg und von der vierspurigen Regensburgerstraße.

Ein Büttner steht auf ineinandergeschobenen Reifen.

Noch 1807 war von einem kleinen Dorf mit 106 Einwohnern, einer völlig intakten dörflichen Sozialstruktur mit Bauernhöfen, Landarbeitern und dem Schloßherren des Wasserschlosses, die Rede. In der Mögeldorfer Pfarrbeschreibung von 1833 wird von Gleißhammer als einem Dorf, » wo der Geist der Ordnung und der Sittlichkeit wohnt«, berichtet. Die Industrie » revolutionierte« diese Strukturen: Wilhelm Späthsche Fabrik (1824), erste Fabrik Bayerns; Bingwerke (1866); Lessingsche Fabrik für galvanische Kohlen (1872); Textilfabrik Hauck (1889); Steib'sche Autosattlerei (1914); Maschinenfabrik I.G. Kayser und viele andere. In der Gründerzeit setzte der erste Bevölkerungsstrom ein, 1871 wohnten hier bereits 750 Personen, 1885 ging das Dorf mit 2.427 Einwohnern in die Stadt über. Zur Jahrhundertwende zählte die Gemeinde bereits 6.843 Bewohner.
Gleißhammer wurde zu einen der damals typischen Arbeiterviertel, in dem Industrie, Kleingewerbe und Wohnen auf engstem Raum angesiedelt waren. In der Pfarrbeschreibung von St. Peter aus dem Jahre 1930 heißt es: ein sozial verarmtes Viertel, eine rote Hochburg, in der der Geist des Marxismus die Ordnung bedroht. Anfangs taten sich auch die Nationalsozialisten in Gleißhammer schwer. Im Laufe der dreißiger Jahre gab es dann aber auch hier nicht nur kleinbürgerliche Hurraschreier; das Reichsparteitagsgelände in unmittelbarer Nähe färbte auf die Arbeiter ab.

Trotz weiterer Zuzüge ist Gleißhammer im wesentlichen ein Arbeiterviertel geblieben; kennzeichnend dafür ist der hohe Ausländeranteil. So bietet uns der Stadtteil eine bunte Palette: Großunter-

Das Zeltnerschloß 1912. Gestern Herrensitz, heute Kulturladen.

Schloßstraße 54
❶

nehmen, Kleinbetriebe, einen Verwaltungsriesen, Autowerk-stätten, Schrottplätze mit entsprechender Umweltbelastung; Neubau-Siedlungen und enge hohe Häuser mit fehlenden Einkaufs-möglichkeiten und fast keinen Spielplätzen; lohnabhängige Stadt-teilbevölkerung, Ausländer, alte Frauen, viele Gaststätten, zahlrei-che Vereine, Grünzonen, Kleingärten, ein Wasserschloß.

Ein paar Meter von der Bushaltestelle Burgerstraße entfernt liegt die Kreuzung der Burger-, Schloß-, Zerzabelshofer-, Peter- und Ernststraße. Hier befinden wir uns inmitten des alten, nicht mehr erkennbaren dörflichen Kerns von Gleißhammer. Wo heute eine SB-Tankstelle steht, war bis vor dem 2. Weltkrieg ein kleiner Markt. Unter großen Schirmen verkauften hier Marktfrauen Lebensmittel, Eier, Butter, Obst. Ein Uhrenhäuschen, eine Bedürfnisanstalt für Männer, im Volksmund »s Brunzhäusla«, lockten die Gleißham-mer Spitzbuben zum »Kracherla« (Knallkörper)-Schießen, um dem Faschingstreiben die entsprechende akustische Untermalung zu geben. Auf dem Platz traf man jederzeit Bekannte zum Ge-spräch.

Um diese Kreuzung lag das Dorf Gleißhammer mit 11 Gehöften, unweit vom Schloß, Weiher und Hammer. Von dieser Wasserkraftanlage, bei der der Hammer in Gleisen geführt wurde, rührt der Ortsname Gleißhammer her. Das Mühlwerk befand sich am Ausgang des Weihers, beim heute noch sicht-baren kleinen Wasserfall. Dieser wird vom Goldbach (früher Goldbach-Fischbach) gespeist und mündet kurz hinter dem Wöhrder Talübergang in die Pegnitz.

1336 wurde das Mühlwerk erstmals aus Anlaß des Verkaufs des Weiher-hauses samt Hammer an den Patrizier Karl Groß erwähnt. 1408 wurde der Eiserne Hammer vergrößert; die Rohstoffe wurden aus den nahen Erzberg-

werken der Oberpfalz und Böhmen bezogen. Hammer sowie Grund und Boden gehörten dem Schloßherren. Die Gleißhammerer hatten ringsum Wald- und Feuerrecht und konnten den Hammer pachten. Die Mühle war bis zur Zerstörung im Krieg 1652 ein Blechhammer. 1566 wurde sie als Schleifmühle wieder aufgebaut. Die Hungerkrisen während des Dreißigjährigen Krieges ließen den Mahlbetrieb 1632 wiederaufnehmen. Nachdem gegen Ende des 17. Jahrhunderts die Mühle ein zweites Mal ausgebrannt war, entstand 1703 eine der ersten Spiegelglasmanufakturen Deutschlands nach italienisch-französischem Vorbild. 1845 erzwang ein Hochwasser jedoch den Stillstand des Werkes; Weiher und Damm wurden wieder aufgebaut. 1851 ging das Hammerwerk an den Fabrikanten Zeltner über, der es 1854 endgültig abreißen ließ.

Mit dem Beginn der Industrialisierung wurde Gleißhammer schnell zum Vorort, zumal 1842 mit der Wilhelm Spaethschen Fabrik die erste Fabrikanlage Bayerns am Ort entstand. 1866 siedelten sich die Bing-Werke (heute Diehl) an.

Der Zug der neuen Zeit war auch die Zeit der Züge. Gleißhammer wurde mit Eisenbahnlinien durchzogen; das Schloß wurde durch ein Bahndreieck und der damit entstehenden Grünoase der heutigen Kleingärten eingeschlossen und durch die Regensburger Straße vom Dorfkern, der sich hastig zur Stadt entfaltete, abgespalten.

Johann Wilhelm Spaeth. »Mechanicus« und Brückenbauer, gelernter Müller.

Am 9.5.1859 wurde die Bahnstrecke Nürnberg-Weiden eingeweiht; in der Nähe des früheren Hammers lag die Strecke nach Regensburg. Nur noch eine kleine Bahnunterführung, die in den 90er Jahren unseres Jahrhunderts einer S-Bahn-Trasse weichen soll, verbindet Schloß und Stadtteil. Am 1.10.1898 wurde die Güterstrecke Ringbahn zum Rangierbahnhof fertiggestellt.

In diesem Schienennetz entstanden im Zuge der Verstädterung enge hochgeschossige Mietshäuser; Kleingärten trugen zur Reproduktion bei; Kleingarten- und Tierzuchtvereine entstanden. Nach der Eingemeindung 1899 entwickelte sich das Vereinsleben rege weiter: nahezu 50 Vereine hat Gleißhammer heute zu bieten. Unmittelbar hinter der Bahnunterführung am Ende der Schloßstraße liegt verdeckt das schöne Zeltnerschloß, benannt nach dem reichen Nürnberger Bierbrauer Johannes Zeltner (beschrieben wurde es aber bereits im Jahre 1313). Eine Brücke führt über den Zeltnerweiher in ein Tor- und Basteigebäude (seit 1795 fast unverändert. Heute sind darin ein Fotoclub und der Büttnertanzverein (siehe S. 180) untergebracht). Die das Schloß südlich umfassenden Sandsteingebäude sind nur noch in Resten bei der ehemaligen Gartenanlage erkennbar. Geht man durch die beiden verbliebenen Torpfosten im Garten die Treppen hinab zum Ufer, lohnt es sich, ein wenig zu verweilen und den Enten zuzusehen. Der vierstöckige Sandsteinbau des Wasserschlosses mit vier turmartigen Ecken ist typisch für einen Nürnberger Herrensitz des späten 16. Jahrhunderts. Die 1912 noch vorhandene Portalarchitektur wurde 1945 nicht neu errichtet. In einem Erdgeschoßfenster ist ein altes Wappenrelief erhalten.

Wo 1912 ein zweigeschossiges Gebäude stand, befindet sich heute der einstöckige Bau des Kulturladens.

**Gleißhammerstraße
2-6
❷**

**Gleißhammerstraße
6**

Das ehemalige Weiherhaus war 1370 Eigentum des Gründers des Heilig-Geist-Spitals in Nürnberg, Conrad Gross. 1405 besaß es Herdegen Valzner;

1449 wurde es im markgäflichen Krieg von Ansbach gegen die Stadt Nürnberg niedergebrannt und 1569 durch die Imhoffs wieder aufgebaut. 1632 lagerte hier Gustav Adolf mit seinem Heer, aber wegen der starken Befestigung griff Wallenstein ihn nicht an. In der zweiten Hälfte des 17. Jahrhunderts war das Schloßgelände Schauplatz zahlreicher Hinrichtungen. Nach den Zeltnern gehörte es 1884—1920 der Familie Beckh, die es an die Deutsche Reichsbahn verkaufte. 1945 wurde es fast völlig zerstört und nach Kriegsende durch die Bundesbahn als Wohnstätte für ihre Beamten wieder aufgebaut.

Kulturladen Zeltnerschloß – Die Begegnungsstätte in Gleißhammer

IM ZELTNER

Gleißhammerstraße 6   Telefon 47 29 45

1981 beschloß der Nürnberger Stadtrat, das Anwesen für soziale und kulturelle Zwecke zu nutzen. Von den ambitionierten Plänen ist bislang nur der städtische Kulturladen Zeltnerschloß verwirklicht. Er ist im Nebengebäude untergebracht und platzt aus allen Nähten. Die kulturelle Stadtteilarbeit ist breit gefächert: musikalischer Frühschoppen, Seidenmalkurs, Nähen, Musizierkreis, Mutter-Kindgruppen, Seniorennachmittage, Diskussionsabende, Kindertheater, Café usw. Höhepunkt ist das jährliche *Stadtteilfest*, das gemeinsam mit den ortsansässigen Vereinen gestaltet wird.

Schloßstraße 64

Hinter der Bahnunterführung befindet sich seit einigen Jahren ein Asylantenwohnheim der Regierung Mittelfrankens. Die Außenstelle des Zirndorfer Lagers wird sozialpädagogisch durch den Caritasverband betreut. In dem früheren Fabrikgebäude (Lumophon/Grundig) waren im 2. Weltkrieg ausländische Arbeiter einquartiert. Heute sind hier ca. 220 Asylbewerber verschiedener Nationalitäten auf engstem Raum untergebracht. Vorgefertigte Essenspakete und knappes Taschengeld lassen den ungewissen Alltag der Asylanten trist werden.

Die Maschinenfabrik I.G. Kayser früher. Die Fassade ist erhalten geblieben.

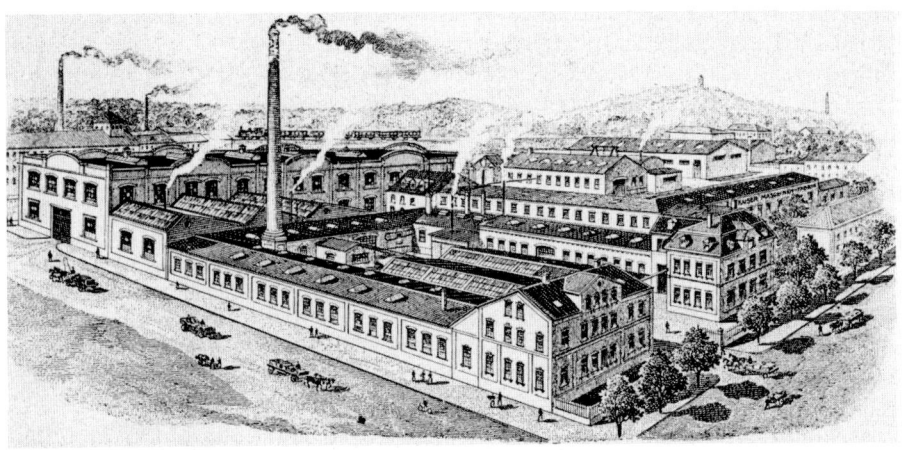

Zwei gegenüberliegende Gaststätten stehen für die politischen **Peter-/Burger-** Gegensätze in Gleißhammer am Ende der Weimarer Republik. Auf **straße** der linken Seite der Peterstraße war im Eckhaus die Gaststätte »Gries«: Sie war Treffpunkt für Sozialdemokraten und Kommunisten und wurde im »3. Reich« von den Nazis geschlossen. An der rechten Ecke (heute Autoabstellplatz) stand der »Tiefe Keller«: Hier versammelten sich die Nationalsozialisten. Beim »Schellhorn«, wie das Lokal auch hieß, kam später ab und an die »Revision von der SA-Standarte 14« vorbei, um — wie es hieß — »für Ordnung« zu sorgen. Beide Lokale fielen den Bomben des 2. Weltkrieges zum Opfer.

Der wuchtige Häuserkomplex zwischen Stephan-, Kupfer-, Bur- **Stephanstraße 49** gerstraße und Vordere Cramergasse, der wie eine hohe Bürgerhaus- ❸ fassade des letzten Jahrhunderts wirkt, umfaßt seit 1866 die Bing-Werke (heute Diehl GmbH & Co). Sie produzieren in Bereichen wie EDV, Schaltsysteme, Rüstung und Uhren. An verschiedenen Plätzen, wie der Goldbachstraße oder um die Regensburgerstraße 215, befanden sich weitere Produktionsstätten der Bing-Werke, die jedoch im 2. Weltkrieg zerstört wurden; das Haus 215 war Sitz der Direktion und wird heute von der amerikanischen Armee genutzt. 1937, nachdem der jüdische Direktor vertrieben worden war, übernahm Diehl das Werk; im 2. Weltkrieg wurde die Firma einer der größten Rüstungsbetriebe; Zwangsarbeiter und später auch Kriegsgefangene sicherten Produktion und Profit.

Gegenüber ist eine schöne alte Fabrikfassade aus der Zeit der frühen Industrialisierung erhalten geblieben. Es handelt sich um Reste des Werkes I.G. Kayser. Die große Maschinenfabrik war im 2. *Ein lauschiges Plätzchen.* Weltkrieg ebenfalls ein Rüstungsunternehmen; bis Ende der 50er Jahre wurden hier und im Zweigwerk am Dutzendteich Maschinen produziert.

Ein idealer Ort zur Entspannung, mit preiswertem Essen und einem Biergarten mit schattigen Bäumen, ist das Lokal »Römersgar- *Rüstungsfirma heute: Die* ten« in einem kleinen alten Haus im dörflichen Baustil zwischen *Diehl Werke*

Hintere Cramer-
gasse 15 ④

Hintere Cramer-
gasse 12

Pfründnerstraße 20

Schloßstraße 2
⑤

Regensburger
Straße

Schloßstraße 83

hochgezogenen Wohnhäusern, seit gut 10 Jahren eine der wenigen Szene-Kneipen. Als Ausweichmöglichkeiten bieten sich noch »Heinrich VIII«, Burgerstraße/Ecke Kupferstraße, und »Zum Peter«, Regensburger Straße (ohne Biergarten) an, deren einstige Bedeutung als Szenekneipen der 68er Jahre allerdings längst verblaßt ist.

Gegenüber wohnt *Hans Joachim Dickler*, Maler, Zeichner, Karikaturist und »Kunstfälscher« wider Willen. In satirischer Absicht hatte er — im Strich des Malers Adolph von Menzel und mit Kaffeesatz auf alt getrimmt — ein Bild des Bayernkönigs Ludwig II. vor der Silhouette der Nürnberger Burg gezeichnet. Der Kunsthändler, der das Werk für ganze 20,-DM erwarb, verkaufte es auf der Nürnberger Kunst- und Antiquitätenmesse 1983 als echten Menzel und mußte dafür 4.000,-DM Strafe zahlen. Auch dem Verleger Axel Cäsar Springer wurden 47 Zeichnungen Dicklers als echte Arbeiten des Kupferstechers Chodowiecki angedreht.

Der 1975 gegründete Kunstverein veranstaltet in einer alten Schreinerei, einem gartenhausähnlichen Verschlag mit Plumsclosett, ab und an interessante Kleinkonzerte, Kunstausstellungen und jährlich ein Hoffest. Hier wurde 1976 die erste »alternative und billigste Kneipe Bayerns« (laut Verein) eröffnet, entstand die Idee für das Gostner Hoftheater. Heute bangt der Verein um seine Existenz.

Auf dem Weg durch die Pfründnerstraße, am *Evangelischen Kindergarten* vorbei, der der erste in Gleißhammer war, gelangen wir wieder zur Schloßstraße. Dort finden wir gegenüber dem *Straßenbahndepot* einen kleinen *Western-Saloon*, das *Pick-up«*, wo der amerikanische Bürgerkrieg, zwischen »Nord-« und »Südstaatlern« zelebriert werden kann. Fast an gleicher Stelle stand früher das alte traditionelle Gasthaus »Stadt Neumarkt«; es wurde im 2. Weltkrieg zerstört.

Auf der gegenüberliegenden Seite der Regensburgerstraße erstreckt sich bis zur Scharrerstraße das Autohaus *Krauss*. Auf einem freien Feld stand hier ehemals das Hallerschlößchen.

1344 wurde es durch die Patrizier Waldstromer erbaut und ging 1492 als Haller Weiherhaus an die Haller von Hallerstein über; 1497 fertigte Albrecht Dürer davon die farbige Handzeichnung »Weiherhaus«; 1655 wurde es durch die Haller baulich erweitert. In der Weimarer Zeit war es Mietshaus und wurde dann im 2. Weltkrieg völlig zerstört.

Vorbei an der ehemaligen Schloßwache — einer Polizeiwache —, in der während des Nationalsozialismus Verhöre von Jugendlichen stattfanden, um sie zur Bespitzelung von Vereinen wie dem DJK oder der Katholischen Pfarrei zu zwingen, zu einem kleinen Haus, eingebaut inmitten hoher Wohnhäuser, das uns an das rasante Wachstum vom Dorf zur Stadt erinnert. Das Haus beheimatet die Vereine »Historischer Büttnertanz e.V.« und »Nürnberger Wäschermadlatanz e.V. 1978« und wird als Vereinslokal genutzt.

Der Büttnertanz geht auf den Zunfttanz der Tuchmacher, Reifenbinder und Büttner aus dem 14. Jahrhundert zurück. Nachdem er nach dem Hand-

werkeraufstand verboten war, tanzten ihn im 16./17. Jahrhundert die Bütt-
nergesellen. Heute — den Beruf des Büttners gibt es nicht mehr — dient der
Verein vor allem der Geselligkeit. Bei Stadtteilfesten und dem großen Nürnberger Faschingszug sind die Tänzer in alten Trachten mit Darstellung historischer Szenen dabei. Genauso aktiv und personenstark ist der »Nürnberger
Wäschermadla e. V.«. Die Geschichte des Wäschamadla-Tanzes geht auf die
Waschfrauen des 18. Jahrhunderts zurück, die sich in ihrer Freizeit zum Tanz
trafen.

*Leider zerstört. Das tradi-
tionsreiche Gasthaus »Stadt
Neumarkt«.*

Die frühere Schulbaracke wurde 1901 als Erweiterung der zu
kleingewordenen Schule in der Schloßstraße gebaut und wurde bis
in die 70er Jahre als Sonderschule genutzt. Seit ca. 7 Jahren betreibt
der Kreisjugendring hier Jugendarbeit. Geöffnet ist der Jugendtreff
mit Café Di 17—19 Uhr, Mi 15—22, Do 15—23 und Fr 15—24 Uhr.
Diverse Veranstaltungen finden hier statt. Vierzehntägig wird Musik angeboten; musikalische Nachwuchsförderung ist bei dem Publikum, das hauptsächlich aus Gleißhammer kommt, sehr beliebt.

Luisenstraße 8

Seit 1849 hatte Gleißhammer eine Fabrikschule. Verbunden mit
dem enormen Zuwachs an Bevölkerung stieg die Kinderzahl rasch
an und die Schule war schnell zu klein. 1869 ließ der Schloßbesitzer
Zeltner zwei Schulgebäude in der Schloßstraße errichten, in der
zwei Voll- und drei Hilfslehrer unterrichteten, aber auch die reichten nicht aus. 1909 wurde die Scharrerschule mit 42 Klassenzim-
mern, 2 Turnhallen, 2 Zeichensälen und 1 Werkraum eingeweiht.
Die mit Jugendstilelementen versehene Front hatte zwei getrennte
Eingänge — für Buben und Mädchen. Benannt ist die Schule nach
dem Nürnberger Kaufmann und 2. Bürgermeister *Johannes Scharrer* (1785—1844). 1936 wurde sie umbenannt in Julius-Streicher-

Scharrerstraße 33
6

Schule, der hier nach 1919 unterrichtete (siehe S. 144). Rektor war SA-Standartenführer *Wolf* in Nürnberg. Die Schule wurde im 2. Weltkrieg nach Fliegerangriffen beschädigt und mußte 1944 geschlossen werden. Nach Kriegsende wurde sie wieder ausgebaut und 1975 vollständig renoviert.

Scharrerstraße 32
Gegenüber befindet sich die Katholische Kirchengemeinde St. Kunigund. Das Gebäude stammt aus der Weimarer Zeit. Es ist eine Jesuitenpfarrei, die im früher angrenzendem Barrackenlazarett des 1. Weltkriegs mit einer Notkirche begann. In der NS-Zeit stand die Gemeinde nicht nur geographisch der Schule gegenüber — aktive Katholische Christen boten hier einen Ort bewußten Widerstands gegen die NS-Machthaber.

Pater Weikl und DJK'ler. Die letzte Mitgliederversammlung vor dem Verbot.

Die Jesuiten und der Pater Weikl, *der damals hier tätig war, ließen 1934/35 die Kirche errichten. Sie engagierten sich für den katholischen und später verbotenen Sportverein DJK-Falke. Auch die Marianische Kongregation der Gemeinde, eine Jungmädchengruppe, Weiße Rose, wurde bald verboten. Eine ehemalige Gleißhammerin erinnert sich heute daran, daß es schon bald verboten war, sich in ihrer pfadfinderähnlichen Kleidung zu zeigen:* »Es war für uns ein Bedürfnis ... praktisch schon eine Herausforderung für die Hitlerjugend, wenn wir dann ein blaues Hemd und ein gelbes Tuch angehabt haben, dann haben wir uns stark gefühlt.« *Als es jedoch zur Hausdurchsuchung durch die Gestapo und zur Verhaftung des Pater Jung (4 Jahre Gefängnis) und 2 Mitgliedern der Weißen Rose wegen der Verbreitung von antifaschistischen Briefen (z.B. eines Offenen Briefes von Bischöfen an Goebbels) kam,* »dann war keiner mehr da, und wir haben uns nicht mehr getraut, und dann warn mir still.«

Bestelmeyerstraße
Hinter dem Gemeindehaus liegt die Katholische Stadtpfarrkirche St. Kunigund. Architekt war 1934 der Kirchenbauer Prof. Kurz aus Augsburg. Der Backsteinbau ist dem romanischen Stil angelehnt.

Die Hl. Kunigund, *Gemahlin* Kaiser Heinrich II. *(gest. 1033), ist die Patronin der Kirche. Die Altarbilder und der Kreuzweg sind Werke von Albert Burkart, 1943 entworfen, 1946 ausgeführt. Die einzelnen Bilder des Kreuzweges sind persönliche Botschaften. Krieg und Kriegsgefangenschaft wurden mitreflektiert. Die Schwarz-Rot-Dominanz der Bilder versinnbildlicht die Zeichen jener Zeit: die Gottesfinsternis, Nacht und Bedrängnis, Feuer und Blut werden angedeutet.*

Das Speiselokal »Topfgucker«, ein traditionelles Gasthaus, bietet mancherlei Gaumenfreuden. Vorbei an der Volvovertretung, an der Autosattlerei Steib, durch die Bahnunterführung (auf der der DB-Haltepunkt Gleißhammer liegt) zweigt links die Goldbachstraße ab. Nahe der Berufsschule sind Überbleibsel der Bingschen Werkhallen zu sehen.

Zerzabelshofstraße 11

DJK'ler beim Umzug vor der Wirtschaft »Wolfsschlucht«, heute das Restaurant »Topfgucker«.

Für Leute mit Kindern lohnt ein Besuch des Aktivspielplatzes Goldbachwiese, der Kinderherzen höher schlagen läßt: mit Bach, Wiese, Lagerfeuer, Tieren. Geöffnet ist er, solange die Betreuer anwesend sind. Man kann auch Kinderfeste feiern und Brot im alten Backofen backen.

Goldbachstraße 20

Vorbei an einem Mietblock der frühen 50er Jahre, an kleinen Siedlungshäusern, die etwa 1934–36 entstanden, an den Sportplätzen angelangt, rasten wir in einem der beiden Vereinslokale. Beide Vereine, der DJK Falke Nürnberg e.V. und der TV Glaishammer 1862 e.V., haben eine interessante Geschichte. Ideologisch in ihrer Tradition konträr, mußten sie im Faschismus ähnlich schmerzliche Erfahrungen machen. Zunächst stoßen wir auf die Sportanlagen des DJK Falke. Neben dem schönen Biergarten verfügt der DJK auch über den größten Saalbau im Stadtteil.

Sudetendeutsche Straße 2-6

1922 wurde der Verein von Jesuiten gegründet und gehörte der Katholischen Sportbewegung an, es waren nur Männer mitgliedsberechtigt. 1935

Sudetendeutsche Straße 60

Der Turnverein Glaishammer 1862 e.V. beim Reichsarbeitersporttag 1928 in der Pillenreuther Straße.

wurde wegen seiner Gesinnung die Vereinstätigkeit untersagt. Georg Rattler, *der damalige Vorsitzende, vergrub die Vereinsfahne und konnte sie vor der Zerstörung bewahren. 1937 wurde der Verein mit Hilfe des Amtsgerichts und der Gestapo endgültig verboten, im Zuge der Kriegsvorbereitung 1938 der Platz umfunktionalisiert. Zunächst fungierte er als Zeltlager und Exerzierplatz von SA-Eliteeinheiten während der Reichsparteitage. Mit dem Krieg wurden schließlich Zwangsarbeiter, vorwiegend aus Böhmen und Mähren, der Reichsbahn Nürnberg im Saalbau untergebracht. Ab 1942 kamen dann russische und polnische Kriegsgefangene, die, wie heute noch erzählt wird, »sehr viel Hunger litten«. Nach Kriegsende brachte man Kriegsheimkehrer auf dem durch Fliegerangriffe teilweise zerstörtem Gelände unter. Beim Wiederaufbau um 1950 sind nun auch die Frauen dabei und bis vor kurzem war die Witwe Rattlers Vorsitzende.*

Sudetendeutsche Straße 80

Entlang der Bahnlinie führt der Weg weiter zum Gelände und der Sportgaststätte des TV Glaishammer 1862 e.V. Dieser Verein wurde 1862 als »Turn- und Rettungsverein Glaishammer« gegründet und war Teil der Arbeitersportbewegung.

Im Nationalsozialismus kam es 1933 zum Verbot; der Platz und das Vermögen wurden von der SA beschlagnahmt. Fritz Schneider, der damalige Vorsitzende, wurde nach seiner Reaktion (er sagte, man möge ihm den Platz, wenn er ihn nun hergeben müsse, nach dem 1000jährigen Reich wieder ordentlich übergeben) prügelnd als »roter Lump« vom Platz gejagt. Mit Kriegsbeginn errichtete die Firma Siemens auf dem Spielfeld ein Zwangsarbeiterunterbringungslager aus Steinbaracken. Ca. 600 Männer und Frauen, die in der Rüstungsproduktion arbeiten mußten, waren darin untergebracht. Nach dem Krieg nutzten die amerikanischen Besatzungstruppen das Spielfeld als Ersatzteillager. 1947 wurde der TVG 1862 e.V. wiedergegründet und in Eigenleistung instandgesetzt.

Seit dieser Zeit sind die traditionell ideologisch begründeten Spannungen zwischen beiden Nachbarvereinen, die sogar in mancher Rauferei in der Nahen Bahnunterführung (»Teufelsbrückla«) gipfelten, beigelegt.

Kriegswirtschaft und Zwangsarbeit

In der Zeit des Nationalsozialismus beteiligten sich auch Nürnbergs Kriegswirtschaftsbetriebe, vornehmlich die in der metallverarbeitenden und Elektroindustrie, am Einsatz von ausländischen Zivilarbeitern und Kriegsgefangenen. Sie mußten die Arbeitsleistung der zur Wehrmacht einberufenen deutschen Arbeiter ersetzen.

Zwischen 1939/40 und 1945 waren unter den schätzungsweise 400.000 Beschäftigten in Nürnberg und Umgebung 100.000 Ausländer. Bei Arbeitskräftebedarf — und der war mit dem gescheiterten Blitzsieg über die Sowjetunion und der darauf folgenden Umstellung des gesamten kriegswirtschaftlichen Konzepts enorm —, stellten die Firmen auf einem entsprechenden Formblatt einen Antrag an das Arbeitsamt.

Kurz nach der Beendigung des Frankreichfeldzuges im September 1940 wurden die ersten Kriegsgefangenen zur Arbeit in die MAN gebracht. Im Metallbetrieb Amag Hilpert wurden zuerst französische und belgische, dann russische Kriegsgefangene eingesetzt. In den Siemens-Schuckert-Werken waren es polnische, belgische, französische, italienische und russische Kriegsgefangene.

Bevor die Firmen die Zuweisungen vom Arbeitsamt erhielten, mußten sie das Vorhandensein entsprechender Unterkünfte nachweisen. Der Verantwortliche für die Ausländerinspektion in den Betrieben erklärte 1945, daß es in Nürnberg über 100 betriebseigene Lager unterschiedlicher Größe gegeben habe. Hatte ein Betrieb kein eigenes Lager, konnte er seine ausländischen Arbeitskräfte in einem Sammellager der Deutschen Arbeitsfront unterbringen.

Mit Beginn der Luftangriffe der Alliierten auf Nürnberg wurden zahlreiche Lager zerstört. Viele Ostarbeiter und Kriegsgefangene fanden dabei den Tod. Ein Großteil der zerstörten Lager, vor allem die der Großbetriebe, wurden — meist an anderer Stelle — sehr schnell wieder aufgebaut. In den letzten Kriegsmonaten dienten auch einige der großen, bereits vor dem 1. Weltkrieg gebauten Schulhäuser als Unterkunft. Die Verpflegung der Zwangsarbeiter war im allgemeinen schlecht. Meist gab es nur schwarzen Kaffee, wenig Brot und mittags eine dünne Kohlrübensuppe. Entsprechend hoch war die Zahl der Krankheits- und Todesfälle.

Gegen Ende des Krieges wurden »als letztes Aufgebot« jüdische Konzentrationslagerhäftlinge in der Privatindustrie ausgebeutet. Im Juni und August 1944 forderten die Kabel- und Metallwerke Nürnberg AG aus dem Konzentrationslager Flossenbürg 900 weibliche Häftlinge und entsprechendes Bewachungspersonal an. Am 18. Oktober 1944 wurden 550 ungarische Jüdinnen ebenfalls aus Flossenbürg zur Arbeit in die Siemens-Schuckert-Werke Nürnberg überstellt. Trotz Verbotes und strenger Überwachung versuchten deutsche Arbeiter und Arbeiterinnen immer wieder, die Not der Zwangsarbeiter zu lindern. Nicht selten wurden sie entdeckt und vor das Sondergericht Nürnberg gestellt.

Die Mißhandlung von Zwangsarbeitern, der Mißbrauch der Häftlinge von Konzentrationslagern und die Beschäftigung von Kriegsgefangenen in Rüstungsunternehmen stellen Kriegsverbrechen dar. Einige führende deutsche Industrielle wie Flick und Krupp oder die Manager des IG Farben Konzerns wurden zwar nach Kriegsende verurteilt, aber im Zuge des Kalten Krieges wurden diese Urteile bereits 1951 aufgehoben. Der Betriebsführer der Nürnberger Siemens-Schuckert-Werke wurde im Rahmen der Entnazifizierung im Oktober 1946 in die Gruppe der Hauptschuldigen eingestuft. Zwei Jahre später, im Oktober 1948, war aus dem »Hauptschuldigen« ein »Mitläufer« geworden, der nur mehr einen Sühnebeitrag von 1.000,--DM zu zahlen hatte. Er kehrte in seine alte Stellung zurück.

Gabi Müller-Ballin

Neumarkter Straße
⑨

Drachentortöter in der Bir-kenhofsiedlung, Boelke-straße 3.

Immelmannstraße
⑩

Richthofenstraße 4

Boelckestraße 29

Pyraser Bier
(Ein kleines Dorf im Frankenland ist durch sein gutes Bier bekannt.)
⑪
Fliegerstraße/Lud-wig-Frank-Straße

Der Fußgänger kann eine Abkürzung von der Sudetendeutschen Str. 60 (Falkesaal) auf die andere Seite der Bahnlinie ins sog. Ludwigsfeld (um die Neumarkterstraße) nehmen: Sie führt durch die kleine Bahnunterführung neben der Tafel des TV Glaishammer hinter Siedlungshäusern versteckt.

Zwischen Regensburger-, Scharrer-, Zerzabelshofstraße und der Bahnlinie liegt die Ludwigsfeldsiedlung auf einem Gebiet, das ursprünglich Peterhaide genannt wurde und früher noch größer war. 1826–1842 wurde hier das Volksfest (mit Feuerwerk, Paraden, Gottesdienst, Baumklettern und Sackhüpfen, siehe S. 257) gefeiert. Hier sahen die Nürnberger ihr erstes Pferderennen, das dann jährlich stattfand. 183 wurde das Gebiet in Ludwigsfeld umbenannt.

In der zweiten Hälfte des 19. Jahrhunderts ging es am Ludwigsfeld deutschtümelnd zu. 1860 und 1863 gab es Fackelzüge Tausender in Gedenken an die Völkerschlacht bei Leipzig. 1861 feierten hier 12.000 Menschen das Deutsche Sängerfest. 1914 entstand ein Seuchenlazarett. Obdachlose besetzten in der Weimarer Republik das Gebiet. Es wurde eine der ärmsten Gegenden Nürnbergs. Es wird erzählt, daß viele Sozialdemokraten und Kommunisten hier gewohnt haben, und Polizisten nur mit gezogenen Säbel das Gebiet betraten. Dieser »Schandfleck« wurde im Nationalsozialismus wegen der Reichsparteitage durch eine Häuserfront entlang der Regensburgerstraße verdeckt.

Nach dem 2. Weltkrieg wurde das »Negerdorf«, wie die umgangssprachliche Bezeichnung lautete, Herberge vieler Obdachloser und sozial schwacher Familien. Erst in den 50er Jahren verschwanden die Barackenunterkünfte.

Die Rosenhof/Birkenhof-Siedlung ist im Gartenstadtstil gehalten. An den nach Fliegern benannten Straßen verwirklichten die Gemeinnützige Genossenschaft der Straßenbahner 1919, der Kriegsbeschädigten 1921 und der Gruppe Rosenhof architektonisch und infrastrukturell den Siedlungsgedanken der Gartenstadtbewegung. Ein- und Mehrfamilienhäuser sind geschlossen und dennoch abwechslungsreich mit verschiedenen Innenhöfen arrangiert.

Am Rosenhof vorbei kommen wir zur alten Gaststätte Birkenhain. Sie ist Treffpunkt zahlreicher Vereine, z.B. Chorgemeinschaft 1887 e.V., Sängervereinigung Nürnberg Gleißhammer e.V. 1889, Postverband, Nürnberger Volkslaufvereinigung 1969 e.V. etc.

In der seit 1927 bestehenden Gaststätte Rosenhof wird das gute Pyraser Bier einer kleinen fränkischen Privatbrauerei im Sommer auf der großen Terrasse ausgeschenkt. Auch der Rosenhof ist Versammlungsort vieler Vereine, beispielsweise der Egerländer Gmoi, Gesellgikeitsverein Gustav Adolf, Wandervereine. Tagsüber ist viel studentisches Publikum anzutreffen, denn direkt gegenüber im Wäldchen liegt seit 1968 die frühere Pädagogische Hochschule und heutige Erziehungswissenschaftliche Fakultät der Universität Erlangen-Nürnberg.

Hinter der Birkenhofsiedlung, bei den heutigen Sportplätzen, die zu den nahen modernen Gymnasien gehören, war früher, 1924 von *Albert Tresper* gegründet, der Tattersall Noris.

Über 100 Pferde waren hier zuhause, internationale Turniere mit bekannten Reitern fanden statt, die Kavallerieschule und die berittene Polizei wurden hier trainiert, Jagden veranstaltet. Auch wegen seiner Restauration war es ein beliebter Ausflugsort vieler Nürnberger, zumal der Dutzendteich nahe liegt. Im Winter diente der Turnierplatz als Eisbahn. 1937 wurde die Familie zwangsenteignet, denn das Gelände sollte den Reichsparteitagen dienen. In Erlenstegen, in der Stadenstraße 59, bekamen sie einen neuen Platz zugewiesen. Dort finden sich noch heute über 100 Pferde, Reitsaal und Turniergelände.

Turnierplatz, Eisbahn, Restaurant.

Die renaissanceähnliche Sandsteinvilla mit Park bietet seit 25 Jahren Platz für das Erzbischöfliche Seminar St. Paul. Über 100 Gymnasiasten und Realschüler sind in dem von Jesuiten geleiteten Haus untergebracht. Die Geschichte der Villa ist eng mit der der Wilhelm Spaethschen Fabrik verbunden. 1872 wurde sie für den Schwiegersohn und Nachfolger von Wilhelm Spaeth erbaut und blieb bis 1930 im Besitz der Familie Hammerbacher. Über die Verwendung im Nationalsozialismus kursieren verschiedene Gerüchte. 1945–47 wurde durch die amerikanische Armee hier »Jugendpflege« begonnen: Unzählige deutsche Jugendliche kamen ins GYA-Heim, um Kino und Boxkampf zu sehen oder Musik zu hören.

Dutzendteichstraße 24

Das gesamte Areal war Sitz der großen Werkhallen der Firma Wilhelm Spaeth.

Schultheißallee

Nichts mehr erinnert an diese erste Fabrik Bayerns. 1825 wurde das Hammerwerk am Dutzendteich von den Gebrüdern Spaeth, gelernten Müllern, gekauft und in eine mechanische und technische Werkstatt umgebaut. Ab 1835 gab es die Maschinenbauanstalt, und Gleißhammer wurde zur Geburtsstätte der ersten deutschen Eisenbahn – hier wurde der aus England in 100 Teilen angelieferte »Adler« zusammengebaut. Bis Mitte des 19. Jahrhunderts bezog die Werkstatt die Kraft aus den Wasserrädern, dann kamen die ersten Dampfmaschinen. 1842 machte Spaeth seine Gießerei auf und beantragte die Fabriklizenz. Die erste bayerische Maschinenfabrik wurde schnell zum Großbetrieb.
1870 wurde für die Firma der Bahnhof Dutzendteich und ein Gleißan-

schluß gebaut. *Wilhelm Spaeth konstruierte Woll- und Schermaschinen, Webstühle, Drahtmaschinen, Tabakmaschinen, Pumpwerke, mechanische Fußprothesen, Hopfenpressen, Laternen, Masten, Aufzüge. Großaufträge von Eisenbahn und Kanalbau (Ludwigseisenbahn und Ludwigskanal) fielen ihm zu. Sein Werk baute Drehscheiben, Wagengestelle, Schienen, Waggons, Signaltechnik, Gleisuntertunnelung, Schleusentore, Verladebrücken, Bagger, Stauwehre und Brücken.*

1935 kaufte der Zweckverband der Reichsparteitage einen großen Teil der Fabrik auf, Schlöte mußten wegen der Aussicht vom Reichsparteitagsgelände weichen und die Bomben des 2. Weltkrieges zerstörten die Fabrik gänzlich. Die Rechtsnachfolgerin Stadt ließ die Hallen abreißen.

Am Ende des Seminarweges steht die alte verfallene Villa der Spaeths. Sie wird heute noch vom letzten Hammerbacher bewohnt.

An der Ehrenhalle
⑬

Querfeldein gelangen wir zur Ehrenhalle des *Luitpoldhaines*. Mit seiner großen Freifläche und einer damaligen Kongreßhalle war dieser 1902 geschaffene Park Ort zahlreicher Massenveranstaltungen. So sprach z.B. *Erich Ollenhauer* 1923 hier vor 50.000 Menschen.

Einladung zu einer Singschule. 4275 Meistergesänge, 208 Komödien und Tragödien und etwa 1700 geistliche und weltliche Gespräche, Sprüche, Fabeln und Schwänke, 7 Dialoge und zahlreiche Kirchengesänge, Volks-, Kriegs- und Liebeslieder verfaßte der große Volksdichter Hans Sachs. Viele blieben ungedruckt.

Münchner Straße 21
⑭

Am nördlichen Ende des Luitpoldhains stoßen wir auf die Meistersingerhalle. Dieses repräsentative Kongreß- und Kulturzentrum war der erste große städtische Bau der Nachkriegszeit. 1963 wurde sie eröffnet und bietet Raum für Tagungen, internationale Konzerte und festliche Veranstaltungen (2.121 Sitzplätze im Großen Saal/ 19.000 Veranstaltungen/8 Millionen Besucher/2.400 Konzerte). Der Name hat nichts historisch Konserviertes, da — so der Schriftsteller *Hermann Kesten* — »die ersten Nürnberger Meistersinger oppositionelle, ja zum Teil antiklerikale Figuren waren, ... auf ihre Art Volksrevolutionäre, und das gilt zum Teil auch für Hans Sachs, der in der Mitte stand zwischen Patrizieridealen und seinen Volksidealen und Volksfreiheitsidealen«.

Regensburger Straße 105
⑮

Die Bundesanstalt für Arbeit ist der modernste und größte Häuserkomplex in Gleißhammer. Die Hauptstelle der Bundesanstalt, das Institut für Arbeitsmarkt- und Berufsforschung, das Zentralamt und das Landesarbeitsamt Nordbayern sind hier untergebracht. Zwischen den Baumkronen der Regensburgerstraße türmt sich am Horizont der Bürokratieriese aus Stahl-Glas-Beton und bildet eine Wand am Himmel.

Platz der Opfer des Faschismus

Westlich dieses Platzes (der Name ist der CSU-Fraktion im Stadtrat noch immer ein Dorn im rechten Auge; alle paar Jahre beantragt sie eine Umbenennung!) liegt das »Nibelungenviertel«. Ärzte, Rechtsanwälte und Fabrikanten bauten sich um die Jahrhundertwende pompöse Villen mit Vorgärten, in denen noch heute Birken und Trauerweiden dominieren. Hier hatten die Nationalsozialisten bei den letzten freien Wahlen ihren stärksten Rückhalt in der Nürnberger Bevölkerung. Noch heute scheint in der Villenatmosphäre die Zeit stillzustehen.

Bleiweißviertel

Verläßt man das Nibelungenviertel in nordwestlicher Richtung, taucht das Mustersanierungsviertel der Stadt auf: das Bleiweißviertel.

Das Bleiweißviertel, benannt nach den Färbern, war immer die Region der Handwerker, der kleinen Gewerbetreibenden und der Arbeiter. Noch um 1840 bestimmten Manufakturen das Bild des 8,2 Hektar großen Gebietes.

Ein Bürokratieriese aus Stahl-Glas-Beton. Die Bundesanstalt für Arbeit.

Später zogen Industriebetriebe wie MAN oder Siemens Arbeitskräfte aus dem Bleiweißviertel. Mehr als die Hälfte der ein- bis zweistöckigen Häuser aus verputztem Backstein stammte bis vor wenigen Jahren noch aus der Zeit vor 1919. Gärten, Hinterhöfe und — nach dem Krieg — überwucherte Ödflächen unterbrachen das gemauerte Ensemble.

1971 setzte die Stadt Nürnberg endlich einen lang gehegten Sanierungsplan in die Tat um und ließ den Sanierungsbedarf des Areals untersuchen. Zwar zeigten die Hausbesitzer wenig Interesse, aber viele Wohn- und Gewerbeflächen wurden erweitert, alte Bausubstanz blieb — wo möglich — erhalten. Eine Beratungsstelle, die sich mit Fragen der Sanierung beschäftigte, stand den Bleiweißern offen.

Schweiggerstraße

Mittlerweile verfügt das Bleiweißviertel über ein Jugendzentrum, begrünte Hinterhöfe und — ein Novum in dieser relativ kneipenarmen Gegend — über Straßencafés. Bei der Sanierung verschwand das in der vorderen Bleiweißstraße gelegene Wirtshaus »Kitzmann Bräustübl« mit seinem herzlich-proletarischen Touch. Und in der Schweiggerstraße wurde eines der letzten Wannenbäder Nürnbergs geschlossen.

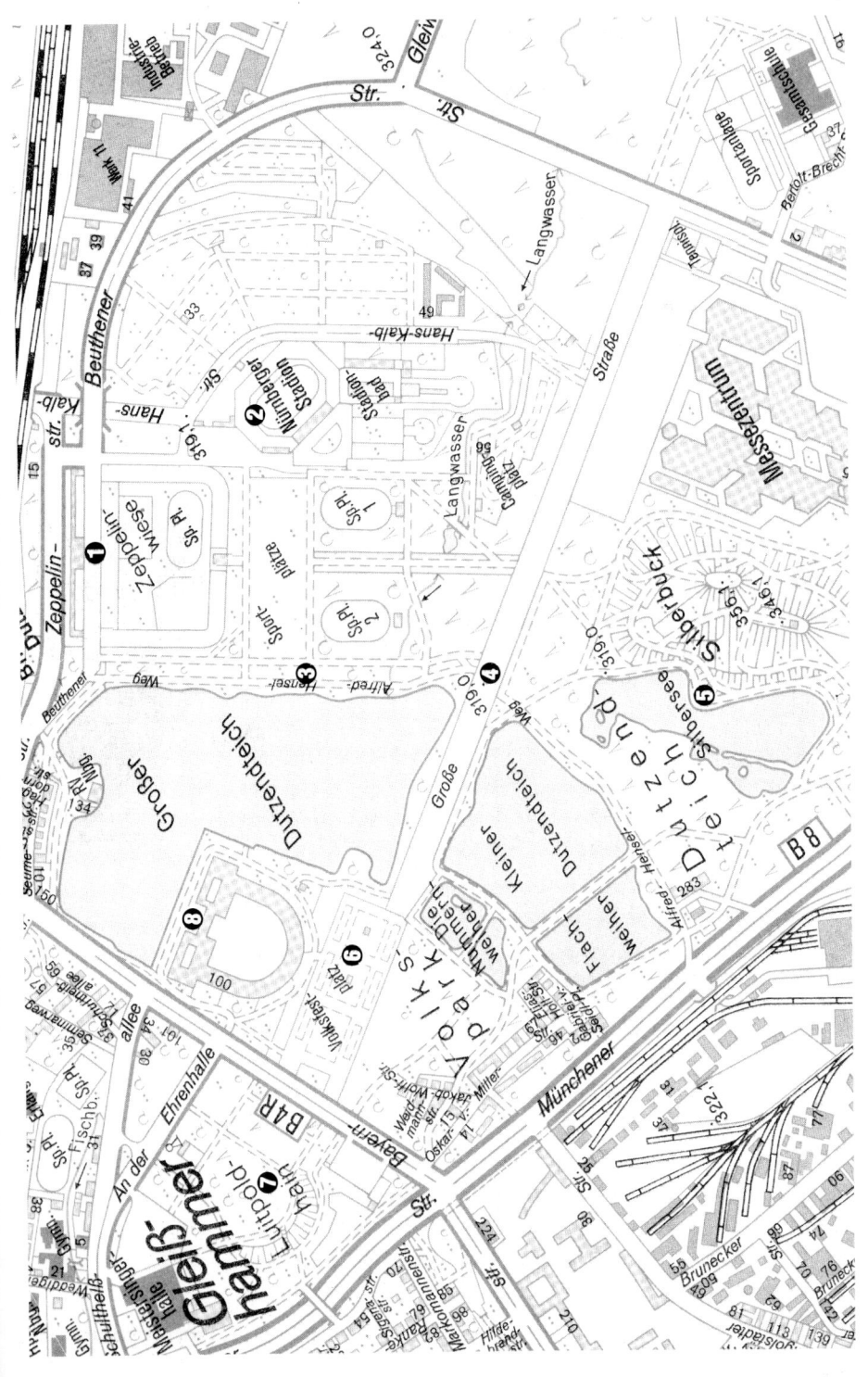

Steine für die Ewigkeit

Das ehemalige Reichsparteitagsgelände

von Wolfgang Weiß und Bernd Ogan

Ausgangspunkt: S-Bahn-Station »Dutzendteich« oder Autopark-
platz Zeppelinstraße oder Beuthenerstraße
Endpunkt: derselbe
Dauer: ca. 3 1/2 Stunden,
ohne Stadion und Luitpoldhain ca. 2 1/2 Stunden

»Der Reisende von heute begegnet auf Schritt und Tritt den Zeugen einer 900jährigen Geschichte«, heißt es in einem Prospekt des
Nürnberger Verkehrsvereins, wo eben diese Zeugen in Wort und
Bild vorgestellt werden: die Kaiserburg, die beiden Hauptkirchen
St. Lorenz und St. Sebald mit ihren weltbekannten Kunstwerken,
das »Männleinlaufen« an der Frauenkirche, das Wohnhaus Albrecht Dürers, das Eisenbahn- und Spielzeugmuseum und vieles
mehr. Nicht vergessen wurden Hinweise auf den Christkindels-
markt, die fränkisch-deftige Küche, die Nürnberger Bratwürste und
die Lebkuchen. All dies macht Nürnberg weltberühmt als eine
»Stadt, an der Historie und Gegenwart der Deutschen gleicherma-
ßen abzulesen sind«.

Doch *ein* Kapitel fehlt in dieser Geschichte der Stadt Nürnberg:
kein Wort über die Zeit des Nationalsozialismus, und dies, obwohl
Nürnberg wie keine andere Stadt der Welt gerade damit in Verbindung gebracht wird: Der Bogen spannt sich von den »Nürnberger
Gesetzen« (1935), mit denen der antisemitische Terror nachträglich legalisiert werden sollte und die Vernichtung der Juden vorbereitet wurde, bis hin zu den »Nürnberger Prozessen«, mit denen die
Siegermächte ab November 1945 versuchten, die begangenen
»Verbrechen gegen die Menschlichkeit« zu ahnden. Bereits 1923
gab der berüchtigte »Frankenführer« *Julius Streicher* in Nürnberg
den »Stürmer« heraus, jenes antisemitische Hetzblatt, dessen Motto lautete: »Die Juden sind unser Unglück«. Schon 1927 und 1929
fanden in Nürnberg Parteitage der NSDAP statt, am 1. April 1933
wurde von hier aus der Boykott jüdischer Geschäfte organisiert,
und schon einen Monat vor der sog. »Reichskristallnacht«, wie man
das Judenpogrom vom 9. November 1938 verharmlosend nannte,
wurde die Hauptsynagoge am Hans-Sachs-Platz abgerissen.

Vor allem aber erlangte Nürnberg traurige Berühmtheit als
»Stadt der Reichsparteitage«, ein Titel, um den sich die Stadt keineswegs gedrängt hat, wie überhaupt der Widerstand des »roten

*Das NS-Plakat wirbt für
den Reichsparteitag 1933.*

Von der Zeppelintribüne aus. Der Appell des Reichsarbeitsdienstes.

Marschkolonnen in der Innenstadt gehörten zum Ritual der Reichsparteitage.

Nürnberg«, in dem die Arbeiter mit 44% den größten Bevölkerungsanteil stellten, viel zu wenig bekannt ist. So weigerte sich z.B. der Stadtrat 1930 und 1931, Parteitreffen der NSDAP in der Stadt zu dulden. Vergessen wird auch oft die Tatsache, daß der Stadtrat bis 1933 gegenüber den Nationalsozialisten stets über eine linke Mehrheit von SPD und KPD verfügte. Noch am 12. Februar 1933 demonstrierten in Nürnberg auf Initiative von Sozialdemokraten und Gewerkschafter 70.000 Menschen gegen den Nationalsozialismus.

Ungeachtet dessen sollte Nürnberg nach dem Willen *Adolf Hitlers* von 1933 an »für alle Zeiten« »Stadt der Reichsparteitage« werden.

Für die Wahl Nürnbergs zur » Stadt der Reichsparteitage« waren folgende Gründe ausschlaggebend: Die Stadt lag verkehrsgünstig und zentral. Die NSDAP in Franken unter dem berüchtigten Gauleiter und » Frankenführer« Julius Streicher verfügte schon in den 20er Jahren über eine straffe Organisation, die bei der Vorbereitung von Massenversammlungen von Nutzen war. Wichtig war auch, daß der staatliche Polizeidirektor Heinrich Gareis schon in der Zeit der Weimarer Republik den Aktivitäten der Nationalsozialisten stets wohlgesonnen gegenüberstand. So konnten die Parteitage von 1927 und 1929 gleichsam unter staatlich-bayerischer Aufsicht erfolgen. Darüber hinaus konnte man die mittelalterliche, romantische Kulisse der Stadt Nürnberg geschickt in die Gestaltung der Parteitage mit einbeziehen und somit eine Verbindung von der » Stadt der Reichstage« zur » Stadt der Reichsparteitage« konstruieren, um auf diese Weise die Reichsparteitage in eine Traditionslinie mit der ehemaligen Freien Reichsstadt zu rücken.

Die Reichsparteitage erfüllten innerhalb der nationalsozialistischen Politik und Ideologie eine wichtige Funktion: Sie sollten die uneingeschränkte Führerrolle Adolf Hitlers, die Geschlossenheit

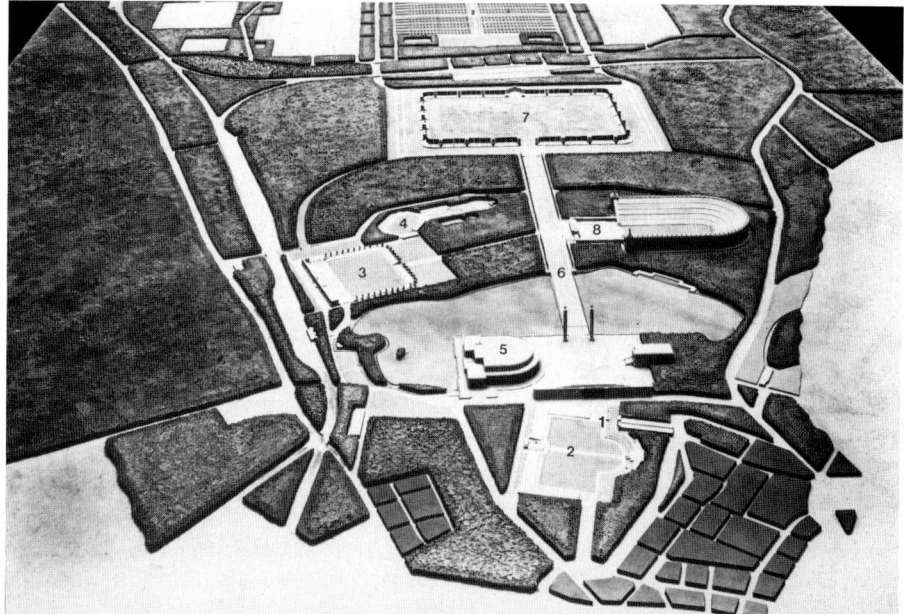

der Nation und die Unterordnung des einzelnen unter den Füh-
rungsanspruch der Partei unterstreichen. Sie diente quasi als »Heer-
schau der Nation« der geistigen und militärischen Mobilmachung.
Zusätzlich konnten die hier gemachten Erfahrungen im Transport
großer Menschenmengen bei der Kriegsvorbereitung eingesetzt
und genutzt werden.

Die Reichsparteitage dauerten eine Woche und brachten bis zu 500.000
Menschen aus dem gesamten deutschen Reich nach Nürnberg. Sie hatten je-
weils ein Motto, das sich in der Namensgebung niederschlug:
1933 »Parteitag des Sieges«
1934 »Parteitag des Willens«
1935 »Parteitag der Freiheit«
1936 »Parteitag der Ehre«
1937 »Parteitag der Arbeit«
1938 »Parteitag Großdeutschland«

Der Reichsparteitag von 1939 sollte — getarnt als »Parteitag des
Friedens« — am 1. September beginnen. An diesem Tag begann mit
dem Überfall auf Polen der 2. Weltkrieg.

1934 wurde der Architekt *Albert Speer* mit der Erstellung eines
architektonischen Gesamtplans beauftragt. Die Anlage und die
Bauten sollten bis 1950 fertiggestellt sein und in ihrer übersteigerten
Monumentalität als »Stein gewordene Weltanschauung« die
Macht- und Herrschaftsansprüche des totalitären NS-Staates zum
Ausdruck bringen.

Für die Koordination der Planungsaufgaben wurden 1935 der
»Zweckverband Reichsparteigelände Nürnberg« gegründet. Ihm
gehörten die NSDAP, das Deutsche Reich, das Land Bayern und
die Stadt Nürnberg an. Vorsitzender des Zweckverbandes war der

1 Die alte Kongreßhalle,
2 Die Luitpoldarena, 3 Das
Zeppelinfeld, 4 Das Sta-
dion, 5 Der Kongreßbau,
6 Die Große Straße, 7 Das
Märzfeld, 8 Das Deutsche
Stadion.

»Reichsminister für Kirchenangelegenheiten«, *Hans Kerrl.* Die Gesamtkosten der Anlage wurden von Albert Speer auf 700 bis 800 Millionen Reichsmark geschätzt. Mit großer Wahrscheinlichkeit hätten sie aber 1 Milliarde RM überschritten.

Die steinernen Monumentalzeugen der nationalsozialistischen Jahre sind in Nürnberg auf dem riesigen Areal des ehemaligen Reichsparteitagsgeländes (16,5 km²) noch heute zu sehen. Tausende Touristen strömen jährlich dorthin, aber nicht selten haben sie Schwierigkeiten, sich zurechtzufinden. Denn so spärlich dieses Kapitel der jüngsten Geschichte Nürnbergs in den Touristikprospekten Erwähnung findet, so vergeblich sucht man innerhalb der Stadt nach Wegweisern zu diesem Gelände oder nach klaren Bezeichnungen in den Stadtplänen. Man muß sich schon den Sonderprospekt »Nürnberg 1933–1945« des städtischen Presseamtes besorgen, um Genaueres zu erfahren.

Der nachfolgend skizzierte Rundgang soll einen Überblick über die »Monumentalbauzone« (7 km²) des ehemaligen Reichsparteitagsgeländes geben und für die »politische Ästhetik« des Nationalsozialismus sensibilisieren, um so die Zusammenhänge zwischen dem NS-System und seiner Größenwahn-Architektur offenzulegen. Bei dem kleinen Rundgang werden folgende Stationen berücksichtigt: Zeppelintribüne, Dutzendteich, Große Straße, Silbersee, Volksfestplatz, Kongreßhalle. Es wird allerdings empfohlen, das Nürnberger Stadion, den Silberbuck und den Luitpoldhain mit einzubeziehen, schon um die Größe des Geländes persönlich zu »erlaufen«.

Zeppelinwiese
❶

Das Zeppelinfeld, ursprünglich ein Forstgelände des Lorenzer Reichswaldes, verdankt seinen Namen dem *Grafen Zeppelin,* der dort 1909 mit dem dritten seiner Luftschiffe gelandet war. Beim Bau des Stadions 1928 wurde die »Zeppelinwiese« zur Parklandschaft umgestaltet. Ab 1933 nutzten die Nationalsozialisten dieses Areal als Versammlungsort und Aufmarschgelände, da sich der Luitpoldhain schon beim Parteitag von 1929 als zu klein erwiesen hatte. Nachdem bei den Parteitagen von 1933 und 1934 noch behelfsmäßige Holztribünen benützt wurden, stand ab 1935 die von Albert Speer entworfene Steintribüne zur Verfügung. Das Zeppelinfeld selbst hat fast quadratische Ausmaße (289 m x 312 m).

Die Haupttribüne aus weißem Muschelkalk war dem griechischen Pergamonaltar nachempfunden. Pfeilerkolonnaden, Seitenpylonen mit Metallschalen (eine davon befindet sich in der Ausstellung im Mittelbau der Zeppelintribüne) und ein Hakenkreuz mit Lorbeerkranz dienten als zusätzlicher Schmuck. In der Mitte befindet sich die »Führer«-Empore. Von hier aus sprach Adolf Hitler zu »seinem Volk«. Sämtliche Masseninszenierungen, also die Versammlungen des Reichsarbeitsdienstes (RAD), der »Politischen Leiter«, die Vorführungen der Wehrmacht und, ab 1937, die Darbietung des »Tages der Gemeinschaft«, waren auf seine Person ausgerichtet. Bis zu 250.000 Personen konnten während der Appelle auf dem Zeppelinfeld antreten. Die Tribünenanlagen boten zusätzlich etwa 70.000 Zuschauern Platz, die übrigens relativ hohe Eintrittsgelder für dieses Schauspiel zahlen mußten.

Die 34 Turmbauten der Seitentribünen, an denen noch heute die Verankerung für die jeweils sechs Fahnenmasten zu erkennen sind, sollten den martialischen Eindruck der »Wehrhaftigkeit« des Dritten Reiches unterstreichen. Zudem dienten sie als Toilettenanlagen für die Volksmassen.

Die Appelle der »Politischen Leiter«, die beim sog. Amtswalterappell in streng militärischer Formation auf dem Zeppelinfeld anzutreten hatten, lagen in den Abendstunden. Erst nachdem alle Akteure Aufstellung genommen hatten, wurden die riesigen roten Hakenkreuzbanner auf der Haupttribüne von 1.200 Scheinwerfern angestrahlt.

Das »Baumstammwerfen« als »germanische« Disziplin im olympischen Wettstreit.

1936 hatte sich Albert Speer für diese Veranstaltung ein weiteres Suggestivmedium einfallen lassen: den »Lichtdom«. Genau in dem Augenblick, da Hitler mit seinem Wagen vor der Zeppelintribüne eintraf, wurden gleichzeitig 150 dicht nebeneinander aufgestellte Flakscheinwerfer eingeschaltet. In Sekundenbruchteilen stellten sie riesige Lichtsäulen in den Nachthimmel, die sich in ca. 6—8 km Höhe zu einer gigantischen Strahlenkuppel vereinigten. Damit sollte der Eindruck erweckt werden, die Nationalsozialisten könnten geradezu überirdische Taten vollbringen.

Heute ist von diesem »Glanz« auf dem Zeppelinfeld nur noch wenig zu sehen. Denn die »für die Ewigkeit« gebauten Monumente erwiesen sich als recht baufällig. 1967 mußten die Kolonnaden der Haupttribüne wegen Baufälligkeit abgetragen werden. An nicht wenigen Stellen ist inzwischen die Muschelkalkverkleidung abgeplatzt. Darunter sind die schnell hochgezogenen Backsteinmauern des Gebäudes zu sehen. Die Stadt mußte inzwischen erhebliche

Gelder für die Instandhaltung des Gebäudes aufwenden. Die Bauten des gesamten Geländes stehen seit 1973 unter Denkmalschutz. Das Zeppelingelände wird seit den 50er Jahren überwiegend pragmatisch genützt: als Austragungsort des Norisring-Rennens und gelegentlich auch für Rockkonzerte, die Zeppelinwiese als Sportfeld für die amerikanischen Streitkräfte, die lange Steinfront der Tribünenrückseite als Tenniswand. Die Räume unter der Zeppelintribüne dienen dem Nürnberger Motorsportclub als Lagerhalle. In der Haupthalle, dem sog. *Goldenen Saal*, der seinen Namen dem Deckenmosaik verdankt, ist seit 1985 in den Sommermonaten die Ausstellung »Faszination und Gewalt — Nürnberg und der Nationalsozialismus«, für die das Pädagogische Institut der Stadt verantwortlich zeichnet, zu sehen. Text- und Bildmaterial, Videofilme, Broschüren und Führungen informieren über das Gelände und die NS-Architektur — ein Versuch Nürnbergs, sich an Ort und Stelle mit dem Reichsparteitagsgelände und der Rolle Nürnbergs im Nationalsozialismus auseinanderzusetzen.

Der Motorsport-Club wirbt für ein Motorradrennen vor der Zeppelintribüne.

1988 wurden vor dem Eingang zur Ausstellung (an der Tribünenrückseite/Zeppelinstraße) die beiden *Anti-Kriegs-Objekte »Overkill I und II«* aufgestellt. Die beiden tonnenschweren Eisenskulpturen wurden von dem hannoveraner Bildhauer *Hans-Jürgen Breuste* 1971 unter dem Eindruck des Vietnamkrieges aus Panzerschrott der US-Army geschaffen und standen bislang eher unbeachtet im Pausenhof einer Nürnberger Schule. Sie sollen deutlich machen, daß bei dem Blick in die schreckliche Vergangenheit der zwölf NS-Jahre die Bedrohungen der Zukunft nicht vergessen werden dürfen.

Ein Blick in die Ausstellung »Faszination und Gewalt — Nürnberg und der Nationalsozialismus«.

Das Nürnberger Stadion wurde 1923—1928 nach den Plänen des Architekten *Otto Schweizer* und des Landschaftsarchitekten *Alfred*

Hensel gebaut. Bei den Olympischen Spielen 1928 in Amsterdam wurde es mit einer Goldmedaille ausgezeichnet. Erste Vorarbeiten für die Sport- und Freizeitanlage wurden auf Initiative des Oberbürgermeisters *Dr. Hermann Luppe* bereits 1921 durchgeführt. Zeitweise waren hier, im Rahmen öffentlich geförderter Notstandsarbeiten, bis zu tausend Erwerbslose beschäftigt. Dabei entstanden neben dem eigentlichen Stadion auch Tennisplätze, Cafés, Gärten und Liegewiesen sowie ein Schwimmbad. Albert Speer bezog das gesamte Areal in die Planung des Reichsparteitagsgeländes unverändert mit ein. Das Stadion diente als Arena für die Aufmärsche und Sportdarbietungen der Hitlerjugend.

Heute trägt der Bundesligaclub 1. FC Nürnberg (siehe S. 166) dort seine Fußballspiele aus. Seit den baulichen Erweiterungen von 1953 und 1964 faßt das Stadion knapp 60.000 Zuschauer. 1988/89 wurde das Stadion umfassend renoviert und modernisiert.

Der Name Dutzendteich leitet sich ab von »dutze« (Schilfrohrkolben), ein Hinweis darauf, daß hier — und zwar schon im frühen Mittelalter — Sumpfland war. Vermutlich wurden im 14. Jahrhundert einige Bäche angestaut und so entstand der See. An den Ufern siedelten sich wasserkraftabhängige Gewerbebetriebe an. Außerdem diente das Gewässer der Fischzucht.

Im Laufe der Zeit entwickelte sich der Dutzendteich zu einem wichtigen Glied in der Kette der Nürnberger Wasserkraftstandorte, wie sie vor allem entlang der Pegnitz zu finden sind. Sie trugen entscheidend dazu bei, daß sich Nürnberg zu einem Industriestandort für Metallverarbeitung entwickelte.

Zugleich nutzten die Nürnberger den Freizeitwert des Sees und seiner Umgebung für Spaziergänge und Bootsfahrten, für Schwimmen und Schlittschuhlaufen. Gasthäuser siedelten sich an. Ein Ru-

Nürnberger Stadion
❷

Dutzendteich
Alfred-Hensel-Weg
❸

Skulptur von Hans-Jürgen Breuste »Overkill I und II« am Eingang zur Ausstellung.

derverein und ein Yachtclub nützten das Gewässer für ihre Zwecke, 1876 wurde hier das erste Nürnberger Freibad errichtet.

Mitten in dieses Areal ließ Hitler die »Kongreßhalle« für seine Parteitage bauen (Baubeginn 1935). Der Torso dieses Gebäudes, das bei Standort 8 genauer beschrieben wird, spiegelt sich im Dutzendteich. Dabei wird deutlich, daß der See ganz gezielt in die Geländeplanung mit einbezogen wurde. Der »Verdoppelungseffekt« durch die Wasserspiegelung sollte alles noch größer erscheinen lassen. Auch der sog. »Lichtdom« konnte sich im See spiegeln und so seine Wirkung noch potenzieren.

So sollte die Kongreßhalle aussehen.

Große Straße
❹

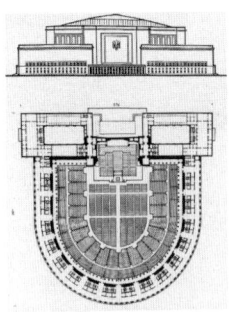

Von der Kongreßhalle bis zum 2 km entfernten sog. »Märzfeld« war eine 60 m breite schnurgerade Paradestraße für die Aufmärsche der Wehrmacht vorgesehen. Die mit aufgerauhten Granitplatten versehene Achsenstraße stellt das Verbindungsglied zwischen den verschiedenen Großbauten des Reichsparteitagsgeländes dar. Ihr nördlicher Fluchtpunkt ist ganz auf die Kaiserburg ausgerichtet, um eine optische Verbindung zwischen dem Symbol der »Stadt der Reichstage« — Karl IV. hatte in der Goldenen Bulle (1356) verfügt, daß jeder neugewählte König des Heiligen Römischen Reiches seinen ersten Reichstag in Nürnberg abhalten müsse — und dem Ort der »Reichsparteitage« herzustellen. Auf diese Weise sollte das »Dritte Reich« historisch legitimiert und aufgewertet werden.

Zu beiden Seiten der Großen Straße schlossen sich 6,5 m breite Gehsteige und Tribünentreppen an, die heute allerdings größtenteils von Gras und Gestrüpp überwuchert sind. Als Begleitschmuck war ein Spalier aus Kolossalfiguren und Eichenbäumen geplant.

Märzfeld

Auch das letzte Teilstück des Reichsparteitagsgeländes, das sog. Märzfeld, blieb unvollendet. Dieses Gelände, dessen Name an die im März 1935 wiedereingeführte allgemeine Wehrpflicht (»Wehrhoheit«) und an den Kriegsgott Mars erinnern sollte, war für Wehrübungen und Paraden der Wehrmacht gedacht, die bislang provisorisch auf dem Zeppelinfeld durchgeführt wurden. Mit der Umbauung des etwa 1.000 m x 600 m großen Geländes wurde 1938 begonnen. Von den 24 geplanten Türmen, die ähnlich wie beim Zeppelinfeld die Zuschauerwälle unterbrachen, wurden nur 11 fertiggestellt. Sie wurden zusammen mit den teilweise im Rohbau befindlichen Tribünen 1967 gesprengt. Ihre Trümmer liegen großteils in den Lärmschutzwällen entlang der Schönlebenstraße und der Gleiwitzer Straße, den Begrenzungen des ehemaligen Märzfeldes.

Heute befinden sich auf diesem Gelände Wohnanlagen, die Bertolt-Brecht-Gesamtschule (siehe S. 209) und die »Langwasserwiese«, wie das Märzfeld gleich nach Kriegsende umbenannt wurde. Die Große Straße diente nach dem Krieg bis 1968 den US-Streitkräften als Luftlandebahn. Inzwischen wird sie als Parkplatz bei Großveranstaltungen, insbesondere zu Zeiten des Volksfestes, des Christkindelsmarktes und bei Clubspielen genutzt.

Der Silbersee erinnert an das von den Nationalsozialisten geplante »Deutsche Stadion«. Die Grundsteinlegung für dieses Großprojekt erfolgte 1937 während des »Parteitags der Arbeit«. Es wurde erst nachträglich in den Gesamtplan des Reichsparteitagsgeländes aufgenommen. Gewiß spielte dabei auch der propagandistische Erfolg der Olympischen Spiele von 1936 in Berlin eine Rolle. Mit Kriegsbeginn wurde jedoch ein Baustopp verfügt. Die Baugrube füllt sich allmählich mit Grund- und Regenwasser. So entstand der heutige Silbersee.

Die Planung dieses »größten Sportstadions der Welt« vermittelt einen Eindruck vom Größenwahn der Nationalsozialisten. Das Stadion sollte 405.000 Zuschauern Platz bieten. Der hufeisenförmige Tribünenbau war für eine Grundfläche von 540 m x 445 m geplant. Die Form des symbolträchtigen Olympiastadions in Athen diente als Vorlage, nur die Dimensionen waren viel größer. Da die Sitzreihen der Zuschauer auf den Tribünen 80 m hoch aufsteigen sollten, wollte man Spezialbrillen einführen, damit die Zuschauer vom Geschehen auf dem Rasen etwas sehen konnten.

Reichsparteitag Nürnberg

Parteitag der Arbeit.

Die gesamte Produktion der deutschen Steinbrüche hätte für dieses Projekt nicht ausgereicht. Sie konnten schon den Bedarf für die bereits begonnenen Reichsparteitagsbauten nicht decken. Noch weit in den Krieg hinein wurde das Baumaterial aus den verschiedenen Ländern Europas nach Nürnberg gebracht. Auch darin kann man ein Zeichen dafür sehen, daß die Politik der Nationalsozialisten von Anfang an die Eroberung ganz Europas, ja der Welt im Auge hatte.

Bezeichnenderweise übertraf das geplante Spielfeld des »Deutschen Stadions« die internationalen Maßstäbe bei weitem. Doch Adolf Hitler ging davon aus, wie Albert Speer in seinen »Erinnerungen« schreibt, daß die für 1940 in Tokio geplanten Olympischen Spiele die letzten seien, die im Ausland stattfänden. »Aber danach, da werden sie für alle Zeiten in Deutschland stattfinden, in diessem Stadion. Und wie das Sportfeld zu bemessen ist, das bestimmen dann wir.«

Deutsches Stadion.

Zwischen Silbersee und Großer Straße liegt der *Silberbuck*. Er entstand aus nicht verwendeten Baumaterialen des Reichsparteitagsgeländes und aus dem Trümmerschutt der zu 90% zerstörten Stadt. Nur 9% der Nürnberger Wohnungen waren unversehrt geblieben. 10,7 Millionen Kubikmeter Schutt mußten beseitigt werden. Dies war für Nürnberg die Bilanz des von den Nationalsozialisten angezettelten 2. Weltkrieges. 1962 wurde der Schuttberg begrünt.

Volksfestplatz
⑥

Auf dem Volksfestplatz war bis 1937 der 1912 gegründete Nürnberger Tiergarten angesiedelt. Da er nicht in die Konzeption des Reichsparteitagsgeländes paßte, wurde er kurzerhand aufgelöst und einige Kilometer weiter, am Schmausenbuck, neu errichtet (siehe S. 168). Außer der Kongreßhalle (siehe S. 188) war auf diesem Areal auch ein »Kulturbau« und ein »Ausstellungsbau« vorgesehen.

Im Kulturbau — gegenüber der Kongreßhalle — sollten die nationalsozialistischen »Kulturtagungen« stattfinden, die bislang im alten Kulturvereinsgebäude am Frauentorgraben abgehalten wurden. Es blieb jedoch bei der Planung ebenso wie beim Ausstellungsbau, der die Ausstellungskapazitäten des Germanischen Nationalmuseums erweitern und zugleich als Portalbau des Nordausgangs der Großen Straße dienen sollte.

Zwischen Bayernstraße und Jakob-Wolff-Straße sieht man eine bepflanzte Wallaufschüttung. Darunter befinden sich die nicht mehr verwendeten Granitquader der Kongreßhalle.

Nicht mehr von diesem Standort aus zu sehen, aber ganz in der Nähe (zwischen Frankenstraße und Ingolstädter Straße), befindet sich die ehemalige, 1938 fertiggestellte SS-Kaserne. Im Krieg erheblich bombenbeschädigt, wurden die Gebäude nach 1945 von der Militärregierung provisorisch instandgesetzt. Sie beherbergen seitdem eine Garnison der US-Army. Die weitläufigen Gebäude-

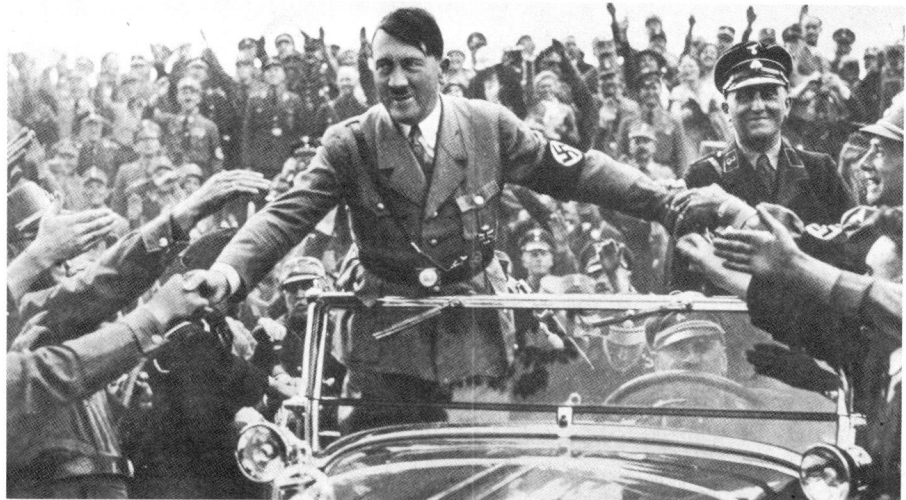

Propaganda beim Reichsparteitag.

flügel sind aus Sichtmauerwerk errichtet. Nur der Mittelbau mit dem Eingangsportal trägt eine Muschelkalkverkleidung.

Im Zusammenhang mit der Bayerischen Landesausstellung von 1906 wurde ein Teil des Lorenzer Reichswaldes zu einem Großpark umgestaltet. So entstand der Luitpoldhain. Zwischen 1928 und 1930 ließ die Stadt dort eine Gedenkhalle zu Ehren der im 1. Weltkrieg gefallenen Soldaten errichten. Das an die »Ehrenhalle« anschließende Gebiet diente bereits in den zwanziger Jahren den Formationen der NSDAP als Versammlungs- und Aufmarschgelände. Auch die Arbeiterbewegung und deren Organisationen nutzten das Gelände für Aufmärsche und Demonstrationen.

Seit 1934 wurde das Areal von den Nationalsozialisten systematisch zur Luitpoldarena ausgebaut. Das Aufmarschgelände — ein Tribünenrechteck mit Halbrondell gegenüber der in den Gesamtkomplex einbezogenen »Ehrenhalle« — faßte 150.000, die Tribünen nochmals 50.000 Menschen. Die Arena diente den Aufmärschen und Appellen der »Sturmabteilung« (SA), der »Schutzstaffeln« (SS), des »Nationalsozialistischen Kraftfahrerkorps« (NSKK), des »Nationalsozialistischen Fliegerkorps« (NSFK) und den nationalsozialistischen »Totenfeiern«. Der pseudoreligiöse Charakter dieser Veranstaltungen wurde deutlich, wenn Adolf Hitler mit der sogenannten »Blutfahne« — jener Fahne, die die Nationalsozialisten bei ihrem gescheiterten Putsch 1923 in München mitführten — neue Standarten und Fahnen der SA »weihte«. Dadurch sollte an die Opferbereitschaft der »Volksgenossen« appelliert und Kampf und Krieg glorifiziert werden.

Direkt anschließend an die Luitpoldarena befand sich die Luitpoldhalle. Sie wurde 1906 erbaut und zunächst als Ausstellungs- bzw. Lagerhalle für Maschinen genutzt. Nach provisorischem Umbau hielt dort ab 1933 die NSDAP ihre Parteikongresse ab. Im Inneren der Halle fanden 1.600 Menschen Platz. 1935 bekam das Ge-

Luitpoldhain

Hitler mit der Blutfahne.

bäude eine neoklassizistische Fassadenverkleidung aus Muschelkalk. Während des Krieges wurde es von Bomben zerstört.
1958/59 ließ die Stadt den Luitpoldhain in einen Erholungspark
mit Kinderspielplätzen zurückverwandeln. Die einstigen Tribünen
wurden entweder abgetragen oder bepflanzt. Die Granitquaderstu-
fen wurden z.T. für die Wege verwendet. Die »Ehrenhalle« blieb
stehen. Eine nach dem Krieg angebrachte Inschrift erinnert an die
Toten der beiden Weltkriege und an die Opfer der Gewaltherrschaft
von 1933–1945. Heute finden dort die alljährlichen Gedenkfeiern
zum Volkstrauertag statt.

Kongreßhalle
❽

Am 11. September 1935, während des »Parteitags der Freiheit«,
legte Adolf Hitler mit pathetischen Worten den Grundstein für den
Kongreßbau:

» Eine Halle soll sich erheben, die bestimmt ist, die Auslese des national-
sozialistischen Reiches für Jahrhunderte alljährlich in ihren Mauern zu ver-
sammeln. Wenn aber die Bewegung jemals schweigen sollte, dann wird noch
nach Jahrtausenden dieser Zeuge hier reden. Inmitten eines heiligen Haines
uralter Eichen werden dann die Menschen diesen ersten Riesen unter den
Bauten des Dritten Reiches in ehrfürchtigem Staunen bewundern.«

Auch hier verkörpert sich wieder das Bestreben des nationalsozialistischen Systems, sich mittels Architektur eine Aura des Über-
zeitlichen und Unwandelbaren zuzulegen.

Daß bei den Parteikongressen der Nationalsozialisten keine Diskussionen, Fragestunden und politischen Auseinandersetzungen
vorgesehen waren, macht schon das geplante Fassungsvermögen
des Kongreßbaus deutlich (50.000 bis 60.000 Personen). Nach den
Plänen der Nürnberger Architekten *Ludwig und Franz Ruff* wurde
auf einer Grundfläche von 275 m x 265 m ein Gebäude projektiert,
das bewußt an das Colosseum in Rom erinnern, jedoch dessen Ausmaße weit übertreffen sollte.

Auch dieser Bau blieb unvollendet. über dem Obergeschoß war in ca. 70
m Höhe eine freitragende Dachkonstruktion geplant, überwiegend aus Glas
mit einer maximalen Spannweite von 160 m. Die diese Konstruktion tragen-
de Mittelhalle wurde ebensowenig realisiert wie das Glasdach und die Ver-
kleidung des Hallenrunds im Innern sowie die Tribünenreihen für die erwar-
teten Menschenmassen. Insgesamt wären rund 3 Millionen m³ umbauter
Raum entstanden.

Die riesigen Dimensionen dieser Bauprojekte sollten dem deutschen Volk »einen starken, inneren Halt geben« und gleichzeitig die
»Lächerlichkeit sonstiger irdischer Differenzen« beweisen. »Nichts
ist mehr geeignet, den kleinen Nörgler zum Schweigen zu bringen,
als die ewige Sprache der großen Kunst« (Hitler beim Reichsparteitag 1935). Die ›Übertrumpfungsarchitektur‹ der Nationalsozialisten wollte beeindrucken und zugleich einschüchtern, indem sie
dem »Volksgenossen« vor Augen führte, wie klein und unbedeu-
tend er gegenüber der ›Größe‹ des Regimes sei.

Nach 1945 wurde der Kongreßhallentorso vor allem wirtschaftlich genutzt: als Lagerhalle für ein Versandhaus, als Abstell- und

Das Märzfeld.

Übungsplatz für den Katastrophenschutz und andere Hilfsorganisationen und als Parkplatz für Fahrzeuge. Im linken Kopfbau haben
die Nürnberger Symphoniker ihren Sitz. In ihren Tonstudios werden Musikaufnahmen, die unter dem Schallplatten-Label »Colosseum« erscheinen, aufgenommen. Im sog. Serenadenhof werden in
den Sommermonaten Konzerte aufgeführt.

In der Vergangenheit gab es immer wieder Vorschläge für einen
weitergehenden Ausbau des Torsos. So wurde z.B. überlegt, das
Gebäude zu einem Fußballstadion umzubauen. 1987 traten einige
Nürnberger Geschäftsleute mit einem Konzept zur Umgestaltung
des Kongreßbaus zu einem riesigen Shopping- und Freizeitcenter
an die Öffentlichkeit. Dieses höchstproblematische Nutzungskon-
zept mit extravaganten Wohnstudios und Luxusgeschäften löste
heftige Diskussionen über die weitere Nutzung der Kongreßhalle
und des gesamten Reichsparteitagsgeländes aus, die in einem viel-
beachteten Symposion zum Thema »Das Erbe — Vom Umgang mit
NS-Architektur« gipfelte.

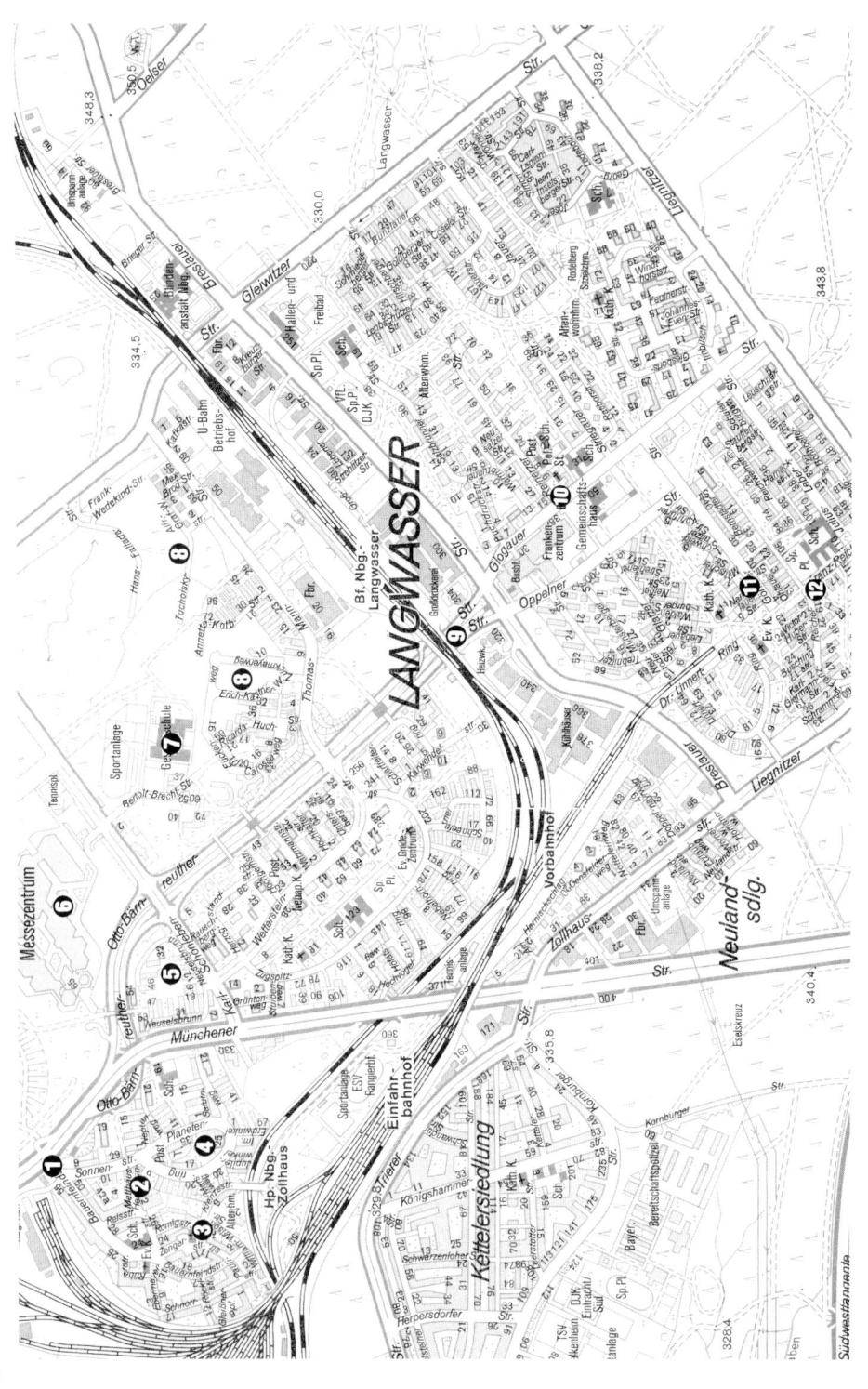

Promenadenmischung in sattem Grün

Langwasser

von Helmut Häußler

Ausgangspunkt: U-Bahnhof Bauernfeindstraße
Endpunkt: U-Bahnhof Langwasser-Süd
Dauer: ca. 4 1/2 Stunden

Der Nürnberger Stadtteil Langwasser weist auffällige Gemeinsamkeiten mit der alten Nürnberger Südstadt auf: Er bietet Wohn- und Arbeitsmöglichkeiten für eine neue Zeit, für einen neuen Menschentyp, schafft geplante, strukturelle Erweiterungen. Zudem handelt es sich um eine Fortentwicklung der sozialen Stadtrandsiedlung der Jahrhundertwende, wie sie die alte Gartenstadt verkörpert. Langwasser verfügt über alle elementaren Versorgungseinrichtungen, die der Mensch im Alltag braucht. Das schafft in wesentlichen Dingen funktionelle Unabhängigkeit von der großen Stadt, mit der die Trabantensiedlung, durchaus bereichernd, eine übergreifende kulturelle Einheit bildet. Im Unterschied zum Typus der alten Stadtrandsiedlung hat eine »Stadt bei der Stadt« wie Langwasser auch Erwerbsmöglichkeiten für einen Großteil seiner Bewohner anzubieten: Entlang der südlichen Ringbahn, die die Nazis für ihre Zwecke mit Eisenbrücken und einem hohen Bahnkörper in diese seinerzeit noch wilde Gegend verlegt haben, entstand während der 60er und 70er Jahre ein kilometerlanger Riegel von Fabriken und Handelsfirmen, im kleinen das industrielle Stadtrandmilieu südlich der Frankenstraße nachbildend.

Namensgeber dieses einzigartigen städtebaulichen Großunternehmens, das zur Zeit von 40.000 Menschen bewohnt und grundsätzlich für 60.000 geplant ist, wurde ein winziges Rinnsal an seinem waldreichen Ostrand (zum beliebtesten Zeitvertreib »Fußball« auf dem Gelände am Valznerweiher haben es die »Langwasserianer« nicht weit).

Lange bevor der Fischbach im Hochmittelalter künstlich in den Dutzendteich hereingezogen wurde, an seinem Südrand, bei der heutigen Wilhelm-Späth-Straße, einen Eisenhammer betrieb und schließlich in der Altnürnberger Südstadt, unserer heutigen City, die Handwerksstätten mit Wasser versorgte, führte der beim heutigen Altenburg entspringende Langwasserbach, dem riesigen künstlichen Fischgrund Frischwasser zu. Er bot bis in die neuere Zeit den Südstädtern Nürnbergs stimmungsvolle Spaziergänge, war (oder ist noch) verschiedentlich von Waldweihern durchsetzt und unterhielt

Die alte Rangierbahnhof-
siedlung 1907 um den Mat-
thäus-Hermann-Platz.

auch eine Forellenzucht. An dem aparten Stadtioncafé der Zwischenkriegs-
zeit, im herrlichen Stadionpark gelegen und von Otto Ernst Schweitzer im
Bauhausstil erbaut, floß das »Langwasser« vorbei, an dieser Stelle mit ei-
nem Brücklein versehen, das das Wendegleis einer Waldstraßenbahn trug
(seit 1929).

Älter, als man gemeinhin denkt, ist die Vorgeschichte der Trabantenstadt Langwasser, bzw. ihre Gründungsidee. Ihr »Geburtstag« lag zwischen Inflation und Weltwirtschaftskrise, in den goldenen 20ern also, wo gleichzeitig der Städtebauer *Janssen* auch schon das Bett des alternden Ludwigkanal in die Trasse einer Schnellstraße (heute Frankenschnellweg) verwandeln wollte und den ersten Generalbebauungsplan Nürnbergs schuf. Doch Weltwirtschaftskrise und gleich danach Hitlers Größenwahn mit seinem »Reichsparteitagsgelände« haben dieses erste Projekt verhindert.

Unser Rundgang durch Langwasser führt uns von Norden nach Süden. Wir beginnen mit den drei Randsiedlungen im Norden, die in die neuen Großsiedlungen heute mehr oder weniger soziologisch eingeschmolzen sind.

Bauernfeindstraße
❶

Da liegt, mit dem »Ausfallstor« Bauernfeindstraße von Westen her (ihr »Finale« deutet tatsächlich »torartige« Abschlüsse an), die alte Rangierbahnhofsiedlung, die geraume Zeit vor dem 1. Weltkrieg entstand; charakteristisch ist ihr Stilpotpourrie: von der Werkbundmanier bis zu verschiedenartig umgesetzten, zuletzt in »neue Sachlichkeit« einmündenden barockisierenden Bauweisen.

Matthäus-
Hermann-Platz
❷

Die Rangierbahnhofsiedlung könnte als älterer »kleiner Bruder« der »Trabantenstadt« bezeichnet werden: mit einer Art Marktplatz, an dem das Schulhaus steht — ein reizvoller Bau der frühen Werkbundzeit mit einer fast abenteuerlichen Dachlandschaft — sowie eine der beiden Ortsteilkirchen mit zwei schieferverkleideten barockisierenden Türmen und sogar einem Narthex (es ist die Paulskirche, erbaut nach Planung von *Hitehr*, 1912/13, die erste Nürnberger Kirche mit Gemeindezentrum).

Geradezu Dorflinden-Athmosphäre herrscht an dem kleinen Platz am Westrand der Siedlung, dem Mathäus-Hermann-Platz mit dem expressionistisch angehauchten Genossenschaftssaalbau und dem Kleinbrunnen mit der anrührenden Familienszene (gestaltet von Prof. *Bauer* 1927).

Einige hundert Meter weiter nach Süden steht, auf einer West- **Zengerstraße 12** empore nach mittelalterlichem Vorbild, im Werkbundstil mit ei- nem Anflug barocker Würdigkeit, die 1909/10 erbaute Willibalds- kirche von Architekt *Weiß*.

Östlich von der Rangierbahnhofsiedlung, wieder eine kleine **Planetenring** Welt für sich, liegt die in den 50er Jahren gestaltete Eisenbahner- siedlung mit dem Herzstück des Kleinbautenzirkels (Wohnhäuser und Geschäfte) »Planetenring« als Herzstück. In dessen Mitte, schon längst schilf- und staudenumrankt, hat man einen kleinen Landschaftssee gelegt und ihn liebevoll herausgeputzt mit einer kleinen Brücke, die zwei groteske schmiedeeiserne Geländer rah- men, und zwei sehenswerten Plastiken. Mit einer kaum verleugne- ten Offensichtlichkeit ist die eine davon, *Leo Smigays* metallener, grotesk-nachexpressionistischer, flötenblasender »Pan im Schilf«, von der Situation und Stimmung her Arnold Böcklins gleichnami- gen Gemälde nachempfunden; von ergreifender introvertierter Schönheit, aufgestellt 1960 wie der »Pan«, ist die Doppelfigur »Das Paar« aus Muschelkalk von *Hella Rossner-Böhnlein*.

Die eigentümliche Bauweise der Eisenbahnersiedlung südlich vom Planetenring besteht aus Hochbauten in einer recht geglückten »Promenadenmischung« von *Le Corbusier* und Dessauer Bau- haus. Auch mit farbiger Linear- und Objektkunst an den Hauswän- den ist nicht gespart.

Als ein weiterer nördlicher »Auftakt« zu Langwasser ist in näch- **Bärnreuther Straße** ster Nähe, östlich der Münchner Straße, die Siedlung Neuselsel- brunn (benannt nach einem Flurnamen) entstanden, bestehend aus einer Ansammlung von Hochhäusern, die in weitläufiger Distanz zueinander eine mächtige »Skyline« für die aus Richtung München kommenden Auto-Lawinen bilden.

Etwas weiter südöstlich, jedoch in nächster Nähe, nur getrennt **Messezentrum** durch den Gleiskörper der hier in offener Geländeschneise gelege- nen U-Bahn, stößt man auf das neue Messegelände mit seinem run- den Dutzend grellbunt angestrichener Leichtmetallhallen, seiner Empfangs- und Kongreßhalle aus den 70er Jahren und der 1984 nach den Plänen von *Horst Fink* entstandenen Mehrzweck- oder Frankenhalle in rein funktionaler Baumentalität. Die Akustik die- ses Metallraumes zu verbessern, hat man sich nachher einiges ko- sten lassen.

Aber Nürnbergs neues Messezentrum (Ersatz für seinen zu eng geworde- nen und daher zum Berufsschulzentrum »umfunktionierten« Vorgänger am

Docken, Rasseln und Trompeten

Nürnbergs Ruf als Spielwarenstadt beruht nicht nur auf dem heutigen Renommee seiner großen Spielwarenfabriken wie die der Modelleisenbahnhersteller Fleischmann, Arnold oder Lehmann und der ungebrochenen Attraktivität von Spielwarenmesse und Spielzeugmuseum, sondern auch und vor allem auf der langen Tradition dieses Gewerbes. Die Spielzeughersteller von Nürnberg können auf eine sechshundertjährige Geschichte zurückblicken.

Bereits gegen Ende des 14. Jahrhunderts waren sogenannte »Dockenmacher« mit der Herstellung von Puppen (=Docken) aus Ton oder Holz beschäftigt. Aufgrund der guten Handelsbeziehungen der Nürnberger Kaufleute waren ihre Holzfiguren unter dem Begriff »Nürnberger Ware« schnell begehrt auf in- und ausländischen Märkten. In der Folgezeit gingen dann in zunehmendem Maße auch Schreiner, Drechsler, Flaschner, Schlosser, Gold- und Zirkelschmiede, Zinngießer oder Kupferstecher dazu über, sich neben ihrer eigentlichen Arbeit mit der Fertigung von Spielzeug zu beschäftigen. In der Regel waren ihre Produkte einfach verkleinerte Nachbildungen der entsprechenden Gebrauchsgegenstände der Erwachsenenwelt. So nahm die bis heute beliebte Puppenküche als »Nürnberger Küche« im 17. Jahrhundert ihren Ausgangspunkt in den Werkstätten des stark spezialisierten Nürnberger Gewerbes. Einige dieser zum Teil sehr kunstvoll eingerichteten Puppenhäuser sind heute noch im *Spielzeugmuseum* und im *Germanischen Nationalmuseum* zu bewundern.

Gegen Ende des 18. Jahrhunderts bot der Großkaufmann *Georg Hieronimus Bestelmeyer* die vielfältigen Erzeugnisse der Nürnberger Spielwarenmacher bereits per Versandkatalog an. 1803 umfaßte sein Sortiment beispielsweise nicht weniger als 1.000 Artikel, von einfachen Holztieren und Stoffiguren angefangen bis hin zu komplizierten mechanischen Schachspielen oder physikalischen Experimentierkästen. Bestelmeyers Katalog beweist eindrucksvoll, daß Nürnberg in der Erfindungsgabe und dem Geschick seiner Handwerker beste Voraussetzungen für den industriellen Aufschwung der Spielzeugherstellung im 19. Jahrhundert besaß.

Die Erfindung von Stempeln, Pressen und Stanzen, die durch Wasser- und Dampfkraft betrieben werden konnten, führte in Verbindung mit fabrikmäßig gefertigten Blechen ab etwa 1850 zur Entstehung erster Spielzeugfabriken. Zahl und Umfang dieser Unternehmungen wuchsen seit den Gründerjahren sprunghaft. 1905 waren etwa 8.000 Personen in der Spielwarenbranche beschäftigt, das Adreßbuch der Stadt wies für 1914 nicht weniger als 243 Spielwarenfabrikanten aus. In jenen »goldenen Jahren« eroberte sich Nürnberger Spielzeug, das geradezu zum Synonym für Blechspielzeug wurde, den Weltmarkt. Seine international beherrschende Stellung beruhte zum Teil auf den »penny toys«, also außerordentlich billigen Massenartikeln wie Rasseln, Trompeten oder Kindersäbel. Zum anderen produzierten aber vor allem die großen Fabriken der Gebrüder Bing (damals die größte Spielwarenfabrik der Welt mit knapp 3.000 Arbeitern), von Schoener, Bub, Plank oder Carette sehr gute optische und mechanische Blechspielwaren.

Die »goldenen Zeiten« hatten freilich ihre sozialen Schattenseiten. Schlimm war die Lage der zahlreichen Kleinmeister, die zumeist im Familienbetrieb und in erdrückender Abhängigkeit von den Spielwarenexporteuren arbeiteten. Die harte Konkurrenz untereinander, ein fehlender Musterschutz und der zumeist aussichtslose Wettbewerb mit der Fabrikware ließen ihr Einkommen häufig unter das Existenzminimum sinken. Der Traum vom Aufstieg aus dem Handwerk zum Fabrikherren blieb für die allermeisten Kleinmeister immer nur Wunschdenken.

Auch viele Hunderte von Heimarbeiterinnen, die für Fabriken Zinnfiguren bemalten oder Blechspielzeug lackierten, befanden sich in einer beklagenswerten Lage. Heimar-

Im Kindergarten der Spielwarenmesse 1988. Alle Nationen an einem Tisch.

beit war eine Grauzone der kapitalistischen Wirtschaft: Kein Gesetz griff regulierend ein, keine Organisation kümmerte sich um die isoliert in ihren Küchen und Kammern arbeitenden Frauen und Kinder. Hier herrschte das ökonomische Interesse des Kaufmanns oder Unternehmers unumschränkt. Freimütig bekannte beispielsweise der Nürnberger Zinnfigurenfabrikant *Wilhelm Heinrichsen*, Arbeitgeber einer Heerschar von Zinnmalerinnen, daß »ein großer Teil unserer deutschen Spielwarenindustrie lediglich auf der Billigkeit der weiblichen Arbeitskraft beruht«.

Der niedrige Verdienst zwang häufig zu einer kaum vorstellbaren Ausdehnung der Arbeitszeiten. Der Sozialpolitiker Wilhelm Uhlfelder berichtete 1899: »Eine Arbeitsdauer von 14 bis 17 Stunden ist keine Seltenheit ... Während der hohen Saison ... kommt es vor, daß Frauen zwei- bis dreimal in der Woche eine Freinacht machen, d.h. sich überhaupt nicht ins Bette legen, oder höchstens 2 bis 3 Stunden«. Das Elend der Eltern war auch das Elend der Kinder. Acht bis zehn Stunden Arbeit neben der Schule waren keine Seltenheit. Trotz des gesetzlichen Verbots der Kinderarbeit, das erst 1904 endlich in Kraft trat, besserte sich die Situation nur langsam.

Diese Tatsache sollte man sich vielleicht vor Augen halten, wenn man vor manchen Vitrinen des Spielzeugmuseums steht. Könnten Objekte sprechen, sie wüßten von Kindern zu erzählen, »die sich zu ihrer Zeit mit allen Dingen der Erde lieber beschäftigt hätten als ausgerechnet mit Spielzeug«. (Walter Lehnert)

Helmut Schwarz

Stadtpark) darf schon was kosten; es hat ja auch einiges eingebracht: Ist doch Nürnberg dank des neuen Zentrums erst zur Messestadt internationalen Ranges geworden: Neben der »Internationalen Spielwarenmesse« (Februar), der »Freizeit- und Garten-Ausstellung« (März, April), der »Frankenschau« (die schon immer mit Ausrichtung auf die große NS-Aufmarschstraße hier draußen in einer Zelte- und Budenstadt tagte), der »Consumenta« im Spätherbst mit angeschlossener Erfinder- und Neuheiten-Schau konnten dank der neuen Ausstellungsverhältnisse noch eine exquisite Waffenschau (die meinetwegen beim Teufel hätte bleiben können), eine Fachausstellung »Dach und Wand«, eine große »Kunst- und Antiquitätenausstellung«, verschiedene Hunde- und Katzen-Wettbewerbsschauen, eine Naturstein- und Mineralienbörse sowie klimatechnische und Didacta-Ausstellungen hinzukommen. Die SPD hält hier ihre Jahreskongresse, die Zeugen Jehovas ihre Bezirkskonferenzen mit gekoppelter Massentaufe im nahen Stadionbad.

❼

Ein vielgestaltig-asymmetrischer, mit viel Kupfer verkleideter postmoderner Hotelbau, der erste in Langwasser, steht am Südrand des Messegeländes. In den 70er Jahren gab es Anläufe, uniformistischen Tendenzen bei größeren Wohnbaukomplexen entgegenzuwirken und Auflockerungsvorschläge in verschiedenen Nachbarschaften durchzusetzen. Einen Höhepunkt in dieser Hinsicht stellt die Siedlung »Elementa« dar. Diese terrassenförmige Wohnanlage, mit viel Glasverkleidung und Balkon-Vegetation, verheißt einen außergewöhnlichen Wohnalltag.

Die seit 1980 entwickelte und ausgebaute »Nachbarschaft L« gleich daneben, als Rahmenprojekt auf den Architekten *Albin Hennig* zurückgehend, kehrt eine ganz andere, man möchte sagen »gegenfunktionelle« Variante des postmodernen Bauens, mit recht eigenwilligen Anleihen beim Spätmittelalter und dem 16. Jahrhundert heraus: Walmdächer, Einhüfterker, polygonale Chörlein und abenteuerliche Dachlandschaften, gegeneinander versetzte Fassaden, springende Dachfirste, Lebhaftigkeit des ganzen Straßenmilieus, Kontrapunkte in jeder Beziehung, ein Hauptplatz mit schloßartigen Remineszenzen und monumentalem Objektbrunnen, dazu in manchen Straßen, nach dem Brauch antiker Städte, Regenschutz-Kolonnaden, wenn auch aus rot gestrichenem Metall.

Die »Nachbarschaft L« ist eine einzige Fußgängerzone; Autos sind grundsätzlich ausgesperrt, überall sieht man sorgfältig gemustertes Kunstpflaster, Bordsteine aber nirgends. Die Garagen liegen grundsätzlich außerhalb des Siedlungskernes.

❽

Ein komfortables und recht interessantes Wohnen bietet die »Nachbarschaft Paula«, weshalb es auch gleich nach der vorläufigen Fertigstellung zu dem überaus mißgünstigen Gezetere gewisser parteipolitischer Kreise im Stadtrat kam, daß für so ein (wenn auch gehobenes) Miet-Objekt solcher Aufwand betrieben werde, was ja zwangsläufig auf Kosten der Förderung von Eigenheimbesitzern gehe.

Bertolt-Brecht-Straße 39

An ihrem nördlichen Ende hat sich die »Nachbarschaft Paula« eine recht umstrittene Einrichtung, die Gesamtschule, zugelegt. Dieser beeindruckende, mit viel Transparenz gestaltete und in hellen Pastellfarben gekleidete Schulneubau, der den ehrenvollen Namen des größten deutschsprachigen Dramatikers und sozialkritischen Zeitdichters der Gegenwart, *Bertolt Brecht*, trägt, wurde nach den Plänen des Berliner Architekten-Teams *Gehrmann/Koch/ Kroten* gebaut.

Wir erreichen auf unserem Nord-Süd-Spaziergang eine der (noch in der NS-Zeit gebauten) Brücken der südlichen Ringbahn zwischen Rangierbahnhof (westlich) und Bahnhof Dutzendteich (östlich) und verweilen einen Augenblick, bevor wir den Süden der Trabantenstadt (wo Langwasser am authentischsten ist) besuchen wollen. Haben wir uns doch auf unserem Nord-Süd-Spaziergang bisher durchweg auf der Ostseite gehalten, die Westseite aber, das Gebiet zwischen U-Bahn und Münchner Straße, vernachlässigt. Dort ist die Baulinie relativ streng und die Häuser sind hoch, und die nirgends fehlenden Baumgruppen scheinen sich anzustrengen, den steinernen Nachbarn entgegenzuwachsen. Es gibt hier eine Wiener-Wald-Gaststätte, eine Filiale der Stadtsparkasse und, weiter im Süden, auch noch ein paar auffallende architektonische Varianten, wo man auch keine Hemmungen hatte, an den Fassaden kräftig Farbe zu zeigen. Eine Kleingartenkolonie, zum Ausgleich wohl für die Wohnsilo-Bewohner, ist ebenfalls noch vorhanden. An der Münchner Straße sind weite Partien dem Kleinhausbau vorbehalten — ein recht gesunder Ausgleich.

Keine moderne Lernmaschine soll sie sein. Nach zehn Jahren wurde die GNL in Bertolt-Brecht-Gesamtschule umbenannt. Einstimmiger Stadtratsbeschluß.

Parkwohnanlage Zollhaus. Liebevoll herausgeputzt.

Jenseits von Scharfreiterring und Bahnbrücke entstand 1969 das **Glogauer Straße** Frankenzentrum, eine Ladenstraße, in der alles zu haben ist. Sie ist der gesellschaftliche Mittelpunkt Langwassers.

Der Kern der heutigen Langwassersiedlung, zwischen dem Umraum des »Frankenzentrums« im Westen und der Wohnfläche um Giesberts- und Imbuschstraße, diente in der Zeit der NS-Reichsparteitage als »SA-Lager Langwasser« — eine Budenstadt mit Baracken und Zelten, allerdings mit asphaltiertem Straßensystem und Kanalisation. Jeweils Anfang September, bevor die politische Massenveranstaltung begann, rückten von dem eigens

*dafür gebauten Bahnhof Dutzendteich, zu dem sie von allen Ecken des » Rei-
ches« hingekarrt worden waren, Formationen der (seit dem Röhm-Debakel
1934 deklassierten) SA und des nazistischen Zwangsarbeitsdienstes, dem
sich damals vor der Militärzeit kein junger Mensch (übrigens beiderlei Geschlechts) entziehen konnte, hier ein, um in einigen Tagen das Reichsparteitagsgelände » auf Hochglanz« zu bringen.*

*Während der Zeit des 2. Weltkrieges diente das Lager zur » Unterbrin-
gung« von polnischen Gefangenen, denen später die Kriegsgefanenen aus
anderen » Feindstaaten«, dann Zwangsarbeiter aus den » besetzten Gebieten« und schließlich der Elendspulk der sowjetischen Gefangenen folgten,
die hier an Hunger und Quälerei zugrunde gingen.*

*Nach dem Krieg folgte eine andere » Lagerbesatzung«, der es, weil zu Hit-
lers alter » Herrenrasse« gehörig, weit besser ging, mit » viel Kultura« und
Qualitätsessen, während die Nürnberger Normalbevölkerung von Hunger-
rationen mehr vegetierte als lebte. Es handelte sich um durch NS-Kriminali-
tät schwerbelastete Deutsche, die man im Jahr 1949 nach Eichstädt verlegte,
wo es ihnen nach der Währungsreform und Aufhebung der Rationierung bestimmt noch viel glänzender ging als im Nürnberger Ex-SA-Lager Langwasser.*

*In die alten Baracken, die mit der Zeit teilweise durch steinerne Objekte er-
setzt wurden, zog ein anderer Menschenschlag: Staatenlose Ausländer,
Strandgut von den leidvollen und endlosen Straßen des Krieges, die nicht
mehr in ihr einstiges » Vaterland« (Vaterländer sind immer recht unsichere
Kantonisten) heimkehren konnten, weil dieses sowjetisch besetzt war, oder
weil sie wirklich Dreck am Stecken hatten, z. B. durch ihr Verhalten während
der deutschen Besatzungszeit. Ungarn, Kroaten, Rumänen, Polen, Litauer,
Letten usw. lebten hier. Obwohl die Sache mehr schlecht als recht war — Al-
kohol und Liebeshändel, Schlägereien und Diebstähle waren an der Tagesordnung, wie es eben bei derartigen Bedingungen nicht ausbleibt —,
schwärmte damals ein Pfarrer der Rangierbahnhofsiedlung davon, das
» Valka-Lager« müsse die » Keimzelle« des künftigen » übernationalen«
Europa werden. Apropos » Valka-Lager«: dieser Name des Ausländer-
Camps stammte von litauischen Lagerinsassen, die von ihrem Heimatort am
fernen Memelstrand den Namen mitgebracht und auf ihr neues » Zuhause«
übertragen hatten. Drei Baracken-Kirchen haben sich die Zaungäste des sich
langsam zur Stadt regenerierenden Nürnberg aufgebaut. Sogar eine ortho-
doxe war dabei — für die strammen Kempen der ehemals faschistischen Koo-
perationsarmee des desertierten russischen Generals Wlasow, den Stalin hatte hinrichten lassen. Die Lebensdauer der europäischen Zukunftsstadt » Val-
kalager« währte indes nur wenige Jahre, weil Stadtrat, Stadtverwaltung und
WBG-Nürnberg längst mit der Planung der » Tranbantenstadt Langwasser«
schwanger gingen.*

*So beging man denn im Hochsommer 1957 eine Art feierliche Gesamt-
Grundsteinlegung (die Ausländer waren in ein heute noch existierendes Er-
satz-Lager in Zirndorf abgeschoben worden — die letzten Baracken an der
Zollhausstraße an Langwassers » Westgrenze« wichen 1959 Fabrikanlagen). Gekleidet in ärmliche, doch ästhetisch noble Einfachheit stand dort
außen damals bereits die Wohngruppe » Dr. Linnert-Ring« (1952), benannt
nach einem bald nach dem Krieg verstorbenen, sehr fähigen FDP-Politiker.*

Heinrich-Böll-Platz

⑩

Die Neuzubauten auf dem riesigen Heinrich-Böll-Platz (eine er-
freuliche Neuwidmung von 1982), schwebeleicht wie Baukasten-
oder Legogebilde, widerlegen das Gerücht, die architektonische
Moderne kenne die Faszination der Anmut nicht mehr. An der
Südseite des Platzes steht jetzt ein Abguß des Apollobrunnens von

Peter Flötner (15. Jh.), eines der Fernergebnisse der großen Nürnberger Renaissance-Gotikausstellung von New York.

Herausgeputzt hat sich vor zwei Jahren auch die Westseite der Glogauer Straße zwischen Frankenzentrum und Gemeinschaftshaus Langwasser: Da ist der elegant eingerückte, sehr maßstabsgerecht konzipierte neue Postbau mit den segmentbogig angelegten Wasserspielen davor. Langwasser zeigt eben zunehmend Gesicht und Linie wie eine richtige Stadt.

»Visavis« gab es ja schon lange Interessantes. Da ragt an der Paul-Gerhardt-Kirche (1961, benannt nach dem evangelischen Liederdichter *Paul Gerhardt* im 17. Jh.) ein Doppelturmpaar empor — mit Abstand vom Hauptbau wie ein Kampanile, aber doch zwei überschlanke, an die Gotik gemahnende Helmspitzen dem Himmel entgegen reckend. Nördlich davon kam später die »Troika« hinzu (Hochhaus, variabel kombiniert mit zwei niedrigen Nebenbauten unterschiedlichen Ausmaßes), glänzend weiß verkleidet als prikkelnder Gegensatz zum eher robusten Rot des sakralen Backsteinbaus — welch ein Ensemble und erinnert beinahe an den geschmackvoll kombinierten Sonntagsstaat einer vornehmen Dame.

Das Gemeinschaftshaus Langwasser (1968) ist ein terassenhaft weitausgezogener, mit Einzelgliedern funktionell gut durchdifferenzierter Bau, der als Nachfahre echter Bauhaus-Mentalität etwas Aristokratisches an sich hat. Von seiner Zweckbestimmung her, die den Konzert- und Theater-, den Vortrags, Versammlungs, Kleinkunst- und Ausstellungsbereiche umfaßt, wird der Bau manchmal scherzhaft-anerkennend als »die kleine Meistersingerhalle« bezeichnet. Leider ist der mit diesem einzigartigen Bau kombinierte Gaststättenbetrieb, den die Stadt verpachtet, nicht immer zufriedenstellend geführt worden.

Glogauer Straße 50

Im »fernsten Süden«, durch einen gepflegten Park gesäumt, in dem Pergolen, Büsche, Bäume und Blumenrabatten, aber auch Sportflächen und Erlebnisspielplätze für Kinder den Augen des Vorübergehenden um die Wette schmeicheln, steht das vielgliederig-asymmetrische Verwaltungsgebäude der Wohnungsbau-Gesellschaft Nürnberg (1981). Etwas nördlich davor wurde, dezent abgesetzt in der Farbgebung seiner Fassaden, ein Erste-Klasse-Hotel errichtet (1986), um das herum viel Ödland kultiviert worden ist.

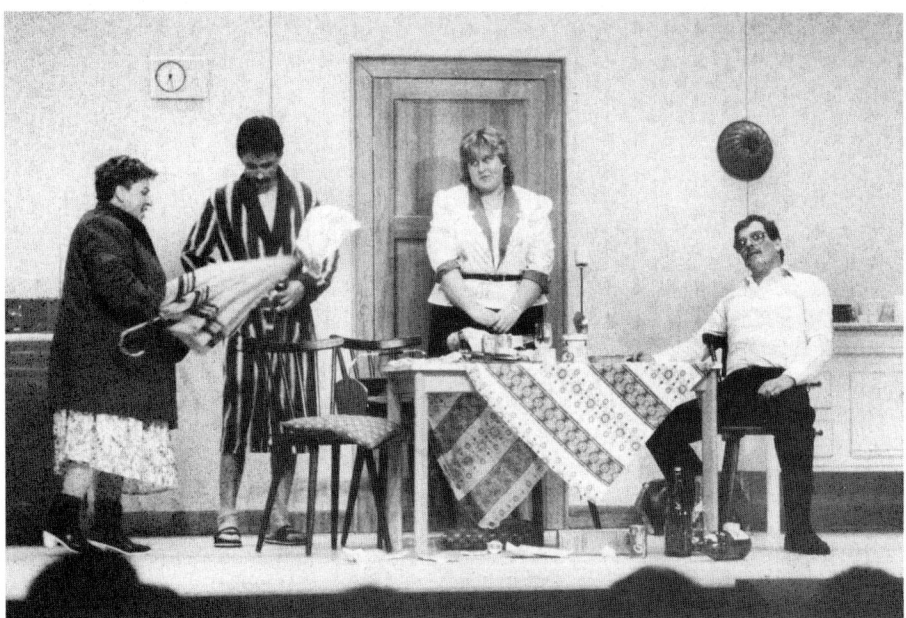

Der »B(l)abberdeggl«, Laienbühne mit Hausrecht im Gemeinschafthaus Langwasser, mit seinem Stück »Dess baggmär scho, Mamma«.

Der Raum östlich der Glogauerstraße weist in seiner ersten Phase noch eine Reihe recht konventioneller Wohnhausgegenden, jedoch auch Höhepunkte mit anspruchsvoller Architektur auf, aber schließlich schmilzt alles ein in das satte Grün einer üppigen, gepflegten Vegetation, deren Geborgenheit viele reizvolle Einfamilienhäuser mit ihren gepflegten, sonntäglich vornehmen Gärten umschließt. Für den Individualzuschnitt des »Bürgers von Lebensart« hat diese Gegend Langwassers die trefflichste Paßform. Die Spazierwege hier regelmäßig zu nutzen, kann beinahe einen Erholungsurlaub ersetzen.

Inmitten dieses freundlichen Arrangements liegt ein bemerkenswerter Sakralbau, der leicht ovale Zentralbau der Dreifaltigkeitskirche mit Oberlicht, wie eine antike Tempelzelle, und einer Einrichtung, die an das frühe Christentum gemahnt. Ein ökumenisches Sozialzentrum entstand in den letzten Jahren. Gaststätten gibt es ein paar wenige, aber gut geführte.

Westlich von der Glogauer Straße, die Görlitzer Straße hinein, bzw. parallel nördlich von ihr, beherrscht Reihenarchitektur die Gegend, unterbrochen von einem kleinen Geschäftszentrum und einer kleinen öffentlichen Rasenfläche mit einem lustig rauschenden Brunnen über einem rauhen Kiesfeld, der in abstrakten Formen die Bewegung eines aufstrebenden Taubenschwarms symbolisieren soll. Rechterhand, umgeben vom Gemeindezentrum, trifft der Blick auf die Kirche »Zum guten Hirten« (1961), dessen Inneres bei sonnigem Wetter durch seine winzig schmalen, wandhohen und ganzteils wandumlaufenden Farbfenster in ein zartes, bunt flim-

Namslauer Straße 9

Noch mal ein Blick zurück auf die futuristische Stadtlandschaft in Langwasser-Nord.

merndes Fluidum gehüllt ist. Ein Raum, in dem sich meditieren läßt.

Weiterwandernd, stößt man an den Franz-Reichel-Ring mit seinen übereck hintereinander vortretenden, nach Westen absinkenden Baukuben, zum Teil in Sichtbeton gehalten. Was hier das Wohnen angenehm macht (es ist eine Kombination von freifinanzierten Miet- und Eigentumswohnungen), ist die würzige Nähe des Lorenzer Reichwalds und der Blick über weite Teile Langwassers, vor allem auf die pyramidenförmige bzw. wie ein Zelt im Boden verankerte evangelische »Passionskirche« (1968), von einem unserer größten lebenden Architekten erbaut: *Wilhelm Schlegtensahl,* dem Retter der Sebalduskirche.

Dr. Linner-/Franz-Reichel-Ring
⑫

Die Baugruppe um den Franz-Reichel-Ring konnte Anfang der 70er Jahre bezogen werden und gehörte zur Baugenossenschaft Gartenstadt, obwohl die den Gartenstadt-Gedanken, der ja auf dem Einfamilienhaus-Prinzip basiert, nicht verwirklicht. Ihr Erbauer und Namensgeber, der bedeutende Architekt *Franz Reichel,* ist 1965 gestorben.

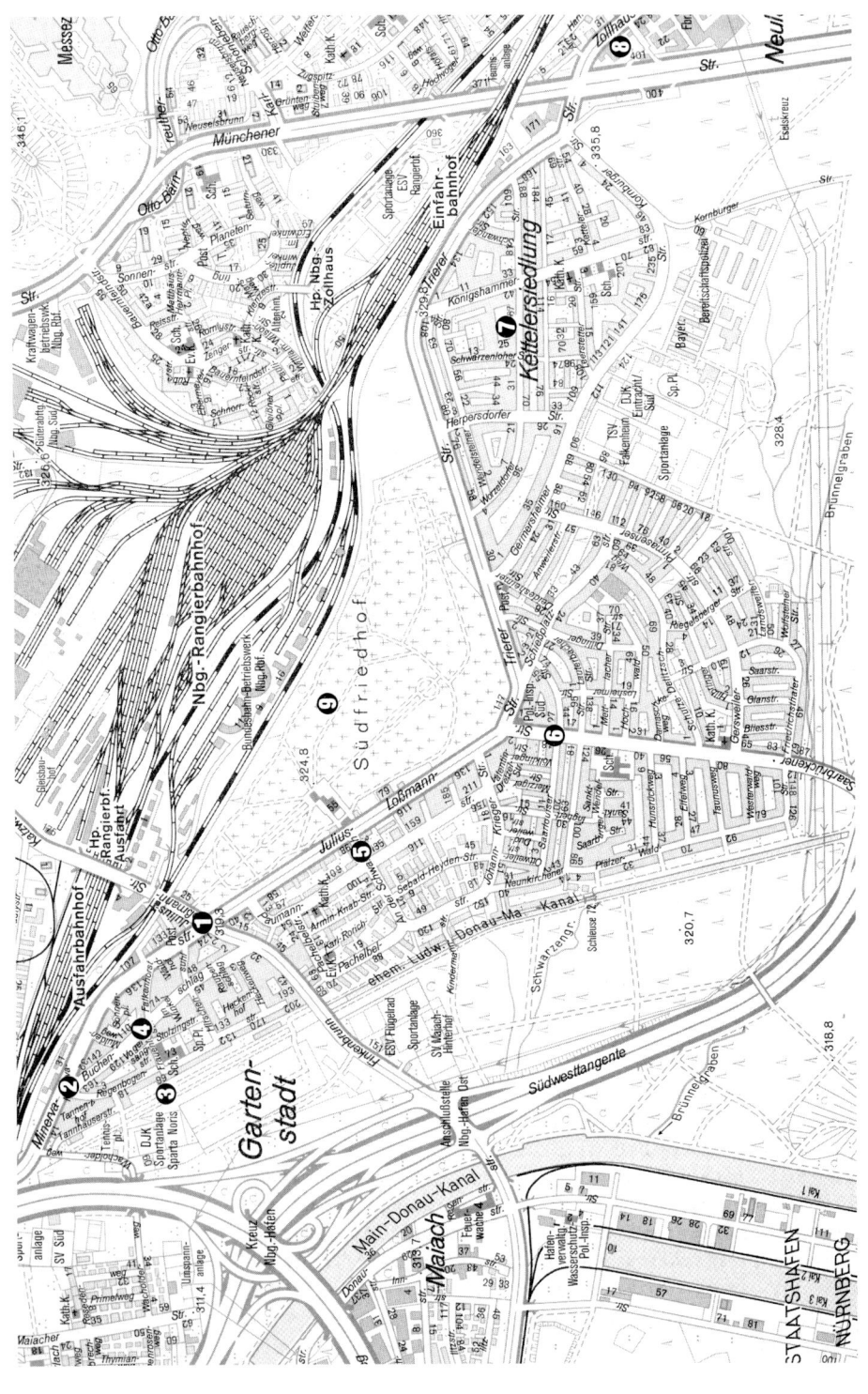

Wohnglück mit Weihnachtsbraten

Die Gartenstadt

von Helmut Häußler

Ausgangspunkt: Julius-Loßmann-Straße, Straßenbahnlinie 8
Endpunkt: derselbe
Dauer: ca. 3 Stunden

Genossenschaften waren einst, im auslaufenden 19. Jahrhundert, eine Schöpfung sowohl der großen Firmen als auch der Arbeiterbewegung, wenn auch die damit verbundenen politischen Zielsetzungen weit auseinanderlagen. Der Minimalkonsens war allenfalls, daß beide gesellschaftlichen Kräfte daran interessiert sein mußten, ausgeruhte, durch eine gute Unterbringung sozial abgesicherte, zufriedene und disponierbare Mitarbeiter und Mitkämpfer an der Basis zu haben. Der Gartenstadtgedanke aber war der sozialen Siedlungsbewegung schönstes und reifstes Kind. Es ging darum, denjenigen, die nie von einem Eigenheim träumen konnten, auf Mietbasis adäquate Wohnbedingungen zu verschaffen: Unabhängigkeit in den eigenen vier Wänden, genügend Raum und entsprechende Bedingungen, um der eigenen Menschenwürde gerecht zu werden, Naturnähe, wenn man schon nicht in die Sommerfrische verreisen konnte, und die relativ problemlose Befriedigung aller elementaren Versorgungsbedürfnisse, die der moderne Mensch eben hat. Die Eigenversorgung spielte bei alledem eine große Rolle, ob es das Gemüse im eigenen Garten oder die »Aufzucht« des Weihnachtsbratens im eigenen Stall war: der Groschen, den man nicht ausgeben mußte, war in der Goldmarkzeit für kleine Leute viel wert.

Am Sonnenplatz.

Seit etwa 1907 gab es für eine Siedlung südlich des Rangierbahnhofes ein Gesamtkonzept, erstellt von den Architekten *Leuber* und *Lehr*, das zur Grundlage für den ersten Abschnitt der »Gartenstadt« zwischen Kanalnähe und heutigem Gesellschaftshaus (West-Ostrichtung) diente. Der Rangierbahnhof war Höhepunkt und wirtschaftlicher Hauptzweck der städtischen Ringbahn, der größte Verschiebebahnhof Süddeutschlands, heute durch Elektronik entsprechend aufgewertet und durch die faszinierende Form seiner »Gleisharfe«, die man bis zur Eisenbahnersiedlung weit im Osten überblickt, ein subtiler Genuß gar nicht alltäglicher Art.

Topografisch wesentlich war folgendes: Vom schachbrettartigen Straßenraster, von der Blockbauweise sowie den großen Mietska-

Das erste Siedlungshaus der Gartenstadt 1910.

Julius-Loßmann-Straße

❶

sernen war man abgekommen zugunsten des höchstens einstöckigen Einfamilienhäuschens, erbaut in einem launig-grotesken, vom Jugendstil her umgesetzten Barock mit viel Farbe, oder auch in jenem »Werkbundstil« (à la *Richard Riemerschmid)* mit unverbindlichen Anleihen vom Englischen Landhaussstil (Asymmetrie, Außentreppen, einfaches Fachwerk). Letztere Bauart bestimmte wesentlich — und auch heute ist noch recht Ansehnliches davon übrig! — das Panorama des Zentrums »Finkenbrunn«, wo von Anfang an übereck zur heutigen Julius-Loßmann-Straße (in die an dieser Stelle, von Norden kommend, bis heute die 1913 eingerichtete Straßenbahn biegt) die Verwaltungsgebäude der Siedlung standen und vis-à-vis davon der Konsum. Es war ein reizendes Milieu, wo sich auf kleinem Grund echte Architektur entfalten konnte und fehlender Reichtum durch subtile Kunstgriffe wettgemacht wurde.

Natürlich bestimmen heute auch dort andere Maximen und Maßstäbe den Gang der Dinge. Um die Zeit, da der neue Rhein-Main-Donau-Kanal, großkotzig und nicht ganz verdient auch manchmal »Europakanal« genannt, Nürnberg erreichte, und die wenigen ersten Schiffe den hiesigen »Staatshafen» anfuhren, hatte man ernstlich vor, das Idyll »Finkenbrunn« wie alten Plunder abzuräumen und dafür einige Hochhäuser, öde Konstruktionsbauten, in die Welt zu setzen — wohl um Nürnberg zur »Welt-und See-Stadt« zu machen. Glücklicherweise wurde nur eines dieser Monstren realisiert, allerdings genau dort, wo die Kleinbauten der alten Verwaltung standen, die daran glauben mußten.

Sonn-/Minervaplatz

❷

Ansonsten behielt der alte Teil der Gartenstadt — er hat im Krieg kaum etwas abgekriegt und müßte geschlossen unter Denkmalspflege gestellt werden — seinen vertrauten Habitus: mit vielen Biegungen, fast in Remineszenz an die vorindustrielle Zeit verlaufenden, kleinen Sträßchen mit Regenmulden statt Bordsteinen, mit den vielen, von Gartengrün umsäumten Überlauf-

wegen, die die Beweglichkeit in solchen Stadtrandsiedlungen (besonders für die Abenteuerlust der Kinder) ungemein steigern, sodann mit den diversen Kopfgäßchen und Platzidyllen.

Das alte Kanalbett ist zu einem beliebten Spazierweg geworden.

Die Alleebäume in den Stadtstraßen hatte man ja schon weit eher entdeckt, aber wie hier in alle Ecken und Enden die Natur zärtlich hereingeflochten ist, und bei aller Sorgfalt der Planung die Stelle, wo nach *Karl Bröger* »das letzte Haus dem ersten Baum die Hand reicht«, quasi unverbindlich geworden ist, das ist oder war damals das eigentlich Neue, der erste, noch schüchterne Auftakt zur Straßenlandschaft.

Unmittelbar im Süden der als West-Ost-Trakt angelegten Gartenstadt verläuft der alte Ludwig-Donau-Main-Kanal (1844), jahrzehntelang das Badeparadies für die Kinder, »die in den Ferien daheim bleiben mußten« — und das waren in diesem Milieu lange Zeit alle. Der alte Kanal, wo die Lastkähne noch bis hart an den zweiten Krieg heran von Pferden an Seilen gezogen werden mußten, wird in Höhe der Gartenstadt nicht mehr als Trasse für den »Frankenschnellweg« nach Erlangen beansprucht (siehe S. 245). Da ist noch viel prächtige Baumlandschaft erhalten geblieben, man spaziert auf den alten Treidelwegen (man tat dies schon in den »wagenlosen« 30er Jahren auf der sonntäglichen Tagestour!) und man freut sich an den steilen, kleinen Brücken, biedermeierlichen Wärterhäuschen und den still vor sich hinfaulenden Schleusen der frühen »Industriekultur«, die hier verhältnismäßig dicht aufeinander folgen.

Der »alte Westen« der Gartenstadt — das sind Minervaplatz, Tannhäuserstraße (den alten Kanal entlang), Tannenhof und Regenbogenstraße, Stolzingstraße, Buchenschlag und Falkenhorst bis

❸

Tannenhof/
Buchenschlag ❹

hin zum »Finkenbrunn« (man bewies Instinkt, daß man sich da außen so gerne der alten Flurnamen für die Straßenbenennungen bediente) — hat viel zu bieten an Architekturgenuß und Topografie-Erlebnissen, und es stinkt dort noch heute weniger nach Abgasen als anderswo.

Julius-Loßmann-Straße

Der Süden der Siedlung längs der Julius-Loßmann-Straße, auf deren Nordseite der Südfriedhof entlangläuft, ist nüchterner und platzsparender geplant worden, und es wurde bis in die NS-Zeit hinein gebaut. Dieser Teil der Siedlung« endet in Höhe des recht repräsentativen Haupteingangs vom Südfriedhof, einer typischen Anlage der Nachjugendstilepoche knapp vor 1914.

Aber man kehrte hier nicht zum alten Stockwohnungsprinzip zurück, wie bei zahlreichen anderen Genossenschaften; das Kleinhaus-Idyll mit schmuckem Vor- und rückwärtigem Hauptgarten blieb das unangefochtene Prinzip. Man ließ sich sogar Neues, Reizvolles einfallen: Man griff allen Ernstes auf die symmetrische Flachbauwelt und seitlich anliegenden Kavaliers- und Domestiken-Trakte der alten Barockgroßschlösser zurück! Wobei man durchaus Souveränität in der Abteilung zeigte und nicht »mitübernahm«, was nicht »passend« gewesen wäre. Souverän und gültig zu sein, ohne den schmalen Geldbeutel zu verleugnen, das war schon immer eine hohe Kunst der bürgerlichen Gemeinschaftsarchitektur.

Die große Auftakts-Konzeption mit dem Rückgriff auf das 18. Jahrhundert ist eine echte Augenweide. Nett gestaltet in dieser Weise ist die ganze Julius-Loßmann-Straße.

Julius Loßmann, (1882-1957), war aktives Mitglied der alten Arbeiterbewegung, gelernter Schuhmacher, Stadtrat der SPD und von 1949 bis zum Tode (zweiter) Nürnberger Bürgermeister. 1933-1944 war er im KZ Dachau. Er wohnte von Anfang an in der Gartenstadt, und fühlte sich in diesem auf gewerkschaftlicher und genossenschaftlicher Haltung basierenden Wohnmilieu so wohl, daß er auch später, als es ihm wirtschaftlich gut ging, nie daran gedacht hätte, »seine« Gartenstadt zu verlassen.

Käte Strobl, immer noch Gartenstädterin.

Schuhmacher war auch der Vater von Käte Strobel, Ehrenbürgerin Nürnbergs, die von 1966-1972 Bundesgesundheitsministerin war, schon als Kind in der Gartenstadt wohnte und das heute immer noch tut.

Auch der Stil »Dessauer Bauhaus« (mit der bewußten feinen Zeilenschwingung der Fassade und den schmückenden Proportionen) ist hier vertreten. Ein Paradebeispiel dafür ist die Paumannstraße (benannt nach dem blinden Organisten in der Sebalduskirche des 15. Jahrhunderts, dem wir so viel für moderne Instrumentalkunst und für das jahrhundertelang geläufige Klangideal der klassischen Musikpflege verdanken). Einstöckige Häuser in Zeilenbauweise, gewiß, aber doch irgendwie mit dem Schulterschluß an ihre Zeit und durchaus »weltläufig.«

Paumannstraße
❺

Die Paumannstraße zweigt knapp südlich vom Verwaltungszentrum am Finkenbrunn ab und kurvt nach Westen. Im Weichbild der südlichen Gartenstadt (zwischen Loßmann-Straße und Ludwigskanal in Nordsüdrichtung) lohnen auch noch die Pachelbel-, Karl-Rorich-, Armin-Knab-, Sebald-Heyden-Straße und die erwähnte Repräsentativstraße »An der Schwarzlach« in Höhe des Südfriedhofeingangs.

Südlich davon gab es schon in den 30er Jahren, zur Saarbrückener Straße hin und weiter, eine der Firma Siemens gehörende Kleinsiedlung, freilich viel primitiver eingerichtet als die Gartenstadt. Mitten hier hinein ließen die Nazis das Saarbrückner Schulhaus mit Turmdachreiterchen bauen — viel teures Holz wurde dabei verbraucht und ein völlig unnützer Dachwalm aufgestellt, aber das galt als »fränkisch« und war somit »scheene«.

In dieses armselige Wohnglück mit Plumpsklosett und Wasserhahn als einziger Waschmöglichkeit wuchsen nach dem Ende des II. Weltkrieges die sogenannten Behelfsheime, noch armseliger zwar, aber vor der Währungsreform unvermeidlich. Manche haben dann, als Frühpioniere des Adenauer-CSU-lichen/Christkatholischen Eigenheim-Bodenzersiedlungs-Gedankens, an diesen Dingern weitergebastelt, aber man sieht ihnen ihre Herkunft nach wie vor an. Diese Gebilde sind heute eingeklemmt zwischen ganz unannehmbaren Reihenhäusern mit üppigen Gärten.

Das Gesellschaftshaus der Gartenstadt 1930.

Hier hinein hat sich bereits in den frühen 50er Jahren die Falkenheimsiedlung ausgebreitet — eine stolze Eigenleistung lebenstüchtiger Mitbürger, die bestimmt zu keiner Zeit auf Rosen gebettet waren.

Die Ketteler-Siedlung noch weiter draußen ist einer Initiative des ❼ Katholischen Werkvolks entsprungen und nach dem »Sozialbischof« *Wilhelm Emanuel von Ketteler,* dem Freund *Lasalles,* benannt. Mittendrin befindet sich eine Kirche mit herrlichen Keramik-Mosaiken, die auch derjenige besichtigen sollte, der ansonsten nicht in »himmlische Angelegenheiten« verwickelt ist.

In der Gartenstadt selbst gibt es seit Weimarer Zeiten auch zwei Kirchen; obgleich die »alten« Gartenstädter sie »links« liegen ließen — an denen war sehr viel mehr »rot« als das Parteiabzeichen.

Einer der bekanntesten »alten« Gartenstädter dürfte Kurt Karl Doberer sein. Der 1904 geborene Ingenieur gilt neben Hermann Kesten als der letzte lebende Dichter in Nürnberg, der seine Heimatstadt während des Nazi-Ter-

Karl Doberer. Zurückge-
kehrt in die alte Heimat.

❽

Die Ketteler-Siedlung.

rors verlassen mußte. *Er schrieb Gedichte gegen den Krieg, Romane über eine menschlichere Gesellschaft und war Mitarbeiter der »Fränkischen Tagespost«, schrieb manchmal auch für den Berliner »Vorwärts«. Er gehörte dem Reichsbanner an und mußte nach Prag, später nach London emigrieren. Erst 1949 durfte er nach Nürnberg zurückkehren.*

Gemeinschaftsgeist hatte man damals in der Frühzeit auch, man kannte sich und »duzte« sich — längst vor dem erst nach »Weltkrieg eins« von der Spitze verordneten Partei-Du (auch als »Genosse«, der schon 1890 verordnet worden war, »siezte« man sich zunächst). Und bis zum heutigen Tage organisiert man in der Gartenstadt seine eigens »gebastelten« Wahlkämpfe und läßt sich dabei — welch Lichtblick! — noch allerhand einfallen. Das »Milljöh« natürlich schwindet, wie allenthalben, von Generation zu Generation.

Gemeinschaftssorgen werden in die Gartenstadt in absehbarer Zeit freilich wieder hereinwehen, und zwar von wenig wohlriechender Natur: als Smog, der vom nahen »Staatshafen« herüberwehen wird, wenn einmal der »Europa-Kanal« zur Donau durchgebaut ist. Die am Hafen angesiedelte Industrie spendet schon heute massive Vorleistungen in dieser Richtung. »Bleischmelzen« und andere luftverpestende Scherze werden immer nur zaghaft am Anfang verboten, trotzdem, als wüßte man von nichts, anschließend gebaut — und endlich »nach reiflicher Überlegung« genehmigt.

Zwischen den Siedlungskomplexen südlich der Gartenstadt und der südwestlichsten Langwasser-Siedlung, dem Dr.-Linnert-Ring, liegt noch, entlang der Zollhausstraße, die Neulandsiedlung aus den fünfziger Jahren, die nicht unerwähnt bleiben soll.

Machen wir nach diesem Sprung in die geschilderte Schokoladenseite der Gartenstadt noch einen Besuch über die — gottlob vorerst noch liegenden — Straßenbahnschienen der Linie 8 — durch das mächtige Neobarocktor des Südfriedhof-Haupteingangs bei der stillen »Nachbarschaft« der Gartenstädter, die die Sorgen des Lebens — von der Arbeitslosigkeit über die Mietkündigung und kostspielige Scheidung bis zum Aids — nicht mehr zu jucken brauchen.

200 Meter vor sich hat man da, hochbeeindruckend und überzeugend durch die feierliche Einfachheit des Mazedonierstils des byzantinischen Kaiserreiches die Aussegnungshalle des Friedhofs, einen Zentralbau mit Bogenumgängen — erbaut vom Architekten Küffner. Der Bau hat den Krieg überstanden, nur schade, daß der schmucke Kaskadenbrunnen an seiner Nordseite verlorenging.

Die berühmte »Pietà« von Philipp Kittler teilt leider dieses Schicksal, aber den »fallenden Krieger«, von dem Bildhauer Konrad Roth zum Gedächtnis der Gefallenen des ersten Weltkriegs auf deren Gräberfeld erschaffen, hat das Auf und Ab der Zeiten uns Heutigen ebenfalls ausgespart. Es ist ein tiefernstes, besinnliches bronzenes Bildwerk, dem Menschenschicksal als solchem gewidmet und frei von jedem verlogenen kriegsverherrlichenden Heldenpathos.

Der Südfriedhof ist ein moderner Waldfriedhof, wo der Akzent auf Besinnlichkeit und Verweilen bei dem Toten liegt. Die meisten Wege, fast alles prächtige Baumalleen, ziehen von Nordwesten nach Südosten, sind asphaltiert und mit zahlreichen Wasserstellen versehen, die meisten künstlerisch gut durchgestaltet. Am Ende des Totenackers stößt man auf den in den 80er Jahren angelegten »Leitfriedhof« mit beispielhaften Vorschlägen moderner Grabgestaltung.

Die Julius-Loßmann-Straße am Haupteingang des Südfriedhofs.

Mehr dem südlichen Ende des Friedhofes zu steht auch der in den 50er Jahren errichtete symbolische Glockenturm, der an die Nürnberger Toten der Luftangriffe gemahnt. Ihrer wird per Trauergeläut an jedem 2. Januar gedacht, weil beim Luftangriff vom 2. Januar 1945, knapp vor Kriegsende also, Nürnberg zu 70%, die Altstadt aber zu 80% in Schutt und Asche fiel.

Neben den vielen sehenswürdigen Denkmälern der Gartenstadt, darunter das bronzene Arbeiterdenkmal von *Fritz Kolle* (1927), milieugerecht für den Lebensalltag der hiesigen Stadtteilbewohner geschaffen und ohne unverstandene neuhumanistische Mätzchen, sollten eigentlich auch die metallenen Zufahrtswege zur Gartenstadt, der von der Frankenstraße herkommende Schienenkörper der Straßenbahn, in die Würde eines Gesamtdenkmals erhoben werden. Auch technische Errungenschaften sind ja heute als Denkmäler anerkannt, und zu Recht: Die Straßenbahntrasse, die über die Katzwangerstraße und an der Transformatorenunion vorbei Südfriedhof und Gartenstadt ansteuert, ist der erste Schienenkörper auf eigenem, rasengefaßtem Fahrdamm, den die Nürnberger Straßenbahn je angelegt hat.

Haufe, Hergot, Eisenmann — Umsturz als Gerücht

Was hat ein — gemäß Klischee — so liebliches Land wie Franken mit dem Umsturz zu schaffen? Tatsächlich schlugen seine Wellen hier nie besonders hoch. Allweg betulich-schläfrig, wie uns eine spätere romantisierende Sicht weismachen will, ging es jedoch keineswegs zu.

An den mittelalterlichen Kämpfen der Stadtbürger und Bauern gegen die Feudalher-ren nahmen vor allem unterfränkische Gebiete teil. Sie trugen nicht selten antijüdische Züge — gegen das Wucherkapital, aber auch gegen das »fremde« Volk. Allein das 14. Jahrhundert erlebte den *Armlederbauernaufstand* von 1336/37 sowie mehrfache blutige Rebellionen der Bürger von Würzburg gegen ihren bischöflichen Stadtherrn, bis die Nie-derlage im *Städtekrieg* 1400 diesen Freiheitsbestrebungen zunächst ein Ende machte. In den Pestjahren 1348/49 erhoben sich auch die Nürnberger Zunftbürger vergeblich ge-gen das herrschende Patriziat. Die revolutionäre Tradition pflanzte sich im folgenden Jahrhundert fort. Die großen Reichsstädte, Nürnberg ganz vorn, blühten durch Hand-werk und Handel auf und gestatteten ihren Obrigkeiten manche Zugeständnisse an Zünf-te und Stadtarmut. Die Städte unter geistlichem Regiment und kleine Landstädte hinge-gen teilten dieses bürgerliche Glück nicht, lauerten jedoch darauf, es zu erlangen.

In der sozialreligiösen Wallfahrtsbewegung um den *Pfeiferhans von Niklashausen* 1476 kündigte sich der bäuerliche Unmut über die wachsende feudale Unterdrückung an, der sich knapp fünfzig Jahre später im großen *Bauernkrieg* entlud. Der *Taubertaler Haufe* gehörte zu seinen radikalsten Truppen und proklamierte im Frühling des Aufstands: »Es söllen auch all die Geistlich und Weltlich, Edeln und Unedeln hinfuro sich des gemeinen Burger- und Baurnrechtens halten und nit mehr sein, dann was ein ander gemeiner Mann tun soll.« Vor allem die unterprivilegierten Städte hatten dafür offene Ohren und ge-schlossene Fäuste. Die mächtigen und reichen Städte hingegen, auf die es angekom-men wäre, hielten sich bedeckt. Es zeugt von Selbstbewußtsein und politischer Klugheit einer frühbürgerlichen Klasse auf der Höhe ihrer Entfaltung, daß der Nürnberger Rat nicht anstand, frühzeitig seinen Bauern entgegenzukommen und die Abgaben zu senken — und davon auch entgegen allgemeinen Brauch nach der verheerenden Niederlage der Bauern nicht abließ. Die mit der Reformation eingetretene soziale Erschütterung mochte das auch geraten sein lassen. Der Prozeß gegen die drei »gottlosen« Maler aus der Dü-rerschule sowie die utopisch-kommunistische Schrift des Buchdruckers *Hans Hergot* »Von der neuen Wandlung eines Christlichen Lebens« (1526/27) zeigten die Gärung. »Es sind gesehen drei Tisch in der Welt: Der erst uberflussig und zu viel darauf, der ander mittelmeßig und ein bequeme Notdurft, der dritt ganz notdurftig. Do sein kommen die von dem uberflussigen Tisch und wollten nehmen von dem wenigern Tische das Brot. Hier-aus erhebt sich der Kampf und daß Gott wird umstoßen den uberflussigen Tisch und den geringen Tisch und wird bestetigen den mitteln Tisch.« Zwei Jahre nach dem Bauernkrieg wurde Hergot für seine Vision hingerichtet.

Erst nach der Niederlage der frühbürgerlich-bäuerlichen Revolution, der Verlagerung der Handelsströme an den Atlantik, den Folgen des dreißigjährigen Krieges und dem politischen Zerfall des Reiches versanken die fränkischen Lande in Kleinstaaterei und Biedersinn. Rückte schon das Reich an den Rand europäischen Geschehens, so bildete Franken geradezu sein Dornröschenschloß. Zwar schoß im Gefolge der französischen Revolution in Nürnberg eine jakobinische Flugschriftenliteratur aus dem Boden. »Auf, ihr Mitbürger«, ließ sich ein *Jakob Rothhaub* 1792 vernehmen, »greifet zu Waffen! Erringet eure Freiheit! Nun ist der Zeitpunkt vorhanden, wo ihr eure Rechte erkämpfen könnt. Ist dieser entwischt, dann auf ewig gut Nacht, du Freiheit. Gleichheit ist das erste Gesetz, welches die Natur schon eingeführt. Die Neufranken werden euch unterstützen, Bayern wird auch nicht stören und die andern Nachbarn können jetzt nichts tun.« Zwei Jahre später schrieb *Johann Benjamin Erhard*, Handwerker, Philosoph und Arzt in Nürnberg, eine der bedeutendsten theoretischen Abhandlungen des deutschen Jakobinismus: »Über das Recht des Volkes zu einer Revolution«. Aber in dem überlebten und verkrusteten Milieu der heruntergekommenen Reichsstadt fand sich dafür kein Boden.

Erst mit der Veränderung der politischen Landkarte in der napoleonischen Ära, als Franken zu Bayern geschlagen wurde, und mit der einsetzenden Industrialisierung regte sich frischer Wind in den alten Gemäuern. Nürnberg und Bamberg bildeten Zentren der liberalen und demokratischen Opposition im Vormärz und in der Revolution von 1848/49. Gemessen an den Zentren der Ereignisse nahmen sich die Vorgänge hier allerdings bescheiden aus. Im Frühling 1848 feierte Nürnberg seine revolutionäre Hochzeit, als der alte Freiheitskämpe *Eisenmann* in der überfüllten *Egidienkirche* vom Frankfurter Vorparlament und den daran geknüpften Hoffnungen berichtete. Auch die Radikalisierung der demokratischen und Arbeitervereine in der Spätphase der Revolution prägte sich in Nürnberg deutlich aus. Ob die während der Reichsverfassungskampagne bei einem proletarischen Radikalen entdeckten, zu Waffen frisierten Sensen der Vorbereitung zu einem Aufstand gedient haben sollen, ist jedoch wenig glaubhaft.

Eine starke Arbeiterschaft, mit erheblichen sozialistischen Initiativen und Einsprengseln, entstand erst in des neuen Reiches Herrlichkeit ab den 60er Jahren des vorherigen Jahrhunderts. In dieser Zeit verschmolzen die altliberalen und demokratischen Traditionen der Stadt mit den neuen sozialdemokratischen Bestrebungen und schufen eine Progressivität, die Nürnberg bis heute unter den fränkischen Städten hervorhebt, von den bayerischen gar nicht zu reden. Das hinderte die Bevölkerung allerdings nicht daran, sich im ersten Weltkrieg, von Lebensmittelkrawallen 1916/17 abgesehen, im allgemeinen staatstreu zu verhalten. Im Frühling 1917 wurden die lokale USPD gegründet, und im Januar des letzten Kriegsjahres gab es in der ausgedehnten Metallindustrie einen großen Streik für Frieden und Brot. Zehntausende demonstrierten auf dem *Egidienplatz*, der revolutionären Freilichtbühne der Stadt. Die mehrheitssozialdemokratische »Fränkische Tagespost« verlangte als erste deutsche Zeitung am 10. Oktober den Rücktritt des Kaisers. Einen Monat später stellte sich die städtische Obrigkeit auf den Boden der Republik. Die Nürnberger Arbeiterschaft feierte auf einer Großkundgebung im *Luitpoldhain* die neue Zeit. Ein Arbeiter- und Soldatenrat bildete sich. Aber Mehrheitssozialdemokraten und Bürgerliche behielten das Heft in der Hand. Wie sagte noch der Stadtkommandant im Sommer 1918: »Die Revolution wird unvermeidlich kommen, aber muß sie denn unbedingt in Nürnberg ausbrechen?« Die KPD (Spartakus) hatte jedenfalls nicht viel zu bestellen. Im Gefolge der Massenstreiks im Spätwinter und der Münchener Räterepublik im Frühjahr 1919 stieg die radikale Welle mit Demonstrationen, Zeitungs- und Kasernenbesetzungen noch einmal an. Aber die Revolution blieb mehr Gerücht als Realität. Im Sommer 1919 war die »Ordnung« wiederhergestellt. *Gerhard Armanski*

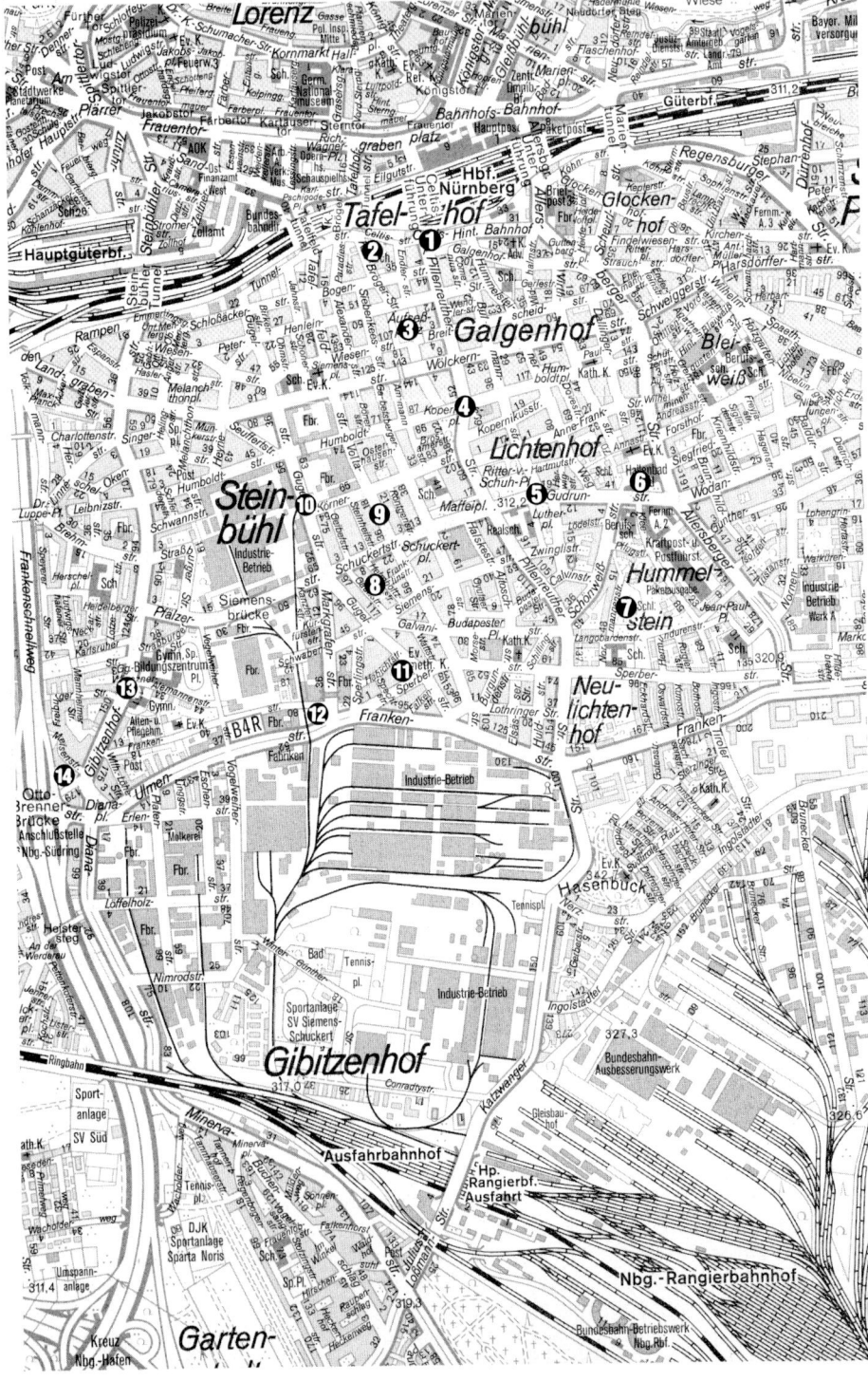

Dampfturbinen und im Herzen rot

Südstadt: Steinbühl — Lichtenhof — Hummelstein — Gibitzenhof

von Gabi Müller-Ballin

Ausgangspunkt: Hauptbahnhof, Südausgang (U-Bahn, Straßen-
bahnlinien)
Endpunkt: Dianastraße, Straßenbahnlinie 6
Dauer: ca. 2 1/2 Stunden

Im Gegensatz zum Norden, der durch traditionsreiche Besitztümer recht zergliedert und als » Knoblauchsland« wichtiges Gemüse-
anbaugebiet war, gab es im Nürnberger Süden viel weites, unbegrenzt ausdehnungsfähiges Gelände, für die Ende der ersten Hälfte
des 19. Jahrhunderts einsetzende Industrialisierung der Stadt. Gefördert wurde die Industrialisierung durch die Erschließung neuer
Verkehrswege: 1844 wurde die Bamberger Linie der Staatsbahn eröffnet, 1845 der Ludwig-Donau-Main-Kanal mit dem Hafen im
Westen. Auch der Tafelfeldtunnel — Verbindung von Nord nach
Süd — wurde in dieser Zeit fertiggestellt. Unmittelbar hinter Stadtmauer und Bahndamm bestimmten bald Hinterhöfe und rußige
Kleinbetriebe, triste Wohnschuppen, mit aufgestapelten Holzvor-
räten, allerlei Gerümpel und Plumpsklos auf dem Hof, das Bild des
»Südens der ersten Stunde«. Auch heute noch ist das südliche
Bahnhofsgelände ein wenig attraktives, durch triste Freiflächen,
Asphalt und wenig Grün gekennzeichnetes Eingangstor zur Süd-
stadt.

Karl Bröger, Ölgemälde
von Hans Werthner 1917.

Dieser Zustand soll sich nun jedoch bald ändern. Nach Jahren
können sich die Bewohner südlich der Bahnlinie auf ein neues städ-
tebauliches Entwicklungskonzept freuen. Wenn es nach den Ideen
und Vorstellungen der Planer geht, ist das »Aschenputtel-Dasein«
der Südstadt bald beendet. Die der Öffentlichkeit präsentierten
Pläne sehen u.a. die Schaffung ausgedehnter Grünzonen zwischen
Allersberger- und Jahnstraße und einen bepflanzten Platz am Südausgang des Hauptbahnhofes vor.

Hauptbahnhof
Südausgang
❶

Es wird von verschiedenen Seiten auch über einen neuen Namen
für den Platz nachgedacht. So schlug der Bund für Geistesfreiheit
zusammen mit zahlreichen Nürnberger Bürgern anläßlich eines Be-
nefizkonzertes für den 70 Jahre alt gewordenen Politiker die Umbenennung des Platzes in Nelson-Mandela-Platz vor.

Das heutige Parkplatzgelände am Südausgang des Hauptbahn-
hofs hat eine düstere Vergangenheit: es diente den Nationalsoziali-

Bahnhof Südseite. Hier soll alles schöner werden.

sten als »Schubgefängnis« für die politisch Verfolgten, ehe die Opfer in das Konzentrationslager Dachau verschleppt wurden.

Wenige Wochen nach der offiziellen Eröffnung des Konzentrationslagers Dachau am 22. März 1933 erfolgte der erste Abtransport Nürnberger Nazigegner. Am 11., 14. und 26. April 1933 wurden jeweils eine Gruppe von 70 bis 90 Nürnberger Kommunisten, fast ausschließlich Funktionäre und aktive Mitglieder, durch Kommandos der Landespolizei in das KZ Dachau überführt. Dazwischen und im Anschluß gingen auch kleinere Transporte von 10 bis 20 Mann aus Nürnberger Gefängnissen und Haftanstalten mit den Schubwagen der Eisenbahn und einzelnen Mannschaftswagen der Landespolizei nach Dachau. Wenige Tage nach dem Verbot der SPD am 22. Juni 1933 wurden in Nürnberg zahlreiche sozialdemokratische Funktionäre verhaftet. 30 bis 35 von ihnen wurden am 30. Juni in einem geschlossenen Transport in Dachau eingeliefert, darunter der Parteisekretär Loßmann, der Fraktionsvorsitzende im Stadtrat, Gierman, die Stadträte August Meier und Karl Bröger *und einige sozialdemokratische Gewerkschaftsfunktionäre, unter ihnen auch* Josef Simon. *Das war der Anfang. Zahlreiche Verhaftungen und Transporte folgten.*

Karl-Bröger-Straße 9
❷

Einige der Gedenktafeln, die in Nürnberg an die Verbrechen der Nationalsozialisten erinnern, befinden sich am Gebäude der ehemaligen »Fränkischen Tagespost« (heute SPD-Haus).

Am Abend des 9. März, dem Tag, an dem Ritter von Epp als nationalsozialistischer Reichsstatthalter für Bayern eingesetzt worden war, wurden in Nürnberg und Fürth die Parteiräume der SPD und das Gebäude der »Fränkischen Tagespost« besetzt. Auf Anweisung der mitgekommenen Polizeibeamten mußte der Chefredakteur der »Fränkischen Tagespost«, Wilhelm Riepekohl, Julius Streicher, der SA und SS das Gebäude öffnen. Riepekohl wurde noch in der Nacht in Schutzhaft genommen, das Gebäude auch in den nächsten Tagen polizeilich abgesperrt und von 300 SS-Leuten besetzt gehalten. In der Nacht zum 12. März, nachdem sich die Schutzpolizei zurückgezogen hatte, zertrümmerten die Nationalsozialisten die Druckerei und Setzerei und warfen die Büroeinrichtung und schriftliche Unterlagen aus dem Fenster.

Ein rosa Schimmer im schwarzen Land

Bei der Eröffnung des heute nach *Karl Bröger* benannten Hauses der *»Fränkischen Tagespost«* (FT) 1930 befand sich die Nürnberger SPD an einem kritischen Punkt. Einerseits hatte sie es endlich geschafft, den Mitgliederstand der Vorkriegszeit von 21.000 wieder annähernd zu erreichen, die Auflage der FT auf 31.000 zu steigern und den Schauplatz für das *2. Arbeiter-Turn- und Sportfest* zu stellen, andererseits war die nationalsozialistische Bedrohung nicht mehr zu übersehen. Die NSDAP hatte sich in der ›Arbeiterstadt‹ Nürnberg schon häuslich eingerichtet, und die Sozialdemokraten wußten hier wie anderswo keine wirkungsvolle Antwort.

Trotzdem wurde die Einweihung des Verlags- und Druckhauses, das auch die Büros verschiedener SPD-Gremien und verwandter Organisationen beherbergte, zum großen Fest. Die damals äußerst traditionsbewußte Parteigliederung gedachte sowohl der Geschichte ihrer 1871 gegründeten Zeitung, als auch der erfolgreichen Entwicklung der Ortspartei, als deren Geburtsjahr damals noch 1868 galt und nicht — wie heute — das Gründungsdatum des Arbeiterbildungsvereins vom Mai 1866.

Vor allem ehrte man die letzten noch lebenden Genossen aus der Zeit des Sozialistengesetzes. Diese Zeit war für die Nürnberger SPD prägend gewesen. Trotz aller Einschränkungen brachten jene Jahre der Sozialdemokratie große Erfolge. Zwar sahen sich die Spitzenfunktionäre einer beständigen Überwachung ausgesetzt, doch ertrugen sie ihre »Begleitung« auch mit Spott und Humor und die 100. Hausdurchsuchung bei der FT wurde sogar mit einem Faß Bier gefeiert. Die Erinnerung an diese abgetrotzten Triumphe trug leider auch zur Fehleinschätzung der nazistischen Bedrohung bei.

Heutige Betrachter des monumentalen, riesigen Eckhauses mit seiner roten Front mögen sich wundern, daß dieses Pressehaus nicht nur technisch, sondern auch architektonisch zu den modernsten Gebäuden seiner Zeit gehörte. Die Nürnberger SPD konnte sich jedenfalls schmeicheln, darin ein Zeichen der eigenen Bedeutung innerhalb der Reichs-SPD und ihres Zeitungswesens zu sehen.

Die erste Druckerei der Fränkischen Tagespost während des Sozialisten-Gesetzes in der heutigen Karl-Grillenberger Straße (früher Weizenstraße 12). Karl Grillenberg war der Besitzer.

Heute begründet man diese Bedeutung der »roten Hochburg« im konservativen CSU-Bayern vor allem aus der Rolle Nürnbergs als Schauplatz wichtiger Parteitage: Die Linie reicht vom 5. Verbandstag 1868 mit dem Anschluß an die Internationale über den Parteitag von 1908 hin zur Wiedervereinigung von MSP und USP im Jahr 1922 und zu den Nachkriegsparteitagen 1947 (»Wiederaufbau-PT«), 1968 (Notstandsgesetze!) und 1986 (»Nürnberger Beschlüsse«).

In der Zeit der schnellen Reorganisation der Partei 1945 durch die überlebenden Alt-Funktionäre, die treu auf Schumacher-Kurs waren, wählte man *Karl Bröger* zum Namenspatron für Haus, Straße und Versammlungslokal. Darin drückte sich wohl auch ein Stück Programmatik und Selbstverständnis der Nürnberger Partei aus.

Bröger hatte sich vom einfachen Hilfsarbeiter autodidaktisch zum Redakteur und Arbeiterdichter gebildet. Allerdings blieb seine Dichtung stets geprägt von einem männlich-vaterländischen Pathos, was seine Instrumentalisierung durch die Nazis leicht machte.

Anläßlich des 100. Geburtstages von Karl Bröger 1986 lebte der Streit um sein Verhalten nach 1933 neu auf. Nach parteioffizieller Leseart blieb Bröger stets im Herzen sozialdemokratisch, lediglich die materielle Not seiner Familie erzwang äußere Zugeständnisse an das Regime, das diese Not schamlos ausgebeutet habe. Die Problematik der von Bröger verwendeten Metaphorik und der propagierten Ideale, die nur allzuoft an die von Theweleit analysierten »Männerphantasien« gemahnen, wurden bei dieser »Kanonisierung« ausgeblendet.

Interessant bleibt, daß weder der »Held« der Aufbauzeit, *Karl Grillenberger* (der die Partei 1872–97 führte), noch der theoretische Kopf aus der Zeit des 1. Weltkriegs und der Revolution, *Adolf Braun*, und auch keiner der überregional anerkannten linken Flügelmänner in der Weimarer Republik, *Joseph Simon* und *Ernst Schneppenhorst* als Namensgeber ausgesucht wurden.

Nach dem 2. Weltkrieg konnten die Nürnberger GenossInnen nicht mehr an ihre früheren großen Wahl- und Organisationserfolge anknüpfen. Zu Anfang der 70er Jahre schienen zwar noch einmal glorreiche Zeiten anzubrechen: Die absolute Mehrheit in der Bundestags- und Kommunalwahl 1972, personelle Wechsel in der lokalen Parteiführung und die Mitgliederzahl von knapp 10.000 beflügelten die Partei. Doch nach diesem Höhepunkt folgte sofort der Abstieg: Noch im selben Jahr mußte die FT eingestellt werden; erstmals wurde 1983 die CSU in Nürnberg bei der BT-Wahl stärkste Partei; im Rathaus ist seit 1978 die absolute Mehrheit verlorengegangen, (wenngleich die SPD noch stärkste Fraktion ist); der Mitgliederstand liegt heute bei rund 6.000. Verglichen mit der Organisationsstärke und den Wahlerfolgen im Kaiserreich und in der Weimarer Republik ist von der alten SPD-Hochburg nur ein rosa Schimmer im schwarzen Land geblieben.

Ingrid Röschlau

Aufseßplatz

❸

Durch die heute noch unscheinbare Karl-Bröger-Straße, die nach dem neuen Südstadtkonzept in absehbarer Zeit in eine attraktive grüne Fußgängerzone umgewandelt werden soll, gelangen wir zum Aufseßplatz (nach dem Gründer des »Germanischen« benannt). Er erhielt sein heutiges Gesicht im Zuge der U-Bahn Fertigstellung Anfang der 70er Jahre. U-Bahn-Station, Wochenmarkt und Kaufhaus sorgen hier für ständiges geschäftiges Treiben.

Einen besonderen Anziehungspunkt bildet damals wie heute, der von *Maximilian Brust* gestiftete Nymphenbrunnen. Brust, Besitzer der vormals an Stelle des heutigen Kaufhaus Horten stehenden Fränkischen Schuhfabrik und erster Autobesitzer in der Gegend, hatte für die Ausführung des Kunstwerks einen der erfolgreichsten und meistbeschäftigten Bildhauer seiner Zeit, *Fritz Zadow*, bestellt. Dieser vollendete den Brunnen, der als eine der schönsten Brunnenanlagen Nürnbergs aus dem 19. Jahrhundert gilt, im Jahre 1895.

Nur wenige Jahre vor Vollendung des Nymphenbrunnens waren zwischen 1890 und 1892 die ersten Häuser am Aufseßplatz (gerade Hausnummern) gebaut worden. Das Haus Nummer 10a ist das einzige, dessen restaurierte Fassade der ursprünglichen Ansicht entspricht. Um 1900 entstanden die Häuser mit den ungeraden Hausnummern. Sie hatten bereits vier Stockwerke und — was in jener Zeit eine große Seltenheit war — Bäder und Wasserklosetts. Allein das Sandsteinhaus, Haus Nr. 5, überstand den 2. Weltkrieg ohne Schäden.

Aufseßplatz 10a, 5

Am Freitag kauften die Pendler im Kaufhaus Schocken stangenweise Limburger für 58 Pfennige das Pfund.

Einen gewaltigen Ansturm von Tausenden Kaufwilligen erlebte der Aufseßplatz im Oktober 1926 bei der Eröffnung des ersten Kaufhauses in der Südstadt, dem »Schocken«, das an Stelle der Fränkischen Schuhfabrik errichtet wurde.

Aufseßplatz 18

Die Besitzer, die Gebrüder Schocken, waren jüdischer Abstammung und bekamen in den 30er Jahren die Terrormaßnahmen der Nationalsozialisten zu spüren. Der erste schwere Schlag traf sie am sogenannten »Boykott-Tag«, dem 1. April 1933, als die Nazis zum Boykott jüdischer Geschäfte und Unternehmen aufriefen. SA-Wachen zogen vor den jüdischen Geschäften auf und warnten die Bürger, z.T. handgreiflich, vor dem Einkauf.

Im Zuge der Arisierung, d.h. der Enteignung allen jüdischen Vermögens durch die Nationalsozialisten, verloren die Gebrüder Schocken ihren Besitz. Das Kaufhaus ging in die Hände einer Kommanditgesellschaft über und wurde in Kaufhaus Merkur umbenannt. Heute gehört es zur Kaufhauskette Horten.

Die Zeiten großer wirtschaftlicher Not und steigender Arbeitslosigkeit in der Inflationszeit sowie die Folgen der Weltwirtschaftskrise von 1929 mach-

ten auch vor den Toren der Südstadt nicht halt. Zwischen 1930 und 1932 stieg die Zahl der Arbeitssuchenden im Arbeitsamtsbezirk Nürnberg von 40.000 auf 86.000. Diese Situation veränderte auch das Geschehen auf dem Aufseßplatz. Unter der Forderung »Gebt uns Arbeit, gebt uns Brot, sonst schlagen wir Euch tot«, versammelten sich zahlreiche Arbeitslose auf dem Platz und drängten auf rasche Hilfe. Meist trieb die berittene Polizei solche Kundgebungen auseinander.

Seit 1982 bietet der Aufseßplatz in der Vorweihnachtszeit seinen Besuchern einen »Aktiven Weihnachtsmarkt«. Vom Jugendamt der Stadt Nürnberg und dem Kreisjugendring Nürnberg Stadt veranstaltet, versteht er sich ganz bewußt als Alternative zu den herkömmlichen Weihnachtsmärkten. Statt Glühweinseligkeit und Konsum stehen hier Mitmachen und Informationen im Vordergrund. Die beteiligten Organisationen, insbesondere Jugendverbände, Freizeitheime und karitative Organisationen, haben hier die Möglichkeit, ihre Aktiväten darzustellen und für neue Mitglieder bzw. Besucher zu werben. Kinder können spielen und basteln, Erwachsene Handwerkstechniken erlernen. Der aktive Weihnachtsmarkt dient auch der Integration der ausländischen Mitbürger, die im Rahmen der Veranstaltung traditionelle Bräuche und ihre Aktivitäten in Nürnberg darstellen.

Kopernikusplatz
❹

Unter dem Motto: »Die Südstadt lebt«, wird seit 10 Jahren vom Amt für kulturelle Freizeitgestaltung der Stadt Nürnberg in Zusammenarbeit mit den im Stadtteil ansässigen Vereinen, Kirchen, Parteien und Verbänden versucht, die Südstadt kulturell zu beleben. Das seitdem alljährlich im Juli stattfindende Südstadtfest ist, wie die ständig wachsende Zahl der beteiligten Gruppen und der Anstieg der Besucherzahlen zeigt, ein gelungener Versuch in diese Richtung. Ein vielfältiges Kulturprogramm für groß und klein, Mitmach-Angebote, einheimische und internationale Spezialitäten,

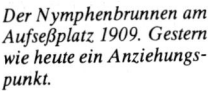

Der Nymphenbrunnen am Aufseßplatz 1909. Gestern wie heute ein Anziehungspunkt.

vielfältige Informationen über die Arbeit der verschiedenen Stadtteilgruppen und -organisationen sowie eine Podiumsdiskussion zu einem aktuellen kommunalpolitischen Thema verleihen dem Fest seinen unverwechselbaren Charakter.

Einen Farbtupfer besonderer Art im kulturellen Leben der Südstadt haben Besitzer und Bewohner dieses Hauses gesetzt. Als vor einigen Jahren für Arbeiten an der Dachrinne ein teures Gerüst aufgestellt werden mußte, nutzten sie diese Gelegenheit, um der Fassade ein neues Kleid zu verpassen und so zieren nun die Konterfeis der Bewohnerinnen und Bewohner und — unter Bezug auf das im Haus befindliche Kino Casablanca — die Konterfeis berühmter Schauspielerinnen und Schauspieler (Marilyn Monroe, Harald Loyd) die Außenmauern. Auch im Inneren des Hauses findet der Besucher Außergewöhnliches. Die Crêperie lädt bei original bretonischen Crêpes und einer großen Auswahl an französischen Weinen zum Verweilen ein.

Brosamerstraße 12

Mit exotischem Flair.

Einer der wenigen Aktivspielplätze im Nürnberger Süden befindet sich im Anna Park. Seine Errichtung geht auf eine von der Wohngebietsgruppe Steinbühl der DKP angeregten Initiative aus Eltern und Kindern zurück. Viele Südstädter unterstützten den Wunsch nach einem Spielplatz mit ihrer Unterschrift. Schließlich konnte durch das Wirken der Initiative und mit Verstärkung der Stadträte *H. Stiefvater* (DKP) und *L. Beierlein* (SPD) erreicht werden, daß das Projekt realisiert wurde.

Ritter-v.-Schuh-Platz ⑤

Die Gudrunstraße hoch erreichen wir am Südbad das Zentrum Lichtenhofs. Der Gedanke, im bevölkerungsreichen Süden der Stadt ein zweites zentrales Hallenbad (neben dem Volksbad am Plärrer) zu bauen, läßt sich bis ins Jahr 1928 zurückverfolgen. Aber erst 1962 fiel im Stadtrat die Entscheidung für den Bau, der im Februar 1970 fertiggestellt wurde. Der Neubau ist für ein »Hinter-

Gudrun-/Allersbergerstraße ⑥

Alternativer Weihnachtsmarkt.

Der Schwedenkönig.

Normannenstraße 46

Hummelsteiner Park ❼

Pillenreuther-/ Siemensstraße

land« mit 150.000 Einwohnern ausgelegt und entsprechend gestaltet. In einem Prospekt der Stadt heißt es, das Südbad stelle unbestritten »eine Art Meistersingerhalle des Sports« dar. Eine 450 Quadratmeter große Glaswand öffnet nach Süden den Blick ins Grüne. Eine Cafeteria, große Aufenthalts- und Spielflächen sowie geheizte Sitzbäder tun ein übriges, um den Besuch angenehm zu gestalten.

In wirtschaftlich schwerer Zeit wurde (1930) die Gustav-Adolf-Gedächtniskirche eingeweiht. König Gustav Adolf von Schweden soll sich während des Dreißigjährigen Kriegs, im Sommer 1632, in dem neben der Kirche gelegenen Schlößchen Lichtenhof aufgehalten und von hier aus den Angriff auf die Alte Veste bei Fürth gegen Wallenstein geleitet haben. Sein in Stein gehauenes Denkmal befindet sich an der Außenfassade der Kirche.

Das 1899 eingemeindete Arbeiterdorf Lichtenhof war im Zuge der Industrialisierung bis 1930 auf rund 30.000 Einwohner angewachsen. Vor seiner Eingemeindung nach Nürnberg war Lichtenhof ein Herrensitz mit einigen Bauernhöfen. Sein Ursprung reicht zurück bis ins 14. Jahrhundert. In der heutigen Form wurde das »Petzenschloß« 1578 vom Nürnberger Kaufmann Valentin Schönborn erbaut. Heute liegt der ehemalige Landsitz versteckt zwischen Wohnhäusern und Gustav-Adolf-Kirche.

Vorbei an der Berufsschule zwei gelangen wird durch die Schönweißstraße linker Hand durch ein ehrwürdiges Steinernes Tor auf einem schmalen Fußweg in den Bereich des Hummelsteiner Parks. Hier finden streßgeplagte Südstädter vor der Haustüre eine Oase der Ruhe. Wie das Petzenschloß war auch das Hummelsteiner Schloß ehedem Herrensitz eines reichen Nürnberger Bürgers. Heute ist der ehemalige Weiler Hummelstein wie sein Nachbar Lichtenhof fest von der Stadt umschlossen. 1929 gingen Schloß und Park in den Besitz der Stadt über. Während das Schloß von der Stadt an Privat vermietet wurde, ist der Park öffentlich zugänglich. Auf seinem Gelände unterhält das Gartenbauamt eine Vogelschutzberatung. Desgleichen betreut die Stadt den im Areal des Parkes gelegenen Schulgarten. Dieser alte Nürnberger Zentral-Schulgarten ist in die Schlagzeilen geraten, weil er auf Beschluß des Stadtrats umgestaltet und eine Schulbiologiezentrale errichtet werden soll. Viele Südstädter befürchteten zunächst, daß ihnen der Ausschluß aus einer der wenigen grünen Oasen im Nürnberger Süden droht. Diese Befürchtungen wurden jedoch aus der Welt geschafft. Die neue Schulbiologiezentrale soll eine Art Ökologie-Werkstatt werden, die die Öffentlichkeit auf vielfältige Weise einbezieht.

Über die Langobardenstraße gelangen wir auf der Pillenreutherstraße in nördlicher Richtung zur Siemensstraße, in der wir einige sehr schöne Jugendstilfassaden entdecken. Die Kreuzung Siemens-/Voltastraße gibt uns den Blick frei auf das um die Jahrhundertwende entstandene Wahrzeichen Steinbühls, den Steinbühler Kirchturm (Christuskirche).

In der Voltastraße sind viele Gewerkschafter und aktive Sozialdemokraten aufgewachsen, wie der 1908 geborene Otto Kraus, *von 1947–1973 erster Bevollmächtigter der IG Metall Verwaltungsstelle Nürnberg. »Der wird kein Tintenmichel«, sagte der Vater, und Otto Kraus begann 1923 eine Lehre als Dreher. 1923 wurde er Mitglied der Sozialistischen Arbeiterjugend. Als die SPD die Rüstungspolitik der Weimarer Republik mittrug, wechselte er zum Sozialistischen Jugendverband der SAP über. 1935 wurde er wegen illegaler Tätigkeit verhaftet und für zwei Jahre ins KZ Dachau verschleppt. Nach 1945 beteiligte er sich aktiv am Wiederaufbau der Gewerkschaft.*

Wenn im Herkules-Velodrom eine politische Veranstaltung stattfand, dann strömten die Massen durch die Voltastraße und mit ihnen Otto Kraus.

Kennzeichnend für den Stadtteil Steinbühl ist die typische Vermischung von Fabrikanlagen und Wohngebäuden. Die handwerkliche Tradition des ehemaligen Dorfes Steinbühl bildete die günstige Voraussetzung für die seit den 30er Jahren des 19. Jahrhunderts einsetzende Industrialisierung des Nürnberger Südens. Nach seiner Eingemeindung in den Stadtbezirk Nürnberg im Jahr 1865 entwikkelte sich Steinbühl mit großer Geschwindigkeit zu einem ausgeprägten Fabrikvorort. Die Schwerindustrie fand hier nahezu unbegrenzt ausdehnungsfähige freie Flächen, auf denen die neuen Fabriken entstehen und der notwendige Wohnraum für die Fabrikarbeiter geschaffen werden konnte. Ende des 19. Jahrhunderts gelang der maschinellen Großindustrie der endgültige Durchbruch im Süden der Stadt. Der Bau der neuen Büro- und Fabrikräume der Firma Schuckert und Co. (1889/90) im Block Landgraben-/Gugel-/Humboldtstraße sowie die Verlegung der Maschinenfabrik Augsburg-Nürnberg (MAN) von Wöhrd an den Südrand Steinbühls (Frankenstraßc) trugen wesentlich zur raschen wirtschaftlichen und baulichen Entwicklung und zu einem starken Anwachsen der Bevölkerung in Steinbühl bei. Um 1900 lebten hier bereits 30.000

Zählerbau und Ankerwikkelei im Nürnberger Werk der Siemens-Schuckert-Werke um 1913.

Voltastraße

Otto Kraus. IG-Metaller der ersten Stunde.

❽

Die vierziger Jahre. Nur vereinzelte Hakenkreuzfahnen in der Arbeitersiedlung.

Schuckerthäuser in der Galvanistraße. Durch unterschiedliche Fassaden sollte ein monotones Aussehen der Anlage vermieden werden.

Menschen. Bis zum 2. Weltkrieg war Steinbühl das Nürnberger Arbeiterviertel mit der höchsten Bevölkerungsdichte.

Unser Rundgang führt uns nun durch die zwischen 1900 und 1930 gebauten »Schuckerthäuser«, einem typischen in sich nahezu geschlossenen Arbeiterwohngebiet der Südstadt. 1896 schlossen sich 283 Arbeiter der »Elektrizitäts Aktiengesellschaft vormals Schuckert und Co.« zum Zwecke »der Beschaffung vorteilhafter Mietwohnungen« zusammen und gründeten den Bauverein Siemens-Schuckertscher Arbeiter. Jedes Mitglied mußte einen Geschäftsanteil von mindestens 100 Mark erwerben. Dies konnte auch in Teilzahlungen geschehen. Die ersten Schuckertshäuser wurden 1899 in der Gugelstraße 107, 109, 111, 113, 115 und 117 errichtet. Wohnungsneubauten in der Franklin-, Galvani-, Gauß-, Helmholtz-, Schuckert-, Siemens-, Volta- und Wattstraße folgten.

Der Bauverein der Siemens-Schuckertschen Arbeiter achtete von Anbeginn im Entwurf seiner Projekte darauf, das damals verbreitete kasernenartige, monotone Aussehen von Arbeiterwohnanlagen zu vermeiden. So versuchte man, die Häuser durch unterschiedliche Fassaden ansprechend zu gestalten. Zwischen den Wohnblöcken wurden Gärten angelegt, die Kinder und Erwachsene zum Aufenthalt im Freien einluden. Das Leben spielte sich hauptsächlich in den Hinterhöfen ab, wo die Kinder fern von der Straße ungefährdet unter Kastanienbäumen spielten. Im Januar und Februar 1945 zerstörten Bomben weite Teile des Schuckertviertels. Von den 1655 Wohnungen der Genossenschaft blieben nur 105 nahezu unbeschädigt. 1956 waren die Aufräum- und Wiederaufbauarbeiten abgeschlossen. Die Eigentümlichkeit der Straßen rund um die Schuckerthäuser und in den Innenhöfen wurde weitgehend erhalten. Abgeschirmt vom Straßenlärm können die Bewohner auch heute noch die Beschaulichkeit des Innenhofes genießen, finden Kinder Möglichkeiten zum Spielen und Toben.

Auffallend ist, daß die Straßen im Schuckertviertel alle nach Firmengründern und Erfindern der Industriewelt benannt sind. Dagegen weist kein Namensschild, keine Gedenktafel darauf hin, daß Schuckertarbeiter Widerstand gegen das nationalsozialistische Terrorregime leisteten und dies manchmal mit dem Tod bezahlten. Beispielhaft sei hier auf das Schicksal von Fritz Grasser hingewiesen.

Fritz Grasser war Mitglied der »Zelle 5« der KPD in Steinbühl. Diese Gruppe verteilte in den Monaten nach der Machteinsetzung der Nationalsozialisten illegal Agitationsmaterial. Im Januar und Februar 1934 wurde Fritz Grasser zusammen mit einer Reihe anderer Kommunisten verhaftet und vom Obersten Landesgericht München wegen Vorbereitung zum Hochverrat zu zweieinhalb Jahren Gefängnis verurteilt. Nach der Strafverbüßung wurde er ins Konzentrationslager Dachau eingeliefert. Kurz vor Kriegsbeginn wurde er entlassen und fand in seiner alten Firma Siemens Schuckert wieder Arbeit. Dort wurde er wegen »staatsabträglicher Äußerungen« gegenüber seinen Arbeitskameraden von einigen Kollegen denunziert, am 18. November 1941 erneut verhaftet und vom Sondergericht Nürnberg, unter Vorsitz des berüchtigten Blutrichters Rothaug am 2. Juli 1942 zum Tode verurteilt. Das Urteil wurde im Gefängnishof München-Stadelheim vollstreckt.

Ob die ersten Schuckerter den Südstadtladen besucht hätten, läßt sich nur vermuten. Fest steht, daß der 1982 eröffnete Kulturladen für viele Südstädter heute nicht mehr wegzudenken ist. Als Treffpunkt im Stadtteil, der jedem/r offensteht, in den man ungezwungen gehen kann, in dem man kreativ werden, gemeinsam werkeln und basteln kann, in dem für das leibliche Wohl ebenso gesorgt ist wie für vielfältige Diskussions- und Informationsangebote, wo Ausstellungen, Musik-, Theater- und Filmabende stattfinden, findet er immer mehr Anklang. Obgleich die Finanzlage ständig angespannt ist, haben die Mitarbeiter neben der Senioren- und Frauenarbeit die Ausländerarbeit zu einem neuen Schwerpunkt ihrer Arbeit gemacht; insbesondere türkischen Frauen sollen Begegnungen mit deutschen Frauen aus ihrer Isolation helfen. Viele alteingesessene Südstädter müssen hier noch Vorurteile abbauen.

Bis zum Bau der Siemens-Schuckert-Werke war die Gugelstraße eine Landstraße ohne besondere verkehrstechnische Bedeutung. Firmengründer Sigmund Schuckert ließ sie den Erfordernissen seines Betriebes entsprechend ausbauen. Vom Fabrikgelände aus wurden bis hin zur MAN Gleisanlagen verlegt, auf denen die Schuckertschen Produkte zm Rangierbahnhof im Süden transportiert werden konnten. Die Gleise in der Gugelstraße wurden nicht nur von der Werkslok, sondern bald auch von der Straßenbahnlinie 8 genutzt (letzteres bis heute). Neben den Gleisanlagen entstanden in unmittelbarer Nähe der neuen großen Fabrik eine Reihe kleiner Zulieferbetriebe. Und auch eine Vielzahl kleiner Läden machte ihr Geschäft. Der südliche Teil der Gugelstraße ist noch heute eine belebte Einkaufsstraße. Trotz starker Konkurrenz durch Supermärkte, Kaufhausketten, Bau- und Hobbymärkte haben sich viele kleinere, z.T. alteingesessene Geschäfte aus unterschiedlichen Branchen halten können.

Steinheilstraße 7
❾

*Am Sunntooch werd a oft wos bot'n
in unserm schöina Südstadtlod'n
Ja etz is raus, etz hob' is gsacht,
an Südstadtlod'n homs aufgmacht.
Und jeder der den Lod'n kennt,
kummt immer widda dou her grennt.*

Die ständige Produktionsausweitung bei den Sigmund-Schuckert-Werken machte bald einen Umzug aus der »Schwabenmühle« (siehe S. 52) in neue Räume notwendig. So entstand 1878 in der Schloßäckerstraße die erste Schuckert-Fabrik im Nürnberger Süden. Zehn Jahre später ließ Sigmund Schuckert auf der Ecke zwischen Landgrabenstraße und künftiger Gugelstraße ein großes Werkstatthaus bauen. Die Ende der 80er Jahre entstandene systematische Elektrifizierung Deutschlands machte bald eine erneute Betriebsvergrößerung nötig. 1895 wurde ein großes Gelände zwischen Gugel-, Humboldt-, Heyne- und Körnerstraße hinzugekauft. Auf diesem Gelände, das 1928 bis zur Pfälzerstraße ausgedehnt wurde, befindet sich heute das Nürnberger Maschinen- und Apparatewerk (NMA) der Siemens AG. Um die Jahrhundertwende fusionierte Sigmund Schuckert mit seinem stärksten Konkurrenten, der Firma Siemens-Halske in Berlin. 1903 wurden die starkstromtechnischen Fertigungen von Siemens und Schuckert in den Siemens-Schuckertwerken GmbH zusammengefaßt. Das Werk an der Landgraben-/Gugelstraße erhielt den Namen »Nürnberger Werk«. 1966 wurden die Siemens-Schuckertwerke mit Siemens & Halske zur Siemens AG, wie wir sie heute kennen, zusammengeschlossen.

Wagenbau bei MAN in der Frankenstraße.

Gugelstraße 119-149 ⑩

Im Straßendreieck von Gugel-, Franken- und Markgrafenstraße, zwischen den großen Industriebetrieben Siemens und MAN liegt der Rabus, kein offizieller Stadtteil, aber bis zum 2. Weltkrieg eine soziale Gemeinschaft mit eigener Geschichte. Ähnlich wie Steinbühl entstand der Rabus im Zuge der Industrialisierung. Nahezu 95 Prozent der Rabuser Bevölkerung kam von außerhalb. Aus Oberfranken, Thüringen, Sachsen, der Oberpfalz und Böhmen strömten sie in die aufstrebende Industriemetropole. Die ersten um 1880 im Rabus errichteten Häuser waren klein und niedrig.

Sperber-/ Spechtstraße ⑪

Wir finden ein solches nur noch an der Ecke Sperber-/Spechtstraße. 1910 bis 1914 entstanden dann die größeren vierstöckigen Häuser. Im Gegensatz zur Schuckertsiedlung, wo sich das Leben hauptsächlich in den Innenhöfen abspielte, tummelten sich die Rabuser Kinder auf den Straßen. Ein beliebter Treffpunkt war der — Straßenerweiterungen zum Opfer gefallene — Wiesenstreifen, der sich in Höhe der MAN die Frankenstraße entlangzog. Eindeutiger kultureller Höhepunkt im Leben der Rabuser war die — vor einigen

Jahren wiederbelebte — Rabuser Kirchweih am 1. Sonntag im August. Sie wurde in allen Gastwirtschaften, 17 an der Zahl soll es in dem kleinen Stadtteil gegeben haben, mit Musik, Tanz und Schlachtschüssel (eine deftige Angelegenheit bestehend aus Kartoffeln, Sauerkraut, Blut- und Leberwurst, gekochtem Bauchfleisch) gefeiert. Auf dem Gelände der Firma Leistritz bauten ehedem Schausteller ihre Stände, Buden, Schiffsschaukeln und Karussels auf.

Seit 100 Jahren ist Leben und Arbeiten in der Südstadt eng mit der Entwicklung in der metallverarbeitenden- und Elektroindustrie verknüpft. Seit einigen Jahren werden im Zuge der Einführung neuer Produktionsmethoden, im Gefolge von Rationalisierung immer mehr Arbeitsplätze vernichtet. Steigende Arbeitslosenzahlen, wachsende soziale Not der Betroffenen und ihrer Familien sind auch in der Südstadt zu verzeichnen. Die Umstrukturierung von Konzernbetrieben wie AEG-Kanis und MAN-GHH geht weiter.

Franken-/ Markgrafenstraße ⑫

AEG Kanis muß bleiben. Viel Solidarität in der Nachbarschaft.

Hunderte Arbeitsplätze sind bedroht. Die Neuordnung der Energietechnik in Europa birgt qualitativ neue Gefahren für die Nürnberger Metallindustrie in sich: Wenn der Turbinenbau zum Beispiel bei MAN-GHH und AEG-Kanis zerschlagen wird, verliert Nürnberg in einem industriellen Kernbereich sowohl qualitativ hochwertige Produktionsanlagen als auch Arbeitsplätze für qualifizierte Facharbeiter. Dies hätte gravierende negative Auswirkungen für die Produktions- und Qualifikationsstrukturen in der gesamten Region.

Seit Oktober 1987 kämpfen die 1.100 Arbeiter und Angestellten der AEG Kanis, einem hochmodernen Betrieb, für den Bau von Turbinen, um den Erhalt ihrer Arbeitsplätze und für die Sicherung der Produktionsstrukturen. Gegner in dieser Auseinandersetzung ist der mächtige Daimler-Benz-Konzern.

Die Belegschaft der Kanis hat sich mit Arbeitsniederlegungen und vielfältigen öffentlichen Aktionen gegen die drohende Zerschlagung des Betriebes zur Wehr gesetzt. Alleine sind sie jedoch chancenlos. Nur die gemeinsame Gegenwehr aller Betroffenen kann verhindern, daß aus dem einst blühenden, wachsenden Süden der Stadt perspektivisch ein Armenhaus wird.

Um die Jahrhundertwende waren die Werke der MAN » bis zur Grenze ihrer Leistungsfähigkeit beansprucht«. Der Zusammenschluß der Werke Augsburg und Nürnberg zur Aktiengesellschaft » Vereinigte Maschinenfabrik Augsburg und Maschinenbaugesellschaft Nürnberg AG« 1898 und der Umzug von Wöhrd auf das Gelände am Südrand Steinbühls sind nicht nur Ausdruck der glänzenden Geschäftslage, sondern auch Beleg für den allgemeinen Konzentrationsprozeß in der Industrie in jenen Jahren. Die neue Zeit drückte sich auch in veränderten Produktionsschwerpunkten aus. 1904 begann die MAN den Bau von Dampfturbinen, die nach Rußland, Chile, China und Italien exportiert wurden. Im gleichen Jahr errichtete sie das erste Großdieselmotorenkraftwerk der Welt. In europäischen Hüttenwerken liefen Großgasmaschinen der MAN, in nahezu allen bedeutenden Häfen arbeiteten ihre Krananlagen. Dementsprechend kletterten Umsatz, Dividende und Zahl der Beschäftigten nach oben. Letztere betrug 1906 4.500. Im 1. Weltkrieg baute die MAN zum erstenmal Lastkraftwagen für die Armee und entwickelte einen Schiffsdieselmotor für U-Boote. Im Mittelpunkt der Kämpfe der MAN-Arbeiter stand vor allem die Durchsetzung von Lohnerhöhungen und kürzeren Arbeitszeiten. Dabei hatten sie einen besonders schweren Stand, da » ihr« Direktor seit Gründung des Verbandes Bayerischer Metallindustrieller (1893) immer dessen Vorsitzender war und in dieser Eigenschaft stets für eine harte Gangart in den Auseinandersetzungen, die sich meist in der Praxis der Aussperrung ausdrückte, eintrat. Stärker noch als im 1. Weltkrieg profitierte die MAN von der Rüstungshochkonjunktur der Jahre 1933–1945. Im Vordergrund stand der Lastwagen- und der Panzerbau. Kurz vor Ende des 2. Weltkrieges waren in der Nürnberger MAN ca. 10.000 Menschen beschäftigt: 6.000 Deutsche, 3.200 zivile Ausländer, die übrigen waren Kriegsgefangene. Mit Genehmigung der amerikanischen Militärregierung nahmen ca. 1.200 ehemalige MAN-Angehörige gleich nach Kriegsende die Arbeit wieder auf. Ihre Haupttätigkeit bestand in dem

Rückkehr der » Roten Falken« vom Zeltlager aus Namedj 1929 in der Pillenreutherstraße.

stark zerstörten Werk zunächst darin, Maschinen aus dem Schutt zu graben, Stromleitungen neu zu verlegen und Dächer und Fenster provisorisch abzudichten. Ausgemusterte amerikanische Heeresfahrzeuge wurden für zivile Zwecke umgebaut, Lastwagen repariert und verschiedene Dinge für den zivilen Bedarf hergestellt: Kolben für Tabakschneidemaschinen, kleine Kochtöpfe aus den Aluminiumkolben der Panzermotore und Räder für stabile Handwagen, die damals für Transporte aller Art unerläßlich waren. 1962 geriet der MAN-Vorstand als höchstbezahlter aller deutschen Maschinenfabriken in die Schlagzeilen. Der erzkonservative Aufsichtsratsvorsitzende Hermann Reusch, der sich gerne als »Krefelder Husar« apostrophieren ließ, bezog sogar zwei Generaldirektorengehälter.

Heute gibt es das Nürnberger MAN-Werk alter Prägung genau genommen nicht mehr, obwohl der Grundriß des Fabrikgeländes seit der Jahrhundertwende der gleiche ist, und der Betrieb sein äußeres Gesicht für den Betrachter kaum verändert hat. Bereits 1955 wurde die LKW-Fertigung in Nürnberg ausgegliedert und nach München verlegt. Als um 1980 die Gewinnsituation der einzelnen Unternehmen des Gute-Hoffnungshütte-Konzerns — zu dem die MAN seit 1920 als selbständige Firma gehörte — schlechter geworden war, ging die Konzernleitung dazu über, den Konzern nach Produktlinien umzustrukturieren. Davon war auch die Produktpalette der Nürnberger MAN betroffen: der Kranbau, der Turbinenbau, der Schienenfahrzeug- und Motorenbau. Heute existieren auf dem Gelände an der Frankenstraße verschiedene, von einander unabhängige MAN-Werke. Der Umstrukturierung fielen zahlreiche Arbeitsplätze zum Opfer. Waren 1961 in Nürnberg mehr als 9.000 Beschäftigte bei MAN, so pendelte sich ihre Zahl in den 70er Jahren um die 7.000 ein. Nach der Umstrukturierung 1986 sind es noch ca. 5.400, mit fallender Tendenz.

Tradition hat die enge Zusammenarbeit von Volkshochschule und Arbeiterbewegung in Nürnberg. Auf die Situation der Massenarbeitslosigkeit und des ökonomischen Strukturwandels in Nürnberg und Umgebung versuchte sich das kommunale Bildungszen-

Georg-Wieszner-Platz

MAN um 1920 in der Katzwangerstraße vom Hasenbuck aus.

trum (andernorts Volkshochschule genannt) durch neue Qualifizierungsangebote einzustellen. Mit der Einrichtung einer neuen Abteilung Berufliche Weiterbildung wollte das Bildungszentrum diesen Anforderungen verstärkt nachkommen. Inzwischen hat sich jedoch die Finanzlage der Kommune so verschlechtert, daß auch Einsparungen beim BZ-Etat vorgenommen werden mußten. Der Gedanke, die Weiterbildung zur vierten Säule des Gesamtbildungssystems neben Schule, Berufsschule und Hauptschule auszubauen, erweist sich immer mehr als Illusion. Mittelkürzungen oder -sperrungen für die Einrichtung und beträchtliche Gebührenerhöhungen für die Kursteilnehmer stehen auf der Tagesordnung.

Gibitzenhofstraße
⓭

Durch die Gibitzenhofstraße gelangen wir in südliche Richtung in die Nähe des alten Gibitzenhöfer Dorfkerns. Heute liegen hier in unmittelbarer Nachbarschaft zwei große 4-spurig angelegte Straßenkreuzungen: die Kreuzung zwischen der Schnellstraße (Frankenschnellweg) im alten Kanalbett und der Nopitschstraße und die Kreuzung Gibitzenhof-/Dianastraße mit der Ringstraße. Die Verkehrsintensität hat auf diesen Straßen seit dem 2. Weltkrieg in einem solchen Maße zugenommen, daß Gibitzenhof inzwischen zu einem Schwerpunkt innerstädtischen Verkehrs geworden ist.

Bis zur Jahrhundertwende prägten Wiesen, Felder, einzelne dazwischen liegende Weiher und der nahe Reichswald im Südosten die nähere Umgebung des kleinen Dorfes Gibitzenhof, dessen beherrschendes Element über Jahrhunderte hinweg das 1944 zerstörte Löffelholzsche Schloß war. Im Gegensatz zu Steinbühl mit seiner langen gewerblichen Tradition war Gibitzenhof bis ins 19. Jahrhundert hinein ganz von der Landwirtschaft geprägt. Eine

besondere Rolle spielte die Milchwirtschaft. Mit Karren, die teils mit der Hand, teils von einem Pferd gezogen wurden, schafften die Gibitzenhöfer Bäuerinnen und Bauern tagtäglich Milch in die Stadt, die sie bei einer mehr oder weniger festen Kundschaft absetzten. Eine gewisse Bedeutung hatte gegen Ende des 19. Jahrhunderts die Bienenzucht erlangt. So rühmte Ballhorns Nürnberger Wanderbuch von 1889 ausdrücklich die »wegen ihres guten Honigs bekannte Wirtschaft an der Gibitzenhofstraße« (nach Rusam, S. 147). Gemeint war der heutige »Loos-Garten« (jetzt griechische Küche), der gegenüber dem ältesten Gibitzenhöfer Gasthaus, der 1975 abgebrochenen Wirtschaft »Zum Goldenen Hirschen« lag. Beide Gastwirtschaften mit ihren hübschen, schattigen Gärten waren um die Jahrhundertwende das Ziel zahlreicher Nürnberger Ausflügler, die den alten Kanal entlang oder die damals noch mit Ulmen und Linden bepflanzte Landstraße (heutige Gibitzenhofstraße) in das Dorf hinausspazierten.

Große Veränderungen begannen auch in Gibitzenhof im Zuge der Industrialisierung des Nürnberger Südens. Eine verstärkte Bautätigkeit begann 1908/09 mit der Errichtung des zwischen Dianastraße und (altem) Kanal gelegenen, sogenannten Dianablocks, einem großen, von der »Baugesellschaft für Kleinwohnungen GmbH« im Jugendstil erbauten Mietshauskomplex, der vor allem von Arbeiterfamilien der MAN bewohnt wurde.

Wir beenden unseren Spaziergang mit den letzten baulichen Zeugen der dörflichen Vergangenheit Gibitzenhofs, die in der Meisenstraße zu finden sind (wie lange noch?). Vom Frankenschnellweg trotz Schutzwall herübertönender Lärm vermischt sich eigenartig mit Hahnengeschrei. Durch einen schmalen Fußweg gelangt man zu den wenigen alten Häusern und Gärten. Nach wenigen Minuten ist man wieder bei modernen Hochbauten der jüngeren Zeit angekommen.

Meisenstraße 16-24
⑭

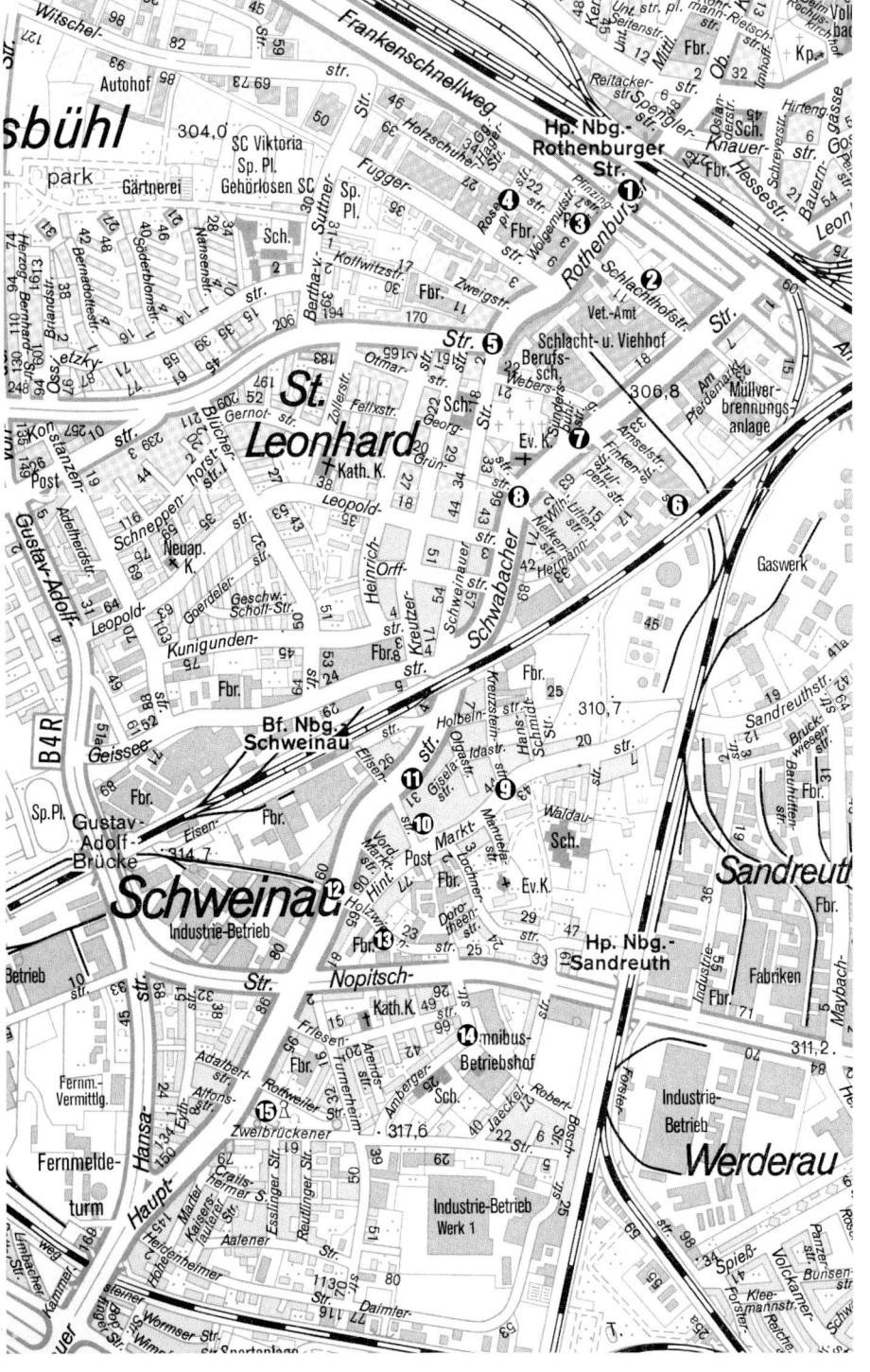

Bleistiftschmuggler und Bier für Kinder

St. Leonhard — Schweinau

von Robert Simon

Ausgangspunkt: *U-Bahnhof Rothenburger Straße*
Endpunkt: *U-Bahnhof Hohe Marter*
Dauer: *ca. 2 Stunden*

Die beiden Stadtteile St. Leonhard und Schweinau, ursprünglich alte Dörfer des Nürnberger Umlandes, erhielten ihr heutiges Gesicht während der letzten hundert Jahre. Eingeklemmt zwischen Bahnlinien, Kanälen und neuerdings Autobahnen, entwickelten sich beide Stadtteile zu typischen Nürnberger Arbeiterwohnvierteln. Viele Neunürnberger fanden hier ihre erste Heimat: Zuwanderer aus der Oberpfalz und Westmittelfranken im 19. Jahrhundert, Aussiedler aus den Warschauer Pakt Staaten und zahlreiche ausländische Arbeitnehmer nach dem zweiten Weltkrieg.

Schweinau und St. Leonhard sind auch von der Bevölkerungszusammensetzung her relativ junge Stadtviertel, so wohnen hier überdurchschnittlich viele Jugendliche und wenig ältere Menschen.

Vom Bahnsteig am Haltepunkt Rothenburger hat man einen grandiosen Überblick auf eine industriell geprägte Stadtlandschaft.

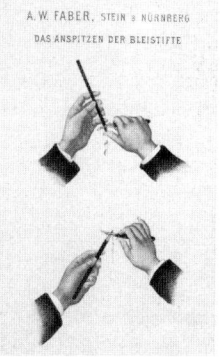

Das Anspitzen der Bleistifte.

Die stets etwas feuchte Mulde zwischen den beiden Armen des Frankenschnellweges, der hiesigen Autobahn, ist Teil des alten Nürnberger Kanalhafens. Dieser war 1843 unter großem Jubel eröffnet worden. Doch bald schon folgte die Ernüchterung. Die an ihn geknüpften wirtschaftlichen Erwartungen konnte dieser Kanal nie erfüllen. Die kleinen Kähne, die vielen Schleusen und die beschränkte Geschwindigkeit der Treidelpferde, die die Kähne vom Ufer aus zogen, machten das unmöglich. Die gleichzeitig fertiggestellte Eisenbahnlinie nach Bamberg und Würzburg lief dem neuen Kanal in kürzester Zeit den Rang ab.

Rothenburger Straße

Der 1976 auf der Trasse des alten Kanals erbaute Frankenschnellweg symbolisiert den Siegeszug des Automobils gegen Schiene und Wasser. Die Autobahnlinie wird an dieser Stelle von mehreren Ampelanlagen unterbrochen, was die lokale CSU-Fraktion bei jeder Kommunalwahl dazu veranlaßt, die Hymne »Freie Fahrt für freie Bürger« anzustimmen und den kreuzungsfreien Ausbau des Frankenschnellweges zu fordern. Trotz der bereits vor hundert Jahren festgestellten wirtschaftlichen Sinnlosigkeit wird heute

Schlachthofstraße
❷

noch immer am Bett des Rhein-Main-Donau-Kanals herumgeschaufelt. Er verläuft gegenwärtig auf der Höhe des am Horizont sichtbaren Fernsehturms und ist nicht nur, aber vor allem wegen der Zerstörung von Naturlandschaften stark umstritten. Man kann von diesem Standpunkt auch das Gaswerk der Stadt, mit dem ganz St. Leonhard und Schweinau dominierenden Kessel, sehen.

Südlich des Hafens wurde in der zweiten Hälfte des 19. Jahrhunderts der Nürnberger Viehmarkt eingerichtet. Davor befand er sich am Frauentor, auf dem Gelände des jetzigen Grand Hotel gegenüber dem Hauptbahnhof, und in der Regensburger Straße. 1869 beschloß der Magistrat die Verlegung des mittelalterlichen Schlachthauses aus der Altstadt an den Stadtrand.

Mehrere Gründe machten den Neubau notwendig. Zum einen stieg die Bevölkerungszahl im 19. Jahrhundert rapide, und gleichzeitig gewann Fleisch wieder stärker an Bedeutung in den Ernährungsgewohnheiten der Menschen dieser Zeit. Durch die mit dem Ausbau verbesserten Transportmöglichkeiten konnten mehr Tiere zur Verwertung angeliefert werden. Industrielle Schlachtmethoden nach US-amerikanischem Vorbild wurden eingeführt. Neue Standards und Techniken der Frischhaltung (Kühlung) und Hygiene kamen auf.

1891 konnte die Kombination aus dem bedeutendsten Viehmarkt Süddeutschlands und einer großen industriellen Schlachtfabrik auf einer Gesamtfläche von sieben Hektar eröffnet werden. Pro Jahr werden heute noch 300.000 Tiere gehandelt und verarbeitet. Dieser Schlachthof markiert auch in seinen Ausmaßen und seiner Architektur den Einstieg in die industriell betriebene Nahrungsproduktion.

Spätestens 1992 allerdings muß der Nürnberger Schlachthof seinen Betrieb einstellen, da er nicht mehr den Richtlinien der EG entspricht. Die Belastung der Umwelt durch 250.000 Kubikmeter Abwässer, die ungeklärt in

*die Kanalisation fließen, ist unerträglich geworden. Ein gemeinsamer Neu-
bau, finanziert durch Nürnberger Metzger, einige Großschlächter und den
Viehhändlern, soll dann an seine Stelle treten. Diese Entscheidung fiel nach
langen Verhandlungen, bei denen auch erwogen wurde, der Schlachterei in
Nürnberg ein Ende zu setzen. Das hätte zur Folge gehabt, daß der ganze
nordbayerische Raum ohne eigenen Großschlachthof gewesen wäre und damit eine weitere industrielle Ausdünnung erfahren hätte.*

Der KURO, wie er in Insiderkreisen liebevoll genannt wird, ist
das Prunkstück der in den Siebzigern, vor allem von Nürnbergs
Kulturreferent Hermann Glaser, geplanten Kette von soziokultu-
rellen Subzentren in den einzelnen Stadtteilen. Kein Kulturladen
wurde reichhaltiger ausgestattet, hatte ein vielseitigeres Programm.
Sämtliche Gruppen der Stadtteilbevölkerung wie Jugendliche, Se-
nioren, ausländische Mitbürger, Frauen, sollten sich in der Arbeit
wiederfinden. Filmvorführungen und eine Kneipe runden das Programm ab. Die Haushaltslage der Stadt und auch ein nur noch halb-
herzig weiter verfolgtes Programm der Kulturläden verschlechter-
ten dann aber die Lage des KURO.

**Rothenburger
Straße 106**
❸

Die Holzschuherstraße sollte die Hauptachse einer Ende des
Jahrhunderts geplanten neuen Siedlung mit 13 Querstraßen werden. Eigenartigerweise wurden aber nur zwei Straßen fertiggestellt:
die Rosenplüt- und die Wolgemutstraße. Die anschließende Holzschuherstraße endet ziemlich abrupt. Wer einen Blick auf den
Stadtplan wirft, stellt fest, daß offensichtlich bis heute noch nicht
klar ist, wie die weitere Entwicklung aussehen soll.

Viele Industriebetriebe Nürnbergs haben ihren Ursprung im
Handwerk, so auch die Firma Meck. Der Gründer, Ernst Meck, ein
Schlosser, begann 1851 mit der Herstellung von Geldschränken.
Die Industrialisierung, die Entwicklung des Bank- und Börsenge-
schäftes und die Anhäufung großer Privatvermögen in der Gründerzeit verschafften ihm einen guten Markt. 1899 zog der Betrieb in
die Holzschuherstraße. Bewundernswert ist das Verwaltungsge-

**Holzschuherstraße
9**
❹

*Der Schlachthof am Kanal-
hafen nach seiner Eröff-
nung.*

bäude, eine Kombination aus Verkaufsräumen und der Villa des Unternehmers. Dieses Gebäude gehört zu den wenigen reinen Jugendstilbauten Nürnbergs.

In der Weimarer Zeit stellte die Firma, bedingt durch Inflation und Wirtschaftskrise, ihre Produktion auf die Herstellung von Lochblechen um. Während des zweiten Weltkrieges waren in der Firma Meck, wie in großen Teilen der Nürnberger Industrie, ca. 40 Zwangsarbeiter eingesetzt.

Der Prinzregent Ludwig nebst Gemahlin zu Besuch in der Rothenburger Straße. 1913.

Holzschuherstraße 8

Das ständige Wachsen der Stadt um die Jahrhundertwende machte die Einrichtung von lokalen Dienststellen in den neuen Vierteln nötig. Im Jahre 1909 eröffnete hier die Post für den zehn Jahre zuvor eingemeindeten Stadtteil Leonhard eine Nebenstelle. 1982 wurde sie geschlossen. Die völlig veraltete Einrichtung, wie z.B. die mangelhafte Heizung durch einen Schürkohleofen im Kundenraum, machte einen weiteren Betrieb unmöglich. Die Originaleinrichtung kann man heute im Verkehrsmuseum bewundern. Das Postlokal wurde nach 1983 mehrere Jahre lang an die Auslandsorganisation der italienischen Neofaschisten vermietet, die hier versuchten, ihre Ideologie über einen italienischen Freizeitclub an ihre Landsleute zu bringen.

Rothenburger Straße/Schweinauer Straße ❺

Nur mehr schwer kann man heute erkennen, daß St. Leonhard früher ein altes Dorf entlang der wichtigen Handelsstraße zur Reichsstadt Rothenburg war. Im Knie der Rothenburger Straße befand sich das alte Ortszentrum. Der Ort selbst dürfte älter als Nürnberg sein und hat eine bewegte Vergangenheit.

Lange Zeit unterstand er dem Bistum Bamberg, 1796 wurde er dann für 10 Jahre preußisch, bevor das Königreich Bayern sich ganz Franken 1806 einverleibte. Die reichen Bauern des Dorfes waren oft Ziel von Plünderun-

gen vorbeiziehender Militärhaufen, denn das Dorf lag, im Gegensatz zu Gostenhof, außerhalb des Nürnberger Schutzringes, dem Landgraben. Vor neunzig Jahren wurde St. Leonhard dann Bestandteil der Stadtgemeinde Nürnberg. Zuvor, um 1870, setzte eine große Bauwelle ein, die Bevölkerungszahl verzehnfachte sich binnen dreißig Jahren, vor allem Fabrikarbeiter zogen zu. Nur ein Anwesen hat den Bauboom der Industrialisierung überlebt. In dem ehemaligen Bauernhaus in der Kreutzerstraße 5 befindet sich heute der Jugendclub des evangelischen Jugendwerkes, dessen »Offene Arbeit« sich besonders an Motorradfahrer richtet und der damit oft Verärgerung bei den Anwohnern hervorruft.

Hier stand bis zu den Zerstörungen des 2. Weltkriegs der ehemalige Herrensitz Sündersbühl der Nürnberger Patrizierfamilien Nützel und Haller von Hallerstein. Nachdem die Stadt die dazugehörigen Grundstücke für den Neubau des Schlachthofes erworben hatte, richtete sie in dem Herrensitz Wohnungen für bedürftige Bürger ein.

Webersgasse 22

In den fünfziger Jahren wurde die Baulücke, die durch die Zerstörung des Schlößchens entstanden war, durch eine Berufsschule für Metzger und das Gebäude der Freibank in der für diese Zeit typischen Architektur, geschlossen. Die Einrichtung »Freibank« hat seit dem Mittelalter überlebt. Die alte Freibank befand sich am Unschlittplatz, doch heute verkauft man hier kein finniges oder unansehnliches Fleisch mehr wie noch im letzten Jahrhundert. Angeboten wird Fleisch und Wurst von Tieren minderer Qualität, aber nicht von kranken Tieren.

Der direkt im Schatten des Gaskessels gelegene, heutige Materiallagerplatz der EWAG, des städtischen Energie- und Wasserversorgungsunternehmens, diente ursprünglich als städtischer Fäkalienverladebahnhof.

Finkenstraße 33
❻

Die Fäkalienbeseitigung stellte die Stadt Nürnberg lange Zeit vor große Probleme. Noch um die Jahrhundertwende schien es wegen der besonderen Lage Nürnbergs keine Möglichkeit zu geben, vom Grubensystem zu modernerer Kanalisation überzugehen. Der mangelnde Wasserreichtum der Pegnitz lasse den Übergang zu einem reinen Schwemmsystem, also Kanalisation mit Ausfluß in den Fluß, nicht zu. Nürnberg hatte damals mehr als 10.000 Abortgruben, die geleert werden mußten. Der Inhalt wurde mit Pferdewagen abgepumpt und eingesammelt und dann mit der Bahn aufs Land geschafft, um dort als Dünger verwendet zu werden. Diese »Sitte« wurde aber zunehmend als lästig empfunden. Man legte deshalb größere Gruben an, deren Inhalt mittels Bahn dann bis zu 65 km weit entfernt wurde. Bis 1896 wurde die Grubenentleerung Privatunternehmern überlassen, mit denen es viel Ärger gab; dann übernahm eine dem städtischen Bauamt unterstehende Gemeindeanstalt diesen Job.

Am 10. September 1942 wurde dieser »Fäkalien-Bahnhof«, bezeichnend für das faschistisch-antisemitische Gedankengut des Dritten Reichs, von den Nürnberger Nazis für den Abtransport der jüdischen Bürger benutzt. An diesem Tage wurden alle Nürnberger Juden über 65 Jahre nach Theresienstadt deportiert, alle Altersheime wurden geräumt. »Das Einsteigen in die Personenwagen ohne Rampen machte den vielen Alten und gebrechlichen Leuten ziem-

Finkenstraße/Ecke Schwa-
bacherstraße. Pizzerien und
Giros-Imbisse.

Schwabacher
Straße 46
❼

Leonharder Kirch-
platz/Georgstraße
❽

lich Schwierigkeiten«, beschrieb der damalige Gemeindevorstand *Bernhard Kolb* die Umstände. Von den 533 Deportierten dieses Transportes überlebten nur 27.

Der »Wilde Mann« (heute: Fränkischer Hof) war das Lokal des SA-Sturms, der seine Diensträume in der nahen Kreutzstraße 24 besaß. Die Kneipe diente den SA-Männern in der Frühzeit des Dritten Reiches auch als Folterkammer. Der langjährige Nürnberger SPD-Fraktionschef und Vorsitzende der israelischen Gemeinde, *Arno Hamburger*, der in der Schwabacher Straße aufgewachsen war, erlebte die Folterung seines Onkels mit.

» Mein Onkel Siegfried wurde Mitte April 1933 von einer SA-Rotte aus der Wohnung meiner Großeltern geholt und in die Gaststätte » Wilder Mann« an der Ecke Schwabacher/Finkenstraße geschleppt. Dort mußte er sich ausziehen und auf einen Tisch legen. Die SA-Leute haben mit Stuhlbeinen auf ihn eingeschlagen, bis er bewußtlos war, und ihn dann auf die Straße geworfen. Ein Sanitätsauto brachte Onkel Siegfried ins Krankenhaus. Mein Vater und ich haben ihn in der Klinik besucht. Das Gesicht meines Onkels war nicht grün und blau angelaufen, sondern schwarz gezeichnet und so verschwollen, daß ich ihn nicht mehr erkannte. «

Der Ursprung der Kirche in Leonhard liegt in der Seuchenpolitik des Mittelalters. An dieser Stelle befand sich nämlich ein Siechenkobel, eine Zwangsquarantäne-Station für aussätzige, leprakranke Frauen aus der Stadt (siehe S. 95). Die mit der durch die Kreuzzüge eingeschleppten Krankheiten infizierten Menschen wurden, getrennt nach Geschlechtern, circa eine halbe Wegstunde außerhalb der Altstadt angesiedelt und aus der städtischen Gesellschaft ausgegrenzt.

Für das Seelenheil der kranken Frauen erbaute man aus Spendengeldern eine Kapelle.

Das Kirchengebäude wurde im dreißigjährigen Krieg zerstört und im letzten Jahrhundert mehrmals erweitert, so daß man heute kaum noch die Originalkapelle erkennen kann. Der große Turm wurde erst vor 100 Jahren erbaut. Der kleine Turmreiter diente ursprünglich als militärischer Wachturm, der von einem Nürnberger Soldaten besetzt war. Dieser sollte das Heranrücken feindlicher Truppen in die Stadt melden. Auf dem verkehrsberuhigten Platz findet jährlich die Leonharder Kirchweih statt.

Schweinauer Hauptstraße. Im ehemaligen Dorf gibt es kaum mehr alte Gebäude.

Hier befindet sich die städtische Familienhilfe und der Stadtteilerneuerungstreff. Die Sanierung des Viertels soll durch Bürgergespräche und Bürgerbeteiligung eine breite Basis erhalten. In diesem Gebäude befand sich früher die allgemeine Schule des Ortes, dann diente es als Polizeiwache. In den Jahren 1933–1945 beherbergte es die Ortsgruppe Leonhard/Schweinau der NSDAP. Von hier aus wurde auch die Verhaftung von Antifaschisten und die Verfolgung von Juden in diesem Stadtteil gesteuert.

Georgstraße 5

Beim Weg durch die Schwabacher Straße fällt die internationale Mischung der Gaststätten auf. Kebab, Giros und Pizza gehören hier inzwischen auch zu den Standardgerichten der deutschen Bevölkerung. Ein Abenteuer besonderer Art kann man im »Kaufmarkt«, einer Supermarktkette in Nürnberg, erleben. Aufgrund des Billigangebotes ist hier, besonders am Freitag nachmittag, ein kostenfreies Streß- und Überlebenstraining möglich.

Auch in dem ehemaligen Dorf Schweinau gibt es kaum mehr Gebäude, die den Bauboom der Industrialisierung überlebt haben. Letzte Reste finden sich in der Hinteren Marktstraße. Ursprünglich waren die meisten Bewohner Schweinaus, wie der Ortsname schon vermuten läßt, mit Viehzucht und Landwirtschaft beschäftigt. Die letzten alten Häuser werden erst in jüngster Zeit saniert (z.B. Num-

Hintere Marktstraße/Kreuzsteinstraße ⑨

mer 48 und 46). Am Haus Nr. 40 kann man den Zustand der vorindustriellen Zeit noch erahnen. In dem 1898 erbauten Haus Kreuzsteinstraße 26 sieht man deutlich, wie mit den steigenden Bodenpreisen wegen der zunehmenden Bebauung die vorhandene Fläche rigoros ausgenützt wurde. Zwischen Vorder- und Hinterhaus kann kaum mehr Licht eindringen, die auf billige Mieten angewiesenen Bewohner des Hinterhauses lebten im Halbdunkel.

⑩
Elisenstraße 17

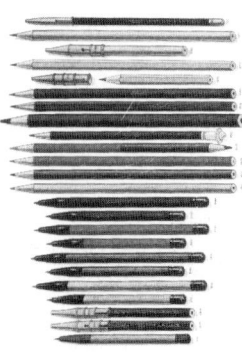

Schweinauer
Hauptstraße 31 ⑪

Früher Rathaus, heute Tapetenmarkt.

In diesem Bauernhaus des 18. Jahrhunderts mit dem etwas unpassenden Erkertürmchen aus dem letzten Jahrhundert befand sich bis 1976 die letzte Bleistiftfabrik des Stadtviertels. An der Haustür kann man noch die Tafel »Bavaria-Bleistifte W. Ledge« stehen. Weil in der Stadt Nürnberg selbst die Zahl der Bleistifthersteller lange Zeit durch die Handwerksordnung sehr begrenzt war, wichen viele Handwerker in die unabhängigen Vororte aus. Die heute noch weithin bekannte Bleistiftfabrik »Faber-Castell« ist aus ählichen Gründen im Vorort Stein angesiedelt worden. Schweinau wurde bald ein Zentrum der Herstellung von Stiften. Mitte des letzten Jahrhunderts existierten hier sechs Betriebe dieser Art. Gewinnbringend für die Bleistifthersteller war besonders das Schmuggeln der Bleistifte in die Stadt, um sie dort unter die städtischen Waren zu bringen und damit unter der Hand das begehrte Gütesiegel »Made in Nürnberg« zu erhalten.

Dieses unansehnliche Gebäude, das seit Jahren einen Tapetenmarkt beherbergt, war ehemals das Rathaus der Gemeinde Schweinau. Von der im Vergleich zu den nebenstehenden wilhelminischen Wohnhäusern niedrigen Höhe des Rathauses sollte man sich nicht irritieren lassen. Als es errichtet wurde, standen ringsum nur ein-stöckige Bauernhäuser und Fabrikanlagen (siehe die Bleistiftfabrik Bavaria um die Ecke). Wenn man den heutigen vernachlässigten Zustand betrachtet, kommt man leicht auf den Gedanken, daß die Erinnerung an die jahrhundertelange Selbstständigkeit Schweinaus gut verdrängt wurde und daß auch kein Interesse besteht, daran et-was zu ändern.

Schweinau galt lange Zeit geradezu als Zufluchtsort für alle Menschen, die in Nürnberg nicht geduldet wurden, für ledige Mütter, Sinti und Roma und andere verfolgte Minderheiten. Dies erklärte sich aus der zeitweise un-klaren Herrschaft über das Dorf. Ursprünglich gehörte Schweinau zu Bam-berg, doch beanspruchten sowohl Nürnberger Familien als auch der Mark-graf von Ansbach das Gebiet. Solche Streitigkeiten der Obrigkeiten wirkten sich für die Untertanen, wie auch das Beispiel Fürth zeigt, meist günstig aus. Sie genossen häufig größere Freiheiten als in den stark reglementierten Städ-ten.

Hier existieren noch heute zwei der ältesten und wichtigsten Ge-werbe Schweinaus nebeneinander. Die Spedition Wißmeyer ent-stammt einer alten Bauernfamilie, die sich im letzten Jahrhundert auf das Fuhrgewerbe spezialisierte. Der wirtschaftliche Auf-schwung durch die Industrie, der Ausbau des Verkehrswesens für den An- und Abtransport von Materialien und Waren und der Bau-boom der Gründerzeit ließen besonders in dem verkehrsgünstig an der Straße nach Augsburg gelegenen Schweinau eine Vielzahl von Fuhrunternehmen entstehen. Wenn man in den Innenhof der Spe-dition blickt, erkennt man noch heute hinter den LKWs die alten Stallungen des ehemaligen Bauernhofs.

Schweinauer Hauptstraße 60, 62
⑫

Die letzte alte Wirtschaft aus einer Zeit, als Bier noch gesünder war als Wasser.

*Obus-Betrieb nach Wol-
kersdorf und Stein, Haltestelle Schweinau 1952.*

Der kleine unscheinbare Weg zwischen beiden Häusern, der
nach wenigen Metern durch ein Industriegebäude beendet wird,
war eine der wichtigsten Straßen für das Schweinau der Jahrhundertwende. Die Exerzierplatzstraße führte zu den Kasernenlagern
an der Gustav-Adolf-Straße, beziehungsweise die Soldaten zu den
Gaststätten Schweinaus.

*Der » Schwarze Adler« ist die letzte der alten Wirtschaften des Dorfes. Der
Ort war wegen seiner vielen Kneipen bei der Stadtobrigkeit berüchtigt, bei
der Bevölkerung aber beliebt. An der Wende zum 19. Jahrhundert existierten
in Schweinau 25 Wirtschaften, bei einer Gesamtzahl von 60 Anwesen. Vor
allem am Wochenende pilgerten zahlreiche Bürger zu dem » Vergnügungsorte«. Anlaß war das billige Bier. In Nürnberg selbst wurde nämlich ein Großteil der städtischen Finanzen über eine Biersteuer, das Ungeld, abgedeckt.
Bier war in dieser Zeit das einzige nicht gesundheitsschädliche Getränk, das
für alle Schichten der Bevölkerung verfügbar war. Tee und Kaffee waren
noch nicht weit verbreitet, das Trinken des verunreinigten Wassers hatte sich
längst als ungesund herausgestellt. So tranken auch Kleinkinder bereits Bier.*

Auf dem Gelände der Spielwarenfabrik Schrödel steht heute das
letzte der ehemals zahlreichen Landschlößchen in Leonhard und

Schweinau. Alle anderen wurden während des Krieges zerstört und nicht wieder aufgebaut. Der Betrieb von Schrödel, ursprünglich gegründet als Buchbinderei und Kartonagenfabrik für die Schweinauer Bleistiftfabrikanten, stellte sich schon um die Jahrhundertwende auf die Herstellung von Spielwaren um.

Holzwiesenstraße 18

An der Nopitschstraße und in der nahen Dieselstraße befanden sich während des letzten Krieges Lager für Kriegsgefangene und Fremdarbeiter, die von dort aus zur Zwangsarbeit in die Industriebetriebe des Nürnberger Südens getrieben wurden.

Nopitschstraße

Das ständige Wachsen der Stadt, auch nach der Jahrhundertwende, zwang die Stadtverwaltung, die öffentlichen Verkehrsmittel weiter auszudehnen. Neben der Straßenbahn gab es schon frühzeitig erste Omnibuslinien. 1923 nahm der erste Bus von Schweinau aus seine Fahrt in die benachbarten Vororte auf. Von diesem Betriebshof fuhren auch von 1948 bis 1961 die Nürnberger Oberleitungs-Buslinien ab, bis man diese doch umweltfreundlichen Verkehrsmittel dem autogerechten Ausbau der Straßen opferte.

Amberger Straße

Oberleitungsbus – ein Fahrzeug fürs Museum.

Die in den Jahren 1926 bis 1929 erbauten Arbeiterwohnungen der Straßenbahnergenossenschaft in der Nopitschstraße/Ecke Jaeckelstraße ergänzten das Werksgebäude. Der Häuserblock erinnert in seiner Formgebung an die klassischen Arbeiterwohnanlagen in Wien, wie den Karl-Marx-Hof.

Die Volksschule beeindruckt durch ihr imposantes Äußeres. Die um und kurz nach der Jahrhundertwende in Nürnberg errichteten »Schulpaläste« unterstreichen schon durch ihre Architektur den Herrschaftsanspruch des wilhelminischen Staates und die Funktion der Schulen zur Aufzucht von »Untertanen«. Interessant sind hier die noch getrennten Eingänge für Mädchen und Jungen, aus einer Zeit, in der Koedukation von Kindern noch ein Fremdwort war.

Amberger Straße 25

Die Hohe Marter ist benannt nach einer früher vorhandenen Martersäule. An dieser Stelle stand bis 1976 die Zollstation zwischen Nürnberger und Ansbacher Gebiet. Wenn Kaiser und König von Süden in die Freie Reichsstadt Nürnberg zu Besuch kamen, wurden sie an dieser Stelle von Abgesandten des Rats begrüßt und verabschiedet. Die Hohe Marter war jahrzehntelang der zentrale Platz in Schweinau, hier endeten die Straßenbahn und viele Omnibuslinien. Verkaufsstände rundeten den Platz ab. Durch den Bau der U-Bahnlinie hat der Platz viel von seinem alten Flair verloren. Dafür geht es jetzt für den ermüdeten Stadtbegeher in der halben Zeit zurück in die Stadt. Wer jetzt trotzdem noch gut zu Fuß ist, hat die Möglichkeit, den Nürnberger Fernmeldeturm zu besteigen oder aber den neuen Rhein-Main-Donau-Kanal zu bewundern. Sollte zufällig außer einzelnen Ausflugsbooten ein Lastschiff zu sehen sein, käme dies einem Wunder gleich, das kaum ein Nürnberger glauben wird. In der Nürnberger Bevölkerung wird der Kanal wegen seiner Sinnhaftigkeit als die längste Regattastrecke Deutschlands oder auch als »Alfons-Goppel-Gedächtnis-Rinne« (nach dem früheren bayerischen Ministerpräsidenten) verspottet.

Hohe Marter

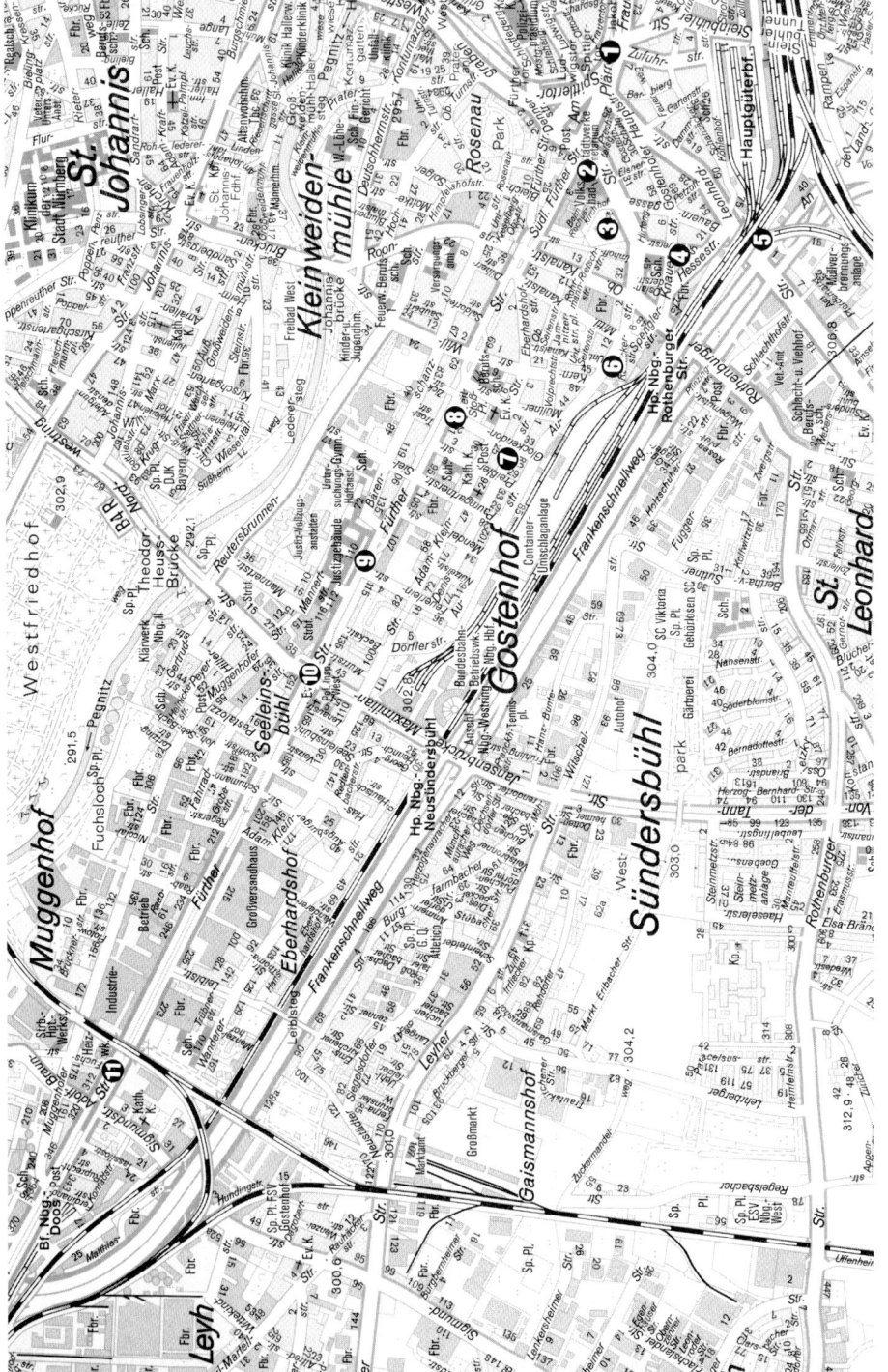

Ein geschickter Lok-Führer und ein bißchen Schein

Gostenhof und Fürther Straße

von Helmut Häußler

Ausgangspunkt: *Plärrer, U-Bahnhof, Straßenbahnlinie 4, 6 und*
Buslinie 20
Endpunkt: *U-Bahnhof Muggenhof*
Dauer: *ca. 3 1/2 Stunden*

Gostenhof ist ein Stadtteil, der von Bombenschäden weitgehend verschont geblieben ist und dessen Straßenbild mit seinen Neo-Renaissance-, Spätbiedermeier- und Jugendstilbauten einen interessanten Spaziergang verspricht. Wir werden auch das westliche, industrie- und eisenbahngeprägte Gostenhof kennenlernen, das für seine Stadterneuerung und Hofbegrünung bekannt geworden ist — ein lebendiges Viertel mit hohem Ausländeranteil, zahlreichen Gaststätten und viel Stadtteilkultur. Und natürlich sehen wir uns auch das alte Gostenhof an mit dem St. Rochusfriedhof und den Hesperidengärten.

Wir beginnen unseren Spaziergang auf dem uralten Plärrer; schon im 14. Jahrhundert wanderten die Patrizier und Arrivierten gerne hinaus auf den damals begrünten Platz zu einem Verdauungsspaziergang »vors Tor«.

Plärrer stammt vom mittelhochdeutschen Wort »Plarre« ab und bezeichnet eine Freifläche ohne klare Besitzverhältnisse und feste Funktionszuweisung, wo gern Versammlungen, improvisierte Märkte und dergleichen abgehalten wurden, wo angeboten und ausgerufen wurde. Das 19. Jahrhundert reichte dann zum Begriff, die für die industrielle Ära charakteristische Perfektion nach: eine jährliche Dult im Herbste, neben dem »Nationalfest« auf der »Peterhaide«, dem späteren »Ludwigsfelde«, die zweite Komponente der Nürnberger »Volksfeste« in der Zwischenkriegszeit, die auf dem Areal des späteren »Versandhauses Quelle« (1956) ihren Standort hatten.

Gegen Ende des Jahrhunderts fusionierten die beiden »Festivitäten« auf dem Ludwigsfeld, so benannt nach König Ludwig I., dem Kunstenthusiasten und Lola-Montez-Liebhaber. Auf dem Ludwigsfeld hatte sich bis dahin die vornehmere Komponente des großen Volksvergnügens abgewickelt, inklusive Reiterspiele und Damenkränzchen sowie auch technische Errungenschaften, die aus der nächsten Zukunft winkten. Schuckert hat da sogar einmal eine elektrische Straßenbahn-Modellanlage aufgebaut, als Nürnberg noch in der tiefsten Pferdebahnidylle schlummerte, bzw. noch auf den damals übli-

Das Hochhaus am Plärrer steht heute bereits unter Denkmalschutz. 1200 Fenster und innen eine dekorative Ausgestaltung.

Plärrer
❶

Der Plärrer wird umgebaut (1924-1929).

chen schmalen Zwillingsverbundschienen durch die Tage glitt. Die Volksfest-Komponente vom Plärrer aber war auf den Geschmack der »niedrigen Schichten«, wie der wilhelminische Großbürger, der auf sich hielt, zu sagen pflegte, abgestellt, wo die »Damen ohne Unterleib«, oder der »Marsmensch mit dem superlangen Hals«, der in einer Halterung getragen werden mußte, präsentiert wurden.

Kleine Biedermeierhäuser waren damals die typische Bebauung des Plärrers, der in den Jahrhunderten vorher wohl gar nicht bebaut war. Eine wichtige gesellschaftliche Bedeutung bekam der Platz dann durch die Ludwigs-Eisenbahn (5. Dezember 1835), bestehend aus einem kleinen Wärterhäuschen mit der im frühen Eisenbahnwesen üblichen Einheitsbahnsteighalle und der Drehscheibe für die kleine Lokomotive. Für diese reichlich archaische Bahn-Endstation wurde dann in den 50er Jahren des Vorjahrhunderts der zweite Ludwigs-Bahnhof im klassizistischen Spätbiedermeier errichtet, der nach Stillegung der Ludwigsbahn als Straßenbahn-Fahrkartenhäuschen diente und später der neuen Wegführung der südlichen Fürther Straße im Zusammenhang mit dem Bau des Ämterhochhauses am Plärrer (1953) weichen mußte.

Mit der Einrichtung der Pferdebahn (1881) geriet der Plärrer in die Phase der permanenten Umbauten: 1896 bei Einführung der Elektrischen Straßenbahn, dann bei der großen Umfunktionierung des Bahnkörpers 1900, als auch das berühmte Plärrerhäuschen entstand, das seit 1929 im Südwesten Nürnbergs in einem Privatgarten steht. Der große Plärrerumbau von 1929 schuf dann diejenigen Topografie- und Verkehrsverhältnisse, die unserer Elterngeneration jahrzehntelang vertraut war. Der Schwerpunkt des Platzes wurde weiter nach Westen verlegt und bekam im »Plärrer-Automaten«, einem großen Bistro, einen neuen Mittelpunkt, in dem bald ein Publikum von zweifelhaftem Ruf verkehrte.

Die eigentümliche Kurvenlage um das »Plärrer-Knie«, in der die von Nordwesten kommende Fürther Straße damals endete, muß mit der alten To-

pografie des Ortes Gostenhof bzw. der Führung der Gostenhofer Hauptstra-
ße zusammenhängen. Diese risikoreiche Stelle wurde erst 1965, beim vor-
läufig endgültigen Plärrerausbau zum »Verkehrskreisel« Nürnbergs, begra-
digt, so daß die Fürther Straße jetzt den Frauentorgraben in einer Tangente
»anpeilt«. Die allerneusten urbanen Akzente erhielt der Plärrer 1980 mit der
Eröffnung der U-Bahn, die zu einer entsprechenden Reduzierung der Stra-
ßenbahngleise und -steige führte. Seit den 80er Jahren komplettierte sich
auch die neue Baugestalt des Platzes, und gegenwärtig schließen in seinem
Südosten Versicherungsgebäude die letzte Baulücke.

Dort, im Winkel zwischen Rothenburger- und Fürther Straße, wo einst das alte Gaswerk (siehe S. 272) stand, steht heute das Volksbad. Neben den drei Haupthallen bestand es bis kurz vor Ausbruch des 1. Weltkriegs aus einem irisch-römischen Bad, einem Schwitzbad, Hundebädern, Wannenbädern (damals von besonderer Bedeu-tung, da es in den Privatwohnungen kaum eigene Badezimmer gab), wobei der großbogige Monumentalstil der spätantiken Ther-men dominierte. 1974 wurde das Volksbad, das in seiner Substanz, trotz großflächiger Ausdehnung, relativ heil über den Krieg kam, gründlich restauriert. Der Wasserspeier in Halle 1, eine Figur, die von Gerngrosens Neptunbrunnen-Kopie abgegossen worden war, wurde dabei leider entfernt. Er erschien 1977 als Straßenfigur wie-der auf der Konrad-Adenauer-Brücke in Wöhrd.

Rothenburger Stra-ße 10 ❷

Fast wie eine spätantike Therme. Das Volksbad.

Bereits 1974 wurde im Volksbad ein »Nacktbadetag« einge-führt; der Andrang war zunächst auch rege, ließ dann aber merklich nach. 1981 schwärmte man von einem »Zukunftsmodell« des Volksbades, mit »Tepidarien« nach antikem Vorbild und zahlrei-chen Freizeiteinrichtungen, doch war dieser Traum, wie vorausseh-bar, recht kurzlebig.

Zwischen Plärrer-Hochhaus und Volksbad drängt sich, relativ niedrig, aber mit eindrucksvoller Kuppel gekrönt, das Planetarium von 1960 mit eindrucksvollem Vorführraum (die Vorgängerinstitu-tion am Rathenauplatz aus der Spätzeit des Oberbürgermeisters *Dr. Luppe* wurde nach der »Machtübernahme« geschleift, weil aus ir-gendeinem Grunde zu »unarisch«), der sich auch für Autorenle-sungen und Kammerkonzerte eignet. Bis 1974 tat es hier noch der alte, in der Zwischenzeit von der Firma Zeiß geschenkte Projek-tionsapparat, dann wurde ein leistungsfähigeres Exemplar ange-schafft, seitdem heißt die Institution »Nikolaus-Kopernikus-Planetarium«. Diese Namenswidmung hat nichts mit Hochstapelei zu tun, denn in Nürnberg hat der Entdecker des modernen Weltbil-des sein grundlegendes Werk »De revolutione orbium coelestium« drucken lassen.

Am Plärrer 41

Zwischen Planetarium und Volksbad zog 1975 das Städtische Fundamt ein. Seine Dienste wurden trotz der zentralen Lage aber nicht effektiver. Im selben Jahr entstand auch ein Aktivspielplatz in der Veit-Stoß-Anlage.

Wo sich heute der Verkehrskreisel des Plärrers dreht, wo das Hochhaus der Städtischen Werke steht und die Kuppel des neuen Planetariums ragt, entstand und wuchs einst (hier, nicht in Johannis,

Rothenburger Stra-ße 10

wie viele denken mögen!) das Paradies der Nürnberger Hesperidengärten, das heute nurmehr andernorts in Resten seine große
Vergangenheit repräsentiert. Ihr berufenster Interpret war der Patrizier *Johann Christoph Volckamer*, überregional berühmt geworden durch seinen reich mit Kupferstichen ausgestatteten Großband
»Nürnberger Hesperiden«, der vor Jahren im Reprintverfahren neu
aufgelegt wurde.

*Diese Nürnberger Gartenkultur des 17. und 18. Jahrhunderts ist zwar
nicht ohne nürnbergische Hausbackenheit, sucht aber dennoch ihresglei-
chen auf der Welt. Die Wirtschaftsgärten des Mittelalters (»Wurzelgärtlein«)
mauserten sich zu »Architekturgärten«, gleichsam Kleinausgaben der Resi-
denzgärten der großen Paläste.*

*Warum Hesperiden? Exotische Früchte zu züchten und sie dann als Er-
zeugnisse der Gartenkultur am Pegnitzstrand auszuweisen, war der Stolz eines jeden Gartenbesitzers, ob Patrizier oder reicher Arrivierter aus dem nunmehr schon — in einer Art Frühkapitalismus blühenden Bürgerstand.*

1518, z.Zt. der Pest, löste Nürnberg seine beiden innerstädtischen Pfarrfriedhöfe rund um St. Sebald und St. Lorenz auf und
verlegte sie nach außen: für das Sebalder-Kirchspiel wurde das alte

Gostenhof — in der Reichstadtzeit

Gostenhof, ein kleines Straßendorf gleich hinter dem Nürnberger Spittlertor, wurde erstmals 1280 urkundlich erwähnt. Es hatte zunächst den gleichen Abhängigkeitsstatus gegenüber der Krone, wie Nürnberg auch: Es war Lehen des Burggrafen und unterstand ju-
ristisch dessen kaiserlichem Landgericht.

Daß es 1427 dann unter die unmittelbare Herrschaft der Reichsstadt kam, lag an den
verwickelten politischen Verhältnissen. In einer Auseinandersetzung Bayerns mit dem
Burggrafen wurde dessen alter Herrschaftssitz, die Salische oder Burggrafenburg an der
Ostseite der Nürnberger Reichsburg, von dem bayerischen Amtmann zu Lauf, *Christoph
Leiminger*, gebrandschatzt. Aus diesem und anderen Gründen verlor der Burggraf das
Interesse an seinem Eigentum: Nachdem er in der Interregnumszeit um 1250 mit der zur
Kommune gewordenen Stadt Nürnberg seine eigentliche Herrschaft verloren hatte, war
sein Nürnberger Sitz isoliert; er war ihm auch die Mittel eines Wiederaufbaus nicht mehr
wert, da er 1422 von König *Sigismund* mit der Mark Brandenburg belehnt worden war, deren Ausbau ihm nicht billig zu stehen kam.

So verkaufte er 1427 die Burgruine mit allem was an Umland dazugehörte an die Stadt
Nürnberg. Also auch den Reichswald, wobei er sich das Recht der hohen Jagd vorbehielt,
und die stadtnahen Orte Wöhrd und Gostenhof — von seiner Seite aus allerdings mit Vorbehalten, was den Rechtsstatus der beiden Orte betraf, deren Bewohner er weiterhin seinem kaiserlichen Landgericht in Cadolzburg unterstellen wollte, während Nürnberg sie
zu vollen Stadtbürgern mit geringfügigem Sonderstatus machen wollte. Diese Auseinandersetzung, hinter der sich natürlich die grundsätzliche Verärgerung des Burggrafen
über den Verlust seiner Position als Nürnberger Stadtherr verbarg, sollte Nürnberg und
seine neue Vorstadt Gostenhof in drei verlustreiche Kriege und eine Folge fortgesetzter
Unannehmlichkeiten ziehen.

In den beiden großen Markgrafenkriegen, 1449 gegen *Albrecht Achilles*, einem Zyni-
ker der Macht, der davon sprach, daß der Brand den Krieg ziere wie das Magnificat die
Vesper, und 1553, im Bundesständischen Krieg gegen Markgraf *Albrecht Alcibiades*, ei-

Gostenhof in der Reichsstadtzeit von Christoph von Volckamer.

ner politischen Verbrechernatur, die von den Reichsständen der Umgebung als Gottes-
geisel betrachtet wurde, verbrannte Gostenhof — jedoch in beiden Fällen auf Veranlassung des Nürnberger Rates, der einen Wüstengürtel rund um die Mauern schaffen wollte,
um dem Feind alle räumlichen Angriffs-Stützpunkte gegen die Stadt zu nehmen. Vermutlich sind bei diesen Gelegenheiten die betroffenen Gostenhofer Bauern mit ihrem Vieh
und ihrem wichtigsten Eigentum hinter den schützenden Gürtel der Stadtmauer aufgenommen worden.

Inden Jahrhunderten der frühen Neuzeit war Gostenhofs Zugehörigkeit zu Nürnberg
unbestritten. Während des Dreißigjährigen Krieges kam dem Ort der Schutz der sogenannten »Retranchements« zugute, vorwerkartige Festungswälle aus gestanzter Erde
— ein Werk des Schwedischen Militär-Ingenieurs *Hastver*. Sie hatten die Funktion, feind-
liche Angriffe weit im Vorfeld der Stadt bzw. der eigentlichen Stadtmauern zum Stocken
zu bringen und auch die Weiher, Güter, Ansitze, Dörfer und Kirchspiele im Vorfeld Nürnbergs dessen Schutz angedeihen zu lassen. Diese Erdschanzen haben sich um Gostenhof noch bis in die 20er Jahre des 19. Jahrhunderts gehalten — man denke auch an Stra-
ßenbezeichnungen wie *Bärenschanz-* oder *Schanzäckerstraße*.

Als Nürnberg im Landshuter Erbfolgekrieg zwischen Bayern/München und Bayern/
Pfalz (1504) auf der Siegerseite (München) stand und seinen reichsstädtischen Landbe-
sitz deshalb weit nach Osten ausdehnen konnte, teilte es sein Gesamtterritorium in sogenannte Pflegschaften ein. Gostenhof wurde damals, nachdem dort vorher ein Amtmann
als Delegat des Schultheißen namens der Stadt nach dem Rechten gesehen hatte, ebenfalls Sitz eines Nürnberger Landpflegers.

Die Spannungen Nürnbergs zu seinem alten Stadtherrn (der sich jetzt als Inhaber der
Ansbacher Sekundur des Brandenburger Markgrafen ebenfalls Markgraf nannte) betra-
fen in der späten Reichsstadtzeit Gostenhof nur mehr indirekt, etwa, wenn es wieder einmal Händel gab wegen der »hohen Jagd« oder dem »Wildbann«, den Ansbach in den
nürnbergisch gewordenen Reichswäldern, von denen die Lorenzer Seite damals noch
weit an Gostenhof heranreichte, ungeschmälert ausüben wollte.

Aussätzigen-Friedhöflein St. Johannes um eine Abteilung für die Opfer der Pestseuche erweitert, in Gostenhof geschah das gleiche für die Pestopfer des Lorenzer Kirchspiels: der St. Rochusfriedhof (nach St. Rochus, Patron der Pestkranken) und das Aussegnungskapellchen mit dem gleichen Patrozinium wurde von der Nürnberger Patrizierfamilie Imhoff gestiftet.

Rothenburger Stra-
ße/Bauerngasse
❸

Beides existiert heute noch als kunsthistorische Sehenswürdigkeit an der Rothenburger Straße, dort, wo die Bauerngasse an sie stößt. Das Kapellchen ist in dem eigentümlichen, reichen Übergangsstil zwischen Nürnberger Stadtgotik und mediterraner Frührenaissance, vom damaligen Stadtbaumeister Beheim erbaut worden. Die bronzenen Epitaphien der Grabladen unterscheiden sich von denen des Johannisfriedhofs dadurch, daß hier weniger Adelsinsignien und stolze Wappen als Handwerks-Requisiten und Werkzeuge der Alltagswelt abgebildet sind. Und wir erinnern uns: die Südliche Altstadt mit ihrer Pfarrei St. Lorenz war in Nürnberg seit der Zeit der Staufer Wohn- und Arbeitssitz der einfachen Leute. Eine hohe Mauer führt bis heute um den Friedhof herum, und wie der Johannisfriedhof ist er bis jetzt ohne städtisch-öffentlichen Status; er ist vielmehr, was er immer war, ein konfessioneller Friedhof, der der Nürnberger Evangelischen Gesamtkirchenverwaltung untersteht.

Die Friedhöfe dieser Gestalt haben einen anderen Charakter als die modernen paritätischen Waldfriedhofe. Damals zählte weniger das Verweilen am Grabe; der Tod wurde damals zwar weniger ernst, aber doch nüchterner genommen. Damals zählte weniger das abgelaufene irdische Schicksal, als das zukünftige »Leben« im Jenseits, wo der Verstorbene vom jenseitigen Gericht die harte Aufforderung vernahm: »Gib Rechenschaft von deiner Verwaltung«. Todeslyrik, wie sie später etwa die Romantiker verstanden, hatte da keinen Platz, und so wurde an den Friedhofswegen weder Begleit-

Der St. Rochusfriedhof mit seinen steinernen Gräbern.

grün gepflanzt, noch Blumenschmuck an den Gräbern geduldet. Die Nürn-
berger in der Zeit der Markgrafen- und Schmalkaldischen Kriege, der Pest
und harten weltanschaulichen Auseinandersetzungen in der Reformations-
zeit, vollends dann der wirtschaftlichen Sorgen der »Münzverschlechterun-
gen (Kipper und Wipper-Zeit)« und des Dreißig-Jährigen-Krieges waren
eben nicht sentimental. Wenn die alten Grabladen (man kann heute herren-
los gewordene, deren Epitaphien aber der Denkmalspflege unterstehen, als
eigenes Familienbegräbnis erwerben) jetzt im Geranien-, Gottesaugen- und
Stiefmütterchenschmuck prangen, dann ist das ein Erbteil der spätbürgerli-
chen Zeit, des weichfühligen und pietätvollen 19. Jahrhunderts.

Im 18. Jahrhundert hat der Rochusfriedhof flächenmäßig etwas
zugelegt: im Westen stößt er an den Militärfriedhof, wenig kostbar,
aber aufschlußreich, was die Zeichen des Zeitwandels angeht. Da
gibt es die ersten aufragenden Grabmale, klassizistisch oder in früher Neugotik à la Heideloff, ja, kleine Mausoleen im Schinkel- oder
Kenze-Stil wie die Theobaldsche Familiengruft, tauchen auf. Ver-
einzelt liegen hier auch noch Gefallene des 1. Weltkriegs.

In den Endziebzigern hatte die Firma Jung/Witwe den Plan, das
Areal des Militärfriedhofes aufzukaufen, d.h. seinen Denkmalbe-
stand trotz seines zweifellos historischen Charakters verschwinden
zu lassen — fand dafür aber bei der Stadt und der städtischen Denkmalspflege keine Gegenliebe. Was zu dieser Zeit tatsächlich in Gostenhof verschwand, war ein historisches Firmengebäude zwischen
den Schienensträngen der hier ausfächernden Bahnlinien, dem
man eigentlich Bestand gewünscht hätte, aber die Firma Linde-Eis
gab es auf (Hessestraße 4).

Wir tun nun einen interessierten Blick in das ehemalige Schoko-
ladenviertel Gostenhofs und können im Umfeld Rothenburger und
Knauerstraße, Bauerngasse und Leonhardstraße und auch Gostenhofer Hauptstraße, noch heute die für viele Goldmark erbauten

Knauerstraße
❹

Heute verschwunden. Die
Firma Linde-Eis.

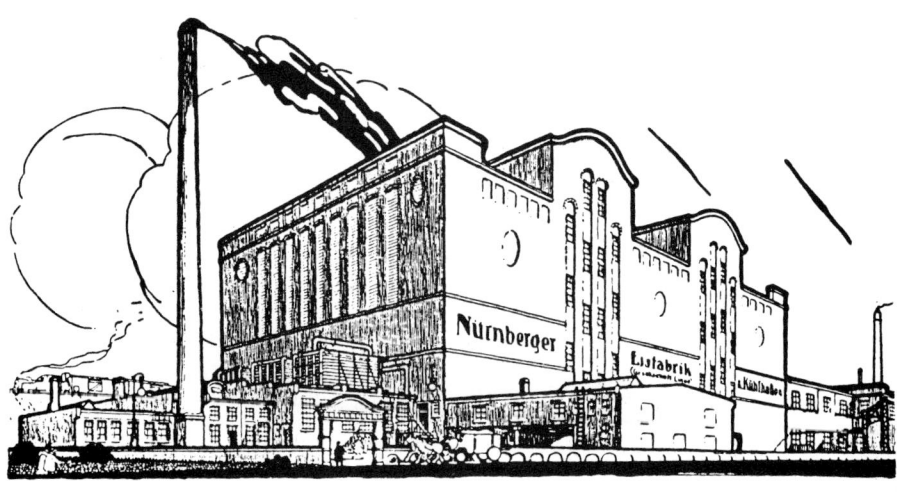

Knauerstraße 20

Bauerngasse/An den Rampen
❺

Am Pferdemarkt 23-25

Herrlichkeiten aus Neo-Renaissance (mit viel Halbsäulenschmuck, Spangenornamenten, Rollenkonsolen, volutierten Sichtgiebeln und protzigen Balkonen über Hermen, Atlanten und Karyatyden) bewundern.

Die Bebauungsweise des alten Gostenhof war ländlich; Zeilenbauweise wie in den Nürnberger Straßen kam nicht vor; Gehöft stand an Gehöft, mit kleinem Haupt- und Wohnbau zur Straße hin. Stellvertretend für diesen einstigen Allgemeinzustand steht heute noch ein winziges Frühbiedermeier-Häuschen mit straßenwärts gekehrtem Giebel in der Bauerngasse. Wir stoßen gelegentlich auch auf das Spätbiedermeier mit seinem strengen byzantinischen Einschlag, natürlich den Jugendstil und die eklektizistischen Mixturen jeder Art, wo sich auch essenwein-gotische Fassaden — und gar nicht immer schlecht — mit neubarocken Großchören und Blendgauben »mixen«.

Eine recht interessante Kombination liefert Ecke Schreyerstraße auch das alte Knauerschulhaus im feudalen neuitalienischen Renaissancestil, und dem Zubau im reinrassigen »Nürnberger Stil« der 90er Jahre. Wieder an der Rothenburger Straße, treffen wir auf ein expressionistisches Amtsgebäude der 20er Jahre mit dem typischen Schleppstaffel-Giebel.

Da Nürnberg beim Bundeswettbewerb »Wohnen in städtebaulicher Verdichtung« 1980 gewonnen hatte, schoß der Stadt vergleichsweise großzügig Gelder zu, so daß sich in einem größeren Bereich der Gostenhofer Hauptstraße die Nachmoderne kräftig ausbreiten konnte.

Die nunmehr gut 10 Jahre alte *eigentliche*, von innen heraus folgende Erneuerung des Stadtteils Gostenhof hat indes ein anderes Gesicht, und auch einen anderen Raum, nämlich das westliche, industrie- und eisenbahn-geprägte Gostenhof.

Haben wir die fossilen Brückenkonstruktionen der Eisenbahn am Ende der Bauerngasse hinter uns, befinden wir uns im Gebiet »An den Rampen«, wo sich heute aber gar nichts mehr rampt, weil der einst malerische, im Schwerindustriezeitalter verkommene alte Kanalhafen längst zur freien Fläche geworden ist, wo der Pegnitzpfeil drunter durchschießt.

Weiter südlich erreichen wir den ehemaligen Pferdemarkt, wo seit 1968 die »Mülloper« (Müllverbrennungsanlage), ein wirklich stolzer Bau, die Absage unserer Bau-Avantgardisten (von gestern) an das Pathos Lügen straft.

Gostenhof war der erste mauernahe Stadtteil, der »frühindustrialisiert« wurde.

Im einzelnen ist zu verweisen
■ *auf die dem Geist der Bodenspekulation entsprechende »Gemengelage« von Hinterhofwohnungen und Kleinstbetrieben mit viel Unrat und Ruß, die schließlich im Stadtteil »milieubestimmend« wurde.*
■ *auf die Tatsache des nahen gleisgebündelten Fernbahndamms mit seinen Bahnwerkstätten und Dampflokomotivschuppen, die die Gegend um die Austraße schon früh zu einem Alptraum machten.*

■ auf das Faktum des nahen »Kohlenhofs« und die in Höhe Gostenhofs sich gabelnden Fernbahnlinien: in den schmalen Winkeln der Zwischenräume gedieh keine Wohn- und sonstige »Kultur«, sie waren vielmehr gut genug für die Ablagerung abgewirtschafteter Industriereste und sonstigen Halbunrates — daraus erwuchs bald ein Barackenmilieu.

■ die über den Krieg erhaltene Bausubstanz (vor allem West)-Gostenhofs war gar kein Segen, weil sie Neubau-Initiativen verhinderte. Es kam die vom Nachkriegselend bedingte Bevölkerungsumschichtung (Vertriebene, Flüchtlinge) hinzu, die alle Nachbarschaftsstrukturen mit ihrem Hilfe-von-Mensch-zu-Mensch-Effekt vernichtete.

■ Damit eng zusammen hängt die leider durch unser auf schroffen Privategoismus begründetes Wirtschaftssystem und die fehlenden sozialen Flankierungsmaßnahmen geschuldete, hämisch-gleichgültig mitangesehene Verluderung der vorhandenen Bausubstanz, die nurmehr Medium war, um abhängige und arme Mieter, wie z. B. die hinzuziehenden Ausländer, auszunützen bis zum Geht-Nicht-Mehr.

■ Die Wurzel des Dilemmas ist aber schon viel, viel älter. Sie führt zurück auf die zwiespältige, aber doch situationsbedingte »Prosperität« der alten Gostenhofer Störer, Stückwerker und Staudenmeister, die sich, weil in der für die städtische Wirtschaft so stagnierenden höfischen Zeit an Selbständigkeit für gewöhnliche Sterbliche, wenigstens auf den amtlich abgesegneten Wegen nicht mehr zu denken war, hier jenseits der Mauer breitmachte. Diese Personengruppe wurde zwangsläufig zum Humus für den sozialen Morast des frühen Industriezeitalters, sein Elendsproletariat und seine grauenhaften architektonisch-topografischen Äußerungsformen.

Das alte Knauerschulhaus.

Diese ganze, analysierbare Alptraum-Entwicklung ließ 5 Minuten vor 12, sprich in den Endsiebzigern, doch an Abhilfe denken. Sie ging 1979 aus von dem Konzept des Architekten *Grub*, durch Entkernung der Hinterhöfe und Neuaktivierung der noch brauchbaren Bausubstanzen, gekrönt durch neuangelegte Spiel- und Plauderecken, durch Scheinarchitektur und Pop-Malerei an Ödwänden fruchtbaren Wandel zu schaffen. Am 5.2.1979 wurde ein Sanierungsmodell vorgestellt, am 17.4.1979 folgte der große Planungs-

Austraße
❻

Buntbemalte Wände in der Austraße 19.

Auftakt. Auch der Typus der Spiel- und Unterhaltungsstraße (Denisstraße) wurde ins Auge gefaßt. Und dann gings ans Werk, oft unter tatkräftiger Mithilfe der lange frustrierten Bewohner: Zwischen Adam-Klein- und Austraße gings rund. Auch über die drei Kanalstraßen, die Glockendon-, die Eberhardshof- und Rohrmannstraße, die Jamnitzerstraße und die beiden Seitenstraßen fegte der Besen des internen und bescheidenen Neuerungswerkes hinweg, das die Fehler der vorangegangenen Sanierung des Bleiweißviertels vermied (durch Pseudo-Gemütlichkeit kaschierte Neubaukomplexe, deren Kostenaspekt die alteingesessenen Mieter vertrieb).

Austraße 70

Im »Gostner Hoftheater« an der Austraße (siehe S. 269) entstand im Juli 1979 das Experimentiertheater klassischer Prägung neu, und es hat bislang viel zur gesellschaftspolitischen Bewußtseinsbildung der umwohnenden Mitbürger, aber auch der aufgeweckten Jugend beigetragen.

Preißlerstraße 6

In der Gostenhofer Preißler-Schule stellten am 23.1.1980 Kinder ihre Arbeiten aus und eigneten sich darüber die Eigengesetzlichkeit des Hinterhofmilieus an. Materialien und Modelle hierfür hat der »Aktionskreis Urbanistik« vorbereitet.

Denisstraße 10a
❼

»Wohnstraßen à la Gostenhof«, war 1980 zu hören, sollten überall entstehen! Im April des gleichen Jahres entstand die Mutter-Kinderstube in der Denisstraße. Daß auch »ein Hinterhof gemütlich« sein könne, fand man in einer Diskussion im Juni des Jahres; zwei Monate später eröffnete die Galerie »Sorko«. Am 10.9.1980 begann die Erneuerung Gostenhofs hochoffiziell; die Verhandlungen mit den anzusprechenden Hausherrn wurden eingeleitet. Um diese Zeit erfolgte auch der geharnischte Anwohner-Protest gegen die Erweiterung der Container-Anlage an der Austraße; neue Zu- und Abfahrtsregelungen wurden vorgeschlagen.

1975 dachte man an die Verwandlung eines funktionslos gewordenen Baublocks in eine Spiel- und Zieranlage: Die frühen 80er

Besser als ihr Ruf: die Musikszene

Einmal in Jahr, am ersten Wochenende im August, ist die Stadt der Meistersinger auch die Stadt der meisten Sänger: Das Bardentreffen hat als Festival der Liedermacher längst Tradition und einen überregionalen Ruf. Drei Tage lang singen und spielen Dichter- Sänger und Pop-Poeten aus aller Welt an vielen Ecken der Altstadt vor malerischer Kulisse. Aber auch sonst ist Nürnberg durchaus ein musikalisches Pflaster, ein Überblick muß da unvollständig bleiben.

Die Meistersingerhalle ist der große Umschlagplatz für die internationalen Stars der U- und E-Musik. Besonders beliebt sind auch die klassischen Konzerte bei Kerzenlicht auf der Kaiserburg, im Engelschor von St. Sebald oder in der Burgkapelle St. Waldburgis. Renommiert ist die alljährliche Internationale Orgelwoche mit Kirchenmusik im weitesten Sinne.

Einen besonders stimmungsvollen Rahmen für Open-air-Konzerte aller Stilrichtungen bieten im Sommer der Burggraben, die Ruine der Klosterkirche St. Katharina und der Serenadenhof im sogenannten Colosseum am Dutzendteich. Im Colosseum, ein Beispiel für den architektonischen Größenwahn der Nazis, sind auch die Nürnberger Symphoniker zu Hause.

Einer der ältesten Jazz-Clubs Europas hat sich in einem mittelalterlichen Kellergewölbe am Paniersplatz, unweit der Burg, eingerichtet: das Jazz-Studio Nürnberg, 1954 von einer Handvoll jugendlicher Jazzfans gegründet. Hier trifft sich die Szene, und das Publikum hat hautnahen Kontakt zu den Musikern, ganz gleich ob es sich um lokale Newcomer oder internationale Größen handelt. Die Leute vom Jazzstudio veranstalten alle zwei Jahre das Festival Jazz Ost-West, das dem musikalischen Gedankenaustausch über die Blockgrenzen hinweg gewidmet ist und längst zu den großen Jazz-Festivals der Republik zählt.

Über mangelndes Angebot können sich auch die Rock- und Popfans im Großraum Nürnberg kaum beklagen: Die großen Stars gastieren ziemlich regelmäßig in der Frankenhalle, der Meistersingerhalle oder in den Stadthallen von Fürth und Erlangen. Eine neue Adresse ist das Freizeitzentrum Resi in einer ehemaligen Margarinefabrik, wo neben Restaurants und einer gewaltigen Disco auch ein Konzertsaal eingerichtet wurde. Nicht zu verwechseln mit dem Stadtteilzentrum Desi in einer stillgelegten Desinfektionsanstalt im Stadtteil Johannis: Die einheimische Szene und experimentelle Musik haben hier ein Forum.

Relativ intakt ist in Nürnberg immer noch die Club-Szene, Tummelplatz für ewige Geheimtips, Lokalmatadoren und Newcomer. Sie alle haben Auftrittsmöglichkeiten im einst schrittmachenden Jugendzentrum KOMM am Königstor, um das es in den letzten Jahren deutlich ruhiger geworden ist. Aber auch die Kulturläden in den verschiedenen Stadtteilen haben regelmäßig kleinere Popkonzerte im Angebot; diese kulturellen »Gemischtwarenläden« sind eine Nürnberger Spezialität. Nicht vergessen werden dürfen die Musikkneipen mit Konzertbetrieb: Seit längerer Zeit halten sich die Zabo-Linde (Rock, Independent Music), der Rührersaal (Rock, Pop) und die Jazzkneipe Steps.

Überall dort kann man einheimische Talente und Bands entdecken — die Nürnberger Szene ist besser als ihr Ruf.

Steffen Radlmaier

Expedition in die Kultur-Szene

Wer in Nürnberg zu einer Expedition in die Kultur-Szene aufbricht, stolpert nach wenigen Schitten zwangsläufig in eine Vision:»Kulturmeile« heißt das Zauberwort. Es wird (wahlweise: triumphierend, beschwörend, verklärt oder grimmig) mit Blick auf die Jahrtausendwende gemurmelt. Genau im Jahr 2000, wenn die Stadt ihr 950jähriges Jubiläum feiern möchte, soll alles zusammenkommen. Nürnberg will dann »Kulturstadt Europas« sein und zur Krönung der schönen Feierstunde die (Mit)Bürger neben den Touristen an einer Kunst-Strecke mitten im Zentrum entlangspazieren lassen.

Zunächst war das nur eine vielbestaunte Wahlkampfidee — inzwischen ist es ein offizielles Projekt. Weil man bei der »Kulturmeile« aber ohnehin vor allem auf die puzzleartige Zusammenfügung schon vorhandener Gebäude setzt (als freilich besonders kostenintensives Kernstück steht der Neubau eines Museums für zeitgenössische Kunst auf der Wunschliste), kann der Kulturwanderer schon heute jederzeit die Stationen dieses Projektes abschreiten.

Ob die *Städtischen Bühnen* wirklich das Zentrum des Nürnberger Kulturlebens bilden, mag bezweifelt werden. Indes: Sie schlucken mehr als die Hälfte des Städtischen Kulturetats, locken derzeit jährlich etwa 350.000 Besucher an und stehen unübersehbar auf der Spur zwischen Hauptbahnhof und Plärrer (Adresse: Richard-Wagner-Platz). *Opernhaus* (da wird gerade für die Restaurierung der Jugendstil-Fassade gesammelt), *Schauspielhaus* und *Kammerspiele* — die Theaterfabrik mit etwas Grünanlage und viel Beton vor den Türen ist auch städtebaulich wie eine Insel angelegt.

Wieder draußen vor der Tür läuft man kaum 200 Meter bis zur *Kunsthalle* (Marientor) und noch einmal so weit bis zur *Norishalle* (Gewerbemuseumsplatz). Zwischen den Offiziellen ein Offiziöser: Die *Schmidtbank-Galerie* (Lorenzer Platz) ist das Stammquartier des Instituts für moderne Kunst, für lokale Verhältnisse der stabilste Höhe- und Ruhepunkt der Avantgarde.

Nürnberg ist freilich seit einigen Jahren, bedingt auch durch relativ großzügige Subventionen, zu einem üppig sprießenden Biotop für halbprofessionelles, alternatives Theater geworden. In der Äußeren Sulzbacher Straße, wo das »Centrum Industriekultur« am Aufbau eines Museums arbeitet, steht die *Theaterhalle im Tafelwerk*. Ein attraktives Haus für Festivals (Kulturzirkus, Figurentheater-Festival), Gastspiele (was die Stadt allerdings nicht mehr so gern finanzieren mag) und eben Auftritte der kaum noch übersichtlichen »Szene«. Von der künstlerischen Sensation bis zum Laienspiel wird hier alles geboten.

Auf eigene Weise »alternativ« sind und bleiben die Gruppen, die ihr Stammquartier über Jahre hinweg ausgebaut haben. In der Altstadt (Füll) hat das kleine *Burgtheater*, das im ganzen fränkischen Raum als einziges konsequent über die Entwicklungen von Kabarett und Kleinkunst informiert, herausragende Bedeutung. Die »Brettl«-Initiative schafft zuverlässig herbei, was zwischen Mainzer Unterhaus und »Salzburger Stier«, zwischen Wiener Schmäh und Berliner Schnauze an gezielter Aufsässigkeit nachwächst. Im November sind jedes Jahr »Kabarett-Tage« mit den Höhepunkten des Jahrgangs, im August quirlen zwei altmodische Ventilator-Propeller so sympathisch vergeblich wie die ganze Satire in der Schwüle der Realität: »Sommergäste« heißt das dann.

Weiter oben in der Altstadt, gleich beim Albrecht-Dürer-Platz, sucht das *Theater im Altstadthof* eine eigene Linie. Ein winziges Nudelbrett ist die Bühne, der Zuschauer muß mit einigen (historischen!) Balken in der Aussicht rechnen, und auf dem Plan stehen neben kleinformatigen Späßen regelmäßig hochambitionierte Uraufführungen.

Auf dem Weg von der Altstadt nach Gostenhof lohnt sich ein Blick ins ehemalige *Gewerbezentrum Johannis* (Steinstraße, beim Westbad), weil da immer wieder freie Grup-

Medienspektakel im Komm. Im Ausstellungsbereich gelegentlich brisante Denkanstöße, die in dieser Form nirgends sonst in der Stadt zu finden sind. Auch für den nicht mehr ganz jugendlichen Kulturfreund empfiehlt sich der Blick aufs aktuelle Programm.

pen auftreten, und Immo Buhl mit ihrer hingebungsvollen »*Imotion Dance Company*« residiert. Auch das »*Theater der Euphorischen Lustlosigkeit*« (heißt wirklich so) bevorzugt diesen kargen Spielplatz.

Fast ein eigenes Kunst-Viertel, gelegentlich sogar zum »Nürnberger Schwabing« hochstilisiert, ist Gostenhof. Zwei Kleinbühnen links und rechts der Fürther Straße gelten inzwischen als etabliert. Das *Gostner Hoftheater* mit zwei Spielstellen und dem zur Nachbereitung besonders wichtigen Loft arbeitet mit Stück-Ensembles und ausgewählten Gastspielen wie denen des immer wiederkommenden Sigi Zimmerschied. Dabei zeigt es viel Mut zur Gegenwarts-Literatur, die beim Stadttheater stark vernachlässigt wird. Das Konzept des »*Tassilo*« (Sielstraße) ist ganz anders. Hausherr Gerd Fischer, der als singender Komiker gleichzeitig die sicherste Nummer seines Programms ist (»Operette sich wer kann«), pflegt im schmucken Café-Theaterchen, wo auch Kammermusik und Lesungen geboten werden, schwerpunktmäßig die schmerzfreie Parodie, das gediegene Amüsement. Stargäste des Hauses über Jahre hinweg immer wieder: Helen Vita und Robert Kreis. Und eben Gerd Fischer.

Von Gostenhof führt der Weg zur Stadtgrenze Richtung Fürth. Die Nachbar-Kommune, durch die U-Bahn sowieso nahegerückt, hat ein hübsch anzusehendes Stadttheater (mit leider vorwiegend wenig aufregendem Tournee-Programm). Unweit des letzten Nürnberg-Schildes sind zwei freie Ensembles tätig. Das »*Volkstheater*« (Königstraße) strampelt mit konventionellem Theater auf Sparflamme um Anerkennung. Das »*Czurda-Tanztheater*« (Kaiserstraße) hat die längst (Kulturpreise, Subventionen von Nürnberg, Fürth, Erlangen) und muß dennoch permanent um die Existenz kämpfen. Die Gruppe um Jutta Czurda und Michael W. Bader produziert im Auftrag für größere Rahmen (Choreographien fürs Schauspielhaus Nürnberg, für den Kulturzirkus) und bringt im eigenen Off-Theater — soweit die Kräfte reichen — bemerkenswerte Experimente.

Bilanz eines (selbstverständlich unvollständigen) Kultur-Rundblicks? Es ist was los — aber sorgfältige Auswahl wird aus Erfahrung dringend empfohlen. *Dieter Stoll*

Wegen des großen Andrangs im Mütterzentrum mußten draußen Tische und Bänke aufgestellt werden.

Adam-Klein-Straße/ Veit-Stoß-Park
⑧

konnten Vollzug melden! 1986 erfolgte der Bezug der aus einem Jugendstilprachtbau neu geschaffenen Begegnungsstätte in der Adam-Klein-Straße — und da kann der Bogen auch wieder zurückspringen auf früher Geleistetes. Der leicht expressionistische Blick der konfessionell orientierten Baugenossenschaft Selbsthilfe (von Spöttern auch »Katholischer Bahnhof« genannt), der auf *Josef Schmitz*, des »Dombauers der Neuzeit«, Antoniuskirche (1909, formal sicher, wohl weil keinem Zeitstil verpflichtet!) zuläuft, strahlt heute noch Gediegenheit aus, und auch die nächste Umgebung der evangelischen Dreieinigkeitskirche von *Emil Mecenseffi* (neogotisch, 1900–1901), ist recht »in Schuß«.

In Gostenhof entsteht eine Gemeinschaft, die Rücksicht nimmt auf die Interessen und Bedürfnisse der einzelnen Bewohner, aber keine nach rückwärts gewandte »heile Welt«.

Wir wollen noch die Fürther Straße entlang nach dem Zielort durchwandern, von dem sie ihren Namen hat, und kehren daher zum Plärrer zurück.

Plärrer

Beim Weg die Fürther Straße hinaus, ausgehend vom »Hochhaus am Plärrer«, dem Sitz der Städtischen Eigengesellschaften (Energie- und Wasserversorgung, Verkehrsaktiengesellschaft und Städtische Werke) via Fürth, macht man sich natürlich Gedanken über die Entstehung des auffälligen Straßengebildes. Natürlich waren den Nürnbergern damals andere Wege zur Nachbarstadt, die einem anderen Herrn gehörte, geläufig, mit der heutigen Wetzendorfer Straße etwa deckungsgleich. Ihr heutiger Verlauf (nach 1792) entsprang einer Initiative des preußischen Ministers *Hardenberg*, der damals die Hohenzollernschen Südprovinzen verwaltete (das ehemalige Fürstentum Ansbach wurde von seinem letzten kinderlosen Souverän an den großen Vetter in Berlin verkauft). Es handelte sich zunächst um eine schmale Allee mit Bäumen; die Bebauung erfolgte sporadisch und zögernd.

Erstes wesentliches Kennzeichen der neuen Fürther Straße war die Ludwig-Eisenbahn, die etwas voreilig und überschwenglich als »Auftakt« des deutschen Eisenbahnwesens gefeiert wird. Sie war von ihren Gründern (an der Spitze der Bürgermeister *Johannes Scharrer* und der Großkaufmann und Kommunalpolitiker *Zacharias Platner*) bewußt kleinmaßstäblich und in der Geländeführung ohne Steigung und Kurven risikoarm gehalten worden. An eine Anbindung an die spätere Fernbahn war von Anfang an nicht gedacht, mit dem die Mini-Bahn auch nie ein einziger Wechsel verband.

Allerdings lag lange das Monopol der Nürnberg-Fürther öffentlichen Verkehrsverbindung bei dem kleinen Unternehmen, und die Fernbahn Nürnberg-Bamberg mußte zunächst privat über die Felder des Knoblauchslandes gen Norden geführt werden. Daraus entstand die vielberühmte »Fürther Kreuzung« in der Höhe von Doos: Die Staatsbahn überquerte hier, um kein Fürther Territorium zu streifen, auf ihrem Weg nach Norden die Gleise der Ludwigsbahn (in der Frühzeit des Bahnwesens waren Streckenkreuzungen auf gleicher Ebene sehr wohl möglich). 1862 endlich wurde dieser Zustand aufgehoben, und die jetzige Streckenführung der Bamberger (und Würzburger) Linie über den Fürther Hauptbahnhof geschaffen.

Der mit Stephensons »Adler«-Lokomotive (von der es heute eine betriebsfähige Kopie und zwei maßstabsgetreue Attrappen gibt) mit nach Nürnberg geschickte Lok-Führer William Wilson *aus New Castle war auch für die Wartung und die fälligen Reparaturen zuständig; es wird seinen Grund gehabt haben, daß er über ein höheres Einkommen als der Bürgermeister verfügte. Wilson starb 1862. Und auch noch zu dieser Zeit verfügte*

Die erste deutsche Eisenbahn. Der Lokführer verdiente mehr als der Bürgermeister.

die Ludwigseisenbahn nur über diese allererste Maschine und ihre wenigen Nachfolgerinnen sogar durchweg über eine Achse weniger als sie. Der »Adler« war immerhin dreiachsig, wenn auch das mittlere, sehr viel höhere Radpaar keine Spurkränze hatte. Die »moderneren« zweiachsigen Nachfolger erinnerten hingegen immer an die frühen Spielzeugeisenbahnen, auch die Wagen blieben winzig klein.

Lange Zeit alternierten die Lokomotiv-Züge mit dem Pferdebetrieb, wie denn überhaupt die Ludwigseisenbahn ein echter Vorläufer der späteren

Pferde wurden nur langsam überflüssig. Ein Zweispänner-Sommerwagen mit 28 Sitz- und 12 Stehplätzen.

Nürnberg-Fürther Straßenbahn war; neben ihrer Trasse, die in der Spätzeit mit einem häßlichen rostigen Eisenzaun von den beiden Achsen der Fürther Straße abgetrennt war, fuhr seit 1881 (1896 elektrisch) die Straßenbahn her — ein heute undenkbarer und auch uneinsehbarer Zustand. 1925 wurde — entlang der 1922 funktionslos gewordenen Ludwigbahntrasse — die erste Nürnberger U-Bahn konzipiert: Sie hätte in der Höhe des heutigen Nürnberger Bus-Bahnhofes beginnen und an der »Fürther Freiheit« enden sollen. Als »U-Bahnhöfe« sollten die Wartehäuschen der alten Ludwigsbahn dienen, von »Rolltreppen« träumte noch niemand. Und zu beiden Seiten hätte natürlich die Straßenbahn weiterverkehrt. Dieses Projekt fiel schließlich der Weltwirtschaftskrise zum Opfer.

Südliche Fürther Straße

Das Areal am Beginn der Fürther Straße, das heute von den Fortsetzungstrakten des Plärrer-Hochhauses und dem Volksbad (1914) eingenommen wird, war seit 1847 Standort des ersten kommunalen Gaswerks (im Platnerschen Privatbesitz), das 1871 von der Stadt in Eigenregie übernommen und 1913 durch das für seine Zeit moderne, große Gaswerk in Sandreuth ersetzt wurde. Daß die Nordseite der südlichen Fürther Straße etwas kahl und fabrikmäßig, ohne Anflug von Wohnzivilisation in die Gegend schaut, ist den frühen Ludwigsbahnanlagen und ihrer Anfangsstreckenführung geschuldet. Den eigentlichen Nürnberger »Auftakt« der Fürther Straße verkörperte die nördliche Fürther Straße mit ihren (einst) noblen Herrschaftshäusern aus den 80er Jahren des vorigen Jahrhunderts. Der Krieg hat hier einige bittere Spuren hinterlassen.

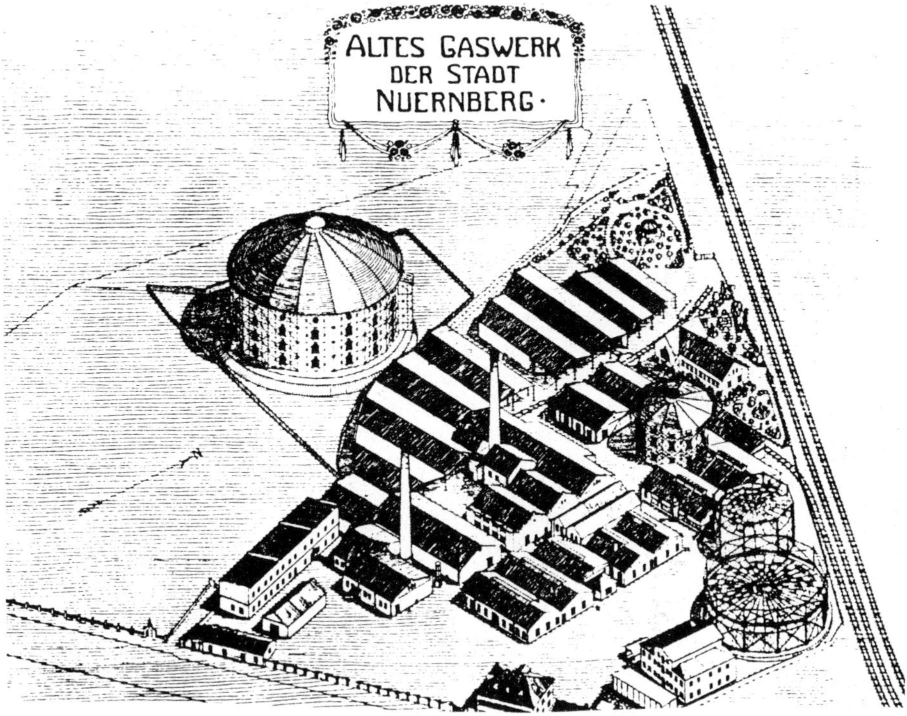

ALTES GASWERK DER STADT NUERNBERG·

Vom schüchternen Biedermeier, in der Höhe von Gostenhof an, wird die Fürther Straße nahezu in ihrem ganzen Verlauf vom spannungsreichen Stilbild des Eklektizismus des 19. Jahrhunderts geprägt, in die der Krieg ebenfalls einige schmerzliche Ödflächen hineingeschlagen hat. Größere Sonderareale nehmen das gewaltige Justizgebäude (1916) im Palastbau der Weserrenaissance ein. Dieser Ort war während der Nazi-Zeit Sitz des Sondergerichts, das viele Nürnberger zum Tode und zu hohen Freiheitsstrafen verurteilte. Ihn suchten sich die Alliierten 1945/1946 aus, um ehemalige Minister und Gauleiter, Oberbefehlshaber und Funktionäre der Verbrechen gegen die Menschlichkeit und den Frieden anzuklagen. 12 Todesurteile wurden gefällt, darunter auch gegen Streicher, 7 Angeklagte erhielten Gefängnisstrafen, drei wurden freigesprochen. Immer noch pilgern Unverbesserliche vom alten Schlag zum alten Schwurgerichtssaal, um Kränze und hetzerische Transparente aufzuhängen.

Fürther Straße 110
⑨

Michail Gorbatschow im DKP-Zentrum in der Fürther Straße 92. 1975 war er Hauptredner bei der Veranstaltung in der Meistersingerhalle

Vergangenheit bewältigt?

Das Nürnberger Justizgebäude an der Fürther Straße mit dem Schwurgerichtssaal 600 dokumentiert auf besondere Weise die enge Verknüpfung der Stadt mit dem Nationalsozialismus und den Versuch, mit dieser Zeit auf einem öffentlichen internationalen Tribunal abzurechnen.

Der »Frankenführer« Julius Streicher konnte in seinem antisemitischen Kampfblatt »Der Stürmer« im März 1942 einen besonderen Erfolg vermelden: Am 13. März 1942 wurde in einer öffentlichen Sitzung im Justizgebäude der Vorsitzende der jüdischen Kultusgemeinde in Nürnberg, Leo Katzenberger, wegen »Rassenschande« zum Tode verurteilt. Eine angeblich intime Beziehung des 68jährigen Katzenberger zur jungen Fotografin Seiler reichte dem Gerichtshof, um ein Todesurteil auszusprechen. Landgerichtsdirektor Oswald Rothaug: »Für mich reicht es aus, daß dieses Schwein gesagt hat, ein deutsches Mädchen hätte ihm auf dem Schoß gesessen«.

Das Vergehen der Rassenschande, dessen Katzenberger beschuldigt wurde, fiel unter § 2 des »Gesetzes zum Schutze des deutschen Blutes und der deutschen Ehre«. Dieser lautete: »Außerehelicher Verkehr zwischen Juden und Staatsangehörigen deutschen oder artverwandten Blutes ist verboten«. Dieses »Blutschutzgesetz« wurde zusammen mit dem »Reichsbürgergesetz« von den in Nürnberg anwesenden Mitgliedern des Reichstages anläßlich des Reichsparteitages am 15.9.1935 verabschiedet. Sie sind als »Nürnberger Gesetze« in die Geschichte eingegangen.

Mit den »Nürnberger Rassengesetzen« begann eine entscheidende Etappe der Diskriminierung der Juden, die über die Entrechtung, den Boykott und die Verfolgung mit der Vernichtung eines ganzen Volkes in den Gaskammern von Auschwitz und Birkenau endete.

10 Jahre nach den »Nürnberger Gesetzen« wurde die »Stadt der Reichsparteitage« das Tribunal für den Prozeß gegen die Hauptkriegsverbrecher des NS-Systems. Der von

Nebentrakt des Gerichtsgebäudes in der Fürther Straße. Hier fanden im Saal 600 die Verhandlungen statt.

Repräsentanten der Siegermächte zusammengesetzte internationale Militärgerichtshof (IMT) erklärte die Angeklagten im Hauptkriegsverbrecherprozeß (20.11.1945 bis 1.10.1946) im Schwurgerichtssaal 600 des Nürnberger Justizgebäudes wegen Verschwörung zur Vorbereitung und Durchführung aggressiver Kriege, wegen der Durchführung von Kriegsverbrechen und schwerer Verbrechen gegen die Menschlichkeit für schuldig.

12 weitere Kriegsverbrecherprozesse gegen die Eliten des deutschen Staats-, Militär- und Industrieapparates folgten bis April 1949 unter alleiniger Verantwortung der USA. Am 3.12.1947 sprach der Nürnberger Gerichtshof das Urteil gegen die besonders dienstwilligen Juristen. Er verurteilte u.a. auch den Nürnberger Sonderrichter Rothaug zu lebenslänglicher Haft und stellte fest: »Der Dolch des Mörders war unter dem Talar des Juristen verborgen«. Freilich wurden diese Kriegsverbrecher im »Gnadenfieber der 50er Jahre« (stellv. Hauptankläger Kempner) bald wieder aus dem Zuchthaus entlassen. »Der Freispruch für die Nazi-Justiz«, »die kalte Amnestie« (Jörg Friedrich) erleichterte NS-Tätern wie Krupp, Flick und Co. die Integration in den neuen Staat. »Die Tätergemeinde hat sich spurlos in die Nachkriegsgesellschaft verflüchtigt, ist dort nicht weiter auffällig geworden und stirbt gegenwärtig friedlich aus. Den Aufbau von Demokratie und Rechtsstaat hat der NS-Täter nicht behindert. Das größte geschichtsbekannte Verbrechen wurde mit dem größten Resozialisationswerk abgeschlossen« (Jörg Friedrich). Wer freilich als Neonazi dieses Integrationswerk durch allzu rechtsradikale Handlungen gefährdete, mußte damit rechnen, vor Gericht gestellt zu werden. So wurde der Nürnberger Schwurgerichtssaal 600 in der Fürther Straße in den 70er Jahren im Prozeß gegen Michael Kühnen erneut ein überregional beachteter Schauplatz deutscher Justiz und dokumentierte mit seinem milden Urteil die geringe Lernfähigkeit einer Justitia, die schwooft (Tucholsky). Angesichts solcher Kontinuität fragen wir: Wer waren die Richter, die sich zum gewissenlosen Werkzeug des NS-Regimes machen ließen, und wie steht es mit ihrer Verantwortung?

Jörg Wollenberg

Zu 7 Jahren Gefängnis verurteilte das amerikanische Militärgericht 1947 den Hauptangeklagten Großindustriellen Friedrich Flick.

Das »Hauptdepot« der Nürnberg-Fürther Straßenbahn in der Fürther Straße 1905.

Maximilian Straße
⑩

Es folgt das Straßenbahn-Hauptwerk, das in seinen ältesten Taten immer noch auf die Pferdebahn zurückgeht, »visavis« lag die alte Nürnberger Standortkommandantur — heute Sitz der Fa. Möbel Hess. Und dort, tangiert von der Maximilianstraße, über die hinweg nunmehr eine gewaltige Brückenkonstruktion des »Mittleren Rings« auch über den Frankenschnellweg (altes Bett des Ludwig-Donau-Main-Kanals 1844) führt, lag einst die uralte Eisenbahner-Genossenschaftssiedlung, die 1870/80 erbaut, in den 50er Jahren wegen mangelndem Komfort schon nicht mehr bewohnt war und durch eine stattliche Neubausiedlung ersetzt wurde, ebenfalls für Eisenbahner. Wenig weiter nördlich liegt ein etwas verunglückter moderner Kirchenbau, die Epiphaniaskirche (1970) und noch einige hundert Meter weiter, bei Muggenhof, die auch recht bescheidene Schutzengelkirche Salesianer (1932).

Die Firmen Triumph-Adler und AEG haben (d.h., AEG hat sein Verwaltungsgebäude zugunsten von Triumph jetzt aufgegeben) in der Fürther Straße ihren Hauptsitz.

Erwähnung verdient auch das gewaltige Straßenbahnausbesserungsgebäude an der Fuchsstraße mit dem eigenwilligen Glockenturm, das seit der Stillegung der Straßenbahn nach Fürth durch ein Sondergleis angefahren werden muß. Zu Recht steht dieser, aus dem Spätjugendstil ins Neubarock umgesetzte Bau unter Denkmalpflege, ebenso wie zwei weitere Baujuwele nördlich der Fürther Straße: der prächtige Jugendstilbau der Sonderschule der Hörgeschädigten von 1905 (jetzt der Kreisregierung unterstehend) und die 1909 erbaute elegante Doppelbogenbrücke der Ringbahn über die Pegnitz.

Der Hochbahnkörper der U-Bahn zwischen Muggenhof und Stadtgrenze, 1969 für die Straßenbahner erbaut, hatte einen städtebaulich überzeugenden Vorgänger in dem Straßenbahnviadukt an der Stadtgrenze von 1927, unter dem die Fürther Straße in einer Biegung hindurchgeführt wurde. Das Viadukt wurde gekrönt von *Heinrich Schwaabes* obeliskförmigem Eisenbahndenkmal (für den Plärrer errichtet 1890), das jetzt auf einer abgesetzten Grasfläche nördlich, am verschollenen Ufer des alten Ludwigskanal, ein unverdient ärmliches Leben fristet.

Als Baudenkmäler recht imponierend, erheben sich hier in der Nähe, bei der sonst recht »ländlich« gebliebenen Ortschaft Muggenhof, die riesigen Schlammfaulbehälter der städtischen Kläranlage. Es hatte zahlreiche Auseinandersetzungen wegen der hiervon ausgehenden Geruchsbelästigungen gegeben, aber das Problem scheint jetzt behoben zu sein.

Die Fürther Straße wurde, als es auf das Jahr 1980 und die Einführung der U-Bahn zuging, bei mehreren Wahlen zu einem Zankapfel politischer Kontrahenten. Baureferent *Otto Peter Görl* plädierte damals dafür, geeignete Teile des gewaltigen Straßenkörpers in eine Fußgängerzone zu verwandeln und für stimmungsvolle Straßencafés offenzuhalten; dagegen protestierten Gegner dieses Plans auf geradezu herzzerreißende Weise — natürlich aus Sorge um die »notleidende Automobilindustrie«. Mit dem U-Bahn-Bau wurde der verwahrloste Straßenbahndamm etwas »veredelt«, aber die Umwandlung in eine Fußgängerone mit Straßencafés und Flair ist leider unterblieben.

In der Fürther Straße Nr. 354 erklingt Gitarrenmusik. Stadtteilfest im Hof des »Centro Espanol«.

U-Bahn Muggenhof
⑪

Ein grüner Baum und eine helle Quelle

Nachbarstadt Fürth

von Bernd Windsheimer

Ausgangspunkt: U-Bahnhof Jakobinenstraße, Ausgang Pickert-
straße
Endpunkt: Königsplatz
Dauer: ca. 2 1/2 Stunden

»*Erstickend in ihrer Engigkeit und Öde die gartenlose Stadt, Stadt des Rußes, der tausend Schlöte, des Maschinen- und Hammergestampfes, der Bierwirtschaften, der verbissenen Erwerbsgier, des Dichtbeieinander kleiner und kleinlicher Leute, der Luft der Armut ...*«

Blickt man heute, aus der U-Bahn kommend, auf die prächtigen Gründerzeithäuser der Hornschuchpromenade und Königswarter Straße mit der Grünanlage und den Alleebäumen zwischen den Häuserfronten, fühlt man sich, anders als *Wassermann*, an einen großzügig angelegten Pariser Boulevard erinnert. Fürth, das sich mit seinen heute knapp über 100.000 Einwohnern gerade schon »Großstadt« nennen darf, hat eben ganz verschiedene Gesichter.

Das Fürther Kleeblatt-wappen.

Wie in keiner anderen deutschen Stadt vergleichbarer Größe ist in dem im zweiten Weltkrieg nahezu unzerstört gebliebenen Fürth die historische Entwicklung Phase um Phase anschaulich nachvollziehbar. Durch seine geographische Lage im Mündungswinkel der beiden Flüsse Pegnitz und Rednitz geriet die Fürther Altstadt in eine Randlage. Eine geschlossene Erweiterung war nur nach Südosten und Süden in Richtung Nürnberg möglich, so daß sich auch Stadt-Funktionen in diese Richtung verlagerten.

Fürth stand über Jahrhunderte wegen seiner geringen Einwohnerzahl im Schatten von Nürnberg. Erst die Mitte des 19. Jahrhunderts einsetzende Industrialisierung gab der Stadt einen nachhaltigen Entwicklungsschub.

Wir befinden uns in der Wohngegend der ehemaligen Fabrikherren und feinen Leute. Diese in der Boomzeit von 1870 bis 1910 entstandene Promenade bildet das Gegenstück zu den im gleichen Zeitraum aus dem Boden gestampften, bei Wassermann beschriebenen, Mietskasernen rund um das alte Fürth und die Südstadt, die den überwiegenden Teil der neuen Einwohner der Stadt (die Bevölkerung verdoppelte sich von 25.000 auf 55.000) aufzunehmen hatten.

Hornschuch-promenade
❶

Bis 1922 ratterte in der Mitte der Grünanlage noch die Eisenbahn zwischen Nürnberg und Fürth. 1835 eröffnet, war sie die erste Eisenbahn Deutschlands. Wegen der knappen und teuren Kohle wurde die Mehrzahl der Züge bis 1862 allerdings von Pferden gezogen. Seit 1881 bekam sie Konkurrenz durch eine Pferdebahn, die 1896/98 von einer »Elektrischen« abgelöst wurde. 1922 übernahm die Straßenbahn die Strecke der stillgelegten Ludwigseisenbahn. Mit dem Bau der Nürnberger U-Bahn bis zum Fürther Bahnhof wurde auch sie überflüssig.

Hornschuch-promenade 6

Im zweiten Stock befand sich von 1946 bis 1949 die für Fürth zuständige Entnazifizierungsspruchkammer. Durch die großzügige Anerkennung der berühmten Persilscheine und eine geänderte Politik der Amerikaner seit 1947 wurden nicht nur in Fürth im Endeffekt fast alle ehemaligen Nazis als Mitläufer eingestuft und kehrten in ihre Ämter und Posten zurück.

Königswarter-straße 20
②

An der Villa, die sich der Maurermeister *Karl Gran junior* 1909/10 errichtete, kann abgelesen werden, welche Möglichkeiten der Bauboom der Kaiserzeit auch in Fürth bot, um zu einigem Vermögen zu kommen.

Hier hat der Fürther DGB seit dem zweiten Weltkrieg seinen Sitz. Das Gebäude wurde ihm aus dem Vermögen der ehemaligen Deutschen Arbeitsfront zugewiesen. Eine Tafel erinnert an *Hans Böckler*, 1950 kurzfristig Vorsitzender des DGB und in den Jahren zuvor einer der energischen Verfechter des Gedankens der Einheitsgewerkschaften. In Fürth aufgewachsen, hatte er eine Lehre als Gold- und Silberschläger gemacht und war später in der Fürther Gewerkschaft tätig, bis er Fürth verließ, um hauptamtlich im Deutschen Metallarbeiterverband in Saarbrücken zu arbeiten.

Fürther Freiheit
❸

Dieser größte Platz Fürths, der heute als Marktplatz dient, entstand erst 1938 durch den Abriß der alten Ludwigseisenbahn. Seinen jetzigen Namen erhielt er 1946, die Nazis hatten ihn noch als Schlageterplatz eingeweiht.

Die Ludwigseisenbahn bekam schon bald nach ihrer Gründung vor allem aus Fürther Sicht unangenehme Konkurrenz. 1844 nahm eine neue »Ludwig-Süd-Nord Bahn« ihren Betrieb auf. Auf Druck der Nürnberger führte ihr Schienennetz allerdings in einem Bogen an Fürth vorbei nach Erlangen. Erst 1863 wurde Fürth direkt angeschlossen, der neue Bahnhof entstand nur 200 Meter weiter südlich. Bei dahin kam man mit dem Zug nach Fürth nur, wenn man an der Dooser Kreuzung auf die alte Ludwigsbahn umstieg.

Wilhelm Königswarter (1809–1887) war jüdischer Stifter und Ehrenbürger Fürths.

Die Rivalität mit dem benachbarten Nürnberg zieht sich wie ein roter Faden durch die Geschichte Fürths. Als »Fürther Pflasterscheißer« galten den Nürnbergern schon sehr früh die Einwohner der Nachbargemeinde. Die Fürther Retourkutsche: »Närmbärcha Herrgottsschwärza« bezog sich auf den Nürnberger Trick, Goldmadonnen und Kruzifixe durch Aufziehen einer dicken Rußschicht vor den plündernden Schweden zu schützen. Bis 1720 mußten sich die Fürther ihre Post in Nürnberg abholen, weil die Taxissche Postkutsche an einer »so unerheblichen Station wie Fürth nicht halt« machen wollte. Mit großem Mißtrauen beobachtete das sittenstrenge Nürnberg den wachsenden Zulauf Nürnberger Bürger zur Fürther Kirchweih. Ein Höhepunkt im Gerangel der Stadtbrüder war die 1922 vom Verein ›Treu-Fürth‹ maßgeblich beeinflußte Volksabstimmung, bei der sich eine Zweidrittel-Mehrheit gegen eine Vereinigung mit der Noris aussprach. Legendär auch die Fußballschlachten zwischen dem »Club« und den »Kleeblättern«.

Spvgg. Fürth als süddeutscher Meister 1949/50. Goth, Vorläufer, Frosch, Helbig, Schade, Sieber, Nöth, Hofmann, Plawky, Appis, Brenzke, Gottinger.

Die »Kleeblättler«: Eine Klasse für sich

Fürths Namen in die (Fußball-)Welt hinausgetragen hat vor allem ein Verein, und wer die Nürnberger »Cluberer« erwähnt, darf darüber nicht die »Kleeblättler« vom Ronhof vergessen, die 1903 begründete Spielvereinigung Fürth, zwischen den Kriegen europäische Spitzenklasse, 1988 in die Viertklassigkeit abgestürzt.

Auch DDR-Sporthistoriker kommen um das Stadion Ronhof nicht herum: »Nürnberg und Fürth bestimmten das Niveau im bürgerlichen Fußballsport, wobei das Spiel der Fürther noch gefälliger erschien«, weiß »Fußball in Vergangenheit und Gegenwart« über die Zeit nach dem 1. Weltkrieg. Zeitweise bestand die Nationalelf nur aus Nürnberg-Fürthern, 175mal liefen »Kleeblättler« im »Dress der elf Besten« auf.

Fußballkenner, wirkliche natürlich nur, mögen bei vielen der Mannen, die die schwarze Hose, den weißen Dress mit dem Kleeblatt und grüne, schwarze oder blaue Stutzen trugen, nur ehrfurchtsvoll nicken: Da waren »Bumbas« Schmidt und Ludwig Leinberger, Loni Seiderer und Schorsch Knöpfle, »Charly« Mai aus WM-Elf '54, »Ertl« Erhardt und Hans Fiederer, später Chefredakteur beim »kicker« zu Nürnberg.

1914 schon war die SpVgg Fürth Deutscher Meister, ebenso 1926 und 1929. 1920 verlor sie das Finale gegen den ewigen Rivalen, den Nürnberger Club, und daß dessen Schlachtenbummler erst nach langer Verspätung vom Endspielort Frankfurt heimkamen, soll daran gelegen haben, daß der Mann auf der Lok ein Fürther war ...

Nach 1945 waren die Fürther fast durchweg erstklassig, 1950 sogar noch einmal Oberliga Süd-Meister, ehe man 1963 zweitklassig wurde, 1983 mit dem Abstieg in die Bayernliga drittklassig und 1988 gar in die Landesliga hinab mußte; ein Schicksal, daß der Traditionsklub mit vielen anderen großen Vereinen von ehemals teilt.

Gustav Schicke-danzstraße

Seit 1977 heißt die ehemalige Bahnhofstraße Gustav-Schicke-danz-Straße. Sinnigerweise befindet sich hier auch gleich das Kaufhaus Quelle: Schickedanz und seine Quelle, seit 1964 das größte Versandhaus Europas, sind aus Fürth eben nicht mehr wegzudenken. Zudem hat sich Schickedanz durch großzügige Spenden an seine Heimatstadt sehr beliebt gemacht, seit 1959 ist er auch Ehrenbürger der Stadt.

Schickedanz, 1895 als Sohn eines kleinen Werkmeisters geboren, absolviert nach dem Schulbesuch eine kaufmännische Lehre in einer Fürther Exportfirma. 1923 beginnt er mit einer Großhandlung für › Kurz-, Weiß- und Wollwaren ‹. Damals zog er mit seinen Waren noch von Wohnung zu Wohnung wie viele ältere Fürther zu berichten wissen. 1927 meldete er ein Versandgeschäft unter dem Namen Quelle an (› An der Quelle kaufen ‹). Seine Frau verunglückt 1929 bei einem Verkehrsunfall tödlich. Eine sechsstellige Versicherungssumme eröffnet ihm die Möglichkeit einer Modernisierung von Lager und Laden. Die nächsten Jahre werden im Jubiläumsheft zum 50jährigen Bestehen folgendermaßen dargestellt: » Als 1933 durch die totalitäre Wirtschaftspolitik die Masseneinkäufe wieder anstiegen, wurde der Be-

Auch das Christkind kauft an der Quelle. Zumindest in den 50er Jahren.

wegungsspielraum der Versandgeschäfte durch staatliche Erweiterungsverbote und ähnliche Maßnahmen mehr und mehr eingeschränkt ... Abgesehen von den beiden Jahren nach ihrer Gründung war der Quelle in ihrer ersten Phase (1927–1945) kein günstiges Wachstumsklima beschieden. Allen diesen Schwierigkeiten zum Trotz gelang es Gustav Schickedanz, den Umsatz bis auf 40 Mio. RM im Jahr 1938 zu steigern.« In diesem Zusammenhang wird jedoch die aufschlußreiche Tatsache verschwiegen, daß Schickedanz seit 1932 Mitglied der NSDAP war und im September 1935 durch Fürths Nazi OB Jakob als Ratsherr in den Stadtrat berufen wurde. Zur Umsatzsteigerung in dieser Zeit trug sicherlich auch der Erwerb von arisierten Firmen bei (in Nürnberg z.B. die Vereinigten Papierwerke Rosenfelder). Nach Kriegsende durfte Schickedanz, solange sein Entnazifizierungsverfahren lief, nur noch als einfacher Arbeiter tätig sein. Das Betreten seines Unternehmens war ihm verboten. Die noch existierenden Vermögensteile hatten Treuhänder übernommen. Als Neuanfang für Quelle wird die Währungsreform von 1948 bezeichnet. Den korrekten Zeitpunkt der »Auferstehung« von Schickedanz gibt aber eher ein Bericht der Fürther Nachrichten vom 3/8/1949 an, der von einer Quelle-Betriebsfeier im Geismannsaal berichtet. Erst jetzt, nach dem endgültigen Abschluß seines Entnazifizierungsverfahrens, gibt es Anlaß, die Wiedereinsetzung des Firmeninhabers Gustav Schickedanz in die Geschäftsführung zu feiern.

Henry Kissinger. Ein berühmter Sohn der Stadt.

Das »Wirtschaftswunder« mit seiner hohen Steigerung des Brutto-Sozialprodukts und des privaten Konsums brachten auch der Quelle den Aufbruch zu neuen Ufern. Die 50er Jahre wurden zur großen Expansionsphase im deutschen Versandhandel. Aber auch die anderen Standbeine des Unternehmens wie Brauereien oder Papierfabriken legten kräftig zu. Als das Versandgeschäft in den 60er Jahren abflaute, stieß Quelle erfolgreich in andere Märkte wie Warenhausgeschäft, Touristik und Photogeschäft vor.

Gustav-Schickedanz-Straße 2

Wo jetzt das Quelle Kaufhaus steht, besaß Schickedanz schon seit Ende der 20er Jahre ein Haus mit Ladengeschäft, das damals für seine günstigen Wäscheangebote bekannt war. Nach dem Krieg eröffnete er hier 1949 sein erstes Kaufhaus, das 1977 erweitert und modernisiert wurde.

Nicht nur Schickedanz mit seiner Quelle bereichert(e) vom kleinen Fürth aus Deutschland und die Welt. Die Bundesrepublik verdankt der Stadt einen Bundeskanzler (*Ludwig Erhard*), Amerika einen, wenn auch sehr umstrittenen Außenminister (*Henry Kissinger*). Fürther Fernsehgeräte trugen Farbe in viele Wohnstuben (*Max Grundig*), die Leser der »New York Times« verdanken ihre Lesevergnügen dem aus Fürth stammenden jüdischen Auswanderer *Simon Ochs;* deutsche Leseratten erfreuen sich an den Produkten des Papiergrossistensohnes *Leopold Ullstein*.

Friedrichstraße ④

Die Friedrichstraße weist die typische gerade Anlage und einheitliche Bebauung einer geplanten Stadterweiterung auf. Erbaut in den Jahren 1838–1860 hatte die ehemalige Spitalstraße ihre Bedeutung durch den Kopfbahnhof der Ludwigsbahn an ihrem nördlichen Ende. Den südlichen Abschluß bildete das 1828–1830 erbaute Spital an der Schwabacher Straße, das nach dem Krieg dem jetzigen Postgebäude weichen mußte.

Theresienstraße 1

Typisch für Fürth als bürgerlich geprägte Stadt ist, daß öffentliche Gebäude »nur im Rahmen der unumgänglichen Bedürfnisse entstanden«. Alle darüber hinausgehenden kulturellen oder sozialen Einrichtungen gingen auf die Initiative privater Stifter zurück, vielfach jüdische Unternehmer. Ein Musterbeispiel hierfür ist das nach seinem Stifter genannte »Volksbildungshaus« Berolzheimerianum, das auch heute noch als Volkshochschule und öffentliche Bibliothek dient.

Hirschenstraße 24
❺

In dem jetzt von der Arbeiterwohlfahrt und der Fürther SPD genutzten Gebäude befand sich bis 1933 das alte Fürther Gewerkschaftshaus. Am 10.3.1933 wurde es in der sog. »Nacht der langen Messer« durch eine SA-Einheit gestürmt. Ca. 20 Leute des Reichsbanners hatten sich im Gewerkschaftshaus verbarrikadiert. Die von ihnen herbeigerufene Landespolizei machte mit der SA gemeinsame Sache. Die Reichsbannerleute wurden verprügelt und vorübergehend verhaftet.

Belegschaft einer Blattmetallschlägerei um die Jahrhundertwende.

Die SPD war und ist in Fürth als Industrie- und Gewerbestadt traditionell Mehrheitspartei. Bereits 1863 wurde ein »Fürther Arbeiterverein« gegründet. Vor allem Gabriel Löwenstein, 1928 in Fürth als Sohn armer jüdischer Eltern geboren, in Nürnberg und Fürth nach 1848 Wortführer der radikalen Demokraten und auf dem Vereinstag der deutschen Arbeitervereine im September 1868 hinter Bebel zum stellvertretenden Vorsitzenden gewählt, wollte diesem Verein mehr politische Wirksamkeit verleihen. Als er 1869 von der Gründung der SPD in Eisenach zurückkehrte, veranlaßte er deshalb den Verein, seine Satzung durch den Zusatz zu erweitern: »Die Mitglieder sind als solche Angehörige der Sozialdemokratischen Arbeiterpartei in Eisenach.« Im gleichen Jahr wurde Löwenstein ins Gemeindekollegium gewählt, von 1872 bis 1878 war er Magistratsrat, bis 1907 Redaktionsmitglied der fränkischen Tagespost, deren Vorgängerblatt er 1871 in Fürth gegründet hatte.

Rosenstraße 11
❻

J.J. Gerstendörfer: Bronzefarben, Blattgold, Blattmetalle, gegr. 1843, ist eines der wenigen verbliebenen Unternehmen eines einst in Fürth sehr traditionsreichen und wichtigen Gewerbes. Zwischen 1700 und 1710 ließen sich die ersten Zuwanderer dieses Berufs in Fürth nieder. Da sie nicht nur Gold und Silber verarbeiteten, sondern auch unedle Metalle, — die Nürnberger Feingoldschlägerzunft lehnte dies ab —, konnte sich Fürth zu einem Hauptort der Blattmetallschlägerei entwickeln.

Die im Dialekt »Schloger« genannten Metallschläger übten ihr Gewerbe vor allem in dieser Gegend bis hinunter zum jüdischen Friedhof aus. Da sie auf eigene Rechnung arbeiteten, war bei ihnen der blaue Montag noch bis ins 20. Jhd. verbreitet. Die Frauen waren von den »Schlogern« stark abhängig, da sie nur etwas verdienten, wenn diese auch arbeiteten. Mit dem Aufkommen der Maschinenhämmer um 1900 wurde die Handarbeit zurückgedrängt. Allerdings stellte man fest, daß man durch Zerreiben der Aluminium- und Bronzeabfälle ein gold- oder silberfarbenes Pulver erhielt. So entwickelte sich aus der Verwertung eines Abfallprodukts ein Gewerbe mit neuen Arbeitsplätzen (eben die erwähnten Bronzefarben).

Die inzwischen stillgelegte Grünerbräu in der Rosenstraße war, wie alle ehemaligen Fürther Brauereien, schon länst kein eigenständiger Betrieb mehr, sondern Bestandteil des Quelle-Braukonzerns. Das Brauwesen galt seit dem Mittelalter als eines der wichtigsten Gewerbe der Stadt. Im 18. Jhd. fand dann ein Konzentrationsprozeß statt, bei dem viele kleine Brauerein verschwanden. 1873 gab es nur noch fünf Brauereien, allerdings Großbetriebe (Geismann, Grüner, Humbser, Mailaender, Evora & Meyer).

Albrecht Schröders Buchdruckerei existiert zwar seit 1938 nicht mehr, der Schriftzug am Haus ist jedoch noch gut zu erkennen. Sie war eine der ehemals zahlreichen jüdischen Druckereien in Fürth. Als Druckort von religiösen Schriften hatte Fürth hohe Bedeutung und konkurrierte eine Zeitlang sogar erfolgreich mit Amsterdam. Die Fürther Talmudhochschule bot hierfür günstige Voraussetzungen.

Rosenstraße 12

In Fürth gab es bis 1933 eine der größten jüdischen Gemeinden in Süddeutschland. Grundlage hierfür war die eigenartige »Dreiherrschaft«, der Fürth über Jahrhunderte hinweg unterworfen war. Sowohl der Domprobst von Bamberg, der Markgraf von Ansbach, als auch die Reichsstadt Nürnberg hatten Besitzungen in Fürth — teilweise Haus an Haus — und übten Herrschaftsrechte über ihre Untertanen aus. Da Ansbach und Bamberg aus politischen und finanziellen Gründen — sie kassierten Schutzgelder und setzten ein gewisses Vermögen bei den Juden, die aufgenommen werden wollten voraus — die Ansiedlung von Juden erlaubten, waren die Proteste der Nürnberger, die 1499 ihre Juden endgültig vertrieben hatten, vergebens. Konkurrenz und Machtkämpfe zwischen den drei Mächten schufen für die Bewohner Fürths einen »machtarmen« Raum, der ihnen viele Freiheiten ermöglichte. Aufgrund dieser günstigen Lebensbedingungen wuchs die jüdische Gemeinde in der Folgezeit, vor allem auch durch Flüchtlingsansiedlungen (Wien, Bayern etc.). Rechtssicherheit und für deutsche Verhältnisse große Privilegien bekommen die Fürther Juden durch das »Reglement für die gemeine Judenschaft« von 1719.

Das Ende der Dreiherrschaft bedeutet auch das Ende der Privilegien. Fürth hat sich von 1792—1806 preußischem Reglement, ab 1806 dann bayrischem Reglement unterzuordnen. Durch die Matrikelgesetzgebung wurde die Zahl der jüdischen Familien auf 536 begrenzt. Erst mit der vollständigen Emanzipation der Juden, das heißt dem Zugeständnis der vollen Bürgerrechte durch den deutschen Nationalstaat von 1871, wird diese Beschränkung aufgehoben.

Schon zuvor hatten Fürther Juden im Kampf um die Gleichberechtigung in Deutschland eine Vorreiterrolle gespielt: So kam der 1843 als erster jüdischer Rechtsanwalt in Bayern zugelassene Dr. Grünsfeld aus Fürth; ebenso Dr. Morgenstern, der 1849 erster jüdischer Landtagsabgeordneter wurde. Der erste jüdische Schulleiter in Bayern (1856), Dr. Brentano, stammt ebenfalls aus Fürth, genau wie der erste jüdische Handelsrichter, Salomon Berolzheimer.

Der Anteil der jüdischen Bevölkerung an der Gesamtbevölkerung Fürths stieg zwar absolut von 2.600 im Jahr 1780 auf ca. 3.300 im Jahr 1880, sank prozentual aber von 22% auf 11%. 1933 betrug die Quote mit ca. 2.000 Personen gerade noch 2,5%, was die Nazis nicht hinderte, von einer »total verjudeten Stadt« zu sprechen.

Hallemannstraße 2

Hier befindet sich seit 1868 der Neubau des jüdischen Waisenhauses. Der Vorgängerbau (1763) war in der Geleitsgasse. 1884 wurde das Haus für Mädchen erweitert und eine Synagoge eingerichtet. Sie dient heute der nach 1945 neugegründeten kleinen jüdischen Gemeinde als Gotteshaus. Das Waisenhaus ist auch ein Zeugnis für die soziales Fürsorgemaßnahmen innerhalb der Fürther Judenschaft. Die Kosten für die Verwaltung der Waisenanstalt, die 100 Kinder aufnehmen konnte, wurden aus Jahresbeiträgen, Spenden und Legaten finanziert.

Die ehemalige Julienstraße ist erst 1982 in Hallemannstraße umbenannt worden. *Dr. Ismar Hallemann,* der letzte Leiter des Waisenhauses, war 1942 mit seiner Familie, dem jüdischen Personal und 33 Waisenkindern nach Izbica bei Lublin deportiert worden. Niemand ist von dort zurückgekehrt.

Blumenstraße
❼

Hier befindet sich seit 1869 die jüdische Realschule. 1884 wurde im Hinterhof wegen Raumnot ein weiteres Gebäude errichtet. Die Schule wurde durch freiwillige Spenden vieler jüdischen Bürger finanziert. Ihr Bau war ein Ergebnis eines Konflikts zwischen den emanzipierten und den orthodoxen Fürther Juden. Während die emanzipierten ihre Kinder selbstverständlich auf staatliche Schulen schickten, kam den orthodoxen die religiöse Erziehung dort zu kurz. Da Fürth mit dieser Schule neben Hamburg die einzige Einrichtung dieser Art in Deutschland bot, strömten Schüler aus dem ganzen Deutschen Reich hierher.

Im Eingang befindet sich eine Gedenktafel für 34 ehemalige Schüler, gefallen im ersten Weltkrieg. Die Tafel verherrlicht ihren Tod mit genau den gleichen nationalistischen Phrasen, wie sie auch sonst damals üblich waren. Im ersten Weltkrieg wurden die Schüler hier ganz in jenem »vaterländischen Geist« erzogen, der damals in Deutschland dominierte. »Sobald in den Straßen von einem neuen Sieg der Deutschen Armee ein Extra-Blatt herausgegeben wurde, ließ er (der jüd. Schulleiter) Schüler versammeln, und nach einer vaterländischen Ansprache zur Feier des Tages gab er ihnen frei.« Auch dies wieder ein Beispiel für die Verlogenheit der antisemitischen Propaganda nach dem ersten Weltkrieg, die die Juden als »Vaterlandsverräter« darstellte.

Jakob Wassermann. Seine Romane wurden viel gelesen.

Blumenstraße 28

»Im ersten Stock eines Hauses, in dessen Erdgeschoß sich eine Wirtschaft befand. Jede Nacht drang großer Lärm herauf, in jeder Sonntagnacht kam es zu einer Schlägerei, und ein Gestochener brüllte alle schlafenden Bewohner wach. Schlimmer aber war für Engelhard das allwöchentliche Schweineschlachten. Das Todesgeschrei schnitt ihm gar furchtbar durch die Brust.«

Soweit die Erinnerungen Jakob Wassermanns aus seinem posthum erschienenen, frühen autobiographischen Roman »Engelhard Ratgeber«. Die Wirtschaft, der Gaulstall, existiert heute noch.

Jakob Wassermann, ein heute weitgehend vergessener Schriftsteller, war in den ersten dreißig Jahren des Jahrhunderts einer der bekanntesten und meistgelesenen Schriftsteller Deutschlands. Er stand in der Publikumsgunst auf einer Stufe mit Thomas Mann. Fürth, dessen Atmosphäre er als beengend empfand, verließ er schon früh, als 17jähriger. Das Gefühl des Verwurzeltseins in Franken, wo seine Vorfahren seit drei Jahrhunderten lebten, blieb ihm jedoch. Das zeigt das regionale Moment, welches in einigen seiner Bücher auftaucht, ohne je heimattümelnd zu sein.

Das jüdische Krankenhaus (1846) wurde 1864 aufgestockt und dient heute als Wohnhaus. Auch hier erfolgte die Finanzierung ausschließlich durch Spenden. 1910 ermöglicht eine Stiftung von Jakob Mack, nach New York ausgewanderter Sohn des jüdischen Arztes Dr. Adolf Mack, die Einrichtung eines kompletten Operationssaales.

Theaterstraße 36
❽

Das Krankenhaus arbeitete als Belegkrankenhaus und stand Ärzten und Kranken jeder Konfession offen, sollte aber auch gläubigen Juden die Möglichkeit zu ritueller Verpflegung bieten. Es wurde von der jüdischen Gemeinde bis zu ihrer Zwangsauflösung 1943 benutzt.

Vom ehemaligen Pfarrersgarten, einem großen Gartengrundstück des Pfarrers Daniel Lochner ist heute nur noch das reichlich verfallene Haus und das Gesindehaus (Nr. 35) zu sehen. Der Garten selbst wurde von der Industrialisierung völlig vereinnahmt.

Theaterstraße 33

Lochner, aus einer Nürnberger Pfarrersfamilie stammend, die an der Fürther Michaelskirche tätig war, hatte den Garten am Ende des 17. Jahrhunderts in Anlehnung an die zeitübliche Gartenkultur des Nürnberger Patri-

ziats angelegt und auch die obligatorischen, sündhaft teuren Zitronen- und Pomeranzenbäumchen aufgestellt. Sein Garten war jedenfalls weit über Franken hinaus berühmt und wird auch in Volkamers Hesperidenbuch abgebildet.

Das Haus steht unter Denkmalschutz, der Eigentümer würde von der Stadt und dem Denkmalschutzamt als Zuschuß lediglich einige tausend Mark bekommen, weshalb an eine Renovierung nicht zu denken ist. Interessant ist auch der Turm aus dem Jahr 1713. Den dicken Holzbalken mit der hölzernen Wendeltreppe, die sich um ihn windet — sie dient als Zugang zu den Wohnungen im Haus daneben —, wollte das Germanische Nationalmuseum vor dem Krieg bereits einmal ausbauen und im Museum aufstellen. Das Vorhaben geriet jedoch dann in Vergessenheit.

Die 1896/97 errichteten Mietskasernen des Bauunternehmers Kißkalt, vom Hardsteg aus gesehen.

Badstraße

9

Die Badstraße ist nach einer seit 1792 bestehenden Landgrabenwirtschaft mit Badhaus benannt. 1818 entstand ein neues Badhaus mit Brunnen, 1889 wurde schließlich die sog. Aßmannsche Badeanstalt in der Pegnitz eröffnet.

Wir befinden uns jetzt am Rande des Gebietes der Stadterweiterung zwischen 1890 und 1905. Dies war auch die Zeit, in der in Fürth durch den rapiden Bevölkerungsanstieg die Wohnungsnot am größten war. 1896/97 wurde sogar die Cholerabaracke auf der Hardt an Wohnungssuchende vermietet. Die drei mit Ziegelsteinen erbauten Mietskasernen zwischen Bogen- und Denglerstraße, um 1900 von dem Bauunternehmer Kißkalt errichtet, fallen allein schon durch ihre Bauweise aus dem Rahmen der ansonsten soliden Sandsteinbauten.

Vor Errichtung der Häuser hatte Kißkalt die Kosten nicht gescheut, eine kleine Schrift veröffentlichen zu lassen. In seinem »Kißkaltschen Bauprojekt über billige Familienwohnungen« pries er sein Vorhaben als Lösungsvorschlag der bestehenden »Wohnungskalamität« in Fürth an. Vorbedingung war die kostenlose Erschließung seines Baugrundstücks durch die Stadt. Es entstanden 15 Häuser mit insgesamt 130 Wohnungen, deren Miete jährlich, je nach Stockwerk, zwischen 200 und 260 Mark betrug. Ausstat-

tung: ohne Gasanschluß, das heißt also auch kein Gaslicht, dafür aber in jeder Wohnung ein Plumpsklo. Wöchentliche Mieteintreibung durch einen Verwalter sollte, unterstützt durch »moralischen Druck«, den »befürchteten Mietausfall verringern«. Das Mieterspektrum der Kißkaltschen Mietskasernen reichte von Metallschläger- und Schreinergehilfen über Fabrikarbeiter und Taglöhner bis zu kleinen Schuh- und Bäckermeistern (Einwohnerbuch 1903).

Kißkalt selbst besaß 1903 mehr als 20 weitere Häuser in Fürth. Daß die Erschließung des Baugrundstücks durch die Stadt damals nicht allgemein üblich war, beweisen die Miethäuser an der Weiherstraße. Hier hatte kurz nach Kißkalt der Treibriemenfabrikant Taubert auf seinem Grundstück zu bauen begonnen. Um das Gelände zu erschließen, mußte er eine Straße anlegen, die er »Tauberts Privatstraße« nannte. Erst als die Stadt einen Teil des Grundstücks ankaufte, ging die Straße in ihren Besitz über und erhielt ihren heutigen Namen.

Der alte jüdische Friedhof.

Die noch in Sandstein gemeißelte Aufschrift »Herberge zur Heimat« wies früher auf einen Schlafsaal des 1873 in Fürth im Duckla gegründeten evangelischen Arbeitervein hin. Der 1891 im Hinterhaus eröffnete Schlafsaal wurde 1922 wieder aufgelöst. Heute befinden sich Wohnungen darin.

Badstraße 3

In den Verein aufgenommen wurden nur Arbeiter mit »einwandfreiem Lebenswandel«. Dennoch besaß er 1878 bereits 77 Mitglieder, die wöchentlich 10 Pfennige Beitrag zahlten. Gesponsort wurde er durch den ehemaligen Weber Konrad Ott, den Initiator des Vereins, der es u.a. auch durch eine günstige Heirat zum Fabrikherrn gebracht hatte.

Die anfänglich gemeinsamen Veranstaltungen von Männern und Frauen wurden bald eingestellt, denn es »liegt in der Zusammenkunft mit dem weiblichen Geschlecht für die jungen Leute eine große Gefahr, welche für den Verein noch verhängnisvoll werden könnte«, wie die Vereinsführung einstimmig feststellte.

Der hinter der Sandsteinmauer liegende alte jüdische Friedhof weist allein schon durch seine Ausdehnung auf eine ehemals große jüdische Gemeinde hin.

**Bogenstraße/
Schlehenstraße**
⑩

Der Friedhof wurde 1604/1607 gegründet, vorher beerdigten die Bamberger Juden in Schnaittach, die Ansbacher in Baiersdorf. Die Ortsnähe könnte wiederum ein Indiz für die Privilegierung der Juden in Fürth sein, da vor allem auf dem Land die Friedhöfe oft kilometerweit von der Ortschaft entfernt lagen.

Lion Feuchtwanger läßt seinen Romanhelden »Jud Süß« Oppenheimer auf dem Fürther Judenfriedhof begraben sein, bis heute gibt es hierfür jedoch keinen Nachweis.

Während der Nazizeit wurden auf dem Friedhof vor allem in der sog. Reichskristallnacht schwere Verwüstungen angerichtet. Im 2. Weltkrieg legte man dann mitten in den ältesten Gräberanlagen einen völlig unnötigen Löschwasserteich an. (Die Rednitz befindet sich direkt hinter dem Friedhof.) Die Gebeine wurden später in einem Massengrab beigesetzt, auf das Grab Hunderte von Grabsteinen gestellt, die man zum Teil bei christlichen Steinmetzen wiedergefunden hatte. Die ehemalige Lage des Löschwasserteichs ist heute noch leicht zu erkennen. Wenn man durch die Gittertür in der Schlehengasse blickt, sieht man eine freie Wiesenfläche: das waren vor der Zerstörung alles Gräberfelder. Der Friedhof steht heute unter Denkmalschutz, ist jedoch nicht frei zugänglich, um ihn vor Verwüstungen durch Neonazis zu schützen.

Für die Schlehengasse wurde 1972 durch den Sanierungsträger »Neue Heimat« im Zuge der Neubebauung des Flächensanierungsgebietes um den »Gänsberg« der erste Bauantrag eingereicht. Die Häuserblocks auf der rechten Seite waren ursprünglich als Eigentumswohnungen geplant, mußten dann aber mangels Nachfrage in Mietwohnungen umgewandelt werden.

Löwenplatz
⑪

Wir befinden uns jetzt in der Mitte des ehemaligen Flächensanierungsgebietes »Gänsbergviertel«. Das alte Viertel mit schnell hochgezogenen Häusern aus der Zeit nach dem 30jährigen Krieg wurde damals vom Ansbacher Markgrafen vor allem mit Juden besiedelt. Um die Mitte des 18. Jahrhunderts belegte man die Häuser aufgrund ihres »behelfsmäßigen« Zustandes nur mit 50% der Steuern. Ende der 1950er Jahre, als die Wohnungsnot der Nachkriegszeit überwunden war, beschloß der Stadtrat, das ganze Gebiet zu »sanieren«.

Da Fürth während des 2. Weltkrieges kaum Zerstörungen erlitten hat, standen die Häuser des Viertels nach mehr als 250 Jahren nahezu unverändert da. So wurde in einem vom Stadtrat in Auftrag gegebenen Gutachten von 1960 festgestellt, daß 83% aller Grundstücke ohne Kanalanschluß waren. Ca. 70% wurden als abbruchreif eingestuft, 20% als nicht erhaltenswert und nur 2% als erhaltenswert. Berücksichtigt man jedoch die Aufbau- und Fortschrittsideologie jener Zeit, so waren diese Zahlen sicherlich zu hoch angesetzt. Die Flächensanierung war keineswegs unumgänglich. Jedenfalls wurden 215 Grundstücke in dem ca. 7 Hektar umfassenden Sanierungsgebiet »freigelegt«, wie die Tätigkeit von Abrißbirne und Spitzhacke im Behördendeutsch heißt. 800 Familien mußten in die neuerrichtete Vorstadt Hardthöhe ziehen. Die über Jahre hinweg existierende riesige Freifläche — das Sanierungsvorhaben verzögerte sich ständig — wurde von den Fürthern nach dem damaligen Oberbürgermeister Scherzer treffend »Scherzerwüste« genannt. Nach dem ursprünglichen Bebauungsmodell plante man ein Hochhaus und ein Kaufhaus auf die Stelle des ehemaligen Synagogenhofes zu setzen. Wegen der ständigen Verzögerungen bei der Bewilligung der finanziellen Mittel und den sich mit der Zeit ändernden Stadtplanungs- und Denkmalschutzvorstellungen — der Fürther Stadtrat hatte inzwischen eingestanden, daß die Flächensanierung ein Fehler war — wurde dieses Bebauungskonzept dann entscheidend abgewandelt. Erst 1984 wurden die letzten Neubauten des Gäns-

Der jüdische Schulhof nach der Pogromnacht des November 1938.

bergviertels fertiggestellt. Die einzig verbliebenen »historischen« Häuser sind der Fravelliershof und das Barockhaus am Löwenplatz, dessen Bauherr sich als einziger Privatmann am Wiederaufbau des Gänsbergviertels beteiligte. Auch dieses Haus hat man eingerissen, um es dann unter Verwendung eines großen Teils der alten Baumaterialen wiederaufzubauen. Da die alte Bausubstanz sich jedoch als zu brüchig erwies, wurde das Haus in der alten Form — nur mit der schöneren Fassade jetzt dem Löwenplatz zugewandt — neu gebaut. Es handelt sich also um eine Imitation.

⑫
Geleitsgasse

Der Schulhof war über Jahrhunderte hindurch Mittelpunkt des jüdischen Lebens in Fürth. Seinen Namen verdankt er den sechs Synagogen, die sich dort befunden haben und die auf jiddisch »Schul« hießen. 1617 wurde die Hauptsynagoge errichtet, die »Altschul«. Ende des 17. Jhd. kam dann die »Neuschul« hinzu. Im Synagogenhof befanden sich früher außerdem die Talmudhochschule, jüdische Druckereien sowie ein rituelles Tauchbad, in Fürth »Tucke« genannt. Die Talmudhochschule hatte zu Beginn des 19. Jahrhunderts bereits an Bedeutung eingebüßt, als die bayerischen Behörden die Schließung der Schule als »Zentralpunkt der Verfinsterung und des Aberglaubens« verfügten. Bemühungen, die Schule wiederzueröffnen, scheiterten. Neuer Standort wird Würzburg, da es mit seiner Universität den Behörden wohl eher die Gewähr der Verknüpfung von jüdischer und nichtjüdischer wissenschaftlicher Ausbildung bot. Die Ereignisse in der sog. Reichskristallnacht von 1938 veranschaulicht folgende Schilderung sehr eindringlich:

Das Gänsbergviertel vor der Flächensanierung.

Der Gasthof »Grüner Baum«, einst Schenkstätte mit Bauernhof.

»Um 1 Uhr früh drangen ca. 150 SA-Leute in den »Schulhof« ein. Noch ehe ihnen der Pförtner die Tore der Hauptsynagoge aufschließen konnte, hatten sie sich bereits gewaltsam Zutritt verschafft. Sie zertrümmerten den Thoraschrein und die Inneneinrichtung des Hauptsaals sowie des angrenzenden Betsaals. Die Überreste häuften sie in einer Ecke der Synagoge auf und zündeten sie an. Der Brand griff rasch um sich und erfaßte bald das ganze Gebäude. Ein Löschversuch der Feuerwehr wurde durch die SA verhindert. Nachdem die Synagoge niedergebrannt war, befahl der Oberbürgermeister (Franz Jakob) dem Leiter der Feuerwehr, auch das Hausmeisterhäuschen und den Betsaal anzustecken. Als dieser sich weigerte, drohte ihm der Oberbürgermeister mit sofortiger Entlassung und unterband später auch hier die Löscharbeiten.«

Heute erinnert nur noch ein Gedenkstein an der Stelle des ehemaligen »Schulhof« in der Geleitsgasse an die Vergangenheit, und auch dies erst seit 1986.

Königstraße 42

An der Ecke Königsstraße/Geleitsgasse stand seit 1622 das Ansbacher Geleitshaus. Von hier aus wurde Zoll und Geleit — der militärische Schutz eines Kaufmannszuges bis zur nächsten Landesgrenze, ein Recht, das für Fürth die Ansbacher Markgrafen hatten, und das finanziell sehr lukrativ war — verwaltet. Dem Geleitsamtmann unterstand ein kleines militärisches Kommando. Die königlich-preußische Verwaltung ließ das Gebäude 1795 abreißen, um hier die Staatsbank unterzubringen.

Der Stadlershof, ein alter Bauernhof mit Nebengebäuden, ist ein **Marktplatz** typisches Beispiel für die agrarische Struktur des Marktfleckens, der Fürth bis ins 19. Jahrhundert hinein war.

Das domprobsteiliche Amtshaus war das Pendant zum Geleits- **Gustavstraße 65** haus der Ansbacher, nur daß die Bamberger mehr Rechte gegenüber den Fürthern hatten. Seit 1681/82 war es der Sitz des bambergischen Amtsmanns. Bis 1792 fanden hier auch die Gemeindeversammlungen statt, die der Amtmann einberief und der alle Hausbesitzer angehörten.

St. Michael ist nahezu das einzige Gebäude in Fürth, das aus der **Kirchenplatz** Zeit vor dem 30jährigen Krieg stammt. Ursprünglich als Wehrkir- che angelegt, war sie die einzig sichere Rückzugsmöglichkeit für die Fürther im Kriegsfall. Innerhalb der Wehrmauer lag bis Anfang des 19. Jahrhunderts der Friedhof. Die den Kirchenplatz umschließenden Häuser zeigen noch heute dessen Form und Ausdehnung.

Bauweise und Größe des um 1700 erbauten Pfarrhofes lassen noch den bäuerlichen Ursprung Fürths erkennen.

Die kleinen Häuser dieses Platzes und die verwinkelten Gassen **Pfarrhof** — ähnlich muß man sich das Gänsbergviertel vor seiner »Sanierung« vorstellen — wirken mit ihren verschieferten Wänden völlig untypisch für die hiesige Gegend. Der Schiefer, durch Handwerker während der frühen Industrialisierungszeit aus Oberfranken und Thüringen nach Fürth gebracht, wurde von den Fürthern als billiges Material für die oberflächliche Renovierung ihrer Häuser verwendet.

In der Gustavstraße sind die Auswirkungen der jahrhundertelan- **Gustavstraße** gen Dreiherrschaft am deutlichsten sichtbar. Durch die fehlende einheitliche Bauordnung stehen die Häuser in den verschiedenen Bauformen nebeneinander, zudem kann hier ein Gründerzeitmietshaus neben einem Bauernhaus des 17. Jahrhunderts stehen. Die Straße wirkt dadurch äußerst lebendig.

Am Gasthaus »Grüner Baum«, nach dem 30jährigen Krieg wiederaufgebaut, berichtet eine Tafel von einem Aufenthalt Gustav Adolfs (Gustavstraße!) im Jahr 1632. Dies ist zwar eine nette Geschichte, leider aber durch nichts nachzuweisen.

Da der »Grüne Baum« einen großen Saal besitzt, ist er seit Jahrzehnten ein beliebter Ort für Partei- und Vereinsversammlungen. Hier tagten u.a. im November 1918 die Vertrauensleute der SPD, der USPD, der Fabrik- und Militärausschüsse und gründeten den Fürther Arbeiter- und Soldatenrat. Von hier aus wurden dann die Militärkasernen, und alle öffentlichen Ämter wie Rathaus, Bahnhof, Post usw. besetzt. Auf dem Rathausturm wurde eine rote Fahne gehißt. Vier Tage später war die Räterepublik in Fürth allerdings schon wieder beendet.

Am Königsplatz das Fürther Rathaus (1840—1850 erbaut), ein Monumentalbau der Neurenaissance. Beim Turm stand der Palazzo Veccio in Florenz Pate.

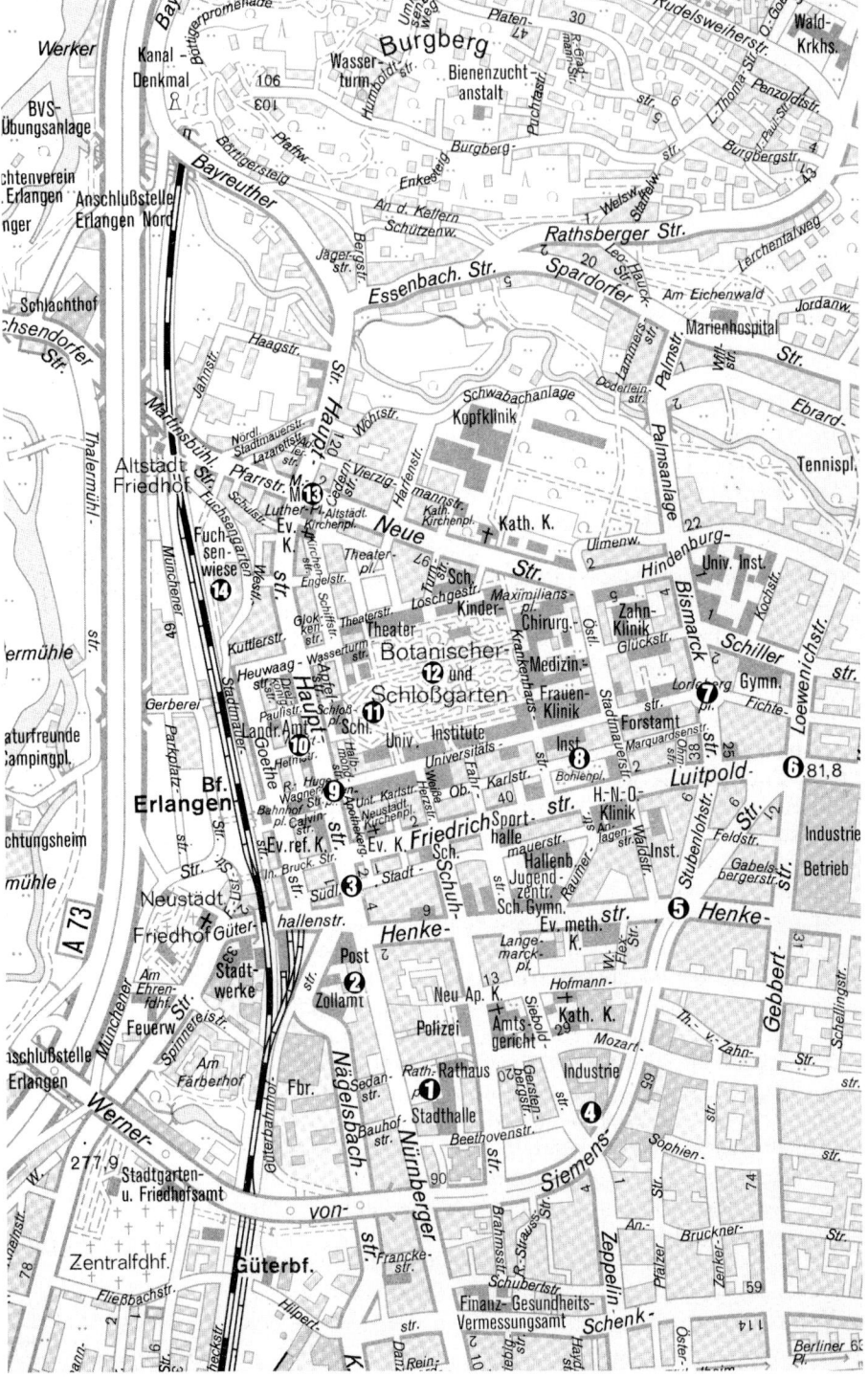

Zwischen High-tech und Kräuter-Café

Nachbarstadt Erlangen

von Sabina Mustica und Michael Kölbl

Ausgangspunkt: Rathausplatz
Endpunkt: Fuchsenwiese
Dauer: mit dem Fahrrad ca. 2 Stunden

Erlangen — eine verschlafene Kleinstadt? Mitnichten. 1974 überschritt die Stadt erstmals die 100.000-Einwohnergrenze und bangt seitdem beständig um ihren Großstadt-Status. Seit der Ansiedlung der Firma Siemens im Jahre 1945 hat sich die Einwohnerzahl glatt verdreifacht. Mit rund 35.000 Beschäftigten — überwiegend Angestellte mit akademischer Ausbildung — prägt der Elektro-Multi zusammen mit der prestigeträchtigen Technischen Fakultät mit ihrem Lehrkörper und etwa 25.000 Studenten alle Lebensbereiche der Stadt. Modische High-Tech-Einrichtungen wie Technologietransferstellen und Gründerzentrum haben sich in den letzten Jahren hinzugesellt. Wie sehr beide Institutionen das Bild der Stadt prägen, wird im Sommer deutlich, wenn in den Schul- und Semesterferien ein großer Teil der Bevölkerung aus der Stadt verschwindet.

Kein Vortrittsrecht für Autos.

Die Stadt verfügt bei dieser sozialen Struktur über ein geistig-kritisches Potential, das hohe Ansprüche an Lebensqualität, individuelle Freiräume stellt und große Aufgeschlossenheit gegenüber ökologischen Fragen zeigt. 1972 wählte die Bürgerschaft den Sozialdemokraten *Dietmar Hahlweg* zum Oberbürgermeister und damit ein kommunalpolitisches Programm, das als »Modell Erlangen« Schlagzeilen gemacht hat. Es enthielt u.a. weitgehende Verkehrsberuhigungsmaßnahmen in der Innenstadt, Förderung des Fußgänger- und Radverkehrs und eine Stadtdurchgrünung nach einem landschaftsplanerischen Gesamtkonzept. Nach wie vor gilt Erlangen als fahrradfreundlichste Stadt der Bundesrepublik mit einem Radwegenetz, das alle Stadtteile mit dem Zentrum mit Hilfe einer besonderen Beschilderung verbindet, mit Radwegen gegen Einbahnstraßen und durch gesperrte Straßen, mit Schwellen in der Fahrbahn zur Verminderung der Geschwindigkeit der Autos und manchmal sogar mit Vorfahrt fürs Rad (Hochstraße/Michael-Vogel-Straße). Diesen Vorzug Erlangens wollen wir genießen und die Stadt mit dem Fahrrad erkunden.

Das neue Rathaus.

Als das Stadtzentrum einen Verkehrsinfarkt zu erleiden drohte, sollte mit dem in den Jahren 1970/71 gestalteten Platz ein neues kommunales Zentrum entstehen. Ein neues Rathaus wurde gebaut, die Stadtsäle für größere kulturelle Veranstaltungen errichtet, Einkaufszentren angelegt. Aber die triste Architektur stieß bei der Bevölkerung auf keine große Gegenliebe, so daß der Platz heute eher am Rande liegt. Dennoch bietet er sich als Ausgangspunkt eines Stadtrundganges geradezu an. Von der Dachterrasse des Rathauses hat man einen schönen Überblick über die gesamte Stadt (den Schlüssel für die Tür bekommt man beim Pförtner gegen Hinterlegung eines Ausweises).

Rathausplatz
❶

Im Westen sieht man die grüne Lunge der Stadt, das Regnitztal und die dahintergelegenen Stadtteile Alterlangen und Büchenbach, überwiegend reine Wohngebiete.

Die Alt-Erlanger Wiesengründe an der Regnitz mit ihren Wassermühlen waren wichtiges Zentrum des frühindustriellen Erlangen. 1744 entstand hier mit der Gründung der Spiegelfabrik der Gebr. Fischer und den Werkswohnungen für etwa 400 Arbeiter das älteste Arbeiterviertel Erlangens. Von der »Werker« genannten Anlage sind zwischen den Straßen nach Würzburg und Bamberg nur noch wenige Reste zu sehen, sie ist längst dem Straßenbau zum Opfer gefallen.

Im Norden hat man das eigentliche Stadtzentrum Erlangens vor sich. Es hat — was noch in einigen Namen anklingt — eine Alt- und eine Neustadt, was aber nicht zu falschen Schlußfolgerungen über das Alter der Häuser verleiten sollte.

Die Altstadt ist aus einer unbedeutenden, mittelalterlichen Ackerbürgerstadt mit ca. 300-500 Einwohnern hervorgegangen, die nur aus strategischen Erwägungen den Status einer »Stadt« erhielt. Nach dem 30jährigen Krieg lag die ausgeplünderte Stadt völlig danieder und nur ein ihr äußerli-

ches politisches Ereignis leitete einen neuen Abschnitt in der Geschichte Erlangens ein: die Massenflucht von ca. 500.000 Hugenotten aus Frankreich, denen dort nicht mehr die freie Religionsausübung gestattet wurde. Markgraf Christian-Ernst von Bayreuth nutzte die Gelegenheit und bewog die fleißigen Handwerker (sie arbeiteten 310 Tage im Jahr statt 260 wie die Katholiken) durch Privilegien zur Ansiedlung in Erlangen. 1686 — nach der Ankunft der sogenannten ersten refugiés — entstand auf dem Reißbrett die mit Lineal und Winkel geplante Neustadt »Christian Erlang«, eine barocke Stadt mit regelmäßigem Straßenraster und integrierten Manufakturen und Gewerbehöfen. Da die Altstadt beim großen Brand von 1706 fast völlig zerstört wurde, entsprechen auch die dortigen Häuser dem barocken Baustil und sind großenteils jüngeren Datums als die neugegründete »französische Kolonie« des ausgehenden Aufklärungszeitalters.

Dieses Kirchensiegel wurde von der Französisch Evangelisch Reformierten Kirche verwandt. Für Lebens- und Sittenzeugnisse.

Die »eigentliche« Neustadt erblickt man im Süden, wo das Siemens-Verwaltungsgebäude die Werner-von-Siemens-Straße beherrscht und große, neue Wohngebiete entstanden sind. Ganz am südlichen Horizont — unmittelbar vor den Wäldern des Naturschutzgebietes Brucker Lache, welches die weitere Siemensausbreitung verhindert — erblickt man die Versuchsanlagen für das neue Verkehrsmittel »Magnet- und Hochbahn« im Forschungszentrum von Siemens.

Nürnberger Straße

Die Nürnberger Straße ist verkehrsberuhigt, d.h. mittels einer »Schleifenlösung« werden die aus dem Norden oder Süden kommenden Autos wieder in die gleiche Richtung zurückgeführt. Früher war die Nürnberger Straße die Hauptverkehrsader der Stadt, die hier im 19. Jahrhundert entstandenen Bauten sind durch die City-Erweiterung fast völlig zerstört worden.

Nürnberger Straße 9, 10, 11, 13 ❷

Das in den Neubau der Hauptpost integrierte Barockpalais Nr. 9 gehörte zum Komplex der Tabakfabrik »Caspari Erben«. Es war Wohnsitz der Besitzer der Fabrik, der Familie von Loewenich, eine der wenigen Adelsfamilien in Erlangen, die es zu etwas brachte. Gearbeitet wurde in den angrenzenden eingeschossigen Barockhäusern 10, 11 und 13 und rückwärtigen Gebäuden.

Zuvor wohnte in dem von den Loewenichs luxuriös ausgebauten Palais der 1805 an die Erlanger Hochschule berufene *Johann Gottlieb Fichte* (1762-1814), ein bedeutender Philosoph, der mit dem Neuaufbau des Deutschen Idealismus begann, nachdem Kant das bis dahin an allen Universitäten vertretene System von Leibniz gestürzt hatte. *Immanuel Kant* selber hatte 1769 den Ruf nach Erlangen abgelehnt.

Nürnberger Straße/ Henke Straße

»Wer es treu meint, der komme«, hieß es 1869 im »Erlanger Tageblatt» und im Pratersaal wurde ein sozialdemokratischer Arbeiterverein gegründet. Aber fast fünfzig Jahre sollte es dauern, bis daraus eine bedeutende Partei geworden war. In der Nürnberger Straße/Ecke Henkestraße war die SPD-Kreisleitung, die »Arbeiterjugend« und das »Erlanger Volksblatt« eingezogen. 1924 war die Zeitschrift von *Michael Poeschke* gegründet worden und schon bald den Nazis ein beständiger Dorn im Auge. »Hetzer des roten Volksblattes« und »Zuhälter der Juden« wurde der Redakteur beschimpft. Nach der Wahl am 5. März 1933 besetzte die NSDAP das Volksblatt-Gebäude und machte aus dem »Volksheim« ein SA-Heim, das den Namen »Braunes Haus« erhielt. Michael Poeschke wurde verletzt, in »Schutzhaft« genommen und nach Dachau verschleppt, später der Stadt verwiesen. Ab 1946 war er Oberbürgermeister in Erlangen.

Hauptstraße 12, 14

Gleich neben der gegenüberliegenden Parteigeschäftsstelle der NSDAP (Hauptstraße 12) befand sich das Gefängnis (Hauptstraße 14).

Güterhallenstraße 4

Wo die Nürnberger Straße in die Hauptstraße übergeht, geht links die Güterhallenstraße ab. Bereits von weitem sind ganze Gruppen von jungen Leuten zu erkennen, die am Straßenrand oder den angrenzenden Anlagen Getränke verzehren, die sie sich aus dem Kneipen-Kino »Manhattan« geholt haben.

Kreiskonferenz der SPD im Hof des Hauses Nürnberger Str. 10 im Jahre 1932.

Hauptstraße
❸

Am Beginn der Hauptstraße — der Name Südliche Stadtmauerstraße weist noch darauf hin — sind noch Reste der ehemaligen Stadtmauer zu erkennen. Die Stadt wurde von einer Zollmauer aus Sandsteinquadern umschlossen und konnte nur durch die beiden Haupt- und vier Nebentore betreten werden. In einem eingeschossigen Zollhäuschen (ein wiederaufgebautes ist noch in der Harfenstraße 13 zu besichtigen) wurden fahrende Handwerksgesellen, Bettler und Händler auf Leib und Nieren geprüft. Wo heute ein Sportgeschäft und eine Zeitschriftenhandlung den Eingang der Hauptstraße markieren, stand bis 1946 das »Nürnberger Tor«. Als die Stadtmauer ihre Funktion als Zollgrenze verlor, wurden die Stadttore abgebrochen, nur beim Nürnberger Tor wurde der Abbruch wegen Denkmalschutz nicht genehmigt. Nach Kriegsende wurde das Verkehrshindernis dann regelrecht von einem amerikanischen Panzer umgefahren und anschließend die Trümmer abgetragen. Das Gerücht ist nie verstummt, daß »fortschrittsfreudige« Erlanger Geschäftsleute dem Fahrer einige Dollar hätten zukommen lassen.

Die Hauptstraße ist die zentrale Achse der barocken Stadtanlage, die der Hofarchitekt J.M. Richter aus Bayreuth geplant hat. Das Wachstum des Individualverkehrs hat er natürlich nicht einplanen können. Quälte sich zunächst der gesamte Verkehr der Bundesstraße von Nürnberg nach Bamberg durch die enge barocke Straße, wurden ab Mitte der 70er Jahre erste, zaghafte Versuche der Verkehrsberuhigung eingeleitet. 1984 bedurfte es schließlich sogar einer rot-grünen Mehrheit im Stadtrat, um einen keineswegs revolutionären Beschluß zur Einrichtung einer innerstädtischen Fußgängerzone zu fassen. Auch nach Geschäftsschluß ist die Fußgängerzone noch immer belebt, denn an der Hauptstraße liegen ein halbes Dutzend Straßencafés.

Wirtschafts- und Bevölkerungswachstum in der zweiten Hälfte des 19. Jahrhunderts ließen den Wohnraum knapp werden, und fi-

Henkestraße 28

nanzkräftige Finanziers wurden zu »Baulöwen«, die den Osten der Stadt erschlossen. Unter ihnen auch *Casimir Böhner*, der das Kolosseum (Henkestraße 28) errichten ließ. Während die Sozialdemokraten mit ihren Veranstaltungen den städtischen Redoutensaal füllten, kristallisierte sich das Kolosseum (es hatte einen kleinen und einen großen Saal) zum Veranstaltungsort der Nazis heraus. Arbeitslose hatten freien Eintritt, wenn *Hitler* oder *Streicher* ihre Brandreden hielten.

Rechts durch die Schuhstraße und entlang der Werner-von-Siemens-Straße (ehemalige Trasse der Sekundärbahn »Seku« nach Gräfenberg in der fränkischen Schweiz, 1963 eingestellt) kommt man nach »Siemenscity«, dem »Standort Erlangen-Mitte« der Weltfirma. Erst durch die Firmenansiedlung nach dem 2. Weltkrieg ist das kleine Provinznest Erlangen mit damals ca. 35.000 Einwohnern zu dem geworden, was es heute ist.

Werner-von-Siemens-Straße/ Sieboldstraße ④

Die Entscheidung für Erlangen als Standort der Firma war kriegsbedingt. Bereits in den letzten Kriegsmonaten waren »Gruppenleitungen« aus der Zentralverwaltung in Berlin in den Südwesten des »Reiches« (Hof; München) verlegt worden, die im Falle eines Zusammenbruches der politischen Führung die Leitung der nordbayerischen Werke übernehmen sollten. Als dann nach Kriegsende mit der Rückgabe Thüringens durch die USA an die UdSSR klar wurde, daß Hof am Zonenrand liegen würde, entschieden sich die Gruppenleitungen der Siemens-Schuckert-Werke, nach Erlangen umzuziehen. Der Grund für die Entscheidung war die geringe Zerstörung der Stadt, die Nähe zu den bayerischen Produktionsstätten und die Universität.

Werner-von-Siemens-Straße/Henkestraße ❺

Erlangen ist »die Stadt mit den meisten Berliner außerhalb Berlins« (Frankfurter Allgemeine). Die »Siemerianer« bauten sich ihre eigenen Siedlungen. Das erste Verwaltungsgebäude der Firma, wegen der Farbe seines Putzes »Himbeerpalast« genannt, wurde zwischen 1948 und 1953 errichtet, inzwischen ist er nur noch ein Bau unter vielen.

Luitpold-/Gebbertstraße ❻

Die nördliche Fortsetzung der Werner-von-Siemensstraße ist momentan nur für den Busverkehr frei und für den Autoverkehr gesperrt. Seitdem die SPD ihre absolute Mehrheit im Stadtrat verloren hat und eine Zusammenarbeit mit den Grünen an der Verkehrspolitik scheiterte, wird sie von der CSU, mit der sie sich in »Cohabitation« versucht, wegen einer Wiederfreigabe unter Druck gesetzt. Jetzt einigte man sich auf eine Untertunnelung bis zur Drausnickstraße — ein Beschluß, bei dem beide Seiten behaupten können, ihre Forderung durchgesetzt zu haben.

Zwischen Hofmann- und Henkestraße ließ der Bamberger Gießmeister *Fritz Stauch* an der damalig noch Ringstraße genannten Werner-von Siemens-Straße eine Eisengießerei errichten.

Neben dem Eck-Wohnhaus befindet sich die Gaststätte »König Otto«. Hier schlossen sich 1893 auf Vorschlag des Vorsitzenden der Metallarbeiter-Gewerkschaft *Robert Wolfrum* neun Erlanger Einzelgewerkschaften zu einem Kartell zusammen. 1907 schuf sich das Kartell eine Rechtsauskunftstelle, die 1913 zum »Arbeiter-Sekretariat« umgebildet wurde.

In den Jahren der industriellen und wirtschaftlichen Aufwärtsentwicklung nach 1871 gründete der Universitätsmechaniker *Fritz Moritz Reiniger* 1877 seine kleine Werkstatt zur Produktion und Reparatur feinmechanischer und optischer Geräte. Bald schon wurde expandiert und die Fusion von 1886 machte aus dem kleinen Betrieb die »Vereinigten physikalisch-medizinischen Werkstätten« von Reiniger Gebbert & Schall. Ein Jahr nach der Entdeckung der Röntgenstrahlen wurden hier bereits die ersten Röntgenapparate gebaut. Ein zukunftsträchtiger Industriezweig hatte sich etabliert. 1890 waren 80 Personen beschäftigt, 1893 schon 100 und bis 1897 verdreifachte sich die Belegschaft. Nach der Jahrhundertwende waren von fünf Erlanger Metallarbeitern vier bei dieser Firma beschäftigt. Der Betrieb entwickelte sich im Bereich der elektromedizinischen Apparate zu einem der bedeutendsten des Deutschen Reichs. Der Zusammenschluß mit der medizinischen Abteilung der Firma Siemens & Halske (Berlin) im Jahre 1925 bedeutete nicht nur eine enorme Geschäftsvergrößerung, sondern war nicht zuletzt auch einer der Gründe für die Ansiedlung von Siemens nach dem 2. Weltkrieg.

Als im letzten Drittel des 19. Jahrhunderts die Gewerbefreiheit und veränderte Ehegesetzgebung durchgesetzt werden konnte, stieg auch der Bedarf an eigenem Hausstand an. Doch die Armut war in Erlangen enorm. Zwischen Stubenloh- und Waldstraße entstand das sogenannte »Viertel der kleinen Leute«. Es wurde durch die Ansiedlung der Eisengießerei Stauch und der elektrotechnischen Firma »Reiniger, Gebbert & Schall« zum Arbeiterviertel. Die Lokale in dem östlichen Teil der Henkestraße wurden zum Treffpunkt der Arbeiterbewegung und der Vereine. Noch heute prägen z.T. eingeschossige, kleine Häuser das Bild der Straßenzüge.

Gleich nebenan ließ sich in der wilhelminischen Ära das besitzende Bürgertum nieder. Vor allem Offiziere der nahen Garnison und Professoren bauten sich in der Luitpold-, Bismarck- und Marquardsenstraße ihre Stadtvillen oder zogen in luxuriöse Mietshäuser. Auch die reichverzierten Mietshäuser rund um den heutigen Lorlebergplatz entstanden in dieser Zeit. Das Rondell des Platzes weicht deutlich von der rechteckigen Konstruktion der barocken Stadtanlage ab. Eine Kneipe verweist noch heute auf den alten Namen Kaiser Wilhelm-Platz. 1897 wurde hier das erste Kaiser Wilhelm Denkmal in Bayern, ein 11 m hoher Obelisk errichtet. Wer sich die mit der Mode wandelnden Baustile in diesem »großstädtischen« Viertel anschauen möchte, schaue sich die Straßenzüge in der Bismarck- und Marquardsenstraße an. Der heutige Name des Platzes geht auf den Oberstleutnant *Werner Lorleberg* zurück, der am 16. April 1945 den Befehl gab, keinen Widerstand gegen die Amerikaner zu leisten und damit die Stadt vor der Zerstörung bewahrte. Die Folge dieser mutigen Entscheidung war, daß er von »deutschen Kampftruppen« erschossen wurde.

Die meisten Häuser an der Bismarckstraße hat *Martin Mußgiller* errichten lassen. Er baute auch dem Bürgertum, das das »Volksbad« verschmähte, seine eigene Badeanstalt im Rückgebäude 19/21 (1888). In marmornen Becken konnten sich die Besucher bei

Lorlebergplatz
❼

Die Metallarbeiter des Großbetriebes waren eine der wenigen Stützen der Gewerkschaftsbewegung. Die Einschüchterungsmaßnahmen des Magistrats erschwerten die Organisierung.

Viel Traditionspflege bei den Herren Einjährigen.

Universitäts-/Krankenhausstraße

Prof. Dr. Jakob Herz.

russischen Dampfbädern entspannen. In der Bismarckstraße 4 war der Kolpingverein untergebracht.

Die Bismarckstraße hieß früher Kasernstraße, denn wo heute Universitätsgebäude stehen, wurde 1874 eine Infanterie-Kaserne errichtet. Weitere Garnisonsbauten folgten. Mehr als jeder Zehnte gehörte um die Jahrhundertwende zum Militär. Keine Feier, kein gesellschaftliches und öffentliches Ereignis fand ohne das Militär statt. Universität, Militär und Bürgertum waren von ihren Interessen her eng verflochten und waren sich im Nationalpathos und Mißtrauen gegen die »Hungerleider« der »roten« Straßenzüge einig. Erlangen hatte reichlich Kriegerdenkmäler und noch in den 50er Jahren fanden hier Traditionstreffen und Kameradschaftsabende statt.

Der Weg vom Lorleberg-, Richtung Hugenottenplatz, führt an zahlreichen Gebäuden der Friedrich-Alexander-Universität vorbei. Zu Beginn des ersten Semesters, am 4. November 1743, waren genau 64 Studenten eingeschrieben. Aus diesen bescheidenen Anfängen — die theologische Fakultät spielte noch eine große Rolle — entstand im Laufe der Zeit die zweitgrößte Universität Bayerns, mit heute ca. 25.000 Studenten. Wichtige Etappen waren dabei der Anschluß der Nürnberger Hochschule für Wirtschafts- und Sozialwissenschaften an die Erlanger Uni 1961 und die Eröffnung der Technischen Fakultät in der Südstadt 1966. Eine besondere Bedeutung für den nordbayerischen Raum kommt den 20 Universitätskliniken zu.

Die starke Präsenz der Uni in der doch eher kleinen Stadt wirkt sich stark auf die ganze Infrastruktur aus. Der Wohnungsmarkt ist völlig überlastet und Preise weit über 20 DM für den Quadratmeter sind bei Zimmern und Kleinwohnungen durchaus üblich. Deshalb werden von Studenten in letzter Zeit auch immer häufiger Nürnberg und Fürth zum Wohnsitz gewählt. Positiv wirkt sich die Anwesenheit der Studenten auf die »Kneipenlandschaft« aus, die im Verhältnis zu der Größe der Stadt durchaus beachtlich ist. (Stellvertretend seien hier genannt: der »Starclub« in der Bismarckstraße 33 mit Live-Musik am Donnerstag und die »Kulisse« in der Theatergasse 7).

Der Gedenkstein erinnert an den Arzt *Dr. Jakob Herz,* der als erster Jude — aufgrund seiner Verdienste um die Stadt — 1869 eine Professur erhielt. Besonders bemerkenswert ist, daß Herz schon als Arzt in Erlangen arbeitete, als den Juden noch offiziell die Ansiedlung verboten war. Vier Jahre nach seinem Tod wurde aus privaten Mitteln ein Denkmal für ihn errichtet. 1933 wurde der wortreich begründete Antrag der nationalsozialistischen Stadtratsfraktion, das Denkmal zu entfernen, einstimmig angenommen.

Judenverfolgung und nationalsozialistische Tendenzen waren in der Studentenschaft schon lange vor der Machtergreifung der Nazis zu spüren. Bereits bei den Asta-Wahlen vom 20. November 1929 gewann der Nationalsozialistische Deutsche Studentenbund die

Mehrheit. Damit war Erlangen die erste Universität, in der es den Nationalsozialisten gelang, sich mehrheitlich in der Studentenvertretung durchzusetzen, und sie war immer der Spitzenreiter.

1933 holten Studenten der Höheren Technischen Lehranstalt die schwarz-rot-goldene Reichsfahne vom Schulgebäude und verbrannten sie im Hof. Die Erlanger Hochschule galt als die »braunste Universität Deutschlands«. Besonders die Theologieprofessoren begrüßten die Machtergreifung Adolf Hitlers. Schon in der Weimarer Republik nahm die Universität bevorzugt Lehrkräfte auf, die wegen ihrer republikfeindlichen Äußerungen woanders in berufliche Schwierigkeiten gerieten. 1946 wurde der Lehrbetrieb mit einem »entnazifizierten« Lehrkörper wieder aufgenommen.

Im Geist des Dritten Reiches. Rektor Reinmöller schreitet zur Feier des 190. Stiftungstages die studentische Fahnenkompanie ab.

Mit dem Burschenschaftshaus »Germania« steht in der Universitätsstraße 18 das größte von ca. ein Dutzend Burschenschaftshäusern in der Innenstadt. An der Uni Erlangen funktionieren die Burschenschaften als Rekrutierungsfeld für reaktionäre Eliten nach wie vor bemerkenswert. An der großen — und im Senat einflußreichsten — medizinischen Fakultät sind nahezu alle Lehrstuhlinhaber Mitglieder bei Burschenschaften.

Universitätsstraße 18

Dabei hatten die Burschenschaften bei ihrer Gründung noch viel Ärger mit der Staatsmacht. 1832 wurde »Germania« verboten und den national und liberal gesonnenen Mitgliedern drohte vom Monarchen die Entlassung von der Universität oder gar Gefängnis. Die erste Erlanger Burschenschaft (»Teutonia«, 1816) wurde übrigens durch den Theologiestudenten *Karl Ludwig Sand* gegründet, der traurige Berühmtheit durch die Ermordung Kotzebues (1819) erlangte.

Bohlenplatz
⑧

Die Hugenottenkirche.

Hugenottenplatz
⑨

Die ehemalige deutsch-reformierte Kirche in der Mitte des Platzes wurde um 1730 am damaligen Ostrand der Stadtanlage errichtet. Auf dem unbebauten Platz ringsum entstand dann in der zweiten Hälfte des 18. Jahrhunderts das Arme-Leute-Viertel der Stadt, hauptsächlich von mittellosen Strumpfwirkern und Leinwebern bewohnt. Umgangssprachlich hieß der Platz wegen seiner ärmlichen Verhältnisse nur »Im Polen« oder »Kleinpolen«. So entstand auch der Name Bohlenplatz (Polen = fränk. »Bohlen«).

Die häufigste Todesursache war die Schwindsucht, jeder achte bis neunte starb daran.

1954 wurden die Gebäude der Erlweinschen Brauerei (Bohlenplatz 6) — seit 1919 Hofbräu AG Bamberg-Erlangen — abgerissen. Sie zählte zu den großen Brauereien, einem der wichtigsten Gewerbezweige in der zweiten Hälfte des 19. Jahrhunderts (neben Henninger, Erich-Brauerei, Reif-Brauerei und Niklas). Bei Erlwein & Schultheiß gelang den Brauereigesellen 1899 zum erstenmal ein erfolgreicher Streik und 1903 die Umwandlung des bis dahin üblichen Freibiers in Geldlohn, was sicher nicht schlecht für die Gesundheit war.

Zum 300jährigen Jubiläum der Hugenottenansiedlung lud die Stadt zum Fest, und Tausende erschienen in selbstgenähten historischen Kostümen.

Hier entstand, vom Markgrafen finanziert, 1686/93 die erste Hugenottenkirche außerhalb Frankreichs. Der 52m hohe Turm wurde erst 1732/35 errichtet. Im Stil lassen sich Ähnlichkeiten mit dem Temple neuf von Montaubeau, dem Heimatort einiger Erlanger Hugenotten feststellen. Der Kirchenbau symbolisiert die Arche Noah und damit die Rettung der Glaubensflüchtlinge. Auf der Turmhaube sitzt eine Taube mit Ölzweig im Schnabel. Der zwölfeckige Innenraum ist entsprechend der reformierten Lehre äußerst schlicht gehalten.

Die Finanzierung der Hugenottenkirche durch den Markgrafen, wie auch die Privilegien (Steuerfreiheit, Kredite), die den Flüchtligen gewährt wurden, erzeugten verständlicherweise den Neid der Altstadtbewohner, die sich dieser Invasion von Flüchtlingen hilflos ausgeliefert fühlten. Fremde Sprache, Mentalität und Religion förderten noch zusätzlich den Argwohn der Einheimischen. Bis die Neustadt gebaut war, waren die Hugenotten in der Altstadt einquartiert. In dieser Zeit soll die Feindschaft soweit gegangen sein, daß die Flüchtlinge teilweise Angelhaken in ihrer Suppe fanden.

Mit der Fertigstellung der Neustadt entspannte sich die Lage zwar, aber Alt- und Neustadt blieben noch bis 1812 zwei Gemeinden mit unterschiedlichen Verfassungen und Wirtschaftsordnungen. Bis 1802 gab es sogar zwei unterschiedliche Währungen. In der Altstadt bezahlte man mit dem fränkischen Gulden, der im Fürstentum Bayreuth gültig war. Die eher exportorientierte Neustadt hingegen handelte mit dem rheinischen Gulden, der in den größten Teilen des Deutschen Reiches gültig war.

Die Hugenotten kamen beruflich aus drei Sparten. Sie waren Strumpfwirker, Filzhutmacher und Handschuhmacher. Lange Zeit wurden die Erlanger deswegen etwas spöttisch »Strumpfer« genannt. Mit Hilfe der markgräflichen Kredite konnten auch gleich die ersten Werkstätten eingerichtet werden. 1712

gab es in der Stadt schon 161 Webstühle. 1972 sogar schon 580 mit einer Pro-
duktion von 420.000 Paar Strümpfen. Die Hugenotten hatten sich etabliert
und Erlangen zu einer wirtschaftlich bedeutenden Stadt gemacht.» Weit be-
lesener und politischer« als ihre Schwestern in Jena seien die Handwerker-
töchter der Hugenotten, befand der Schriftsteller Andreas Georg Friedrich
Rebmann, *und wenigstens alle Sonntage kleideten sie sich in Seide.*
Gegen Ende des 18. Jahrhunderts ging in der Neustadt langsam das fran-
zösische Element zurück. Ab 1740 wurden die amtlichen Mitteilungen nicht
mehr auf französisch verfaßt und 1822 wurde in der Hugenottenkirche die
letzte französische Predigt gehalten.

Wo sich seit 1964 der »Kaufhof« befindet, stand ein dreigeschos-
siges »Richthaus«, das bis 1828 das Erlanger Gymnasium beherbergte. Die 1701 geweihte Sophienkirche, die bis 1826 als Universi-
tätskirche diente, wurde in das Warenhaus eingebaut.

Seit 1925 schmückte ein dreiteiliges Bild »Der Leser in seinen
Lebensaltern« die Fassade der Buchhandlung Mencke am Hugenottenplatz. Gemalt hatte es der in Erlangen geborene *Ernst Pen-*
zoldt (1892-1955), der als Schriftsteller bekannt geworden ist (»Die
Powenzbande«). 1933 wurde Penzoldt wie so viele als »entarteter
Künstler« diffamiert, dennoch konnten die Angriffe auf das Bild
abgewehrt werden. Unter Pseudonym illustrierte Penzoldt Bücher,
darunter auch seine eigenen.

Penzoldt studierte von
1911−1914 an den Kunst-
akademien von Weimar
und Kassel.

Am Marktplatz, dem zweiten Zentrum der Stadt, wurde der Plan **Marktplatz**
des Baumeisters Richter schon bald geändert, denn Erlangen wurde
Residenzstadt. 1708 erhob *Markgraf Christian-Ernst* Erlangen zur
sechsten markgräflichen Nebenresidenz seines Fürstentums und
gab damit den Anstoß zu einer regen Bautätigkeit. Zum einen mußte für den Hof selbst eine repräsentative Anlage errichtet werden,
zum anderen bauten nun auch viele fränkische Adlige ihre Palais in
Erlangen, um in der Nähe des Hofes zu sein.

Die Erlanger, die wenig bürgerliche Repräsentativbauten besa-
ßen, staunten über den höfischen Lebensstil, vor allem aber über die
beiden Känguruhs des Herzogs Friedrich II. von Württemberg, der
sich vor den französischen Heeren hierher geflüchtet hatte. Statt für
öffentliche Gebäude prachtvolle Bauten zu errichten, die mit den
adligen Palästen wetteiferten, kaufte die Stadt die Adelspalais auf,
als die höfische Zeit zuende ging. Ein Beispiel dafür ist das für den
fürstlichen Amtshauptmann *Christian Hieronymus von Stutter-*
heim von 1728-30 errichtete Palais am Marktplatz. Von 1836-1971
war darin das Rathaus untergebracht. Heute befindet sich hier die
Stadtbibliothek.

Der Bau des Schlosses wurde schon um 1700 vom Bayreuther **Schloßplatz**
Erbprinzen *Georg Wilhelm,* nach Entwürfen von *Antonio della*
Porta (ab 1702 Gottfried von Gedeler), veranlaßt. 1703 erwarb es
dann Markgraf Christian-Ernst von seinem Sohn und schenkte es
seiner dritten Frau Elisabeth Sophie. Nach dem Tod der letzten
Markgräfin Sophie Karolina ging es im Jahr 1818 zusammen mit al-
len anderen höfischen Gebäuden in den Besitz der Universität über.
Heute befindet sich hier die Universitätsverwaltung.

Die Fassade zur Stadt besteht aus einem hervorstehenden Mitteltrakt und zwei Seitenflügeln. Auf der mittleren Attika befinden sich sechs Sandsteinstatuen von Elias Ränz: Jupiter, Herkules, Mars, Minerva, der junge Herkules und Juno. Die Schlichtheit der barocken Fassade ist ein erstes Zeichen für Einflüsse der französischen Klassizistik in Franken. Vor dem Schloß befindet sich das Standbild des Universitätsgründers Markgraf Friedrich. Es wurde — entworfen von Ludwig von Schwanthaler — anläßlich des hundertjährigen Bestehens der Universität 1843 aufgestellt. 1704 wurde es fertiggestellt.

Der Pauli-Brunnen am Marktplatz.

Der Brunnen auf der gegenüberliegenden Seite wurde 1889 von der Kaufmannsfamilie Pauli gestiftet. Die beiden sitzenden Frauenfiguren symbolisieren die Gewerbestadt Erlangen »Erlangia« und die Universität »Alma mater«. Darüber befinden sich Bronzereliefs der Markgrafen Christian-Ernst und Alexander wie auch des Prinzregenten Luitpold.

An der Gartenfassade des Schlosses befinden sich weitere Sandsteinstatuen von Elias Ränz. Zuerst die vier Elemente — personifiziert durch Pluto, Ganymed, Neptun und Ceres — danach Diana und Apoll für Tag und Nacht und schließlich die vier Erdteile Europa, Asien, Afrika und Amerika.

Schloßgarten
⑫

Für eine barocke Hofgesellschaft war eine Gartenanlage nach französischem Vorbild unerläßlich. In der Umgebung des Hugenottenbrunnens kann man diese Gestaltung noch erahnen, während der größere Teil des Schloßgartens später nach der Idee des englischen Landschaftsparks umgestaltet wurde.

Der Brunnen gilt als interessantestes Einzelzeugnis des Barock in Erlangen. Aus dem Brunnenbecken ragt eine in mehrere Stufen eingeteilte Pyramide. Auf der untersten Stufe sitzen die Angehörigen einiger bedeutender Hu-

genottenfamilien, darüber sind verschiedene Gottheiten. Die Spitze bildet der Markgraf Christian-Ernst, über ihm die Fama mit Fanfare und 60-wappigem Fahnentuch. Durch einen Schlitz im Brunnen, der genau auf der Zentralachse des Mittelganges im Schloß liegt, blickt man (barocker Gag!) — auf das Reiterstandbild in der Mitte des Schloßgartens. Das nicht ganz geglückte Sandsteinmonument — es soll den Markgrafen darstellen — wurde nie vollendet, da es sonst wegen seiner völlig falschen Statik zusammengebrochen wäre.

Im nördlichen Teil des Gartens steht die Orangerie. Im Winter wurde sie als Gewächshaus und im Sommer als Festsaal genutzt. Heute befinden sich darin die Universitätsinstitute für Kunstgeschichte und Kirchenmusik. Gegenüber der Orangerie steht als Pendant die ehemalige Konkordienkirche (heute geologisches Institut), die der Markgraf extra für seine dritte Hochzeit bauen ließ. Eine Heirat zwischen ihm, einem Lutheraner, und seiner Frau, einer Reformierten, wäre in keiner Kirche möglich gewesen.

Erst 1828 wurde der gemeinsame Friedhof der reformierten Gemeinden auf dem Areal der Universitätsbibliothek und der später angelegten Universitätsstraße geschlossen.

Dieser Platz war das Zentrum der ehemaligen Ackerbürgerstadt und blieb der Markt- und Festplatz der Altstadt. Die Jahrmärkte mit ihren Buden wurden allerdings auf dem nahen Theaterplatz abgehalten. Erst als dieser 1893 gärtnerisch gestaltet wurde, zog der Jahrmarkt auf die eigens dafür aufgeschüttete Fuchsenwiese um, zu der wir anschließend fahren werden.

Martin-Luther-Platz
⑬

Nicht ganz geglückt. Das Reitterstandbild.

Nur die unregelmäßige Form des Platzes verrät, daß es sich hier um den mittelalterlichen Kern Erlangens handelt. Von der ursprünglichen Bebauung ist wegen des verheerenden Brandes von 1706 nichts mehr erhalten. Die Häuser ringsum wurden nach dem Vorbild der Neustadt wieder aufgebaut.

Für das Rathaus der Altstadt wurde von 1733-1740 ein repräsentativer Bau an der östlichen Seite des Platzes errichtet. Heute befindet sich hier das Stadtmuseum.

Die Dreifaltigkeitskirche wurde auch nach dem großen Brand neu errichtet. Nach Plänen von Gottfried von Gedeler entstand sie 1709/21 im sogenannten »Markgrafenstil«. Auf den Giebelseiten links und rechts neben dem Turm befinden sich Sandsteinstatuen der Markgrafen Christian-Ernst und Georg Wilhelm.

Die Bedeutung des Platzes wurde durch den Bau der Neustadt erheblich geschmälert. An dieser Situation hat sich bis heute nichts geändert. Die Restaurierung des Altstädter Kirchplatzes (gleich hinter der Kirche) ist allerdings ein geglückter Versuch, die Altstadt zu beleben. Während er bis in die 70er Jahre als Parkplatz diente, entwickelte sich der Platz nach der Verkehrsberuhigung 1977 allmählich zu einem Treffpunkt für die Bevölkerung.

In der Nordwestecke des Platzes befindet sich das Haus Dreycedern, ein aus dem ehemaligen Erich-Bräu entstandener Baukomplex. Im Revolutionsjahr 1848 kaufte der Bierbrauer *Johann Ludwig Franz Erich* das Anwesen Altstädter Kirchenplatz 6 (so hieß der

Martin-Luther-Platz früher) mitsamt dem Brauereirecht. Meistens wurden früher neue Fabrikgebäude einfach an die Rückseite bereits stehender Barockhäuser gebaut, die sowohl zum Wohnen, als Büro und zum Bierausschank benutzt wurden. Der Fabrikbesitzer Erich ließ 1886 ein neues Wohnhaus errichten, in dem 1910 sogar — es wurde die 100jährige Zugehörigkeit Erlangens zu Bayern gefeiert — der spätere König Ludwig III. zu Gast war. Das Firmengebäude wurde im Stil des Historismus umgebaut, ein Kühlhaus angefügt. Heute sind in den Gebäuden behinderten- und altengerechte Wohnungen entstanden. Im vorderen Teil des Gebäudes ist der von der Stadt getragene Verein Dreycedern untergebracht, der ein vielfältiges Freizeitprogramm vor allem für ältere Menschen anbietet. Das Theater im Gewölbe unter dem Altstädter Kirchplatz wird häufig für experimentelle Aufführungen genutzt.

Fuchsenwiese 1
⑭

Fast etwas deplaziert zwischen dem großen Parkplatz an der Fuchsenwiese und der Beton-Rückseite eines Einkaufszentrums liegt das Jugendstilgebäude des ehemaligen Elektrizitätswerks. Seit der Zeit der Jahrhundertwende bis in die 50er Jahre wurde hier Strom produziert.

Neben den vielen Kneipen und Biergärten in der Altstadt nimmt das »E-Werk« eine besondere Stellung im Freizeitangebot Erlangens ein. Das ehemalige Elektrizitätswerk der Erlanger Stadtwerke, erbaut 1901, wurde in mehreren Bauabschnitten zum Kultur- und Kommunikationszentrum umgebaut. Die Idee entstand schon in den 70er Jahren, als der Jugendclub »Sesam« und der Jazzclub »Pupille« wegen der in unmittelbarer Nähe eines Wohngebietes verursachten Lärmbelästigung die Innenstadt verlassen mußten. Das ausgediente Elektrizitätswerk wurde von der Stadt als Ausweichquartier angeboten und akzeptiert. Das »E-Werk« sollte jedoch mehr sein als eine bloße Verlagerung der beiden Clubs. Ein Arbeitskreis E-Werk wurde gebildet, in dem sich neben den bisherigen Clubs auch andere Gruppierungen einfanden, um sich über die zukünftige Gestaltung des E-Werks Gedanken zu machen.

Das Angebot im E-Werk ist vielfältig: Billiges Mittagessen, Kneipenbetrieb auch tagsüber, ein Kräutercafé. Im Sommer lädt der interessanteste Biergarten der Innenstadt zum Verweilen. Das täglich wechselnde Musikprogramm in der Disco kann am Eingang erfragt werden. Annähernd wöchentlich finden Jazz-Konzerte statt, zu denen sich auch internationale Größen einfinden.

Es gibt die Möglichkeit, sich in diversen Gruppen zu engagieren (Computergruppe, Erlanger-Rockmusikinitiative, Fahrradwerkstatt, Filmgruppe, Fotogruppe, Frauengruppe, IG Jazz, IG Kleinkunst, KDV-Beratung etc.) Das Angebot des E-Werks wird hauptsächlich von diesen Gruppen gestaltet. Neben dem traditionellen Kulturangebot in Stadthalle und Markgrafentheater bieten das »Theater in der Garage«, wie auch diverse studentische Theatergruppen (z.B. English Dramatic Society) oft interessante Alternativen.

Ausflugsziele

Zum Moritzberg: Wald, Bier und Berg

Mit der Straßenbahnlinie 3 erreicht man die Endhaltestelle Tiergarten. Wir wollen bei dieser Tour allerdings keine schwitzenden Eisbären und frierenden Löwen beobachten. Nein, wir stürzen uns in den Wald, erklimmen den Schmausenbuck, lassen den alten Aussichtsturm ungeschoren, eilen an alten Sandsteinbrüchen vorbei, aus denen einst die Quader Nürnberger Bürgerhäuser stammten, und laufen in Richtung **Brunn**. Links ein deplacierter Trimm-dich-Pfad und rechts ein Waldlehrpfad können uns nicht aufhalten, denn nach rund elf Kilometern durch wechselnde Waldformationen, die allerdings auch schon dem Acid Raid und dem Borkenkäfer Tribut zahlen mußten, erreichen wir die Exklave Brunn und — vor allem — die **Waldgaststätte Rubas** mit ihrem schönen Biergarten. Hier gibt es lange dunkle Bauernbratwürste (nicht die Fingerchen der Innenstadt) und die Halben vom Faß der Leinburger Bub-Brauerei: eine Wohltat nach der Einheitspampe der Nürnberger Großbrauereien Patrizier und Tucher. Wem elf Kilometer genug sind, der darf gemütlich auf den Bus zurück in die Metropole warten.

Nach weiteren fünftausend Schritten winkt **Leinburg**, auch eine Oase mit süffigem Bier. Das Stammlokal der Brauerei liegt mitten im Ortskern: Oben bechern die »Eingeborenen«, in einem umgebauten Kellergewölbe genießen die »Zugereisten« ihr mittelmäßiges Steak zu dezenter bis seichter Pop-Musik. Danach ist der **Moritzberg**, das mittelfränkische Zentralmassiv, das sich waldbestanden über 600 Meter in den Himmel reckt, angesagt. Auf einem Pfad, den man sich am besten von der freundlichen Leinburger Bevölkerung zeigen läßt, kann man den Gipfel binnen einer halben Stunde erreichen, wenn, ja wenn die Lunge nicht gerade indisponiert wäre bzw. die Beinmuskulatur etwas verhärtet schiene. Oben aber läßt man sich sommers unter einer riesigen Kastanie auf Bierbänken und winters in der gemütlichen, aber mittlerweile überlaufenen Gaststube nieder. Für den Heimweg berechnet man entweder die letzten Abfahrtzeiten der Busse von Leinburg oder man schlägt sich nach **Ottosoos** auf der anderen Seite durch, wo die Bundesbahn für den Abtransport sorgt. Für eine solche Wanderung mit forciertem Rasten sollte man den ganzen Tag einplanen! Unterhalb des Moritzbergs lockt außerdem noch **Rockenbrunn**, eine gemütliche Kneipe mit einer Art Bassin im Mitteltrakt, das frische Forellen und Karpfen für den Hungrigen bereithält.

Jürgen Walter

Altdorf: »Altdorfina«, Tränen, Schluchten

Der lange Zeit wohl wichtigste Ort im sogenannten »Nürnberger Land« ist das etwa 25 km vor den Stadtgrenzen liegende Altdorf. So sind in dem nur etwa über 10.000 Einwohner zählenden Landstädtchen auch heute noch diverse beeindruckende Zeugnisse der nürnbergischen Herrschaft zu sehen, die sicher nicht nur dem Fern-Touristen gefallen.

Bis 1299 gehörte »Altdorf daz Ampte« zum Reichsgut und war der Burg in Nürnberg direkt unterstellt. Mit den umfangreichen Veräußerungen des Reichsgutes wurde dann auch Altdorf mit seiner »Hofmark« verpfändet und wechselte in den zwei folgenden Jahrhunderten mehrfach den Besitzer, bis es 1504 an die Reichsstadt Nürnberg fiel, mit der es 1806 dem bayerischen Königreich von Napoleons Gnaden einverleibt wurde.

Die erhaltenen Bauwerke aus der reichsstädtischen Zeit stammen alle aus den Jahren nach dem Markgrafenkrieg von 1553, in dessen Verlauf Altdorf fast vollständig zerstört wurde. Dem Wiederaufbau, von Nürnberg tatkräftig gefördert, verdanken wir etwa das **Pflegamtsschloß** (das Verwaltungsgebäude der Nürnberger), vor dem heute ein origineller Figurenbrunnen des heimischen Bildhauers Ludwig Manz steht, und das **Rathaus**. Die heutige Form der benachbarten **St. Laurentius-Kirche** entstand allerdings erst um die Mitte des 18. Jahrhunderts. In ihrem Inneren verdient ein Holzaltar-Tisch des zeitgenössischen Plastikers Hermann Frauenknecht Aufmerksamkeit. »Oberes« und »Unteres« Tor und Teile der ehemaligen Stadtmauer geben einen guten Eindruck vom Stadtbild in der Nürnberger Zeit.

Nicht zuletzt verdankt Altdorf der nürnbergischen Herrschaft aber auch seine einstmals berühmte **Universität**. 1571 bis 1583 entstanden die noch heute eindrucksvollen Hochschulgebäude. 1578 wurde die »Altdorfina« zur Akademie. Die im Jahr 1622 erteilten Universitätsprivilegien wurden im darauffolgenden Jahr, am Peter- und Pauls-Tag 1623, dem traditionellen akademischen Festtag, feierlich verkündet. Kostbare Bibliotheken, ein anatomisches »Theater«, ein chemisches Labor, ein botanischer Garten und eine Sternwarte zählten zu den Einrichtungen der Hohen Schule, an der unter anderem der spätere kaiserliche Feldherr Wallenstein, Goethes Ahnherr Textor, der Barock-Dichter Philipp Harsdörffer, der Komponist Johann Pachelbel und der Philosoph Leibniz studierten. 1809 wurde die Universität aufgehoben. Ihre

Gebäude beherbergten ab 1824 das »Königliche Schullehrerseminar« und dienten seit 1925 bis in unsere Zeit einer der bekanntesten orthopädischen Kliniken des Landes mit angeschlossenen sozialen Einrichtungen.

Im historischen **Universitätshof**, in dessen Mitte ein bedeutender Pallas-Athene-Brunnen von Labenwolf steht, wird seit 1894 in dreijährigem Turnus das Volksschauspiel »Wallenstein in Altdorf« des Nürnberger Schulmeisters Franz Dittmar (1857–1915) aufgeführt. Das tränentreibende Spiel um Liebe und Leid des jungen Albrecht Wenzel Eusebius von Wallenstein findet regelmäßig die Mitwirkung von über 500 Laiendarstellern aus dem Städtchen.

Besondere Aufmerksamkeit verdient das pittoreske **Schwarzachtal** in der Nähe Altdorfs mit seinen Höhlen, kleinen Schluchten, Wäldchen und Wiesen, die etwa die Dörfer **Rasch** (älteste Wehrkirche der Gegend), **Prackenfels** und **Grünsberg** (mit dem einstigen Schweppermann-Schloß, das heute der alten Nürnberger Patrizierfamilie Stromer gehört) umgeben. In jedem der angeführten Orte befinden sich mindestens zwei wackere Wirtshäuser, die die Exkursionen auch für ausgesprochene Hedonisten lohnenswert machen.

Bernd Zachow

Fabrikort Stein: Bleistiftmacher, Väter und Söhne

In dem bereits 1296 erwähnten, von Mühlen geprägten Dorf am Ufer der Rednitz siedelten sich nachweisbar seit 1717 Bleistiftmacher an. Im 19. Jahrhundert ging die Industrialisierung der als Spezialität des Nürnberger Raums geltenden Bleistiftherstellung von Stein aus. Aus handwerklichen Anfängen baute Lothar Faber den seit 1761 bestehenden väterlichen Betrieb zur größten deutschen Bleistiftfabrik aus.

Lothar Faber erbaute ab 1846 das »Alte Schloß« (**Rednitzstr. 2**) im romanischen Stil als standesgemäßen Wohnsitz in Sichtweite seiner Fabrik. Lothars Enkelin und Alleinerbin Ottilie heiratete 1898 Graf Alexander von Castell. Das junge Paar ließ 1903–1906 das »Neue Schloß« (mittelalterlich-historisierende Kalksteinfassade) errichten. Bei der

Innenraumgestaltung fanden alle Stilarten von der Romantik bis zum Jugendstil (von Bruno Paul entworfene Räume) Verwendung. Zum Schloß gehörten der heute zum Teil öffentliche Park und ein jenseits der Rednitzstraße gelegener Wirtschaftshof mit Reithalle (abgebrochen und heute Wohnanlage).

Von 1906 bis 1939 diente das Schloß der Industriellenfamilie als Wohnung, während des 2. Weltkrieges befand sich im Turm eine Flakscheinwerferleitstelle. 1945 wurde es von den US-Truppen als Unterkunft beschlagnahmt, danach waren dort die bei den »Nürnberger Kriegsverbrecherprozessen« akkreditierten Journalisten untergebracht. Seit 1953 ohne Nutzung, aber mittlerweile unter Denkmalschutz gestellt, wurde es 1986 zum 225jährigen Firmenjubiläum von Faber-Castell erstmals der Öffentlichkeit vorgestellt. Es dient heute als Kulisse für Werbe- und Filmaufnamen (»Väter und Söhne« wurde hier gedreht) und wird für Empfänge und Ausstellungen vermietet. Die Tradition rauschender Feste in den Gesellschaftsräumen des Schlosses ließ Besitzer Graf Toni zur Feier seiner »Traumhochzeit« im Winter 1987 wieder aufleben. Doch selbst gräfliche Kassen sind heute dem Unterhalt von Schlössern nicht mehr gewachsen: Die dringend erforderliche Restaurierung steht noch immer aus.

Das alte Verwaltungsgebäude der Bleistiftfabrik (**Nürnberger Str. 2**) steht an der Stelle der Keimzelle der Fabrik: Unter seinem Dach wohnte und arbeitete seit 1761 der Gründer Anton Wilhelm Faber. Die Fabrikanlage gliedert sich heute in 3 Bauabschnitte: erste Industriebauten nach 1850, Erweiterungsbauten von 1911 (Backsteingiebel), Fabrikhof von 1924. Das schräg gegenüberliegende Flußufer wird von den grauen Fassaden der Minenfabrik beherrscht. Am ehemaligen Standort der Steiner Mühlen wird aus Graphit und Ton die Minenmasse hergestellt, gepreßt und gebrannt. Der Fabrik gegenüber liegt die Villa Johann Fabers, der sich im Streit von seinem Bruder Lothar trennte und 1878 in Nürnberg eine eigene Bleistiftfabrik gründete.

Hinter der Minenfabrik, im mittelalterlichen Kern Steins, befinden sich zwei heute sehr heruntergekommene Wirtshäuser aus vorindustrieller Zeit: »Zur Post« wird schon im 15. Jahrhundert erwähnt, das »Weiße Roß« stammt aus dem Jahre 1687 (**Mühlstraße 1 und 5**).

Die aus dem 18. Jahrhundert stammenden Handwerkerhäuser (**Untere Wassergasse**) wurden im Rahmen der 1978 begonnenen Altstadtsanierung restauriert. Die von niederländischen Kaufleuten in Nürnberg gegründete reformierte Gemeinde errichtete die barocke »Alte Kirche« (**Alte Kirchstraße 8**) 1660 als Bethaus. Später erbaute sie noch ein Spital (**Alte Kirchstr. 4**, jetzt Gaststätte) und eine Schule. Nach Auflösung der Gemeinde wurde die Kirche ab 1703 profan genutzt und 1813 von der Firma Faber erworben. Mit der Expansion der Fabrik wuchs in Stein auch die Wohnungsnot. Die Wohnungen der Arbeiter waren »ärmlich, unsauber und daher ungesund«, wie Fabrikant Lothar Faber feststellte. Als erste Abhilfemaßnahme baute er 1858 die leerstehende Kirche zu 16 Wohnungen aus. Erst im Rahmen der Altstadtsanierung wurde der ursprüngliche Zustand des Gebäudes wiederhergestellt (heute Gemeindesaal).

Lothar Faber hatte durch seinen Grundbesitz und die nach Höhe der direkten Steuern errechneten Stimmzahl im Gemeinderat großen Einfluß auf die lokale Politik. Als paternalistischer Unternehmer sorgte er aber nicht nur für das materielle Wohl seiner Bleistiftarbeiter, auch die moralische und geistliche Betreuung der Familien lag ihm am Herzen. Er richtete eine Betriebsbibliothek ein, schuf für den Nachwuchs eine »Kleinkinderbewahranstalt«, beteiligte sich am Bau der Gemeindeschule und bezahlte schließlich den Neubau der Steiner Kirche (**Hauptstraße**) im Jahre 1860. Die sozialen Einrichtungen der Fabrik wurden anläßlich der Pariser Weltausstellung von 1867 mit einem Preis ausgezeichnet. Nach dem Tode Lothar Fabers errichtete die Gemeinde

Stein das vor der Kirche stehende Denkmal.

Verschiedene Formen des Arbeiterwohnungsbaus sind in der nach 1866 entstandenen Siedlung hinter dem Friedhof zu entdecken (**Alexanderstr., Mecklenburger Platz, Altenburgerstr., Rolandstr.**). Von der Bauform »Arbeiterkaserne« um 1880 bis zur individuellen Fassadengestaltung um 1910 sind verschiedene Haustypen vorhanden. Die Wohnungen hatten durchgängig die Raumfolge Stube, Küche und Kammer. Die sehr vernachlässigte Siedlung ist heute fast ausschließlich von ausländischen Arbeitnehmerfamilien bewohnt. Die mit Mitteln der Denkmalpflege und der Städtebauförderung unterstützte Sanierung der Häuserzeile am Mecklenburgerplatz wird 1988 fertiggestellt.

Christian Koch

Knoblauchsland: »Bauan«, Dichter und Konzerte

Knoblauchsland heißt das landwirtschaftlich sehr intensiv genutzte Ackerland nördlich von Nürnberg schon seit mehr als fünfhundert Jahren, wiewohl dieses wohlschmeckende Gewächs dort heute kaum noch anzutreffen ist. Aus diesem Umland beziehen die Nürnberger — und nicht nur sie — nach wie vor einen guten Teil ihres frischen Gemüses und ihres Salats. Hier werden im wesentlichen arbeitsintensive Feldfrüchte angebaut, also Salat, Kraut, Kohlrabi, Gelbe Rüben, Gewürzkräuter aller Art — und nicht zu vergessen natürlich den Spargel, der im Frühjahr eine große Rolle in den Gaststätten des Kno-

blauchslandes spielt.

Die Feldfluren des Knoblauchlandes sind in verhältnismäßig schmale, lange Streifen unterteilt, die man hier als »Gwänder« bezeichnet; die Bauern unterhalten zumeist noch landwirtschaftliche Haupterwerbsbetriebe. Da die Niederschläge im Nürnberger Raum nicht sehr hoch sind, spielt die künstliche Bewässerung — mittels Berieselung — eine große Rolle. Mit langen Folientunneln und auch Treibhäusern versucht man, die Stunden des Sonnenscheins optimal auszunützen.

Das Knoblauchsland wurde zwar während der letzten Gebietsreform — Juli 1972 — eingemeindet; doch der Zuzug aus der Stadt hält sich in Grenzen, und so sind diese Ortschaften mit ihren alten Dorfkernen ziemlich unverfälscht erhalten geblieben.

Es ist auch für Nürnberger erstaunlich, auf einem Spaziergang durch das Knoblauchsland — mitten in dem großen Ballungsraum Nürnberg-Fürth-Erlangen — »richtige« urwüchsige fränkische Landmenschen, die »Knoberlas-Bauan« anzutreffen, deren Dialekt sich selbst im Wortschatz deutlich von dem Nürnberger unterscheidet. Hier feiert man noch zünftige Kirchweihfeste.

Kraftshof, das man mit dem Bus Nr. 31 (von der Straßenbahnhaltestelle Thon) erreicht, wurde 1269 erstmals urkundlich erwähnt; seine Wehrkirche — eine der schönsten in ganz Franken — wurde 1315 geweiht und nach der Zerstörung im Zweiten Weltkrieg 1952 wieder aufgebaut. Die Kirche ist eine Chorturmkirche, wie man dies bei Wehrkirchen häufig antrifft. Sie ist dem hl. Georg geweiht, dem Drachentö-

ter, der über dem spitzbogigen Hauptportal am Eingang zu sehen ist. Die Jahreszahl 1590 am Portalvorbau erinnert mit ihrem Wappen an die Stifter, die Familie von Kressenstein. Der Kirchhof wurde in den Jahren 1505/10 erweitert und die Befestigungsanlagen ringsumher erneuert. Die Wehrmauer, die ihn umgibt, ist bis zu 8 m hoch und zum Teil begehbar. Von einer nördlichen Schießscharte bietet sich ein schöner Anblick über die Felder und das Schlößchen Neunhof. Die fünfeckige Anlage wird von der gleichen Anzahl von Wehrtürmen bekrönt, von denen einige im Inneren begehbar sind. Der Turm an der Südostecke dient der Familie von Kressenstein als Gruftkapelle.

Im Bauerndörfchen am Rande der Großstadt sind einige der behäbigen, breiten und in sich ruhenden Bauernhäuser aus großen Sandsteinquadern zu sehen. Die älteste Form des fränkischen Bauernhauses, die historischen »Schwedenhäuser«, sind während des Dreißigjährigen Krieges bis auf wenige Ausnahmen vernichtet worden, so daß die ältesten Häuser im Knoblauchsland aus dem 17. Jahrhundert stammen. Einige der Gasthäuser haben hier die neue Entwicklung zum Edelfreßlokal mitgemacht; das Gasthaus zum »Schwarzen Adler« erinnert an den gleichnamigen preußischen Orden und an die Preußenzeit in Franken vor den Toren Nürnbergs.

Ziemlich genau einen Kilometer nordöstlich der Wehrkirche liegt in einem Laubwald der sogenannte **Irrhain** (von hier führt ein Naturlehrpfad nach Buchenbühl). Dieser Irrhain wurde 1676 von dem Kraftshofer Geistlichen Martin Limburger für den ei-

Der Irrhain bey Kraftshof ohnweit Nürnberg.

Zur Feyer des zweihundertjaehrigen Jubilaeums des Pegnefischen Blumenordens herausgegeben v. Wilde

nige Jahrzehnte früher gegründeten Pegnesischen Blumenorden angelegt. Als sich 1644 eine Nürnberger Adelshochzeitsgesellschaft nicht einigen konnte, welchem der vortragenden Dichter, dem Georg Philipp Harsdörffer oder dem Johann Klaj, der Blumenkranz-Preis gebühre und die Blumen unter den Gästen verteilte, war das die Geburtsstunde einer Dichtergesellschaft nach dem Vorbild der »Fruchtbringenden Gesellschaft« in Weimar. Die Gesellschaft vertrieb sich mit damals modischen Schäferspielen und Verse-vortragen die Zeit an der Pegnitz und redete sich mit Hirten- und Blumennamen an. Harsdörffer (als »Pegnese« »Strephon mit der Maienblume«) war auch der Verfasser einer Anleitung für die Technik des Dichtens, eines Lehrbuchs mit dem Titel »Poetischer Trichter, die Teutsche Dicht- und Reimkunst, ohne Behuf der lateinischen Sprache, in VI Stunden einzugießen«. Seitdem werden schnelle Lernverfahren »eintrichtern« genannt und gibt es das Wort von der »Weisheit einflößen«. Das Irrhainfest des Pegnesischen Blumenordens findet immer noch jedes Jahr im Sommer statt und wird durch einen Fackelzug nach Kraftshof beschlossen. Der Hain hat viel von seiner früheren Schönheit verloren. Es befinden sich noch mehrere Gedenksteine darin, darunter ein klassizistischer Obelisk für Christoph Martin Wieland (1818) sowie einige Inschrifttafeln aus Stein.

Neunhof (1246 erstmals erwähnt) ist ein Haufendorf in einer großen Waldlichtung des Reichswaldes; es war ursprünglich eine Ausbausiedlung von Kraftshof, im 13. Jahrhundert Sitz eines Ministerialen, und ist ein hervorragendes Beispiel eines Nürnberger Patrizierschlößchens.

Das Germanische Nationalmuseum betreut das Schlößchen als Besichtigungsobjekt; die Besuchszeit ist sehr eingeschränkt: nur vom 1. April bis 31. Oktober, samstags und sonntags von 10 bis 17 Uhr; der Zugang erfolgt von der Hauptstraße durch eine unscheinbare Scheune, etwa 200 m nördlich des Heimatmuseums und einen großen Schloßgarten, in dem mehrere groteske Zwergenfiguren stehen. Der unmittelbare Zugang zum Schloßgebäude erfolgt über eine Brücke, denn das Schlößchen war von einem Wassergraben umgeben, was, wie auch die Schießscharten, auf den wehrhaften Charakter des Schlößchens hinweist. Zu besichtigen sind heute nur das Erdgeschoß und die beiden Obergeschoße darüber; das Dachgeschoß wird von den Besitzern privat genutzt. Im Erdgeschoß ist heute noch eine Küche samt einer ziemlich vollständigen Herdausstattung zu besichtigen; in der Nordwestecke die Kammer der Mägde. Im ersten Obergeschoß befanden sich Wohn- und Schlafzimmer der Herrschaft sowie eine sog. Prangküche, die nur repräsentativ genutzt wurde. Im zweiten Obergeschoß befindet sich ein großer Saal für festliche Anlässe sowie ein sog. Tapetenzimmer, in dessen Osten sich ein Aborterker auftut — er ist sozialgeschichtlich interessant, denn gerade in Sachen Toiletten war es früher selbst in patrizischen Häusern schlecht bestellt.

Etwa 200 m südlich des Eingangs zum Schloß befindet sich ein Heimatmuseum, das allerdings nur sonntags von 13 bis 17 Uhr geöffnet ist. In seinem Erdgeschoß sind Dinge des täglichen Lebens aus dem Knoblauchsland untergebracht — z.B. eine Wohnstube, bäuerliches Gerät, eine Feuerwehrausrüstung —, im Obergeschoß Trachten aus dem Knoblauchsland und weitere Dinge aus dem bäuerlichen Alltag, im wesentlichen aus dem 18. und 19. Jh.

Von Neunhof aus tut sich der große **Reichswald** auf, der vor noch gar nicht so vielen Jahren den unterbäuerlichen Schichten ringsumher als Erwerbsquelle diente: den Köhlern, die hier Holzkohle zubereiteten, den armen Frauen, die vom Pilzesammeln und dergleichen leben mußten, den Zeidlern, die hier Honig sammelten.

Der Honig war für die Nürnberger Wirtschaft sehr wichtig, man benötigte ihn beispielsweise für die Nürnberger Lebkuchen. Schon im Mittelalter achtete daher der Rat der Stadt streng auf die Erhaltung des Waldes und ließ sich alleine zwischen den Jahren 1331 und 1355 vier kaiserliche Privilegien für seine Reichswälder verleihen.

Vom nördlichen Ortsende Neunhof ist es nicht weit nach **Großgründlach**, dem Mittelpunkt des Tabakanbaus im Knoblauchsland. Von den vier »Amerikanern« — Tabak, Kartoffeln, Mais, Sonnenblume — kam der Tabak schon sehr früh ins Knoblauchland (gegen 1630); die Kartoffel (seit 1716) wurde zunächst nur als Viehfutter angebaut. Die von alten Bäumen bestandene Hauptstraße Großgründlachs führt zu einer barocken Pfarrkirche und einem Schloß. Im benachbarten **Beutles** hat sich an der Nordseite der mächtigen Kirche ein Teil eines Prangers erhalten; der Altar im Inneren der Kirche weist beachtliche Malereien auf (um 1460).

Das Dörfchen **Almoshof** liegt etwa 3 km südlich von Kraftshof. Das gut befestigte Schlößchen des Ortes wurde zu Beginn des 15. Jhs. errichtet, auf Gütern, welche Kaiser Sigismund dem Nürnberger Patriziergeschlecht der Holzschuher zu Lehen gegeben hatte.

Während des Zweiten Weltkriegs verkauften die Holzschuher das Schloß an die Stadt Nürnberg. Die Stadt verpachtete die Äcker an Bauern, die auch die Nebengebäude des Schlosses landwirtschaftlich nutzten. 1942 wurden »ausgebombte« Familien hier untergebracht. Erst zwanzig Jahre später, 1962, verließ die letzte dieser Familien das Schloß. 1971 bot der Graphiker Karl-Heinz Hoffmann der Stadt an, das Schloß zu renovieren; er bekam daraufhin einen langfristigen Pachtvertrag. Während des Dritten Reiches hatte die Stadt Nürnberg hier ein Gästehaus für Nazibonzen einrichten wollen — und der nunmehrige Pächter, der rechtsradikale Hoffmann, versuchte dies auf seine Weise nachzuholen: Er richtete sein »Hauptquartier« ein und betrieb mit seinen Getreuen in militärischen Uniformen »Wehrsport«. Hoffmann machte häufig Schlagzeilen und brachte Almoshof zu Unrecht in Verruf. 1975 kündigte die Stadt den Pachtvertrag; seit 1980 ist die Wehrsportgruppe verboten; Hoffmann mußte im Zusammenhang mit der Ermordung des Erlanger Verlegers *Shlomo Levin* ins Gefängnis. Heute gehört das Schloß zu den Kulturläden, dessen Trägerverein wie auch das Amt für kulturelle Freizeitgestaltung Veranstaltungen anbieten, vor allem Konzertabende.

Manfred Vasold

Praktische Tips

Wir beschränken uns hier auf wenige zentrale Angaben. Wer detailliertere Informationen benötigt, erkundige sich beim Verkehrsverein oder greife zur Stadtzeitung »Plärrer«. In dieser gibt es neben weiteren Adressen monatlich aktuelle Veranstaltungshinweise. Über Veranstaltungen informiert auch »Das aktuelle Monatsmagazin«.

Auskünfte

Der Verkehrssverein Nürnberg vermittelt Hotelzimmer, Fremdenführer und Stadtrundfahrten und hält Prospekte bereit.
Tourist-Information im Hauptbahnhof Nürnberg. Tel. 2336-31/32/33. Mo – Sa 9–20 Uhr, Fr bis 21 Uhr.
Tourist-Information am Hauptmarkt. Tel. 2336–35. Mo – Sa 9–13 und 14–18 Uhr.
Reiseauskunft Tel. 204191.

Verkehrsmittel

Im Verkehrsverbund Großraum Nürnberg (VGN) sind zusammengefaßt: 6 Straßenbahnlinien, wichtig für alle, die entlang der Stadtmauern fahren wollen, 60 Buslinien, 2 U-Bahn-Strecken (von Langwasser durch die Altstadt bis nach Fürth und eine Abzweigung am Plärrer durch Schweinau nach Röthenbach – eine weitere Linie soll 1990 eröffnet werden), S-Bahn, die Pegnitz entlang Richtung Lauf (im Hauptbahnhof nach Fernbahngleisen). Einheitstarif innerhalb eines Kurzstreckengebietes, darüber hinaus komplizierte Zonentarifberechnung. Streifenkarten für fünf Fahrten sind günstiger, Tageskarten lohnen schon bei drei Fahrten. Es gibt auch Familien-Tageskarten. Die Karten sind an Automaten erhältlich, in Bussen und Straßenbahnen auch beim Fahrer. Sie müssen entwertet werden. VAG, Kundenzentrale, Am Plärrer 35. Tel. 283-4646.

Stadtrundfahrten und -rundgänge

Stadtrundfahrten sind wegen der Fußgängerzonen nur beschränkt möglich. Von Mai bis Oktober und während des Christkindlmarktes finden täglich 9.30 Uhr ab Hallplatz von der Mauthalle 2 1/2 stündige Rundfahrten für 15,– DM statt.
Der Altstadtverein e.V. bietet Altstadtspaziergänge zu verschiedenen Themen (z.B. Nürnberger Brunnen, Barockgärten, Johannisfriedhof) für Gruppen an (ca. 2 Stunden, Spende von ca. 100,– DM erwünscht). Adresse: Altstadtfreunde e.V., Dr. Mulzer, Viatisstr. 242, Tel. 406362.
Das Kunstpädagogische Zentrum bietet für Schülergruppen inhaltlich und methodisch unterschiedliche Führungen an. Kontakt: KpZ im Germanischen Nationalmuseum, Tel.0911/1331241. Mo – Fr 8–16 Uhr.
Heimatkundliche Exkursionen bietet auch das *Pädagogische Institut* an, Insel Schütt 5, Tel. 0911/16–2519.
Zu Stätten der Verfolgung und des Widerstandes während der Nazi-Zeit bietet das *Bürgerkomitee gegen Neonazismus* Stadtrundfahrten an. Dauer ca. 2 Stunden. Anmeldung 14 Tage im voraus bei Wolfgang Manske, Postfach 810311.
Der Verein *Geschichte für Alle* – Verein zur Förderung junger Historiker und Historikerinnen e.V. – bietet eine Vielzahl von Stadt- und Stadtteilbegehungen in Nürnberg, Fürth und Erlangen an. Zumeist mit thematischen Schwerpunkten geben sie Einblicke in historische, politische, wirtschaftliche und soziale Strukturen. Die Rundgänge dauern ca. 2 bis 2 1/2 Stunden und kosten für Gruppen bis zu 25 Personen 40,– DM pro Stunde (Sept. 1988). Regelmäßige Führungen (1x wöchentlich) für Einzelteilnehmer werden auf dem ehemaligen Reichsparteitagsgelände und in Fürth durchgeführt (Termine sind den regionalen Tageszeitungen zu entnehmen). Außerdem werden u.a. Rundgänge zur Industrialisierung, Nachkriegsgeschichte und Wiederaufbau, Geschichte der Juden sowie zum mittelalterlichen Nürnberg angeboten. Stadtführungen für Schulklassen auf Bestellung. Adresse: Verein zur Förderung junger Historiker und Historikerinnen, Geschichte für Alle e.V., Steinstraße 21, Tel.0911/332735.

Feste – Märkte – Messen

Internationale Spielwarenmesse im Februar.
Frühlingsvolksfest am Dutzendteich im April.
Sommer in Nürnberg von Mai bis September (u.a. Hans-Sachs-Spiele).
Kulturzirkus und *Jazz Ost-West* (wechselt jährlich) im Juni.
Kirchweih in St. Johannis Ende Juni.
Internationale Orgelwochen in Nürnberger Kirchen Ende Juni/Anfang Juli.
Norisring-Rennen Ende Juni/Anfang Juli.
Open Air Concert im Juli.
Wöhrder-See-Fest im Juli.
Liedermacher-Treffen Anfang August.
Herbstvolksfest am Dutzendteich im August/September.
Altstadtfest auf der Insel Schütt (»Die Pengertz brennt«) mit Fischerstechen in der zweiten Septemberhälfte.
Consumenta, Verbrauchermesse, Anfang November.
Christkindlmarkt, vom letzten Freitag im November bis zum 24. Dez., Mo – Sa 9–20 Uhr, So ab 10.30, am 24.12. bis 12 Uhr), sehr voll. Eröffnungszeremonie am ersten Markttag ca. 17.30, Lichterzug der Schulkinder zur Burg am Donnerstag der zweiten Dezemberwoche.

Frauen

*Nürnberger Frauenbuchladen,*Innerer Kleinreuther Weg 28, Tel. 352403, Mo – Fr 10–18 Uhr, Sa 10–13 Uhr.

Wandeltreppe, Frauen-Kunst-Kultur-Zentrum, Innerer Kleinreuther Weg 28, Tel. 351970.

FIBIDOZ, Feministisches Informations-, Bildungs- und Dokumentationszentrum, Wilhelm-Marx-Str. 58,Tel. 379484.

Notruf für vergewaltigte Frauen und Mädchen, Tel. 284400, Mo 10–14 Uhr, Mi und Fr 16–19 Uhr.

Künstlerinnenarchiv, Steinstraße 19–23, Tel. 390502, Mo 14–17 Uhr, Mi 18–21 Uhr.

FFGZ, Feministisches Frauengesundheitszentrum, Fürther Str. 154 (Rückgebäude), Tel. 328262, Mo, Di, Fr 17–19 Uhr, Do 10-13 Uhr Information.

Selbstverwaltetes Frauenzentrum, Saldorferstr. 6, Tel. 263309, Di, Fr, Sa 21–1 Uhr.

Mädchen-Café-Treff, Wilhelmstr. 17, Tel. 6588193. Mo – Do 15.30–19 Uhr, Fr 14–19 Uhr.

Frauenbeauftragte der Stadt Nürnberg, Maria Niggemann, Rathausplatz 2, Zi 51, 52, Tel. 164184/5.

Mitfahr- und Mitwohngelegenheit

Mitfahrladen Plärrer, Gostenhofer Hauptstr. 30, Tel. 284433.

Mitfahrzentrale, Allersberger Str. 31a, Tel. 4469666.

Mitwohnzentrale am Aufseßplatz, Tel. 0911/435427. Mo – Fr 10–14 und 19–21 Uhr, Sa 10–12 Uhr.

Mitwohnzentrale (Imm.), Mittl. Kanalstr. 6, Tel. 0911/288308. Mo – Fr 10–13 Uhr und 15–18 Uhr.

Fränk's Mitwohnzentrale, Karl-Jatho-Weg 14, 0911/525407, Mo – Fr 15–19 Uhr.

Bildungs- und Veranstaltungsorte

Arbeit und Leben, Pilotystr. 13, Tel. 356750.

Amerikahaus, Gleißbühlstr. 13, Tel. 203327.

BZ Bildungszentrum, Gibitzenhofstr. 135, Tel. 42057.

CPH Caritas-Pirckheimer-Haus, Königstr. 64, Tel. 2346–0.

DESI Stadtteilzentrum, Brückenstr. 23, Tel. 336933.

DFG-VK, Carl-von-Ossietzky-Zentrum, Kurfürstenstr. 21, Tel. 426129.

Evangelische Studentengemeinde, Hans-Sachs-Platz 2, Tel. 221871.

Filmvilla, Pilotystr. 13, Tel. 356750.

Frankenhalle, Messezentrum.

Gemeinschaftshaus Langwasser, Glogauerstr. 50, Tel. 807643.

Grünes Büro, Peter-Henlein-Str. 23, Tel. 421032.

Heilig-Geist-Saal, Hans-Sachs-Platz 2.

Jugendzentrum für politische Bildung, Untere Talgasse 8, Tel. 16-3165.

Karl-Bröger-Eck, Karl-Bröger-Str. 9, Tel. 455339.

Karl-Bröger-Gesellschaft, Karl-Bröger-Str. 9, Tel. 448383.

Komm, Kommunikationszentrum, Königstr. 93, Tel. 223647.

Kuf – Amt für kulturelle Freizeitgestaltung, Vordere Sterngasse 3, Tel. 16-3325/6.

Kulturladen Zeltnerschloß, Gleißhammerstr. 6, Tel. 472945.

Kulturladen Röthenbach, Röthenbacher Hauptstr. 74, Tel. 645191.

KuNo, Kulturladen Nord, Wurzelbauerstr. 29/35, Tel. 553387.

Kunsthaus, Karl-Grillenberger-Str. 40, Tel. 203110.

Kunstpädagogisches Zentrum (KPZ), Kornmarkt 1, Tel. 203971.

Kunstverein, Hintere Cramergasse 12.

KuRo Kulturladen Süd, Rothenburger Str. 106, Tel. 266586.

Loni-Übler-Haus, Marthastr. 60, Tel. 541156.

Luitpoldhaus, Gewerbemuseumsplatz 4.

Meistersingerhalle, Münchener Str. 21, Tel. 492011.

Meistersinger-Konservatorium, Am Katharinenkloster 6,Tel. 492011.

Nachbarschaftshaus Gostenhof, Adam-Klein-Str. 6, Tel. 267505.

Peter-Vischer-Zentrum, Bielingplatz 2, Tel. 16-4141.

Planetarium, Am Plärrer 41, Tel. 265467.

Schloß Almoshof, Almoshofer Hauptstr. 51, Tel. 345757.

Serenadenhof, Kolosseum am Dutzendteich.

Stadtbibliothek, Egidienplatz 23, Tel. 16-2779.

Südstadtladen, Steinheilstr. 7, Tel. 458725.

Wandeltreppe, Frauen-Kunst-Kulturzentrum, Innerer Kleinreuther Weg 28, Tel. 351970.

Musik und Theater

Jazzstudio, Paniersplatz 27/29, Tel. 224384.

Resi, Klingenhofstr. 52.

Steps, Johannisstr. 83, Tel. 330973.

Zabo-Linde, Zerzabelshofer Hauptstr. 28, Tel. 405627.

Burgtheater, Füll 13, Tel. 222728.

Gostner Hoftheater/Loft, Austr. 70, Tel. 266383.

Städtische Bühnen (Schauspielhaus, Opernhaus, Kammerspiele), Richard-Wagner-Platz 2, Tel. 163808.

Tassilo Theater, Sielstr. 5, Tel. 329889.

Theater im Altstadthof, Bergstr. 19, Tel. 224327.

Theaterhalle im Tafelwerk, Äußere Sulzbacher Str. 60.

Fürth:

Czurda Tanztheater, Kaiserstr. 177.

Stadthalle, Rosenstr. 50, Tel. 747576.

Stadttheater, Königstr. 116, Tel. 770430.

Erlangen:

Dreycedern, Altstädter Kirchenplatz 6, Tel. 21096.

E-Werk, Fuchsenwiese 1, Tel. 8005-0.

Markgrafentheater, Theaterplatz 1, Tel. 862511.

Redoutensaal, Theaterstr. 1, Tel. 862468.

Stadthalle, Rathausplatz 1, Tel. 862468.

Museen und Ausstellungen

Albrecht Dürer-Haus, Albrecht-Dürer-Str. 39/Am Tiergärtnertor, Tel. 162271 (Gemälde, Antike Möbel, Glasmalereien). Täglich 10—17 Uhr, Mi bis 21 Uhr. Mo geschlossen.

A. W. Faber-Castell, 8504 Stein, Verwaltungsgebäude (Ausstellungen zeitgenössischer Künstler). Täglich 10—17 Uhr.

Fembohaus, Burgstraße 15, Tel. 162271 (Stadtmuseum. Alt-Nürnberg: Entwicklung und Wohnkultur). Öffnungszeiten wie Dürer-Haus.

Germanisches Nationalmuseum, Kornmarkt/Kartäusergasse, Tel. 13310 (Kunst und Kultur des deutschsprachigen Raumes). Di—So 9—17 Uhr, in ausgewählten Abteilungen Do auch 20—21.30 Uhr. Mo geschlossen. Bibliothek Mi u. Do —20 Uhr, Fr —16 Uhr.

Gewerbemuseum, Gewerbemuseumsplatz 2, Tel. 2017274 (Kunsthandwerk). Di—Fr 10—17 Uhr.

Institut für moderne Kunst, Königstr. 51/II, Ausstellungen in der Schmidt-Bahnk-Galerie, Lorenzer Platz 29, Tel. 227623 (Zeitgenössische Kunst). Ausstellungen: Mo—Mi 8—16 Uhr, Do —17.30 Uhr, Fr —15.30 Uhr.

Kunsthalle, Lorenzer Straße 32, Tel. 162853 (Ausstellungen zeitgenössischer Kunst). Di—So 10—17 Uhr, Mi —21 Uhr. Mo geschlossen. Kunsthalle in der Norishalle, Marientorgraben 8, Tel. 2017509. (Ausstellungen zeitgenössischer Kunst). Di—So 10—17 Uhr, Mi —21 Uhr. Mo geschlossen.

Kunsthaus, Karl-Grillenberger-Straße 40, Tel. 203110 (Ausstellungen zeitgenössischer Kunst). Di—Fr 11—18 Uhr, Sa u. So —16 Uhr. Mo geschlossen.

Naturhistorisches Museum, Gewerbemuseumsplatz 4, Tel. 227970 (Einheimische Vor- und Frühgeschichte, Völkerkunde, Geologie). Mo, Di, Fr 10—13 und 14—16 Uhr, Do 14—19.30 Uhr, Sa 10—12 Uhr.

Schloß Neunhof, Neunhofer Schloßplatz 2, Nürnberg 90, Tel. 13310 (Dokumente des Landlebens der Patrizier). Sa u. So 10—17 Uhr.

Schulmuseum der Universität, Paniersplatz 37/III, Tel. 208387 (Schulgeschichtliche Dokumente aller Schularten). Mo—Fr 9—13 Uhr, Mi u. Do auch 15—18 Uhr. So 15—18 Uhr.

Stadtarchiv, Egidienplatz 23, Tel. 162770 (Quellen zur Stadtgeschichte, themenbezogene Ausstellungen). Mo—Do 8—15.30 Uhr, Fr —15 Uhr.

Spielzeugmuseum, Patrizierhaus Karlstr. 13, Tel. 163164 (Spielzeug vom Mittelalter an, aus der ganzen Welt). Zur Zeit geschlossen. Vorübergehend in der Sigmundstraße 220, Tel. 6556206. Di—So 10—17 Uhr, Mo geschlossen.

Tucher-Schlößchen, Hirschelgasse 9, Tel. 162271. Führungen Mo—Do 14, 15 und 16 Uhr; Fr 9, 10 und 11 Uhr; So 10 und 11 Uhr; Sa geschlossen.

Verkehrsmuseum, Lessingstraße 6, Tel. 2195428 (Geschichte der Eisenbahn und Post; neues Museumsrestaurant). Mo—Fr 10—16 Uhr, Sa, So 10—17 Uhr.

Zum Weiterlesen

Die Stadtbibliothek hat für den Zeitraum 1975–1985 zwei Bibliographien herausgegeben, die über Beiträge zur Geschichte und Kultur der Stadt Nürnberg ausführlich berichten. Nicht alltägliche Bücher hat Bernd Zachow ausgewählt.

Stadtführer und Stadtgeschichte

Ammon, Emil: Fürth, Düsseldorf 1984.
Amt für Kultur- und Freizeit (Hrsg.): Kennen Sie Steinbühl?
Amt für Kultur und Freizeit (Hrsg.): Kennen Sie Steinbühl? Band 2.
Baedeker: Nürnberg, Freiburg 1986.
D'Addario, Ray: Nürnberg — damals — heute. Stadtansichten aus dem Sommer 1945 und die gleichen Bilder 30 Jahre später, Nürnberg 1981.
Gärtner, Georg: Rund um Nürnberg, Nürnberg 1926.
Heller, Hartmut: Der Nürnberger Dutzendteich, Nürnberg 1983.
Häußler, Helmut: Der Nürnberger Süden, in: 100 Jahre Vorstadtverein Nürnberg-Süd, 1881–1981, Nürnberg 1981.
Häußler, Helmut: Brunnen, Denkmale und Freiplastiken in Nürnberg.
Kusch, Eugen: Nürnberg — Lebensbild einer Stadt, Nürnberg 1950.
Luginsland, Peter: Das war'n halt noch Zeiten! Nürnberg um die Jahrhundertwende, Nürnberg 1971.
Mulzer, Erich: Vor den Mauern Nürnbergs, Kunst und Geschichte der Vorstädte, Nürnberg 1961.
Mulzer, Erich: Die Nürnberger Altstadt.
Mulzer, Erich: Nürnberger Erker und Chörlein.
Mörsberger, Georg: Nürnberger Erinnerungen. Ein Bildband mit Fotos aus den Jahren 1920–1945. Nürnberg 1974.
Pfeiffer, Gerhard (Hrsg.): Geschichte Nürnbergs in Bilddokumenten, München 1970.
Rusam, Georg: St. Jobst in Geschichte und Gegenwart, Nürnberg 1981.
Rusam, Hermann: Untersuchung der alten Dorfkerne im städtisch überbauten Bereich Nürnberg, Nürnberg 1979.
Rusam, Hermann: Schweinau. Ein ehemaliges bambergisches Dorf im Sog der großstädtischen Entwicklung Nürnbergs, 1987.
Sandweg, Jürgen (Hrsg.): Erlangen. Von der Strumpfer- zur Siemens-Stadt, Erlangen 1982.
Schmidt, Ferdinand: Nürnberg 1865–1909. Fotografien. München 1987.
Sieghardt, August: Nürnberg alt und neu, Handbuch und Stadtführer, Nürnberg 1954.
Stein, Erwin (Hrsg.): Monographien deutscher Städte, Band XXIII, Nürnberg 1927.

Wittek, Ansgar: Laufamholz, Nürnberg 1988/3.
Zahn, Anton: Heimatkunde zwischen Erlenstegen und Stadtpark, Nürnberg 1968.
Ausstellungskatalog Norishalle: Lebensgeschichten. Bilder zur Nürnberger Sozialgeschichte 1850–1950, Nürnberg 1980.

Arbeiterbewegung, Politik, NS-Zeit, Jüdische Geschichte

Beer, Helmut: Widerstand gegen den Nationalsozialismus in Nürnberg 1933–1945, Nürnberg 1976.
Centrum Industriekultur (Hrsg.): Arbeitererinnerungen. Heft 4 der Schriftenreihe »Aufriß«, Nürnberg 1984.
Drexel, Joseph: Rückkehr unerwünscht. Die Schrift »Reise nach Mauthausen« und Dokumente zum Widerstandskreis um Ernst Niekisch, Stuttgart 1978.
Drexel, Joseph: Verantwortung vor der Geschichte. Aufsätze, Kommentare, Glossen aus den Jahren 1929–1970, Nürnberg 1971.
Endreß, Jürgen: »... und verflucht sei der Krieg!«. Anthologie nach Tonbandprotokollen, Nürnberg 1988.
Fritzsch, Robert: Nürnberg unterm Hakenkreuz, Düsseldorf 1983.
Glaser, Hermann (Hrsg.): Die Nürnberger Massenverhaftung vor dem Nürnberger KOMM im Jahr 1981. Dokumente und Analysen, Reinbek 1981.
Grieser, Utho: Himmlers Mann in Nürnberg. Der Fall Benno Martin. Nürnberg 1974.
Gärtner, Georg: Die Nürnberger Arbeiterbewegung 1868–1908. Bonn 1977 (Reprint).
Hambrecht, Rainer: Der Aufstieg der NSDAP in Mittel- und Oberfranken 1925–1933, Nürnberg 1976.
IG Metall, Verw.stelle Nürnberg (Hrsg.): Das rote Nürnberg: Revolution und Konterrevolution 1931–1933, Nürnberg 1985.
Kraus, Otto: »Geschichte erzählt«. Herausgegeben von Peter Alheit und Jörg Wollenberg, Fischerhude 1987.
Müller, Arnd: Geschichte der Juden in Nürnberg, Nürnberg 1968.
Nadler, Fritz: Eine Stadt im Schatten Streichers, Nürnberg 1969.
Nürnberger Nachrichten: Schicksale in den Jahren 1933–1945. Sonderdruck 1983.
SPD Unterbezirk Nürnberg (Hrsg.): Deshalb, Parteigenossen! Frisch ans Werk! Werbt neue Kämpfer, neue Streiter. 120 Jahre SPD-Nürnberg, Nürnberg 1986.

Schirmer, Hermann: Das andere Nürnberg, antifaschistischer Widerstand in der Stadt der Reichsparteitage, Frankfurt 1974.

Schoenlank, Bruno: Zur Lage der arbeitenden Klasse in Bayern. Reprint der Ausgabe von 1887, Olching 1979.

Schwarz, Klaus-Dieter: Weltkrieg und Revolution in Nürnberg, Stuttgart 1971.

Stuiber, Heinz-Werner: Die CSU in Nürnberg/Fürth 1945–1983, Nürnberg 1983.

VVN (Hrsg.): »Tag der Opfer des Faschismus«, Gedenkschrift 1947.

Wunder, Thomas: Das Reichsparteitagsgelände in Nürnberg.

Industriegeschichte

Buckner, Fritz: Hundert Jahre Geschichte der Maschinenfabrik Augsburg-Nürnberg, 1940.

Centrum Industriekultur (Hrsg.): Räder im Fluß, Nürnberg 1986.

Centrum Industriekultur (Hrsg.): Industriekulturpfad 2. Eine stadtgeschichtliche Wanderung durch St. Leonhard und Schweinau, Nürnberg.

Glaser, Hermann u.a. (Hrsg.): Industriekultur in Nürnberg. Eine deutsche Stadt im Maschinenzeitalter, München 1980.

IG Metall, Verw.stelle Nürnberg (Hrsg.): Nürnberg braucht einen geplanten Strukturwandel.

Industrie- und Handelskammer (Hrsg.): Im Zeichen der Waage. Wirtschaft und Gesellschaft im Wandel. Nürnberg 1985.

Koch, Christian/Täubrich, Christian: Industriekulturpfad 1. Eine stadtgeschichtliche Wanderung im Pegnitztal, Nürnberg 1983.

Rosenhaupt, Karl: Die Nürnberg-Fürther Metallspielwarenindustrie in geschichtlicher und sozialpolitischer Beleuchtung, Stuttgart 1907.

Wenzel, Georg: Die Geschichte der Nürnberger Spielzeugindustrie, Nürnberg 1967.

Nürnberg und seine Bewohner
Belletristik und Populäres

Bröger, Karl: Guldenschuh. Ein Nürnberger Schicksal aus der frühen Neuzeit, Offenbach 1948.

Bröger, Karl: Bekenntnis, eine Gedichtauswahl, Nürnberg 1954.

Buhl, Wolfgang (Hrsg.): 7 x Nürnberg, mit Beiträgen von Heinrich Kesten, Hermann Kesten, H.M. Enzensberger u.a., Würzburg 1972.

Doberer, Kurt Karl: Republik Nordpol. Ein utopischer Roman. Nachdruck der ersten Ausgabe von 1936, Neuss 1979.

Doberer, Kurt Karl: Ruf der Sterne, eine Gedichtauswahl, Nürnberg 1968.

Dreyer, A.: Nürnberg und die Nürnberger in der Karikatur und Satire ihrer Zeit, München 1920.

Fels, Ludwig: Gedichte, (»Zeit-Gedichte«), München 1979.

Hagen, Friedrich: Norika 2, eine Betrachtung über Heimat und Welt, Nürnberg 1978.

Imhoff, Christoph von: Berühmte Nürnberger aus neun Jahrhunderten.

Kerner, Maximilian: Songbuch, Nürnber 1979.

Kesten, Hermann: Wir Nürnberger, eine Betrachtung, Nürnberg 1961.

Kesten, Hermann: Die Zwillinge von Nürnberg, Roman, München o.J.

Klein, Diethard H./Rosbach, Heike (Hrsg.): Nürnberg. Ein Lesebuch. Husum 1987.

Kromarek, Rainer: Katastrophen, Frisch und neu, Texte, Nürnberg 1978.

Kusz, Fitzgerald: »A Daumfedern affm Droddoa«, Stadtgeschichte in landnürnberger Dialekt, Erlangen 1979.

Maas, Herbert: »Wou die Hasen Hoosn und die Hosen Huusn haaßn«. Ein Nürnberger Wörterbuch, Nürnberg 1962.

Mayer, Friedrich: Nürnberg und seine Merkwürdigkeiten. Reprint der Ausgabe von 1849, Erlangen o.J.

Neue Gesellschaft für Literatur: In einem guten Land brauchts keine Tugenden, Erlangen 1984.

Diseau, Frederic (d.i. Manfred Vogel): Nürombersch. Ein Buch aus der »Szene«, Nürnberg o.J.

Scharrer, Adam: Maulwürfe, autobiographischer Roman, Berlin (Ost) 1961.

Stössel, Günter: Nämberch english spoken, Sprachbasteleien für Hiesige und Zugereiste, Nürnberg o.J.

Wassermann, Jakob: Das Gänsemännchen, Roman, Rastatt 1982.

Zeller, Michael: Aus meinen Provinzen, Gedichte, Nürnberg 1981.

Bildnachweis

R = Rand

Namensregister

Verzeichnis der Straßen und Objekte